高等教育“十三五”规划教材
立信会计专业系列
总主编　张世体

U0958397

财务会计实务

主　编◎张学林　伊基红
副主编◎闫　堃　董　丽

立信会计出版社
LIXIN ACCOUNTING PUBLISHING HOUSE

图书在版编目(CIP)数据

财务会计实务 / 张学林主编. —上海：立信会计出版社，2020.4

高等教育“十三五”规划教材. 立信会计专业系列

ISBN 978-7-5429-6473-1

Ⅰ. ①财… Ⅱ. ①张… Ⅲ. ①财务会计—高等学校—教材 Ⅳ. ①F234.4

中国版本图书馆 CIP 数据核字(2020)第 071589 号

策划编辑 陈 旻
责任编辑 陈 旻
封面设计 南房间

财务会计实务

Caiwu Kuaiji Shiwu

出版发行	立信会计出版社		
地　　址	上海市中山西路 2230 号	邮政编码	200235
电　　话	(021)64411389	传　　真	(021)64411325
网　　址	www.lixinaph.com	电子邮箱	lixinaph2019@126.com
网上书店	http://lixin.jd.com		http://lxkjcbs.tmall.com
经　　销	各地新华书店		
印　　刷	上海天地海设计印刷有限公司		
开　　本	787 毫米×1092 毫米	1/16	
印　　张	18.75		
字　　数	504 千字		
版　　次	2020 年 4 月第 1 版		
印　　次	2020 年 4 月第 1 次		
印　　数	1—3 100		
书　　号	ISBN 978-7-5429-6473-1/F		
定　　价	42.00 元		

如有印订差错，请与本社联系调换

总 序

当今世界，科学技术突飞猛进，知识经济已见端倪，国际竞争日趋激烈。教育在综合国力的形成中处于基础地位，国力的强弱越来越取决于劳动者综合素质的高低，取决于各类人才的质量和数量，这对于培养和造就我国21世纪的一代新人提出了更加迫切的要求。新时代新形势，改革开放和现代化建设，要求我们抓住机遇、超前布局，以更高远的历史站位、更宽广的国际视野、更深邃的战略眼光，对加快推进教育现代化、建设教育强国作出总体部署和战略设计。要在提高学生综合素质上下功夫，教育引导学生，培养综合能力和创新思维。

作为教育体系中的一个重要组成部分，高等教育近年来进入高速发展时期，其中财经专业学生占有相当大的比例。围绕培养财经专业高技能人才这个根本目标，加强财经专业的教材建设是完成教学计划，达到培养目标的重要保证；是加强教学管理、提高教学质量的重要措施；是深化教学改革，提高人才培养质量的根本途径。教材建设重在提高质量，培育特色。

经过多方努力，"高等教育十三五规划教材　立信会计专业系列"已正式出版发行。这是十几所院校几十位既具有扎实的理论基础，又具有丰富的实践经验的"双师型"教师倾注了大量的人力、物力和财力共同努力的结果。

本系列教材在编写上充分体现了培养高素质应用型、技能型人才的教育理念，在注重培养学生掌握基本理论知识和基本技能的同时，还能够帮助学生顺利获得相应的专业技能等级证书，加快学生由学习型向实践型角色转换的速度，并且，为学生未来走向工作岗位奠定认识和能力基础。

本系列教材在力争正确阐述会计专业学科的科学理论和概念的同时，还注意理论联系实际，以案例阐述理论；符合认知规律，富有启发性，便于学生自主学习，所选理论教学内容完全可以满足学生未来从事会计工作所需的最基本、最常用的理论知识；能完整地表达相关课程既应包含学生未来职业活动所需的最基本、最常用的理论知识，同时也包括学生未来可持续性发展所必须深化和拓展的知识；让学生能自然地做到由基础理论到专业基础理论，由专业课到实践课的从容转换；正文、训练与实务操作齐全且著录准确；符合人才培养目标及相关课程教学的要求，所选会计理论内容的广度和深度能够满足实践教学和未来从事会计岗位工作的需要。

本系列教材在编写中，力求做到理论与实际相结合，既保持理论体系的系统性和方法的科学性，更注重教材的实用性和针对性。每本教材的编写，注意吸收国内外优秀教材的成果，力求深入浅出，突出重点和通俗易懂。本系列教材在广泛调查研究的基础上，经过多所高等院校一批有着丰富教学和实践经验的专家学者的论证和推荐，优化选题，优选编者。

与已出版的同类教材比较，本系列教材突出的特点如下：

(1) 理论够用。在理论上，本系列教材突出会计专业基本理论与核算方法阐释，强调实践业务的处理。

(2) 学做一体。在设计上，本系列教材按照能力点出现的先后顺序编排内容，在语言上力求精炼、简洁，尽量避免高深化、学术化的表达方式，让学生易懂、易做，增强学生在学习过程中的感性认识，提高教学效果；改变“先理论，后实践”的时间分板块模式，体现“从理论，到实践，再应用”的结构特点，理实相融，更接近人们的认知规律。

(3) 知识定位。在编写过程中，本系列教材均按照“以具体化工作内容的需要确定目标、选取单元内容、设定学习知识要点”的思路，搭建“是什么、为什么、做什么、怎样做”的框架，以“是什么”和“为什么”为教学核心内容，来教会学生“做什么”和“怎样做”，真正体现“以教师为引导，学生为主体，循序渐进的提高学生职业技能”的教学培养目标。

(4) 结合实践。本系列教材不但介绍了会计专业的基本概念、基本原理和经常性业务的处理方法，还相应添加了会计工作的扩展知识和最新的案例，增强了教材的实用性。

值此出版之际，我们谨向所有支持本系列教材出版的各校领导和参编老师表示诚挚的谢意。感谢立信会计出版社陈旻女士对本系列教材的热情帮助。

本系列10本教材出版后，我们将继续努力，在现有基础上不断修订、锤炼，同时，我们也热忱欢迎各使用院校对本系列教材提出宝贵的意见和建议，力争经过两三年的努力，使本系列教材成为国家级精品教材。

张世体

2020年5月

前 言

“财务会计”是会计专业知识结构中的主体部分，是会计专业中必修的核心课程。本书按照高等院校会计人才的培养要求，以最新企业会计法律、法规和制度为依据，将会计理论与实务紧密结合，按会计要素分若干单元。其主要阐述各会计要素的确认、计量与核算的基本方法，从而完成会计确认、计量、记录、报告的过程。

本书在编写上充分体现了培养高素质应用型、技能型人才的教育理念，在注重培养学生掌握基本理论知识和会计核算技能的基础上，还能够帮助学生顺利获得相应的专业技能等级证书，加快学生由学习型向实践型角色转换的速度；同时，为后续会计课程的学习奠定认识和能力基础。

本书由张学林(第一至第三单元)和伊基红(第四至第六单元)任主编，闫堃(第八和第九单元)和董丽(第十和第十一单元)任副主编，郭磊(第七单元)参加了编写。初稿完成后由张世体教授负责总纂定稿。

由于时间仓促，加之水平有限，书中内容编排和语言表达可能存在疏漏之处，恳请读者和同行批评指正。

编 者

2020 年 3 月

目　录

第一单元 导 入

导学目标

通过本单元学习，学生应该掌握如下知识内容：

1. 掌握财务会计理论，包括会计的目标、假设、信息质量要求和要素的确认与计量。
2. 了解企业财务会计的相关岗位设置和岗位职责。
3. 认识本书的框架结构和了解相关学习建议。

导学案例

朱镕基破例题词“不做假账”让社会守卫什么？

一个社会肌体的健康，离不开人们对文明底线的守卫。很难想象，如果人人都信奉“有用即真理”“有奶便是娘”而不择手段、不顾他人，我们的社会生活会是一种怎样的情景。当医生不再信奉救死扶伤的人道精神，而死死盯住病人的钱包时；当商人不讲诚信，而唯利是图、坑蒙拐骗，大赚昧心钱时；当政府公职人员不去恪尽职守，而寻觅各种商机、把做官当作生意来做时……社会良知和社会秩序将不复存在。

从不题词的朱镕基，却破例给国家会计学院题词“不做假账”，这就是对底线的重申。这种底线，就是一个人基本的道德法律义务，就是让人之为人、社会正常运转的基本常识。你生产奶粉赚钱，但不能含有三聚氰胺；你给别人做手术，但不能把纱布留在别人身体里；你伸张社会正义，也不得进行刑讯逼供；你打击非法黑车，也不能搞“钓鱼执法”；为了公共利益拆迁，也要维护别人的生存权。

经济的高速发展固然可喜，但如果文明的底线模糊不清、得不到敬畏坚守，那么这样的繁荣就会十分脆弱。正如文艺复兴揭开了欧洲近代历史的序幕，中华民族走向复兴，不仅要有物质基础，更要有精神准备，首要的一点，就是在滚滚的物质红尘中捍卫文明的底线。

请问，朱镕基破例题词“不做假账”让社会守卫什么？

资料来源：《朱镕基破例题词“不做假账”让社会守卫什么？》，载于《人民日报》2010 年 9 月 16 日。

第一讲 财务会计基本理论概述

【知识要点】

财务会计是现代(企业)会计的一个分支,它是以会计准则或制度为依据,通过确认、计量、记录和报告等程序,对企业的资金及其运动进行反映和控制,旨在为企业外部会计信息使用者提供会计信息的对外报告会计。

一、财务会计基本理论的内容

现代财务会计经过近 1 个世纪的发展后,已经形成了由会计目标、会计假设、会计信息质量特征、会计要素、会计确认与计量、会计准则和会计程序以及财务报表等要素组成的基本结构。

在这些要素中,会计目标是整个财务会计理论研究的出发点,奠定了理论研究的基石,当然目标的确定也会受到客观社会环境的制约和财务信息使用者需求的影响。会计准则作为指导和规范企业会计行为的规范,以会计假设为前提,根据会计目标的要求、会计要素的定义和会计确认计量的标准制定出来。同时,会计假设、会计要素和会计准则都要体现会计信息质量的要求。另外,会计程序作为财务会计实务的具体步骤与方法,也受到会计准则的约束。财务会计理论结构图,如图 1-1 所示。

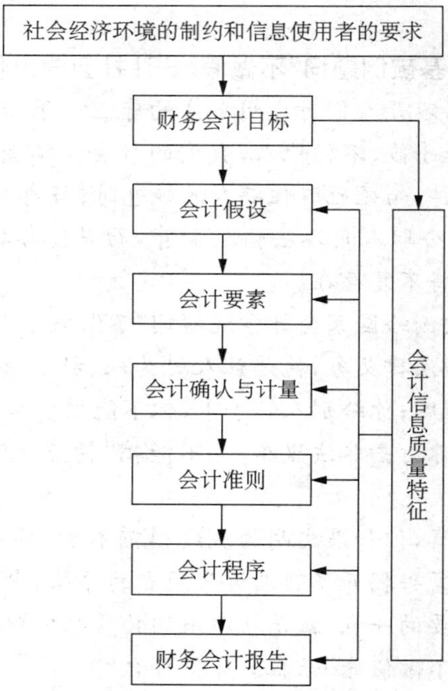

图 1-1 财务会计理论结构图

二、财务会计的目标

会计信息应当符合国家宏观经济管理的需要,满足有关各方了解企业财务状况和经营成果的需要，满足企业加强内部经营管理的需要。这句话体现了财务会计的具体目标。

财务会计目标是财务会计基本理论的重要组成部分，也是财务会计理论体系的基础，即期望会计达到的目的或境界，整个财务会计理论体系和会计实务是建立在财务会计目标的基础之上。会计目标既是一个理论问题，又是一个实践问题。会计目标虽然是人们主观认识的结果，但它并不是一个纯主观的范畴，会受到特定历史条件下客观存在的经济、法律、政治和社会环境的影响，并随环境的变化而不断变化，具有主观见之于客观的性质。

对于财务会计目标的内涵，会计理论界并没有形成一个权威的、可为学术界普遍认同的观点。综观会计理论界对财务会计目标的研究，归纳起来主要有两大观点，即受托责任观和决策有用观。

受托责任观认为会计的目标就是以适当的方式有效反映受托人的受托责任及其履行情况。换言之，会计应向委托人报告受托人的经营活动及其成果，并以反映经营业绩及其评价为中心。其依据是资源所有者将资源的经营管理权授予受托人，同时通过相关的法规、合约和惯例等来激励和约束受托人的行为，受托人接受委托，对资源进行有效管理和经营，并通过向资源提供者如实报告资源的受托情况来解除其受托责任。受托责任观更强调信息的可靠性，它在重视资产负债表的基础上格外重视利润表。

决策有用观认为会计的目标就是向会计信息使用者提供对其决策有用的信息。换言之，会计应当为现时的和潜在的投资者、信贷者和其他信息使用者提供有利于其投资和信贷决策及其他决策的信息。其依据是，资源的所有权和经营权分离后，在资本市场介入的条件下，资源所有者对受托资源有效管理的关注程度会降低，转而更为关注所投资的企业在资本市场上的风险与报酬。决策有用观更强调会计信息的相关性，即要求信息具有预测价值、反馈价值和及时性，更关注与企业未来现金流量有关的信息。

决策有用和受托责任是互有关联的会计目标，受托责任是实质，决策有用是形式。受托责任是会计产生和发展的根本动因，提供反映受托责任的信息是会计的根本目标。但考虑到中国的现实国情，中国会计目标的现实选择应定位于决策有用观。

三、会计基本假设

会计基本假设是一种对会计活动进行时、空、量限定的理论，是会计活动得以进行的基本前提，亦称会计的前提，是指一般在会计实践中长期奉行的，毋需证明便为人们所接受的，从事会计工作、研究会计问题的前提条件。目前，为国际会计界普遍认可的基本假设有四个，即会计主体(Entity)假设、持续经营(Going Concern)假设、会计分期(Accounting Peried)假设和货币计量(Monetary Measurement)假设。

(一) 会计主体假设

会计主体又称会计实体，是会计核算服务的对象，或者说是会计人员进行核算采取的立场及对于空间活动范围的界定。对会计主体的择定，有两个可以依赖的基础：一是根据能控制资源、承担义务并进行经营运作的经济单位来确定；二是根据特定的个人、集团或机构的经济利益的范围来确定。在一般情况下，一个经济单位就是一个会计主体，但在特定情况下，也可将特定个人、集团或机构的经济利益范围作为会计主体，如合并会计报表和企业内部的责任中心等，会计主体的选择应遵循实质重于形式的原则。

会计主体假设之所以成为会计核算的基本前提之一，传统会计理论认为，会计信息系统所处理的数据和提供的信息不是漫无边际的，而是严格限制在每一个特定的、在经营上或经济上具有独立性的单位之内。只有先从空间上对会计工作的具体核算范围予以界定，资产、负债、所有者权益、收入、费用和利润等会计要素才能有空间归属，才能独立反映特定主体的财务状况、经营成果及其现金流量，企业的投资人、债权人以及企业管理人员才有可能从会计记录和会计报表中得到有意义的会计信息，从而作出决策，并管理和控制经济活动。可见，会计主体假设作为开展会计工作的前提，其必要性和重要性是毋庸置疑的。

（二）持续经营假设

持续经营假设是对会计主体经营时间长度的描述，是指会计上假设企业将继续存在下去，而不会在可预见的将来清算解散，是一种理想的假设状态。在持续经营下，会计主体所持有的资产，将在正常的经营过程中被耗用、出售或转换，而其所承担的债务也将在正常的经营过程中被清偿。所以只有在持续经营的前提下，会计核算才能正常进行，解决资产计价、费用和收益的确认计量问题。持续经营假设是保证会计信息处理一致性和稳定性的前提。

（三）会计分期假设

会计分期假设是持续经营假设的补充。它是将持续不断的经营过程，人为地截取一个时间段。《企业会计准则——基本准则》第七条规定会计期间分为年度、中期（如季度和月份）。年度、季度和月份的起讫日期采用公历日期。会计分期假设的存在与会计管理职能直接相联系。之所以要计算期间损益，定期编制财务报表，可以通过报表找出存在的问题，以利于下个周期的生产经营，同时核算和报告其主体的财务状况和经营成果。会计分期假设是结算账目和编制财务报表的基础。

（四）货币计量假设

货币作为会计计量的尺度，是商品经济发展到一定阶段的产物。其基本含义是：统一的货币单位是会计工作最好的计量尺度，要求经济业务的处理以货币作为量度来加以确认。货币计量假设在使用时，必须同时附带两个假设：第一，货币的币值稳定不变；第二币种的唯一性。

四、会计信息质量要求

财务会计信息质量要求主要包括具体八项要求：可靠性、相关性、可理解性、可比性、实质重于形式、重要性、谨慎性和及时性。

（一）可靠性

可靠性要求企业应当以实际发生的交易或者事项为依据进行确认、计量和报告，如实反映符合确认和计量要求的各项会计要素及其他相关信息，保证会计信息真实可靠、内容完整。可靠性的要求：一是做账依据为实际发生的交易或者事项，二是应如实地反映遵循重要性、成本效益原则。

（二）相关性

相关性要求企业提供的会计信息应当与财务报表使用者的经济决策需要相关，有助于财务报表使用者对企业过去、现在或者未来的情况作出评价或者预测。提供的事项是过去的，决策是面向未来的，过去与未来要求有一个衔接，即提供的会计信息与财务报表使用者的经济决策相关。

将可靠性、相关性信息质量要求与财务报表目标结合，两者的关系为：决策相关目标对会计信息质量的要求是相关性；受托责任目标对会计信息质量的要求是可靠性。

（三）可理解性

可理解性要求企业提供的会计信息不能模糊不清，不能晦涩难懂，应当清晰明了，便于财务报表使用者理解和使用。

在财务报表中，不仅仅包括表内信息，还包括大量的附注，即用非会计语言来批注、传递会计信息。财务报表应尽量通俗易懂、清晰明了地汇报专业问题，应将汇报重点放在会计核算方法对于利润的影响、对决策者所关注的指标的影响。

（四）可比性

可比性要求企业提供的会计信息应当具有可比性，具体包括下列要求。

1. 纵向比较

同一企业不同时期的会计信息要具有可比性。同一企业对于不同时期发生的相同或者相似的交易或者事项，应当采用一致的会计政策，不得随意变更，如果随意变更，会导致不同期间的会计信息不可比，但如果符合会计准则的要求，也可以变更。会计政策变更在《企业会计准则第 28 号——会计政策、会计估计变更和差错更正》有具体讲解，在符合两个条件时可以变更，即法律和会计准则等行政法规、规章要求变更，变更会计政策能够提供更可靠、更相关的会计信息。

2. 横向比较

不同企业的会计信息要具有可比性。不同企业发生的相同或者相似的交易或者事项，应当采用规定的会计政策，确保会计信息口径一致、相互可比，即对于相同或者相似的交易或者事项，不同企业应当采用一致的会计政策，以使不同企业按照一致的确认、计量和报告基础提供有关会计信息。

（五）实质重于形式

实质重于形式要求企业应当按照交易或者事项的经济实质进行会计确认、计量和报告，不应仅以交易或者事项的法律形式为依据。如果企业仅仅以交易或者事项的法律形式为依据进行会计确认、计量和报告，那么就容易导致会计信息失真，无法如实反映经济现实和实际情况。

实质重于形式不代表法律形式不重要，在保证实质的同时也不能忽略法律形式。若某项交易的实质在法律形式上得不到准确地反映，会计人员应有自己的判断，应看到业务的实质、反映业务的实质。大多数情况下，经济业务的法律形式反映了经济实质。但有些情况下，经济实质与法律形式不同，我们应该按照经济实质为标准进行会计核算。

例如，企业租入的资产（短期租赁和低值资产租赁除外），虽然从法律形式上企业并不拥有其所有权，但是由于租赁合同规定的租赁期相当长，往往接近于该资产的使用寿命，租赁期结束时，承租企业有优先购买该资产的选择权，在租赁期内承租企业有权支配资产并从中受益等，从经济实质上看，企业能够控制租入资产所创造的未来经济利益，所以在会计确认、计量和报告时，就应当将租入的资产视为企业的资产，在企业的资产负债表中进行反映，这就体现了实质重于形式要求。

又如，售后回购、售后回租。"甲公司销售一批产品，同时签订合同，数月后将其回购或回租，即售后回购或售后回租。"从形式上看，甲销售产品取得了价款应确认收入，但综合考虑第二个阶段的回购或回租，甲公司一直在使用此项产品，销售商品实质上是一项融资行为，是负债，不应确认收入，这就体现了实质重于形式要求。

（六）重要性

重要性要求企业提供的会计信息应当反映与企业财务状况、经营成果和现金流量有关的所有重要交易或者事项，要求将所有重要的交易或者事项进行完整、全面的计量、报告。它包括两层含义：一是不具有重要性的交易或者事项，不需要遵循会计准则核算，甚至不需要核算；

二是对于金额较大、性质重要的项目应进行更为详细的披露。

企业会计信息的省略或者错报会影响使用者据此作出经济决策的，该信息就具有重要性。重要性的应用需要依赖职业判断，企业应当根据其所处环境和实际情况，从项目的性质和金额大小两方面来判断其重要性，实质上应对所有的事项和交易对照会计准则作全面的理解，并且不能片面地强调金额的大小就是衡量会计准则的依据。

（七）谨慎性

谨慎性要求企业对（不确定）交易或者事项进行会计确认、计量和报告时，应当保持应有的谨慎，不应高估资产或者收益、低估负债或者费用。

不应高估资产或者收益、低估负债或者费用前提是不确定性，对于已经确定的事项应如实反映，不能打着谨慎性的旗号作财务舞弊。

谨慎性的应用并不允许企业设置秘密准备，如果企业故意低估资产或者收益，或者故意高估负债或者费用，将不符合会计信息的可靠性和相关性要求，损害会计信息质量，扭曲企业实际的财务状况和经营成果，从而对使用者的决策产生误导，这是会计准则所不允许的。

谨慎性具体表现为：计提各项资产的减值准备、固定资产的加速折旧、或有事项确认预计负债等。

（八）及时性

及时性要求企业对于已经发生的交易或者事项，应当及时进行确认、计量和报告，不得提前或者延后。

在会计确认、计量和报告过程中贯彻及时性：

一是要求及时收集会计信息，即在经济交易或者事项发生后，及时收集整理各种原始单据或者凭证。

二是要求及时处理会计信息，即按照会计准则的规定，及时对经济交易或者事项进行确认或者计量，并编制出财务报表。

三是要求及时传递会计信息，即按照国家规定的有关时限，及时地将编制的财务报表传递给财务报表使用者，便于其及时使用和决策。

五、会计要素的确认

会计要素是根据交易或者事项的经济特征所确定的财务会计对象和基本分类。其可以分为反映企业财务状况的会计要素（资产、负债、所有者权益）和反映企业经营成果的会计要素（收入、费用、利润）。

（一）资产

1. 资产的定义和特征

资产是指企业过去的交易或者事项形成的、由企业拥有或者控制的、预期会给企业带来经济利益的资源。根据资产的定义，资产具有以下几个方面的特征：

第一，资产由企业过去的交易或者事项形成的。企业过去的交易或者事项包括购买、生产、建造行为或其他交易或者事项。预期在未来发生的交易或者事项不形成资产。例如，企业签订的合同，在半年后购买产品，在签订合同时不确认资产。

第二，由企业拥有或者控制，是指企业享有某项资源的所有权，或者虽然不享有某项资源的所有权，但该资源能被企业所控制。例如，融资租入的固定资产，企业拥有实际控制权，可以确认为资产。

第三，预期会给企业带来经济利益，是指直接或者间接导致现金和现金等价物流入企业的潜力。对于现在无法确定未来经济利益的资产，应该对不能带来或不能确定经济利益的部分计提减值准备。例如，如果应收账款30%的部分无法收回，则对于无法收回的30%的部分应该计提坏账准备。

2. 资产的确认条件

将一项资源确认为资产，需要符合资产的定义，并同时满足以下两个条件：

一是与该资源有关的经济利益很可能(概率在50%以上)流入企业。

二是该资源的成本或者价值能够可靠地计量。

【拓展阅读】

对可能性程度的认定

美国会计准则委员会第5号准则公告将可能性程度分为很可能(probable)、尚有可能(possible)和很少可能(remote)三个档次，但具体概率多少并未说明。《国际会计准则》第37号：准备、或有负债和或有资产，也未对可能性层次和概率进行明确说明。加拿大特许会计师协会研究认为，可能性基本可以分为四个层次，用概率表示如下："可合理确定(reasonable certain)"对应95%～100%，"很可能(probable)"对应50%～95%，"有可能(possible)"对应5%～50%，"极小可能(remote)"对应0～5%。我国《企业会计准则第13号——或有事项》对可能性程度的划分基本上借鉴加拿大特许会计师协会的研究成果，只是对"可能性"划分类的名称略有不同，概率区间都一样。划分标准为"基本确定"大于95%但小于100%，"很可能"大于50%但小于或等于95%，"可能"大于5%但小于或等于50%，"极小可能"大于0但小于或等于5%。

(二) 负债

1. 负债的定义和特征

负债是指企业过去的交易或者事项形成的、预期会导致经济利益流出企业的现时义务。根据负债的定义，负债具有以下几个方面的特征：

第一，负债是由企业过去的交易或者事项形成的。

第二，负债的清偿预期会导致经济利益流出企业。

第三，负债是企业承担的现时义务。义务分为现时义务和潜在义务。现时义务是指企业在现行条件下已承担的义务，可分为法定义务和推定义务(如产品质量保证费用)；而潜在义务是有可能要发生的义务，但不确定。

2. 负债的确认条件

将一项义务确认为负债，需要符合负债的定义，并同时满足以下两个条件：

一是与该义务有关的经济利益很可能流出企业。

二是未来流出的经济利益能够可靠地计量。

(三) 所有者权益

1. 所有者权益的定义

所有者权益是指企业资产扣除负债后，由所有者享有的剩余权益。

2. 所有者权益的来源构成

所有者权益按其来源，主要包括投入资本、其他综合收益和留存收益等。

（1）投入资本是指所有者在企业注册资本的范围内实际投入的资本。注册资本是指企业在设立时向工商行政管理部门登记的资本总额，也就是全部出资者设定的出资额之和。企业对资本的筹集，应该按照法律、法规、合同和章程的规定及时进行。如果资本是一次筹集的，投入资本应等于注册资本；如果是分期筹集的，在所有者最后一次缴入资本以后，投入资本应等于注册资本。注册资本是企业的法定资本，是企业承担民事责任的财力保证。在不同类型的企业中，投入资本的表现形式有所不同。在股份有限公司，投入资本表现为实际发行股票的面值，又称股本；在其他企业，投入资本表现为所有者在注册资本范围内的实际出资额，又称实收资本。

投入资本按照所有者的性质不同，可以分为国家投入资本、法人投入资本、个人投入资本和外方投入资本。国家投入资本是指有权代表国家投资的政府部门或者机构以国有资产投入企业所形成的资本；法人投入资本是指我国具有法人资格的单位以其依法可以支配的资产投入企业所形成的资本；个人投入资本是指我国公民以其合法财产投入企业所形成的资本；外方投入资本是指外国投资者以及我国香港、澳门和台湾地区的投资者将资产投入企业所形成的资本。

投入资本按照投入资产的形式不同，可以分为货币投资、实物投资和无形资产投资。

（2）其他综合收益即直接计入所有者权益的利得和损失，是指不应计入当期损益、会导致所有者权益发生增减变动的、与所有者投入资本或者向所有者分配利润无关的利得或者损失。其中，利得是指由企业非日常活动所形成的、会导致所有者权益增加的、与所有者投入资本无关的经济利益的流入；损失是指由企业非日常活动所发生的、会导致所有者权益减少的、与向所有者分配利润无关的经济利益的流出。

（3）留存收益是企业历年实现的净利润留存于企业的部分，主要包括计提的盈余公积和未分配利润。

3. 所有者权益的特征

与负债相比，所有者权益具有以下特征：

（1）除非发生减资或清算，企业不需要偿还所有者权益。所有者权益通常没有期限，但负债有期限。

（2）即使是在清算时，所有者权益是在清偿所有负债后才可以返还给所有者。所有者提供资金在先，享受权益在后；负债是债权人对企业资产的要求权，所有者权益是所有者对企业净资产的要求权，是剩余权益。

（3）所有者凭借所有者权益能够参与利润分配。所有者与债权人提供资金的目的不同，所有者投资是以参与企业的利润分配为目的的，因此所有者权益金额不是固定不变的，企业盈利，所有者权益会增加；企业亏损，所有者权益会减少。

【拓展阅读】

利得和损失的账务处理原则

在账务处理上，直接计入所有者权益的利得和损失，反映在“资本公积——其他资本公积”账户；除此以外，利得和损失还包括直接计入利润的利得和损失，反映在“营业外收入”“营业外支出”账户。另外，从 2009 年开始，上市公司利润表的“净利润”项目后将增加两行，即“其他综合收益”和“综合收益总额”，其中，“其他综合收益”项目反映的就是计入所有者权益的利得和损失。因此，是否将“直接计入所有者权益的利得和损失”作为利润的一部分，关键取决于会计准则的选择，没有绝对的对与错，只是一段时期的处理。类似的处理还有接受捐赠利得、债务重组利得的会计处理等。

留存收益是企业历年实现的净利润留存于企业的部分，主要包括计提的盈余公积和未分配利润。

4. 所有者权益的确认条件

所有者权益金额的确定也主要取决于资产和负债的计量。我国并没有对所有者权益制定专门的准则。

(四) 收入

1. 收入的定义和特征

收入是指企业在日常活动中形成的、会导致所有者权益增加的、与所有者投入资本无关的经济利益的总流入。根据收入的定义，收入具有以下几个方面的特征：

第一，收入应当是企业在日常活动中形成的。

第二，收入应当会导致经济利益的流入，该流入不包括所有者投入的资本。

第三，收入应当最终会导致所有者权益的增加。

收入最终导致所有者权益的增加，但是导致所有者权益增加的并不都是收入，如投资者投入的资本。

2. 收入的确认条件

收入的确认至少应当符合以下条件：

一是与收入相关的经济利益应当很可能流入企业。

二是经济利益流入企业的结果会导致企业资产的增加或者负债的减少。

三是经济利益的流入额能够可靠地计量。

(五) 费用

1. 费用的定义和特征

费用是指企业在日常活动中发生的、会导致所有者权益减少的、与向所有者分配利润无关的经济利益的总流出。根据费用的定义，费用具有以下几个方面的特征：

第一，费用应当是企业在日常活动中发生的。

第二，费用应当最终会导致所有者权益的减少。

第三，费用应当会导致经济利益的流出，该流出不包括向所有者分配的利润。

2. 费用的确认条件

费用的确认至少应当符合以下条件：

一是与费用相关的经济利益应当很可能流出企业。

二是经济利益流出企业的结果会导致资产的减少或者负债的增加。

三是经济利益的流出额能够可靠计量。

(六) 利润

1. 利润的定义

利润是指企业在一定会计期间的经营成果。

2. 利润的来源构成

利润包括收入减去费用后的净额、直接计入当期利润的利得和损失等。其中，收入减去费用后的净额反映的是企业日常活动的业绩；直接计入当期利润的利得和损失反映的是企业非日常活动的业绩(如营业外收入和营业外支出),它是指应当计入当期损益、最终会引起所有者权益发生增减变动的、与所有者投入资本或者向所有者分配利润无关的利得或者损失,主要是指营业外收入和营业外支出。

企业应当严格区分收入和利得、费用和损失之间的区别,以更加全面地反映企业的经营业绩。例如,冰箱厂销售冰箱的收入属于收入;销售生产冰箱的设备取得的收入,不属于日常活动形成的收入,这部分收入属于营业外收入,是计入利润的利得和损失。所以,我们要注意日常活动与非日常活动的区别。

3. 利润的确认条件

利润反映的是收入减去费用、利得减去损失后的净额,因此,利润的确认主要依赖于收入和费用以及利得和损失的确认,其金额的确定也主要取决于收入、费用、利得和损失金额的计量。

六、会计要素的计量

会计要素计量是指为了在资产负债表和利润表内确认和列示会计要素而确定其金额的过程。这一过程涉及计量属性的选择。可供选择的计量属性包括以下几方面。

(一) 历史成本

历史成本又称实际成本,是指取得或制造某项财产物资时所实际支付的现金或现金等价物的金额,或者承担现时义务的合同金额,或者按照日常活动中为偿还负债预期需要支付的现金或现金等价物的金额计量。

(二) 重置成本

重置成本又称现行成本,是指按照当前的市场条件重新取得同样资产所需支付的现金或现金等价物的金额。在重置成本计量下,资产按照现在购买相同或者相似资产所需支付的现金或现金等价物的金额计量;负债按照现在偿付该项债务所需支付的现金或现金等价物的金额计量。

(三) 可变现净值

可变现净值是指在正常的生产经营过程中,以预计售价减去进一步加工成本和预计销售费用以及相关税费的净值。在可变现净值计量下,资产按照其正常对外销售所能收到现金或现金等价物的金额扣减该资产至完工时估计将要发生的成本、估计的销售费用以及相关税费后的金额计量。

(四) 现值

现值是指对未来现金流量以恰当的折现率进行折现后的价值,是考虑货币时间价值的一种计量属性。在现值计量下,资产按照预计从其持续使用和最终处置中所产生的未来净现金流入量的折现金额计量;负债按照预计期限内需要偿还的未来净现金流出量的折现金额计量。

【拓展阅读】

货币时间价值的含义以及现值与终值

货币的时间价值又称资金时间价值,是指货币经历一定时间的投资和再投资所增加的价值。在商品经济中,存在这样一种现象:今天你将100元钱存入银行,假定利息率为5%,1年后的今天,你将会得到105元。其中的100元是本金,5元的利息就是这100元钱经过1年时间的投资所增加的价值,该利息就是货币时间价值。但并非所有货币都具有时间价值,货币具有时间价值的前提条件是货币只有当作资本投入生产和流通后才能产生增值。

根据马克思的劳动价值理论，在发达的商品经济条件下，资本流通的公式是："$G—W—G'$"，其中，"$G'=G+\Delta G$"，即原来预付的货币额G加上一个增值的货币额ΔG。处于两端的属于同一性质的货币，若两个货币量完全相等，投资行为就失去了实际意义。所以，资本流通的结果不仅要保持原有资本的价值，而且还要取得更多的价值，即增值。由此可见，货币时间价值的真正来源是工人创造的剩余价值的一部分。

货币的时间价值是客观存在的经济范畴。任何企业的财务活动都是在特定的时空中进行的。离开了时间价值因素，就无法正确计算不同时期的财务收支，也无法正确评价企业盈亏。因此，货币的时间价值是企业进行财务决策的基础。

在考虑货币时间价值分析资本运动和现金流量时应明确现值和终值两个基本概念。

现值是指在未来某一时点上的一定数额的资金折合成现在的价值，在商业上俗称"本金"，通常记作P。

终值是指现在一定数额的资金经过一段时期后的价值，在商业上俗称"本利和"，通常记作F。

终值与现值是一定数额的资金在前后两个时点上对应的价值，其差额就是货币时间价值。在现实生活中，计算利息时的本金、本利和相当于货币时间价值理论中的现值和终值。

(五) 公允价值

公允价值是指公平交易中，熟悉情况的交易双方自愿进行资产交换或者债务清偿的金额。在公允价值计量模式下，资产和负债按照在公平交易中，熟悉情况的交易双方自愿进行资产交换或者债务清偿的金额计量。

第二讲　财务会计岗位描述

【知识要点】

一、企业财务岗位概述

企业的财务岗位一般是根据企业自身实际情况而设置的。小型企业一般只需设置一个出纳岗位和一个会计岗位即可。大中型企业则可以根据自身情况设置：出纳岗位、财产物资核算岗位、职工薪酬核算岗位、往来核算岗位、收入费用利润核算岗位、涉税岗位、所有者权益岗位、总账报表岗位、稽核岗位、会计档案管理岗位和总会计师(或行使总会计师职权)岗位。制造性企业还可以根据情况开设成本核算岗位。如果企业的固定资产较多，也可以单独设置固定资产核算岗位。总之，企业可以根据自身的情况增减设置岗位数量，并应注意以下四点：

第一，医院门诊收费员、住院处收费员、药房收费员、药品库房记账员和商场收费(银)员等所从事的工作均不属于会计岗位。

第二，单位内部审计、社会审计和政府审计工作不属于会计岗位。

第三，会计工作岗位可以一人一岗、一人多岗(但出纳人员不得兼管稽核、会计档案保管和收入、费用、债权债务账目的登记工作)和一岗多人。

第四，注意会计岗位的轮换，它可以是在同一单位让会计人员轮换担任若干种不同财务工作的做法，也可以是会计人员在各单位之间定期进行岗位交换的做法。

二、企业会计岗位的划分

(一) 出纳岗位

顾名思义,出纳的“出”即货币资金的支出、“纳”即货币资金的收入。从广义上讲,从事货币资金收支的人员即为出纳,既包括会计部门的出纳工作人员,也包括业务部门的各类收款员(收银员);狭义的出纳人员仅指会计部门的出纳人员。出纳岗位是会计基本工作岗位,也往往是刚从事财务工作的人员最先接触的岗位。其工作主要是管理货币资金、票据和有价证券进出的一项工作。具体地说,出纳是按照有关规定和制度,办理本单位现金收付、银行结算及有关账务,保管库存现金、有价证券、财务印章及有关票据等工作的总称。从广义上讲,只要是票据、货币资金和有价证券的收付、保管和核算,就都属于出纳工作。从狭义上看,出纳工作则仅指各单位会计部门专设出纳岗位或人员的各项工作。

出纳岗位涉及现金收付和银行结算等活动,关系到职工个人、单位乃至国家的经济利益,一旦出现差错,便会造成不可挽回的损失。因此,明确出纳岗位的职责和权限,是做好出纳工作的起码条件。根据《会计法》《会计基础工作规范》等财会法规,出纳岗位应具有以下职责:

(1) 按照国家有关现金管理和银行结算制度的规定,办理现金收付和银行结算业务。

(2) 根据会计制度的规定,在办理现金和银行存款收付业务时,要严格审核有关原始凭证,并据以编制收付款凭证,然后根据审核无误的凭证逐笔顺序登记现金日记账和银行存款日记账,并结出余额。

(3) 按照国家外汇管理和结汇、购汇制度的规定及有关批件,办理外汇出纳业务。

(4) 掌握银行存款余额,不得签发空头支票,不得出租、出借银行账户为其他单位办理结算业务。

(5) 保证库存现金和各种有价证券的安全与完整,保管好有关印章、空白收据和空白支票。

(二) 财产物资核算岗位

财产物资是企业重要的资产,是企业生存的基础。财产物资核算岗位是一个细致、规范、系统和科学的管理工作岗位,与企业的生产、销售息息相关,进而影响到企业的经济效益。对于从事此项工作岗位的会计人员来说,要正确、及时地处理各项财产物资的增减变动,提供准确、可靠的信息,为库存管理、成本管理提供坚实的基础是工作的重点。

具体来说,财产物资核算岗位的职责主要包括以下几点:

(1) 会同有关部门拟定财产物资核算与管理实施办法,并执行。

(2) 按规定审查采购计划,控制采购成本,并及时办理固定资产新增手续,建立固定资产卡片,协同物资管理部门建卡入账;做到账账、账实相符。

(3) 参与财产物资的清查,处理清查账务,制定财产物资的调转和报废制度,对调转和报废的财产物资要及时进行清理。

(4) 负责对材料购入、领用、数量及金额进行核算,准确登记材料明细账,及时同保管人员对账。

(5) 定期收回材料保管账及时归档,及时编制固定资产报表及统计资料。

(6) 熟练掌握各类物资,设备的技术性能,进行定期、不定期地维护保养,保证各类物资、设备的完好,并做好财产物资的防盗、防潮、防尘、防腐工作。分析储备情况,防止呆滞积压,对于超过正常储备和长期积压的财产物资,要分析原因,提出处理意见,督促相关部门处理。

（三）职工薪酬核算岗位

职工薪酬核算岗位是企业重要的会计岗位之一。为了做好职工薪酬的核算工作，企业单位的会计机构可以按照岗位责任制的要求设置职工薪酬核算岗位。若企业职工人数较多，可以配置专门核算人员，也可以聘任兼职人员参与相关工作，但必须遵守不相容职务分离的原则。

职工薪酬核算岗位的职责主要包括以下几点：

（1）严格按照本单位工资、奖金核算办法支付工资和各种奖金，定期组织工资发放。

（2）每月根据考勤表或计件工资统计表，依据出勤天数、岗位标准、各种补贴和奖金分配方案等有关内容，正确编制工资结算表、并办理代扣各种款项。

（3）依据国家规定正确提取职工福利费、职工教育经费和工会经费等有关费用，并进行账务处理。

（4）按照工资支付对象和成本核算的要求，编制工资费用分配表，向有关部门提供工资分配的明细资料，并进行工资分配账务处理。

（四）往来核算岗位

一般企业的往来业务非常频繁，核算工作量不但大而且繁琐，容易出现问题，所以往来核算会计是企业会计工作的一个重要岗位。这就要求相关会计人员不仅要经过一定的理论学习与职业教育，明确往来核算岗位的岗位职责与权限，而且能够及时、准确地核算往来业务，为往来的债权债务提供准确无误的数字，减少不必要的损失。

往来核算岗位职责具体如下：

（1）建立往来款项结算手续制度。

（2）根据银行存款凭条、各项费用单据，及时、正确无误地做收付、转账记录。

（3）仓库送交的入库单、销售单、退货单和调拨单等，要按时、按规定进行折扣审核并记账。

（4）根据销售单、退货单和调拨单等编制记账凭证，及时提供、分析客户欠款情况，并处理应收款项的疑难问题，有效控制应收账款的坏账损失，提高回款率。

（5）月末对账工作必须按时完成，打印客户对账单发送至客户，要求客户确认回传。

（6）对客户应收、已收的各项保证金要严格管理，不得少收或不收，要主动、及时地做好订金的转款工作。

（五）收入、费用、利润核算岗位

企业的生存靠的是赚取利润，利润的取得依赖于收入的实现，而要想获得收入就必须要有投入，即费用成本的支出。该岗位对于会计人员综合素质要求较高，不但要正确界定各项收入，还要区分三大期间费用，能够准确核算企业的利润，为管理者提供必要的决策数据。

收入、费用、利润核算岗位的职责如下：

（1）负责编制收入、费用、利润计划；严格控制费用支出。

（2）办理销售款项结算业务。

（3）负责收入、费用、利润的明细核算。

（4）负责利润分配的明细核算。

（5）编制收入和利润报表。

（6）协助有关部门对产成品进行清查盘点。

（六）涉税会计岗位

涉税会计岗位是集税法与会计为一体的实践性非常强的岗位。正确计算和交纳相关税款，是保证国家财政收入的需要，也是企业健康成长的重要保证。企业涉税岗位工作人员主要负责公司涉税业务的核算和管理，各种发票的领取、使用及保管工作，各项统计报表的填报等工作。

涉税会计岗位职责有以下几点：

（1）负责增值税专用发票、普通发票等各种发票的领购、保管，按规定及时登记发票领购簿。

（2）正确及时开具增值税专用发票、普通发票。对异地纳税要开出外出经营活动证明并作登记备查。

（3）严格对各种发票，特别是增值税专用发票进行审核，及时进行发票认证。

（4）规范本地、异地各项涉税事项的核算、管理流程，对发现的问题及时反映。

（5）负责编制国税、地税需要的各种报表，每月按时进行纳税申报，用好税收政策，规避企业涉税风险，依法纳税，负责减免税、退税的申报。

（6）做好统计工作，填报公司涉税的各种统计报表。

（7）负责"税金及附加""应交税费""所得税费用"科目凭证填制及明细账登记、核对。

（8）负责记账凭证的及时装订，税务相关资料的装订存档。

（9）每月对纳税申报、税负情况进行综合分析，提出合理化建议。

（七）所有者权益岗位

所有者权益岗位与其他会计岗位相比工作量不大，业务也比较简单。其主要涉及接受投资、利润分配等业务。

所有者权益岗位职责主要包括以下几点：

（1）负责不同出资方式下实收资本（或股本）及其增减变动核算。

（2）负责资本溢价（或股本溢价）和其他资本公积的核算。

（3）负责盈余公积的提取和使用核算。

（4）负责未分配利润的核算。

（八）总账报表岗位

企业财务报表是企业财务会计确认与计量的最终结果体现，它是综合性最强的会计资料，由于报表内部、报表之间都存在着勾稽关系，而且编制报表会涉及大量的财务信息，所以这要求总账报表岗位人员必须熟练掌握财务报表的编制工作。

其具体职责包括：①负责登记总账；②负责编制资产负债表、利润表、现金流量表等有关财务报表；③负责管理会计凭证和财务报表。

（九）会计档案管理岗位

会计档案管理岗位负责会计档案的整理与保管。在会计档案正式移交之前，属于该岗位职责范围；会计档案正式移交档案管理部门之后，一则不再属于该岗位职责范围。档案管理部门人员管理会计档案，但不属于会计岗位。

（十）稽核岗位

稽核是稽查和复核的简称。会计稽核是指会计机构本身对于会计核算工作进行的一种自我检查或审核工作。建立会计机构内部稽核制度，其目的在于防止会计核算工作上的差错和有关人员的舞弊。该岗位是规范会计行为、提高会计资料质量的重要保证。其职责一般包括：

①审查财务成本计划;②审查各项财务收支;③复核会计凭证和财务会计报表。

(十一) 总会计师岗位

总会计师组织领导本单位的财务管理、成本管理、预算管理、会计核算和会计监督等方面的工作,参与本单位重要经济问题的分析和决策。

总会计师负责组织本单位的下列工作:

(1) 编制和执行预算、财务收支计划、信贷计划,拟订资金筹措和使用方案,开辟财源,有效地使用资金。

(2) 进行成本费用预测、计划、控制、核算、分析和考核,督促本单位有关部门降低消耗、节约费用、提高经济效益。

(3) 建立、健全经济核算制度,利用财务会计资料进行经济活动分析。

(4) 负责对本单位财会机构的设置和会计人员的配备、会计专业职务的设置和聘任提出方案;组织会计人员的业务培训和考核;支持会计人员依法行使职权。

(5) 协助单位主要行政领导人对企业的生产经营、行政事业单位的业务发展以及基本建设投资等问题作出决策。

(6) 参与新产品开发、技术改造、科技研究、商品(劳务)价格和工资奖金等方案的制定;参与重大经济合同和经济协议的研究、审查。

(7) 承办单位主要行政领导人交办的其他工作。

第三讲　本书结构与学习提示

【知识要点】

一、本书的知识结构

全书一共分四个部分:

第一部分:导入。

第二部分:资产负债表要素的确认、计量与披露(第二单元～第九单元)。

第三部分:利润表要素的确认、计量与披露(第十单元)。

第四部分:财务报表的编制与披露(第十一单元)。

第一部分导入主要涉及财务会计基本理论和主要岗位介绍等,其重点是会计基本理论,包括财务会计目标、财务会计假设、财务会计信息质量要求、会计要素的确认和计量等。第二、第三部分是对基本会计要素确认、计量和报告的阐述,包括资产负债表要素(资产、负债、所有者权益)和利润表要素(收入、费用和利润),这是同学们应重点掌握的业务技能,因为资产计价与收益计量是财务会计的两大核心,而资产计价又决定了收益的计量,因此,六大要素中资产要素是重点。书中第四部分讨论了财务报表,这一会计最终产品的编制基础和相关政策说明等内容。

二、致学生的学习建议

“财务会计实务”课程是会计专业最核心的课程,要学好该课程,应把握以下方面。

1. 课程学习要求

通过本课程的学习,学生应基本掌握企业会计实务中的基本理论、企业财务核算的内容和方法;对企业经营管理过程中所涉及的各类资产、负债、所有者权益及损益在确认、计量、报告与披露等方面,能够基本把握和应用企业会计基本准则和有关具体准则中的要求,达到学以致用的目标。

2. 课程学习难点

财务会计的核心内容是确认、计量和报告,学习的难点自然是如何把握确认的合理性、计量的准确性和报告与披露的真实性。而确认的合理性难点在于不同的经济事项发生时其依据在哪里,为什么;计量的准确性难点在于有哪些计量方法,这些不同的计量方法到底如何采用;报告与披露的真实性难点在于如何报告、如何披露,如何才能真实、全面、系统地向有关信息使用者报告、披露。

3. 课程学习特点

"财务会计实务"课程是会计专业最核心的课程,"会计学原理"课程是其前奏,"高级会计学"课程是其延伸,学好本课程是会计专业学生最重要的任务。本课程在学习过程中的特点主要有三个方面:一是核算内容基本上涵盖了企业经营管理的全过程,故学习时要把握系统性和全面性,点面结合;二是课程的内容许多方面是关联的,如销售循环牵涉到收入确认、税金计算、货币资金核算和应收账款处理,故学习时要把握好相关性;三是密切联系最新企业会计准则的制定及修订,在学习课程相关的章节时,应对照相应的准则,故学习时要把握好应用性。

4. 如何学习本课程

本课程内容十分丰富,要学好本课程难度相当大。因此,学生在学习时要做到三个结合:一是点面结合,即在学好各章节的内容的基础上,将会计循环的概念植于其中,相关章节相关的内容要融会贯通,前后联络,不能独立的学;二是教材与准则相结合,即把学习教材的内容与学习已经颁布的各相应的会计准则结合起来,充分体现"财务会计实务"这门应用性特别强的课程的学习特点,不能死啃书本地学;三是课程学习与练习相结合,既要充分把握好课程的理论与方法,也要通过适量的实务训练,掌握财务会计核算的应用性。

单元测试

1. 单项选择题

(1) 资产按照现在购买相同或者相似资产所需支付的现金或现金等价物的金额计量,这是(　　)会计计量属性。

A. 历史成本　　B. 重置成本　　C. 可变现净值　　D. 公允价值

(2) 企业对于重要的前期差错,应采用追溯重述法更正,这体现的是(　　)要求。

A. 可比性　　B. 重要性　　C. 客观性　　D. 明晰性

(3) 下列各项中,不属于企业资产的是(　　)。

A. 经营租入的固定资产　　B. 融资租入的固定资产

C. 存货　　D. 企业申请的专利

(4) 下列有关会计主体的表述中,不正确的是(　　)。

A. 会计主体可以是营利组织,也可以是非营利组织

B. 会计主体与法律主体是完全一致的

C. 企业的经济活动应与投资者的经济活动相区分

D. 会计主体可以是独立的法人,也可以是非法人

(5) 下列说法中,体现了可比性要求的是(　　)。

A. 核算发出存货的计价方法一经确定,不得随意改变,如有变更需在财务报表中说明

B. 对有的资产、负债采用公允价值计量

C. 对融资租入的固定资产视同自有固定资产

D. 期末对存货采用成本与可变现净值孰低法计价

(6) 企业将劳动资料划分为固定资产和低值易耗品,是基于(　　)会计核算质量要求。

A. 可比性　　B. 谨慎性　　C. 可理解性　　D. 重要性

(7) 某企业将预收的货款记入"预收账款"账户,在收到款项的当期不确认收入,而在实际发出商品时确认收入,这主要体现会计基本假设的(　　)。

A. 持续经营　　B. 会计分期　　C. 会计主体　　D. 货币计量

(8) 企业提供的会计信息应有助于财务报表使用者对企业过去、现在或者未来的情况作出评价或者预测,这体现了会计信息质量要求的(　　)。

A. 相关性　　B. 可靠性　　C. 可理解性　　D. 可比性

(9) 企业将融资租入固定资产按自有固定资产的折旧方法计提折旧,遵循的是(　　)。

A. 可比性　　B. 重要性　　C. 相关性　　D. 实质重于形式

(10) 不得将投资者个人支出记入企业账户依据的是(　　)假设。

A. 会计主体　　B. 会计分期　　C. 持续经营　　D. 货币计量

(11) 下列表述中,不符合会计信息质量要求的是(　　)。

A. 会计核算方法一经确定不得随意改变

B. 会计核算应当及时进行,不得提前或延后

C. 会计核算应当仅反映交易或事项的法律形式

D. 会计核算应当以实际发生的交易或事项为依据

(12) 下列关于会计要素确认的说法中,不正确的是(　　)。

A. 会计要素确认的条件之一是与该项目有关的经济利益很可能流入或流出企业

B. 如果企业所售的商品符合合同要求,没有其他例外情况发生,企业能够在未来某一时点完全收回款项,则表明该项应收账款所包含的经济利益很可能流入企业

C. 若某项目有关的经济利益能够可靠地计量,则意味着该项目不需要进行估计

D. 商誉不应作为无形资产核算

(13) 下列会计处理中,符合会计信息质量可比性要求的是(　　)。

A. 核算发出存货的计价方法一经确定,不得随意更改,如有变更需在财务报表中说明

B. 企业为了调节利润多计提资产减值准备

C. 企业为了完成利润计划,将收入确认的方法由完工百分比法改为完成合同法

D. 企业为了避免 3 年连亏,将固定资产折旧方法由原来的直线法改为年数总和法

(14) 企业销售货物或提供应税劳务时,应收取的增值税额属于(　　)会计要素。

A. 资产　　B. 负债　　C. 收入　　D. 费用

(15) 下列各项中,不属于反映企业财务状况的会计要素的是(　　)。

A. 所有者权益　　B. 负债　　C. 利润　　D. 资产

2. 多项选择题

(1) 下列组织中,可以作为一个会计主体进行核算的有(　　)。
A. 母公司　　B. 非单独核算的分公司
C. 独立核算的销售门市部　　D. 学校
(2) 下列各项中,不符合资产会计要素定义的有(　　)。
A. 计划购买的原材料　　B. 待处理财产损失
C. 委托加工物资　　D. 预收款项
(3) 下列业务事项中,可以引起资产和负债同时变化的有(　　)。
A. 计提无形资产减值准备　　B. 赊购原材料
C. 计提长期借款利息(可资本化)　　D. 到期支付应付票据金额
(4) 下列事项中,属于企业收入的有(　　)。
A. 销售商品所取得的收入　　B. 提供劳务所取得的收入
C. 出售无形资产的经济利益流入　　D. 出租机器设备取得的收入
(5) 下列各项中,企业资产的有(　　)。
A. 经营租入的固定资产　　B. 融资租入的固定资产
C. 企业申请的专利　　D. 持有至到期投资
(6) 在有不确定因素情况下,作出判断时,下列事项中,符合谨慎性的做法有(　　)。
A. 合理估计可能发生的损失和费用　　B. 充分估计可能取得的收益和利润
C. 不要高估资产和预计收益　　D. 设置秘密准备
(7) 会计计量属性包括(　　)。
A. 历史成本　　B. 重置成本
C. 可变现净值　　D. 现值
E. 公允价值
(8) 在确认资产要素时,应满足的条件有(　　)。
A. 符合资产要素定义　　B. 经济利益很可能流入企业
C. 成本或价值能够可靠计量　　D. 符合历史成本原则
(9) 财务报表使用者包括(　　)。
A. 投资者　　B. 债权人　　C. 政府　　D. 社会公众
(10) 下列各项中,属于会计信息质量要求的有(　　)。
A. 会计核算方法一经确定不得随意变更
B. 会计核算应当注意交易或者事项的实质
C. 会计核算应当以实际发生的交易或者事项为依据
D. 会计核算应当以权责发生制为依据

3. 判断题

(1) 根据国家统一的会计制度的要求,从本期开始对长期股权投资提取减值准备,符合会计信息质量可比性要求。(　　)
(2) 费用的流出包括向所有者分配的利润。(　　)
(3) 谨慎性要求企业对交易或者事项进行会计确认、计量和报告时,应当保持应有的谨

慎,应充分估计资产和收益。 ( )

(4) 如果可以判断企业不能持续经营,仍可以持续经营为基本假设编制财务报表。 ( )

(5) 可靠性原则要求企业应当在符合重要性和成本效益原则的前提下,保证会计信息的完整性,其中包括编报的报表及其附注内容等应当保持完整,不能随意遗漏或者减少应予披露的信息,与使用者决策相关的有用信息都应当充分披露。 ( )

(6) 满足会计信息可比性的要求,就要求企业不能变更会计政策。 ( )

(7) 实质重于形式要求企业应当按照交易或者事项的经济实质进行会计确认、计量和报告,不应仅以交易或者事项的法律形式为依据。 ( )

(8) 工业企业处置固定资产的收入构成企业的收入。 ( )

(9) 金额较大的会计信息是重要的,而金额较小的会计信息是不重要的。 ( )

(10) 收入应当最终会导致所有者权益的增加。 ( )

(11) 我国会计实务中会计要素的计量属性只有历史成本。 ( )

(12) "资产=负债+所有者权益"等式反映了企业特定时点的财务状况,它是编制资产负债表的基础。 ( )

(13) 财务报表的目标是满足国家宏观经济管理的需要。 ( )

(14) 企业在一定期间发生亏损,则企业在这一会计期间的所有者权益一定减少。( )

(15) 符合资产定义的项目,应当列入资产负债表。 ( )

第二单元　货币资金

导学目标

通过本单元学习，学生应该掌握如下知识技能：

1. 较好地理解货币资金的管理和内部控制制度。
2. 掌握库存现金收支业务的核算方法以及库存现金的清查方法。
3. 掌握银行存款收支业务的核算方法以及银行对账的处理方法。
4. 熟悉其他货币资金收支业务的核算方法。

导学案例

巨额银行存款不翼而飞：问题出在哪里

2018 年 1 月 4 日，东北高速股份有限公司（以下简称“东北高速”）的公司负责人、财务部经理和出纳员去中国银行哈尔滨分行河松街支行对账。河松街支行出具的该公司截至 2017 年 12 月 31 日电脑打印的银行对账单显示，公司两个账户应有的存款余额近 3 亿元只剩下 7 万多元，其余存款去向不明。此外，东北高速子公司——黑龙江东高投资开发有限公司存于该行的 530 万元资金也去向不明。与此同时，河松街支行行长高山也神秘“失踪”。东北高速随即向警方报案，并于 2018 年 1 月 17 日向吉林省高级人民法院递交了民事起诉状，请求被告中国银行哈尔滨分行河松街支行立即支付原告在被告处的存款 293 303 076.65 元存款本金及利息。

警方调查发现，此案 3.5 亿元资金涉及东北高速在哈尔滨河松街支行的两个账户中共计存款余额近 3 亿元；东北高速子公司——黑龙江东高投资开发有限公司存于该行的 530 万元资金；黑龙江辰能哈工大高科技风险投资有限公司所存的 3 亿余元资金；黑龙江社保局 1.8 亿元资金；同时，东高投资存在大庆市农业银行的履约保证金 2 427.98 万元亦被悉数卷走。事后查明，该行行长高山以跳票飞单的形式，利用高息获得巨额存款，串通世纪绿洲系企业的实际控制人李东哲通过地下钱庄将超过 10 亿元的资金汇往国外，并潜逃出境。

请问，上市公司银行存款不翼而飞反映出了什么问题？

资料来源：《巨额银行存款不翼而飞的内控教训和启示》，载于《中国会计报》2018 年 5 月 23 日。

第一讲　货币资金的管理与控制

【知识要点】

货币资金是指企业在生产经营过程中直接以货币形态存在的资产。从内容上看，货币资金主要包括库存现金、银行存款和其他货币资金。在流动资产中，货币资金的流动性最强，并且是唯一能够直接转化为其他任何资产形态的流动资产，最能代表企业的现实购买力水平，同时也是分析判断企业偿债能力与支付能力的重要指标。

货币资金既是资本运动的起点，又是资本运动的终点，在流转资金的循环周转中起着纽带作用。如果货币资金流转不畅，企业的生产经营活动就会停滞不前。因此，为了保障企业生产经营活动的正常运行，企业必须拥有一定数量的货币资金，以便购买商品或劳务、支付费用和工资、偿还债务等。但也正是由于货币资金具有高度的流动性和风险性，单位在组织会计核算的过程中，必须要加强货币资金的控制与核算，以确保单位资产安全完整，提高资金周转速度和使用效益。

一、货币资金管理的目的

现金流对于企业，就像是人体的血液，只有血液充足流动顺畅，人体才会健康。因此，企业要保证“血液”在体内的循环顺畅就必须要重视货币资金的管理。其主要管理目的有以下四个方面：

（1）保证货币资金的安全性。即通过良好的内部控制，确保企业库存现金安全，预防被盗窃、诈骗和挪用。

（2）保证货币资金的完整性。即检查企业收到的货币是否已全部入账，预防私设“小金库”等侵占企业收入的违法行为出现。

（3）保证货币资金的合法性。即检查货币资金取得、使用是否符合国家财经法规，手续是否齐备。

（4）保证货币资金的效益性。即合理调度货币资金，使其发挥最大的效益。货币资金虽不能直接为企业带来效益，但保存过多的货币资金，实际上是意味着企业资金的潜在效益损失，这种损失就是机会成本。

企业应当引以为戒，重视货币资金的管理，建立一套完善而严密的货币资金内部控制制度，并加以有效执行，以保护货币资金的安全和完整。

二、货币资金内部控制制度

（一）货币资金内部控制制度的基本要求

货币资金内部控制制度是企业重要的内部管理制度，是指处理各种业务活动时，依照分工的原则在有关人员之间建立的相互联系、相互制约的管理体系。货币资金收支业务的内部控制，是整个内部控制制度设计的关键。它要求：①实现钱账分管，出纳员不得负责总账的记录。②各种收付款业务均应集中于出纳部门办理。③现金收入和支出应立即记账，定期或不定期检查现金记账情况并进行账务核对。④一切货币资金收入，都要入账。⑤银行存款收付业务必须定期核对，并由出纳员以外的人员编制或审核银行存款余额调节表。⑥库存现金除日常周转需用外都应每日解交银行，库存现金必须存放保险柜。⑦发票与收据必须按编号顺序使用，领用空白发票（银行票据）和收据必须进行登记。⑧支票签发必须由出纳员和财务负责人两个以上负责并签字，并应设置支票签发登记簿进行记录，空白支票不得签名盖章。⑨所有付款业务只有经过审核批准后方可支付办理。⑩一切收付款必须凭证齐全，收付业务完成后必须加盖收讫和（或）付讫的印章。⑪所有与现金或银行存款收付业务有关的人员都必须签字，以备追溯责任。⑫出纳员在每天工作结束时要清点现金，核对账目，主管部门应进行不定期检查。

（二）货币资金内部控制制度的主要内容

企业建立的货币资金内部控制制度的具体内容，因企业的规模大小和货币资金收支量多少有所不同，但一般应包括以下几项主要内容。

1. 职责分工和职权分离制度

货币资金收支应由出纳员和会计人员分工负责、分别办理，职责分明、职权分离。会计不得兼任出纳员；出纳员不得兼任稽核、会计档案保管，不得兼管收入、费用、债券债务账目的登记工作。

2. 授权和批准制度

所有货币资金的经济活动必须按权限进行调查批准。单位各级工作人员，必须经过授权和批准，才能对有关的经济业务进行处理，未经授权和批准，不允许接触这些业务，这一控制方式使某些事件在发生时就得到控制。

3. 内部记录和核对制度

所有货币资金的经济业务必须按会计制度规定进行记录，并且各种收付款业务应集中到会计部门办理，任何部门和个人不得擅自出具收款或付款凭证。

出纳员要自觉进行经常性的对账工作。内审人员应负责收支凭证和账目的定期审计、现金的突击盘点及银行账的定期核对工作。

4. 安全制度

对货币资金须有健全的保护措施，有专人负责保管，有专人进行内部监督。货币资金收付和保管只能由出纳员负责，其他任何人员（包括单位负责人）非经单位领导集体特别授权，不得接触货币资金。出纳员应对购入票证及时登记、统一编号、妥善保管。开具支票时，出纳员必须按编号顺序连续使用，对已经使用和作废的支票要在登记簿上作详细记录，作废票证应加盖“作废”章，全份保存，并详细登记，由领用人员签名作证。银行预留印鉴分别由两人掌管，财务专用章由出纳员保管，公司总经理私章由财务部指定专人保管。

5. 严密的收支凭证和传递手续

货币资金的收支事项，均应有一定的收支凭证和传递手续，使各项业务按正常渠道运行。每笔收款都要开票；每笔支出都应有单位负责人审批、会计主管审核、会计人员复核；尽可能使用转账结算，现金结算的款项应及时送存银行。出纳员收妥每笔款项后应在收款凭证上加盖“收讫”章；支付每一笔款项都应以健全的凭证和完备的审批手续为依据，付款后，须在付款凭证上加盖“付讫”章。

6. 严格执行规章制度

企业应严格执行国务院颁布的《现金管理暂行条例》，严格执行《银行结算制度》，建立对货币资金业务的监督检查制度，明确监督检查机构或人员的职责权限，定期和不定期地进行检查。

（三）货币资金内部控制制度的要点

由于货币资金流动性最强，也最易被经管人员挪用或侵占，为了减少差错的发生和营私舞弊的机会，企业需要建立一套完善的货币资金内部控制制度。其要点如下所述。

1. 不相容职务相互分离控制

单位应建立严格的组织分工和货币资金业务的岗位责任制，使不相容岗位和职务之间能够相互监督、相互制约，形成有效的制衡机制。也就是说，不能由一个人办理货币资金业务的全过程，不相容职务应该相互分离、相互制约，不能一人多岗，身兼数职。

2. 依靠规范的操作程序和严格的控制

任何货币资金的收付都应按其业务规律建立管理手续制度。内部财务控制就是要使这一审批手续规范化、制度化，以减少某些不必要的开支，并揭示出与货币资金业务有关的其他业务在内部控制方面的薄弱环节。

3. 对现金收支业务审批权限控制

单位应当对货币资金业务建立严格的授权批准制度，明确规定涉及会计及相关工作的授权批准方式、范围、权限、程序和责任等相关控制措施，规定经办人办理货币资金业务的职责范围和工作要求。单位内部的各级管理者必须在授权范围内行使职权和承担责任，经办人员也必须在授权范围内办理业务。

4. 对货币资金的安全性控制

单位对货币资金的安全性控制可通过库存现金限额控制。库存现金额不得超过规定的限额，超过限额的货币资金应送存银行，可降低货币资金被盗风险，还能高度集中货币资金，统筹使用；会计主管人员应对库存现金进行定期或不定期检查及盘点，以确保单位资产安全。

5. 对银行账户、票据控制

单位应严格按规定开立银行账户、办理存款和结算，不得出借账户；应定期检查、清理银行账户的开立和使用情况，及时发现问题并处理。指定专人定期核对银行存款余额；对背书转让票据应有原始记录或复印件；不准签发空头或远期支票。加强票据管理，明确各种票据购买、保管、领用、背书转让和注销等环节的职责权限并专设登记簿进行记录，防止空白票据的遗失和被盗用，并且备查簿需作会计档案管理。

6. 建立内部稽核制度的控制

单位应建立内部稽核制度，以加强对货币资金的管理和监督，及时发现和纠正货币资金在处理过程中出现的问题。

7. 内部报告制度的控制

这种控制方法要求各单位要建立和完善内部报告制度，全面反映单位的经济活动情况，及时提供业务活动中的重要信息，增强内部管理的实效性和针对性。在货币资金控制环节，适时运用内部报告控制方法十分重要，应切实发挥好内部报告控制方法的作用。

第二讲 库存现金

【知识要点】

一、库存现金的管理与控制

库存现金是企业流动性最强的一种货币性资产，因此，保证库存现金的安全并加强库存现金的管理是库存现金管理的首要目标。体现在会计实务上，库存现金管理就是要求做到现金的账面数额与实存数额日日相符。为此，企业应当依照《现金管理暂行条例》等相关制度的规定对库存现金进行管理。

（一）现金的使用范围

根据国家现金管理制度和结算制度的规定，企业收支的各种款项必须按照国务院颁发的《现金管理暂行条例》的规定办理，在规定的范围内使用现金。主要包括：①职工工资、津贴；②个人劳务报酬；③根据国家规定颁发给个人的科学技术、文化艺术、体育等各种奖金；④各种劳保、福利费用以及国家规定的对个人的其他支出；⑤向个人收购农副产品和其他物资的价款；⑥出差人员必须随身携带的差旅费；⑦零星支出；⑧中国人民银行确定需要支付现金的其他支出。属于上述现金结算范围的支出，企业可以根据需要向银行提取现金支付，不属于上述现金结算范围的款项支付一律通过银行转账结算。

（二）库存现金的限额

库存现金限额是指为保证各单位日常零星支出，按规定允许留存的现金的最高数额。库存现金的限额，由开户银行根据开户单位的实际需要和距离银行远近等情况核定。其限额一般按照单位 3～5 天日常零星开支所需现金确定。远离银行或交通不便的企业，银行最多可以根据企业 15 天的正常开支需要量来核定库存现金的限额。正常开支需要量不包括企业每月发放工资和不定期差旅费等大额现金支出。库存现金限额一经核定，要求企业必须严格遵守，不能任意超过，超过限额的现金应及时存入银行；库存现金低于限额时，可以签发现金支票从银行提取现金，补足限额。

（三）现金收支的管理规定

企业应当按照中国人民银行的现金管理办法和财政部关于各单位货币资金管理和控制的规定，办理有关现金收支业务。办理现金收支业务时，企业应当遵守以下几项规定：

（1）企业现金收入应于当日送存开户银行。当日送存有困难的，由开户银行确定送存时间。

（2）企业支付现金，可以从本企业库存现金限额中支付或者从开户银行提取，不得从本企业的现金收入中直接支付（即坐支）。因特殊情况需要坐支现金的，应当事先报经开户银行审查批准，由开户银行核定坐支范围和限额。企业应定期向银行报送坐支金额和使用情况。

（3）企业从开户银行提取现金，应当写明用途，由本单位财会部门负责人签字盖章，经开户银行审核后，予以支付现金。

（4）企业因采购地点不固定、交通不便以及其他特殊情况必须使用现金的，应向开户银行提出申请，经开户银行审核后，予以支付现金。

（5）不准用不符合制度的凭证顶替库存现金，即不得“白条顶库”；不准谎报用途套取现金；不准用银行账户代其他单位和个人存入或支取现金；不准用单位收入的现金以个人名义存储，不准保留账外公款，不得设置“小金库”等。

银行对于违反上述规定的企业，将按照违规金额的一定比例予以处罚。

【拓展阅读】

出纳业务术语——坐支

坐支是指企事业单位等从本单位的现金收入中直接用于现金支出。

会计上讲究收支两条线。收到的现金直接支付属于坐支现金，因为按规定，所有收到的现金当日需要存入银行。支出现金用到的现金是你从银行提出来的，不是直接收到的。如果收支发生在不同日期，相信你也就没有疑问了。举个例子，比如你 2 日收到 100 元，当日支出 50 元，1 日库存现金 10 元。按要求你要去银行存入 100 元，提取 40 元，最后支出 50 元，如果要留备用金，还可以多提一点。

当然坐支也不是一律都禁止的。例如，医院以收入款项退还病人的住院押金、伙食费及支付输血费等。

（四）库存现金账目管理

企业必须建立健全库存现金账目，除设置库存现金总分类账对现金进行总分类核算以外，还必须设置现金日记账进行库存现金的明细核算，逐笔登记现金收入和支出，做到账目日清日结，账实相符。

二、库存现金的账务处理

为了总括反映企业库存现金的收支结存情况，企业在总账中要设置“库存现金”账户。该账户属于资产类账户，借方登记库存现金的增加额，贷方登记库存现金的减少额，期末余额在借方，反映的是企业库存现金的金额。同时，为了进行库存现金的序时核算，企业还必须设置“现金日记账”。现金日记账实际上就是“库存现金”这个账户的明细账。现金日记账由出纳员按照库存现金收支业务的发生顺序，根据审核无误的收付款凭证，收一笔记一笔，付一笔记一笔，每日结出余额，并与库存现金实际库存数进行核对，做到日清月结，账实相符，并且于每月终了，出纳员要将“现金日记账”余额与“库存现金”总账余额进行核对，做到账账相符。

另外，有外币业务收支的企业，应当分别按人民币、各种外币设置现金日记账进行明细核算。

【拓展阅读】

在编制财务报表时，应当在报表附注里分币种报告现金原币余额，以及按照交易日汇率或者近似汇率折算为人民币的金额，如表 2-1 所示。

表 2-1　　厦门雅达股份有限公司 2018 年半年报表附注(节选)

五、合并财务报表主要项目注释 （以下金额单位若未特别注明者均为人民币元，凡未注明年初数的均为期末数）		
1. 货币资金		
项目	期末数	年初数
库存现金	228 181.64	1 749 207.59
银行存款	220 631 915.10	180 365 452.92
其他货币资金	86 498 239.31	93 635 213.64
合计	307 358 336.05	275 749 874.15
其中美元：外币金额	8 259 719.10	476 906.10
折算汇率	6.814 3	6.835 0
折合人民币	56 284 466.97	3 259 644.04
欧元：外币金额	44 823.64	44 355.24
折算汇率	9.720 4	9.658 8
折合人民币	435 702.85	428 420.30
港币：外币金额	296 510.11	558 926.00
折算汇率	0.881 9	0.881 9
折合人民币	261 492.26	492 916.84

(一) 库存现金收支业务

库存现金的收入主要包括从银行提取现金、销售收入小额现金、收回职工欠款或报销差旅费余款等。在收入现金时,借记"库存现金"账户,贷记有关账户。

库存现金的支出主要包括预借职工差旅费、支付工资、职工报销费用等各项现金开支范围以内的支出。在发生现金支出时,贷记"库存现金"账户,借记有关账户。"库存现金"账户期末借方余额,反映企业持有的库存现金。

【实务操作】

【例 2-1】 广聚公司 2019 年 10 月发生下列库存现金收付业务。

(1) 10 日,支出上月职工工资 53 250 元。

(2) 12 日,预支经理王强差旅费 1 200 元。

(3) 20 日,发放现金股利(现金部分)1 370 元。

(4) 23 日,购置零星办公用品 525 元(厂办)。

(5) 25 日,王强出差回来向财务科报销差旅费,实际发生费用 1 152 元,收回现金 48 元。

(6) 26 日,将当日销售零星废旧物资收到的现金 4 000 元存入银行。

(7) 30 日,签发现金支票从银行提取现金 20 000 元备用。

针对以上七笔业务,应作会计分录如下:

(1) 借:应付职工薪酬	53 250	
贷:库存现金		53 250
(2) 借:其他应收款——王强	1 200	
贷:库存现金		1 200
(3) 借:应付股利	1 370	
贷:库存现金		1 370
(4) 借:管理费用	525	
贷:库存现金		525
(5) 借:库存现金	48	
管理费用——差旅费	1 152	
贷:其他应收款——王强		1 200
(6) 借:银行存款	4 000	
贷:库存现金		4 000
(7) 借:库存现金	20 000	
贷:银行存款		20 000

(二) 库存现金的清查

库存现金是企业流动性最强的资产,为了保护库存现金的安全与完整,做到账实相符,企业必须要做好现金的清查工作,定期或不定期地对库存现金进行清查。

库存现金清查的基本方法是实地盘点法,即清点库存现金,并将库存现金实存数与现金日记账上的余额进行核对。实存数是指企业金库内实有的现款额,清查时不能用借条等单据来抵充现金。每日终了,出纳人员应查对库存现金实存数与其账面余额是否相符。

企业在定期或不定期清查时,一般应成立清查小组,由清查人员和出纳员共同负责库存现金的清查工作，清查人员应在出纳员在场时清点库存现金，核对账实。如发现现金账实不符或有其他问题，应由清查人员和出纳员共同查明原因，同时要关注出纳员有无违反现金管理规定的情况，并报告主管负责人或上级领导部门处理。盘点结束后，出纳员应根据清查结果填制库存现金盘点报告表，注明实存数与账面余额，并由清查人员与出纳员共同签章认可。此表为明确经济责任的依据，也是下一步调整账务处理的原始凭证。其格式，如表2-2所示。

表 2-2　　库存现金盘点报告表

单位：　　　　年　月　日

币种	实存金额	账存金额	实存与账存对比结果		备注
			盘亏	盘盈	
合计					

盘点人：　　　　出纳员：

清查的结果无外乎有三种情况：一是实存数与账存数相等，账实相符；二是实存数大于账存数，即盘盈；三是实存数小于账存数，即盘亏。对于现金清查中发现的账实不符，即现金溢缺情况，财会部门应根据库存现金盘点报告表，通过“待处理财产损溢——待处理流动资产损溢”账户，按下列原则进行账务处理。

现金清查中发现短缺的现金，应按短缺的金额，借记“待处理财产损溢——待处理流动资产损溢”账户，贷记“库存现金”账户；现金清查中发现溢余的现金，应按溢余的金额，借记“库存现金”账户，贷记“待处理财产损溢——待处理流动资产损溢”账户，待查明原因后按如下要求进行处理：

（1）如为现金短缺，属于应由责任人赔偿的部分，借记“其他应收款——应收现金短缺款”或“库存现金”等账户；属于应由保险公司赔偿的部分，借记“其他应收款——应收保险赔款”账户；属于无法查明的其他原因，根据管理权限，经批准后作为盘亏损失处理，借记“管理费用”账户。

（2）如为现金溢余，属于应支付给有关人员或单位的，应贷记“其他应付款——应付现金溢余”账户；属于无法查明原因的现金溢余，经批准后作为盘盈利得处理，贷记“营业外收入——盘盈利得”账户。

【实务操作】

【例 2-2】 2019年10月31日，广聚公司对库存现金进行了清查，发现库存现金短缺了120元，仔细调查后认定为出纳员个人过失，经厂部研究决定要求出纳员李逸赔偿。核算业务如下：

（1）发现现金短缺时，依据库存现金盘点报告表（见表2-3），作如下账务处理：

借：待处理财产损溢——待处理流动资产损溢　　120

　　贷：库存现金　　120

表 2-3　库存现金盘点报告表

单位:广聚公司　2019 年 10 月 31 日

币种	实存金额	账存金额	实存与账存对比结果		备注
			盘亏	盘盈	
人民币	1 580.00	1 700.00	120.00		

盘点人:王丽　出纳员:李逸

(2) 查明原因后,依据厂部研究决定书(见表 2-4),作如下账务处理:

借:其他应收款——李逸　120

　贷:待处理财产损溢——待处理流动资产损溢　120

表 2-4　厂部研究决定书

批　复

经厂部研究决定,盘亏现金由出纳员李逸赔偿。

经理:王强

2019 年 10 月 31 日

如果我们修改一下条件,清查后发现库存现金不是短缺,而是溢余了 120 元,核查后原因不明,经批准做营业外收入。核算业务如下:

(1) 发现现金溢余时,依据库存现金盘点报告表(略),作如下账务处理:

借:库存现金　80

　贷:待处理财产损溢——待处理流动资产损溢　80

(2) 原因不明,依据批准作营业外收入,账务处理如下:

借:待处理财产损溢——待处理流动资产损溢　80

　贷:营业外收入　80

三、备用金

备用金(国际上又称暂定金额)是企业、机关、事业单位或其他经济组织等拨付给非独立核算的内部单位或工作人员备作差旅费、零星采购、零星开支等用的款项。在实际工作中,备用金的管理办法一般有两种:一是随借随用、用后报销制度,多退少补,适用于不经常使用备用金的单位和个人;二是定额备用金制度,对于零星开支,使用较频繁的备用金,可实行定额备用金制度,即由指定的备用金负责人按照规定的数额领取,支用后凭相关凭证向会计部门报销,补足原定额。

(一) 备用金借支管理

企业各部门应填制一式三联的备用金借款单,说明借款用途和金额。一方面,财务部门核定其零星开支便于管理;另一方面,凭此单据支给现金。另外,各部门零星备用金一般不得超过规定数额,若遇特殊需要,应由企业部门经理核准。各部门零星备用金借支应将取得的正式发票定期送到财务部门备用金管理人员(出纳员)手中,冲转借支额或补充备用金,不得拖欠。

(二) 备用金保管

备用金收支应设置"备用金"或"其他应收款——备用金"账户,并编制收、支日报表进行管理。另外，应定期根据取得的发票编制备用金支出一览表，及时反映备用金支出情况，并应做到逐月结清。同时，出纳员应妥善保管各种与备用金相关的各种票据。总之，备用金的管理不论采用何种办法，都应严格备用金的预借、使用和报销的制度，认真审核，不得任意提高标准，对于违反国家规定的开支，应坚持原则，拒绝支付或不予报销。

（三）备用金的会计核算

为了准确反映和监督备用金的领用和报销情况，在领用备用金的单位或职工较多、备用金总额较大的企业，可以专设“备用金”账户进行总分类核算；否则就在“其他应收款”账户下设“备用金”二级账户，来进行备用金的核算。“备用金”账户是资产类账户，其借方登记备用金的领用数，贷方登记备用金的核销数。备用金经管人员一般应设置备用金登记账簿，用以记录各项零星开支。

第三讲 银行存款

【知识要点】

一、银行存款管理与控制

银行存款是指企业存放在银行或其他金融机构的货币资金。按照国家有关规定，凡是独立核算的单位都必须在当地银行开设账户。企业在银行开设账户以后，除按核定的限额保留库存现金外，超过限额的现金必须存入银行；除了在规定的范围内可以用现金直接支付的款项外，在经营过程中所发生的一切货币收支业务，都必须通过“银行存款”账户进行结算。

（一）银行存款开户的有关规定

按照《支付结算办法》的规定，企业应在银行开立账户，办理存款、取款和转账等结算。企业在银行开立人民币存款账户，必须遵守中国人民银行《银行账户管理办法》的各项规定。企业开立账户依据其不同的用途，可以分为基本存款账户、一般存款账户、临时存款账户和专用存款账户。

基本存款账户是企业办理日常结算和现金收付的账户。企业的工资、奖金等现金的支取，只能通过基本存款账户办理；一般存款账户是企业在基本存款账户以外的银行借款转存、与基本存款账户的企业不在同一地点的附属非独立核算单位的账户，企业可以通过本账户办理转账结算和现金缴存，但不能办理现金支取；临时存款账户是企业因临时经营活动需要开立的账户，企业可以通过本账户办理转账结算和根据国家现金管理的规定办理现金收付；专用存款账户是企业因特定用途需要开立的账户。一个企业只能选择一家银行的一个营业机构开立一个基本存款账户，不得在多家银行机构开立基本存款账户；不得在同一家银行的几个分支机构开立一般存款账户。

【拓展阅读】

银行账户的开立与使用，如表 2-5 所示。

表 2-5 银行账户的开立与使用

账户	是否需经中国人民银行核准	能否存入现金	能否支取现金
基本存款账户	核准	可以	可以
一般存款账户	备案	可以	不能

（续表）

账户	是否需经中国人民银行核准	能否存入现金	能否支取现金
专用存款账户	(1) 预算单位专用存款账户、QFII 专用存款账户：核准 (2) 其他：备案	不同账户规定不同	不同账户规定不同
临时存款账户	核准(因注册验资和增资验资的除外)	可以	可以

(二) 银行结算纪律

企业通过银行办理支付结算时，应当认真执行国家各项管理办法和结算制度。中国人民银行 1997 年 9 月 19 日颁布的《支付结算办法》规定，单位和个人办理支付结算，不准签发没有资金保证的票据或远期支票，套取银行信用；不准签发、取得和转让没有真实交易和债权债务的票据，套取银行和他人资金；不准无理拒绝付款，任意占用他人资金；不准违反规定开立和使用账户。

【拓展阅读】

银行存款的主要结算方式和相关规定

企业日常大量的与其他企业或个人的经济业务往来，都是通过银行结算的，银行是社会经济活动中各项资金流转清算的中心，为了保证银行结算业务的正常开展，使社会经济活动中各项资金得以通畅流转，根据《中华人民共和国票据法》和《票据管理实施办法》，中国人民银行总行对银行结算办法进行了全面的修改、完善，形成了《支付结算办法》(以下简称《办法》)，并于 1997 年 9 月 19 日颁布，自同年 12 月 1 日起施行。

《票据管理实施办法》规定，企业目前可以选择使用的票据结算方式主要包括银行汇票、银行本票、商业汇票和支票等，以及可以选择使用的结算方式主要包括汇兑、托收承付、委托收款和信用卡，还包括信用证这种国际贸易间采用的结算方式。

1. 银行汇票

银行汇票是指汇款人将款项交存当地出票银行，由出票银行签发的，由其在见票时，按照实际结算金额无条件支付给收款人或持票人的票据。它具有使用较为灵活、票随人到、兑现性强等特点。它适用于先收款后发货或钱货两清的商品交易。单位和个人各种款项结算，均可使用银行汇票。银行汇票的收款人也可以将银行汇票背书转让给他人。

2. 银行本票

银行本票是银行签发的，承诺自己在见票时无条件支付确定的金额给收款人或者持票人的票据，具有信誉高、支付功能强等特点。银行本票可根据需要在票据交换区域内背书转让。

3. 商业汇票

商业汇票是指出票人签发的，委托付款人在指定日期见票支付确定的金额给收款人或者持票人的票据。商业汇票可由付款人签发并承兑，也可经由收款人签发交由付款人承兑。商业汇票可背书转让。按照承兑人不同，商业汇票可分为商业承兑汇票和银行承兑汇票两种。商业承兑汇票是由银行以外的付款人的承兑。银行承兑汇票由银行承兑，由开立存款账户的存款人签发。

4. 支票

支票是指由单位或个人签发的，委托办理支票存款业务的银行在见票时无条件支付确定的金额给收款人或者持票人的票据。支票结算方式是同城结算中应用比较广泛的一种结算方式。现金支票可用于支取现金;转账支票可用于转账;普通支票可以用于支取现金,也可以用于转账。

5. 信用卡

信用卡是指商业银行向个人和单位发行的,凭以向特约单位购物、消费和向银行存取现金,且具有消费信用的特制载体卡片。信用卡按使用对象不同,分为单位卡和个人卡;按信誉等级不同,分为金卡和普通卡。单位卡一律不得用于10万元以上商品交易、劳务供应款项的结算,不得支取现金。信用卡在规定的限额和期限内允许善意透支,透支额金卡最高不得超过10 000元,普通卡最高不得超过5 000元。透支期限最长为60天。

6. 汇兑

汇兑是指汇款人委托银行将其款项支付给收款人的结算方式。汇兑分信汇和电汇两种。汇兑结算方式适用于异地之间的各种款项结算。

7. 委托收款

委托收款是指收款人委托银行向付款人收取款项的结算方式。无论单位还是个人,都可收取同城和异地的款项。委托收款结算款项划回的方式,分为邮寄和电报两种。

8. 托收承付

托收承付是指根据购销合同由收款人发货后委托银行向异地付款人收取款项,由付款人向银行承认付款的结算方式。办理托收承付必须是国有企业、供销合作社以及经营管理较好,并经开户银行审查同意的城乡集体所有制工业企业。

9. 信用证

信用证结算方式是国际结算的一种主要方式。采用信用证结算方式的,收款单位收到信用证后,即备货装运,签发有关发票账单,连同运输单据和信用证,送交银行,根据退还的信用证等有关凭证编制收款凭证;付款单位在接到开证行的通知时,根据付款的有关单据编制付款凭证。

银行存款的主要结算方式和相关规定,如表2-6所示。

表2-6　　银行存款的主要结算方式和相关规定

结算方式	适用范围	付款期限	相关规定
银行汇票	同城或异地	1个月	按实际金额付款;可背书,可转账,也可支现;取消500元起点
银行本票	同城	2个月	分定额和不定额;定额本票面值1 000元、5 000元、10 000元和50 000元;可背书;不可签发现金本票
商业汇票	同城或异地	提示后10日	分商业承兑汇票和银行承兑汇票,须具有真实的交易关系或债务关系方可使用。商业承兑汇票付款期最长为6个月
支票	同城	出票后10日	空头支票银行处罚5%不低于1 000元,持票人处罚2%;取消100元起点限制
信用卡	同城或异地		单位卡不得用于10万元以上结算和支取现金
汇兑	异地		分为信汇和电汇
委托收款	同城或异地	3日内通知	邮寄和电报,取消了部分拒付
托收承付	异地	3日或10日承付	起点金额为10 000元、新华书店1 000元,必须是商品交易和商品交易产生的劳务供应
信用证	异地		国际结算,由商业银行或分支办理

二、银行存款的账务处理

（一）银行存款收支业务

企业存入款项时，应根据银行存款送款单回单或银行收账通知及有关单证，及时编制记账凭证，借记"银行存款"账户，贷记"库存现金"等有关账户。企业支付款项时，应根据支票存根、办理付款结算的付款通知及有关单证，及时编制记账凭证，借记"库存现金"等有关账户，贷记"银行存款"账户。相关凭证经审核无误后，企业登记银行存款日记账及总账。

为了加强对银行存款的管理，及时掌握银行存款收付的动态和结存的余额，企业必须设置银行存款日记账，按照银行存款收付业务发生的先后顺序逐笔序时登记，每日终了应结出余额。银行存款应按照银行和其他金融机构的名称和存款的种类进行明细核算。有外币业务的企业，应在"银行存款"账户下分别人民币和各种外币设置银行存款日记账进行明细核算。

企业在银行的其他存款，如外埠存款、银行本票存款、银行汇票存款、在途货币资金和信用证存款等，在"其他货币资金"账户核算，不通过"银行存款"账户进行会计处理。

【实务操作】

【例 2-3】 2019 年 4 月 26 日，广聚公司发生如下银行存款收支业务：

(1) 收到一张转账支票，号码为 0357，系销货款 10 000 元和增值税额 1 300 元，存入银行。

(2) 签发一张转账支票，号码为 0494，支付购买的办公用纸价款 400 元。

(3) 签发一张现金支票，号码为 0514，提取现金 11 000 元备用。

(4) 签发一张转账支票，号码为 0517，支付 4 月 14 日购买的原材料价款 10 300 元。

以上业务的会计分录如下：

借：银行存款　　11 300
　　贷：主营业务收入　　10 000
　　　　应交税费——应交增值税（销项税额）　　1 300

借：管理费用——办公费　　400
　　贷：银行存款　　400

借：库存现金　　11 000
　　贷：银行存款　　11 000

借：应付账款　　10 300
　　贷：银行存款　　10 300

记录上述业务的银行存款日记账，如表 2-7 所示。

表 2-7　　银行存款日记账

2019 年		凭证号		摘要	对方账户	结算凭证		借方	贷方	余额
月	日	字	号			种类	号码			
4	26			承前页						190 000
	26	银收	15	存入销货款	主营业务收入应交税费	转支	0357	11 300		201 300
	26	银付	20	支付办公费	管理费用	转支	0494		400	200 900
	26	银付	23	提取现金	库存现金	现支	0514		11 000	189 900
	26	银付	24	付进货款	应付账款	转支	0517		10 300	179 600
	26			本日合计				11 300	21 700	179 600

月末，银行存款日记账余额和“银行存款”总账账户余额应核对相符。

（二）银行存款清查

银行存款不同于库存现金，不能通过实物盘点对期末余额进行账实核对。但由于企业与银行发生款项往来时，银行也作了相应的记录，因此，企业银行存款的清查，采用核对法，即将开户银行定期送来的对账单与本单位的银行存款日记账逐笔进行核对，以查明银行存款收、付款及余额是否正确相符。

银行存款日记账应定期与银行对账单核对，至少每月核对一次。企业账面结余与银行对账单余额之间如有差额，必须逐笔查明原因，并按月编制银行存款余额调节表调节相符。月份终了，银行存款日记账的余额必须与“银行存款”总账账户的余额核对相符。

在与银行对账之前，企业应先检查本单位的银行存款日记账的正确性与完整性。通过核对，往往会发现双方账目不相符。其主要原因有两方面：一是双方记账可能有差错，如错账漏账等，这是不正常的，应及时查明更正；二是存在未达账项，这是正常的。银行存款日记账余额与银行对账单余额差异原因汇总，如表 2-8 所示。

表 2-8　银行存款日记账余额与银行对账单余额差异原因汇总

记账时间差异（未达账项）	企业已记账但银行未记账	企业已记存入	如在途存款
		企业已记支出	如未兑现支票
	银行已记账但企业未记账	银行已记存入	如银行代收利息
		银行已记支出	如银行代付利息
记录错误	银行错误	误收	如误将其他企业存款记入本企业户头
		误支	如误将其他企业支票由本企业户头支出
	企业错误	收入金额误记	
		支票金额误记	

一般查找银行与企业账目不符的原因，先是查看双方有没有存在未达账项的影响，如有，则编制银行存款余额调节表进行调节，以消除未达账项的影响，再核对是否相符。

未达账项是指企业与银行之间由于双方记账时间不同，而发生的一方已入账，另一方尚未入账的事项。发生未达账项的具体情况有四种：

一是企业已收款入账，银行尚未收款入账。

二是企业已付款入账，银行尚未付款入账。

三是银行已收款入账，企业尚未收款入账。

四是银行已付款入账，企业尚未付款入账。

银行存款余额调节表的编制方法主要采用补记法，即在银行对账单余额与企业账面余额的基础上，各自加上对方已收、本单位未收账项数额，减去对方已付、本单位未付账项数额，以调整双方余额使其一致的一种调节方法。其计算公式如下：

$$\begin{matrix}\text{银行对账单}\\\text{存款余额}\end{matrix}+\begin{matrix}\text{企业已收而}\\\text{银行未收账项}\end{matrix}-\begin{matrix}\text{企业已付而}\\\text{银行未付账项}\end{matrix}=\begin{matrix}\text{企业账面}\\\text{存款余额}\end{matrix}+\begin{matrix}\text{银行已收而}\\\text{企业未收账项}\end{matrix}-\begin{matrix}\text{银行已付而}\\\text{企业未付账项}\end{matrix}$$

通过核对调节，银行存款余额调节表上的双方余额相等，一般可以说明双方记账没有差错。如果经调节仍不相等，要么是未达账项未全部查出，要么是一方或双方记账出现差错，需要进一步采用对账方法查明原因，加以更正。调节相等后的银行存款余额是当日可以动用的银行存款实有数。值得注意的是，由于未达账项不是错账、漏账，因此，企业不须根据调节表作任何账务处理，双方账面仍保持原有的余额，待收到有关凭证之后(即由未达账项变成已达账项)，再同正常业务一样进行处理。

【实务操作】

【例 2-4】 2019 年 5 月 5 日，广聚公司与中国建设银行建设路支行对账和编制余额调节表的情况如下：

(1) 5 月 1 日到 5 月 5 日，企业银行存款日记账账面记录与银行出具的 5 月 5 日对账单资料及对账后勾对的情况如下：

企业银行存款日记账账面记录：

1 日，转支 1246 号，付料款 30 000 元，贷方记 30 000.00√

1 日，转支 1247 号，付料款 59 360 元，借方记 59 360.00。经查为登记时方向记错，立即更正并调整账面余额。调整后划√

1 日，存入销货款 43 546.09 元，借方记 43 546.09√

2 日，存入销货款 36 920.29 元，借方记 36 920.29√

2 日，转支 1248 号，上交上月税金 76 566.43 元，贷方记 76 566.43√

3 日，存入销货款 46 959.06 元，借方记 46 959.06√

3 日，取现备用 20 000 元，贷方记 20 000.00√

4 日，转支 1249 号付料款 64 500 元，贷方记 64 500.00

4 日，转支 1250 号付职工养老保险金 29 100 元，贷方记 29 100.00√

5 日，存入销货款 64 067.91 元，借方记 64 067.91

5 日，转支 1251 号付汽车修理费 4 500 元，贷方记 4 500.00

5 日，自查后账面余额为 506 000.52 元。

银行对账单记录：

2 日，转支 1246 号，付出 30 000 元，借方记 30 000.00√

2 日，转支 1247 号，付出 59 369 元，借方记 59 360.00√

2 日，收入存款 43 546.09 元，贷方记 43 546.09√

3 日，收入存款 36 920.29 元，贷方记 36 920.29√

3 日，转支 1248 号，付出 76 566.43 元，借方记 76 566.43√

4 日，收入存款 46 959.06 元，贷方记 46 959.06√

4 日，付出 20 000 元，借方记 20 000.00√

4 日，代交电费 12 210.24 元，借方记 12 210.24

5 日，收存货款 43 000 元，贷方记 43 000.00

5 日，转支 1250 号，付出 29 100 元；借方记 29 100.00√

5 日，代付电话费 5 099.32 元，借方记 5 099.32

5 日，余额为 536 623.05 元。

(2) 编制银行存款余额调节表，如表 2-9 所示。

表 2-9　银行存款余额调节表

币种：人民币　开户银行：中国建设银行（建设路支行）　2019 年 5 月 5 日

项目	金额	项目	金额
银行存款日记账余额	506 000.52	银行对账单余额	536 623.05
加：银行已收企业未收款 5 日，委托收款	 43 000.00	加：企业已上银行未收款 5 日，存入款	 64 067.91
减：银行已付企业未付款 5 日，代付电费 5 日，代付电话费	 12 210.24 5 099.32	减：企业已付银行未付款 4 日，转支货款 5 日，转支修理费	 64 500.00 4 500.00
调节后存款余额	531 690.96	调节后存款余额	531 690.96

制表：王兰　出纳员：李逸

注意：银行存款余额调节表应由与现金无关的人员来编制。

【拓展阅读】

利用银行存款和未达账项来掩饰占用资金的事件

事件一：某审计师在审计时发现被审计单位的期末银行存款的余额为 0，随要求函证。该单位会计出示了一张带有银行公章的对账单，确实余额为 100 万元，但审计人员坚持函证。最后函证结果显示余额确实是 100 万元，在银行给出的流水单，结果发现期中有一笔 100 万元出去，几个月后又进来，但在企业的银行存款日记账中却没有记录，凭证中也没有显示审计师在追问后得知，原来是大股东把钱挪用了，接着又还回来。

事件二：一般来说，银行对账单和企业的银行存款日记账余额是对不上的，原因是有未达账项，如银行已收企业未收，银行未收企业已收等，企业就是利用银行存款余额调节表来舞弊（个人舞弊）。出纳员占用资金，然后做一笔企业已收，银行未收。在审计时，审计人员一定要看未达账项的期后情况，因为入账一笔也就十几天，我们可以翻下一年 1 月份的凭证看看是不是未达账项后期入了账了。

第四讲　其他货币资金

【知识要点】

其他货币资金是指企业除库存现金、银行存款以外的其他各种货币资金，即存放地点和用途均与现金和银行存款不同的货币资金，不能像库存现金、银行存款那样随意使用。在管理上也有别于库存现金和银行存款，因此应单独进行会计核算。

其他货币资金包括外埠存款、银行汇票存款、银行本票存款、信用卡存款、信用证保证金存款和存出投资款等。为了总括反映企业其他货币资金的增减变动和结余情况，企业应设置“其他货币资金”账户，以进行其他货币资金的总分类核算；同时，应按照其他货币资金的种类设置明账户。

一、外埠存款业务

外埠存款是指企业到外地进行临时或零星采购时，汇往采购地银行开立采购专户的款项。

企业将款项委托当地银行汇往采购地开立专户时，根据汇出款项凭证，编制付款凭证，进行账务处理，借记“其他货币资金——外埠存款”账户，贷记“银行存款”账户。

外出采购人员报销用外埠存款支付材料的采购货款等款项时，借记“在途物资”“应交税费”等账户，贷记“其他货币资金——外埠存款”账户。

外出采购人员完成采购任务后将多余的外埠存款转回当地银行时，应根据银行的收款通知，编制收款凭证，借记“银行存款”账户，贷记“其他货币资金——外埠存款”账户。

【实务操作】

【例 2-5】 2019 年 5 月 8 日，广聚公司汇往外地购货款 50 000 元存入采购地的建设银行开立采购专户，采购共花费 47 460 元，余额采购后退回开户银行。作如下账务处理：

(1) 将款项汇到外地开立专户时：

借：其他货币资金——外埠存款	50 000	
贷：银行存款		50 000

(2) 收到采购货物时：

借：在途物资	42 000	
应交税费——应交增值税(进项税额)	5 460	
贷：其他货币资金——外埠存款		47 460

(3) 收回多余的款项时：

借：银行存款	2 540	
贷：其他货币资金——外埠存款		2 540

二、银行汇票存款业务

银行汇票是指汇款人将款项交存当地出票银行，由出票银行签发的，由其在见票时，按照实际结算金额无条件支付给收款人或持票人的票据。它具有使用较为灵活、票随人到和兑现性强等特点，适用于先收款后发货或钱货两清的商品交易。单位和个人各种款项结算，均可使用银行汇票。银行汇票的收款人也可以将银行汇票背书转让给他人。

银行汇票存款是指企业为取得银行汇票而按规定存入银行的款项。企业在填送银行汇票申请书并将款项交存银行，取得银行汇票后，根据银行盖章退回的申请书存根联，借记“其他货币资金——银行汇票”账户，贷记“银行存款”账户。企业使用银行汇票后，根据发票账单等有关凭证，借记“在途物资”“库存商品”“应交税费——应交增值税(进项税额)”等账户，贷记“其他货币资金——银行汇票”账户。如有多余或因汇票超过付款期等原因而退回的款项，应根据开户银行转来的银行汇票第四联(多余款收账单)，借记“银行存款”账户，贷记“其他货币资金——银行汇票”账户。

【实务操作】

【例 2-6】 2019 年 5 月 9 日，广聚公司向开户银行申请办理银行汇票业务，并存入 5 500 000 元，获得银行汇票。公司持银行汇票采购生产用材料，共花费 5 085 000 元，并收到银行转来的“多余款收账通知”。作如下账务处理：

(1) 办理银行汇票时：

借：其他货币资金——银行汇票	5 500 000	
贷：银行存款		5 500 000

（2）收到采购货物时：

借：在途物资　4 500 000

　　应交税费——应交增值税（进项税额）　585 000

　　贷：其他货币资金——银行汇票　5 085 000

（3）收回多余的款项时：

借：银行存款　415 000

　　贷：其他货币资金——银行汇票　415 000

三、银行本票存款业务

银行本票是指由银行签发的、承诺自己在见票时无条件支付确定的金额给收款人或者持票人的票据。它具有信誉高，支付功能强等特点。银行本票可根据需要在票据交换区域内背书转让。

银行本票存款是指由企业为取得银行本票而按规定存入银行的款项。银行本票是银行签发的，承诺自己在见票时无条件支付确定金额给收款人或持票人的票据。

企业向银行提交银行本票申请书并将款项存入银行，取得银行本票后，应根据银行盖章退回的申请书存根联，编制付款凭证，借记“其他货币资金——银行本票”账户，贷记“银行存款”账户。企业使用本票后，根据发票账单等有关凭证，借记“材料采购”“库存商品”“应交税费——应交增值税（进项税额）”等账户，贷记“其他货币资金——银行本票”账户。因本票超过付款期等原因要求退款时，应当填制进账单，连同本票一并送交银行，根据银行盖章退回的进账单第一联，借记“银行存款”账户，贷记“其他货币资金——银行本票”账户。

银行本票存款的具体核算方法和银行汇票存款大体一致，读者可参考银行汇票存款的核算实例。

四、信用卡存款业务

信用卡是指商业银行向个人和单位发行的，凭以向特约单位购物、消费和向银行存取现金，且具有消费信用的特制载体卡片。信用卡按使用对象不同，分为单位卡和个人卡；按信誉等级不同，分为金卡和普通卡。单位卡一律不得用于 10 万元以上商品交易、劳务供应款项的结算，不得支取现金。信用卡在规定的限额和期限内允许善意透支，透支额金卡最高不得超过 10 000 元，普通卡最高不得超过 5 000 元。透支期限最长为 60 天。

信用卡存款是指企业为取得信用卡而按照规定存入银行的款项。企业应按规定填制申请表，连同支票和有关资料一并送交发卡银行，根据银行盖章退回的进账单第一联，借记“其他货币资金——信用卡”账户，贷记“银行存款”账户。企业用信用卡购物或支付有关费用是，借记有关账户，贷记“其他货币资金——信用卡”账户。企业信用卡在使用过程中，向其账户续存资金时，借记“其他货币资金——信用卡”账户，贷记“银行存款”账户。

【实务操作】

【例 2-7】 2019 年 5 月 10 日，广聚公司向开户银行申请办理信用卡业务，用于购买办公用品，存入款项 30 000 元；5 月 15 日，从信用卡上支付购买的办公品费用 19 000 元；5 月 20 日，又从基本存款账户转入 50 000 元。作如下账务处理：

(1) 转入信用卡存款:

借:其他货币资金——信用卡　　30 000

　　贷:银行存款　　30 000

(2) 支付购买办公用品费用:

借:管理费用　　19 000

　　贷:其他货币资金——信用卡　　19 000

(3) 续存款项时:

借:其他货币资金——信用卡　　50 000

　　贷:银行存款　　50 000

五、信用证保证金存款业务

信用证结算方式是国际结算的一种主要方式。采用信用证结算方式的,收款单位收到信用证后,即备货装运,签发有关发票账单,连同运输单据和信用证,送交银行,根据退还的信用证等有关凭证编制收款凭证;付款单位在接到开证行的通知时,根据付款的有关单据编制付款凭证。信用证保证金是指企业为取得信用证而按规定存入银行的保证金。企业向银行申请开立信用证,应按规定向银行提交开征申请书,信用证申请人承诺书和购销合同。企业向银行交纳保证金,根据银行退回的进账单第一联,借记"其他货币资金——信用证保证金"账户,贷记"银行存款"账户。根据开证行交来的信用证来单通知书及有关单据列明的金额,借记"在途物资""库存商品""应交税费——应交增值税(进项税额)"等账户,贷记"其他货币资金——信用证保证金""银行存款"账户。

【实务操作】

【例 2-8】 2019 年 5 月 17 日,广聚公司向开户银行申请办理信用证并向银行交纳信用证保证金 30 000 元,接到银行的信用证来单通知书后,以信用证方式采购原材料一批,并以验收入库,货款全部支付。货款总计 50 000 元,增值税额为 6 500 元。作如下账务处理:

(1) 申请开证并存入保证金:

借:其他货币资金——信用证保证金　　30 000

　　贷:银行存款　　30 000

(2) 支付购买原材料的货款:

借:原材料　　50 000

　　应交税费——应交增值税(进项税额)　　6 500

　　贷:其他货币资金——信用证保证金　　30 000

　　　　银行存款　　26 500

六、存出投资款业务

存出投资款是指企业已存入证券公司但尚未进行投资的现金。企业向证券公司划出资金时,应按实际划出的金额,借记"其他货币资金——存出投资款"账户,贷记"银行存款"账户;购买股票、债券等时,按实际发生的金额,借记有关账户,贷记"其他货币资金——存出投资款"账户。

【实务操作】

【例 2-9】 2019 年 5 月 19 日，广聚公司将银行存款 700 000 元划入中信证券公司准备进行短期股票投资。次日，公司购买股票作为交易性金融资产管理，成交价为 550 000 元。作如下账务处理：

（1）划出投资款：

借：其他货币资金——存出投资款	700 000	
贷：银行存款		700 000

（2）购买股票：

借：交易性金融资产	550 000	
贷：其他货币资金——存出投资款		550 000

【拓展阅读】

其他货币资金的认定

某企业将一笔 100 万元的银行存款转到某证券公司，企业将该笔资金归到其他货币资金中，但是，该证券公司却没有专门的账户和专人来理财，而且该笔资金也有比较大的亏损，所以，上述分类就是错的。因为，一般的理财资金证券公司会有专人专户进项管理，但是，就上述案例没有专人专户，所以，我们不能认为是金融资产，也不能认定是其他货币资金，而是应该分类为其他应收款。所以，正确的做法是其重分类为其他应收款，并计提减值准备。

单元测试

1. 单项选择题

（1）下列各项中，根据《现金管理暂行条例》的规定，不能用现金结算的是（　　）。

A. 职工工资、津贴、个人劳务报酬　　B. 根据国家规定颁发给个人奖金

C. 向个人收购农副产品的价款　　D. 向农业企业收购农副产品的价款

（2）支票的持票人应在出票日起（　　）天内提示付款。

A. 3　　B. 5　　C. 10　　D. 15

（3）不单独设置“备用金”账户的小企业，内部各车间、各部门周转使用的备用金，应通过（　　）账户来核算。

A. “其他货币资金”　　B. “预付账款”

C. “预收账款”　　D. “其他应收款”

（4）银行本票自出票日起，付款期限最长不得超过（　　）。

A. 1 个月　　B. 2 个月　　C. 3 个月　　D. 1 年

（5）异地托收承付每笔金额的起点为（　　）元。

A. 1 000　　B. 10 000　　C. 50 000　　D. 100 000

（6）企业办理日常转账结算和现金收付的账户是（　　）账户。

A. 基本存款　　B. 一般存款　　C. 临时存款　　D. 专用存款

(7) 下列各项中，不通过“其他货币资金”账户核算的是(　　)。

A. 信用证存款　　B. 备用金　　C. 银行本票存款　　D. 外埠存款

(8) 企业一般不得从本单位的现金收入中直接支付现金，因特殊情况需要支付现金的，应事先报经(　　)审查批准。

A. 上级主管部门　　B. 本企业单位负责人

C. 财税部门　　D. 开户银行

(9) 企业在发现现金长短款，在查明原因处理之前，应在(　　)账户中核算。

A. “其他应收款”　　B. “其他应付款”

C. “管理费用”　　D. “待处理财产损溢”

(10) 按照企业会计制度的规定，下列票据中，应通过应收票据核算的是(　　)。

A. 银行汇票　　B. 银行本票　　C. 商业汇票　　D. 银行支票

(11) 企业将款项汇往外地开立采购专户时，应借记(　　)账户。

A. “材料采购”　　B. “委托收款”　　C. “应收账款”　　D. “其他货币资金”

(12) 企业对于无法查明原因的现金溢余，经批准后应转入(　　)账户。

A. “主营业务收入”　　B. “其他业务收入”

C. “其他应付款”　　D. “营业外收入”

(13) 确定无法查明原因的定额内现金短款，经批准后应计入(　　)。

A. 其他应付款　　B. 管理费用　　C. 营业外支出　　D. 待处理财产损溢

(14) 对于银行已入账而企业尚未入账的未达账项，企业应当(　　)入账。

A. 根据银行对账单　　B. 根据银行存款余额调节表

C. 根据对账单和调节表自制凭证　　D. 待有关结算凭证到达后

(15) 采用商业承兑汇票结算方式时，需由(　　)承兑。

A. 收款人　　B. 付款人　　C. 承兑申请人　　D. 银行

2. 多项选择题

(1) 货币资金包括(　　)。

A. 硬币、纸币　　B. 银行活期存款　　C. 国债　　D. 本票、汇票存款

(2) 现金日记账由出纳员根据审核后的(　　)逐日逐笔序时登记。

A. 原始凭证　　B. 现金收款凭证　　C. 现金付款凭证　　D. 银行收款凭证

(3) 导致企业银行存款日记账与银行存款对账单的金额在同一日期不一致的情况有(　　)。

A. 企业已记银行存款增加，而银行尚未办妥入账手续的款项

B. 银行已记企业的存款增加，而企业尚未接到收款通知，尚未记账的款项

C. 企业已记银行存款减少，而银行尚未支付入账的款项

D. 银行已记企业的存款减少，而企业尚未接到付款通知，尚未记账的款项

(4) 银行存款账户核算的内容包括(　　)。

A. 外埠存款　　B. 外币存款

C. 银行本票存款　　D. 人民币存款

(5) 在到期日，如果银行承兑汇票付款人的账户存款不足以支付，其开户银行将(　　)。

A. 退回票据，由其自行处理　　B. 按规定对付款人处以罚款

C. 对付款人执行扣款　　D. 无条件支付款项

(6) 企业进行账单核对时，如果出现银行存款日记账余额和银行对账单同日余额不符的情况，其原因包括(　　)。

A. 计算错误　　B. 记账错漏

C. 有尚未结算的款项　　D. 未达账项

(7) 下列金额中，符合定额银行本票面额规定的有(　　)元。

A. 100　　B. 500　　C. 10 000　　D. 50 000

(8) 下列事项中，符合现金管理的有关规定的有(　　)。

A. 企业对于当日送存现金有困难的，由开户银行确定送存时间

B. 因特殊情况需要坐支现金的，应当事先报经开户银行审批

C. 企业从开户银行提取现金的，只要由本单位出纳人员签字盖章即可

D. 如果现金长短款是由于单据丢失或记账产生的差错，应补办手续入账或更正错误。

(9) 下列银行结算方式中，若无商品交易就不能使用的结算方式有(　　)。

A. 托收承付　　B. 支票　　C. 商业承兑汇票　　D. 银行承兑汇票

(10) 下列存款中，应在"其他货币资金"账户核算的有(　　)。

A. 外埠存款　　B. 银行汇票存款　　C. 信用卡存款　　D. 存出投资款

3. 判断题

(1) 企业可以根据经营需要，在一家或几家银行开立基本存款账户。(　　)

(2) 企业财会部门的出纳员可以兼管收入、费用、债权和债务等账簿的登记工作。(　　)

(3) 对于银行已入账而企业尚未入账的未达账项，企业必须及时在账簿上进行更正。(　　)

(4) 将现金存入银行或从银行提取现金可以编制付款凭证，也可以编制收款凭证。(　　)

(5) 银行存款余额调节表是用来核对账目的，不能作为记账的凭证。(　　)

(6) 按现行规定，商业汇票的付款期限，最长不得超过9个月。(　　)

(7) 单位信用卡账户的资金一律从其基本存款账户存入。(　　)

(8) 银行本票可以背书转让。(　　)

(9) 企业不得从本单位的现金收入中直接支付现金。(　　)

(10) 在现金清查中，如有白条，可以抵充现金，以便账实相符。(　　)

(11) 货币资金内部控制的根本目的是保证资金的安全，防止货币资金被贪污、侵占和挪用。(　　)

(12) 小型企业如果规模较小，可由出纳员一人办理货币资金结算的全过程，以提高工作效率。(　　)

实务训练

训练一

资料：练习现金、银行存款的核算。

广聚公司在2019年11月发生以下经济业务：

(1) 1日，某职工借差旅费1 000元，以现金支付。

(2) 5日，购买办公用品共计650元，以现金支付。

(3) 10 日，出差人员报销差旅费 850 元，余款 150 元以现金交回。

(4) 27 日，从银行提取 30 000 元备发工资。

(5) 28 日，销售产品，取得销售收入 18 000 元，增值税额 2 340 元，收到支票交存银行。

(6) 29 日，将 30 000 元备发工资发放给职工。

(7) 30 日，对现金进行清查，发现现金溢余 100 元，原因正在核查。

(8) 月末经批准，上项 100 元现金溢余转作营业外收入。

要求：根据以上资料编制会计分录。

训练二

资料：练习银行存款余额调节表的编制。

2019 年 11 月 30 日，广聚公司收到银行送达的对账单，当日银行存款日记账余额为 160 000 元，同日银行对账单余额为 106 000 元。经核对有下列未达账项：

(1) 银行已收企业未收的款项 90 000 元。

(2) 银行已付企业未付的款项 50 000 元。

(3) 企业已收银行未收的款项 164 000 元。

(4) 企业已付银行未付的款项 70 000 元。

要求：根据以上资料编制银行存款余额调节表。

训练三

资料：练习其他货币资金的核算。

广聚公司在 2019 年 11 月发生以下其他货币资金业务：

(1) 4 日，采购员李军到广州采购材料，开立临时采购账户，委托银行将 30 000 元汇往采购地广州的工商银行。

(2) 9 日，采购员李军回到公司，采购发票上列明所购进材料的价款为 16 000 元，支付增值税额 2 080 元，共计 18 080 元，材料验收入库。

(3) 10 日，将在广州工商银行的外埠存款清户，收到银行收账通知，外埠存款余额 11 920 元收妥入账。

(4) 15 日，申请办理银行汇票，将银行存款 76 000 元转为银行汇票存款。

(5) 17 日，采用银行汇票结算方式购入原材料，料款为 55 000 元，增值税额为 7 150 元，共计 62 150 元，材料验收入库。

(6) 20 日，银行将多余款 13 850 元退回，收妥入账。

要求：根据以上资料编制会计分录。

第三单元　应收及预付款项

导学目标

通过本单元学习，学生应该掌握如下知识技能：

1. 理解应收票据的性质，掌握应收票据的核算和贴现的处理。
2. 掌握应收款项的确认及计价，了解应收账款的融资运作。
3. 了解预付账款和其他应收款的核算方法。
4. 掌握坏账与坏账损失的会计处理方法。

导学案例

香溢融通财报账目之谜：其他应收款做成预付款（节选）

最近有投资者反映，香溢融通一则购房预付款已支付 3 年，但仍没有结转，而交易对象温岭环宇房地产有限公司（以下简称环宇地产）正是隆标集团有限公司（简称隆标集团）债务的连带责任人，更蹊跷的是该预付款与隆标集团的还债额几乎巧合。

香溢融通因为广泛委托贷款，因此引来官司不断，不断的诉讼公告以及债权转让令人眼花缭乱。根据最近香溢融通的三季报显示，2018 年前三季度营业总收入为 9.29 亿元，其中营业收入 8.44 亿元，利息收入和已赚保费较上年同期小幅增长，营业利润为 1.22 亿元，与上年同期相当。

香溢融通 2018 半年报中，预付款项第一名为环宇房产，预付款额是 1 399.998 7 万元，账龄为 2～3 年，未结算原因是未交房。追溯该预付款发现，这笔购房款实际在 2016 年已支付，早在 2015 年因隆标集团未能及时归还香溢德旗的典当当息和息款 2 203.37 万元，环宇房产需承担连带责任，而后香溢融通 2016 年报显示当年隆标集团还款 1 439.998 7 万元，香溢融通预付环宇房产的购房款为 1 399.998 7 万元，如此接近的两个数据令投资者顿生疑窦：因为隆标集团的法人代表为阮建荣，环宇地产法人代表为阮建敏，隆标集团在 2015 年陷入多个借贷纠纷中，2016 年能迅速还款令人吃惊。

投资者怀疑，是否存在本来应收隆标集团的款项由环宇房地产代偿，而香溢融通记为预付账款，以此规避坏账准备？

资料来源：《香溢融通财报账目之谜：其他应收款做成预付款?》，载于《中国资本证券网》2018 年 9 月 23 日。

应收项目是指企业因日常经营活动中因销售商品、产品，提供劳务，让渡资产使用权等而形成的短期债权。它包括应收款项（应收账款、应收票据和其他应收款）和预付账款等。应收项目应当列明估计无法收回的款项、贴现或背书转让的款项以及非交易性应收项目（其他应收款）。同时，如果金额较大，还应当列明非合并子公司和联营公司的应收项目。如果没有在资产负债表中列示，就应当以表外附注的形式反映。

企业应收项目是现代会计中权责发生制下的必然结果，有的是在企业经营活动中形成的，例如，销售商品或提供劳务，义务已尽，但报酬并未收到，因此，具备了收取货币、财务或得到劳动补偿的请求权，包括应收账款、应收票据和预付账款等项目；而有的则是在企业经营活动之外产生，主要是指企业经营活动之外所形成的各种其他应收款和暂付款项。例如，应收的各种罚款、租金、备用金和包装物押金等其他应收款项。

应收项目是企业流动资产中一个重要项目，但它与现金资产不同，现金资产是流动性最强的资产，而应收项目的流动性要大打折扣，不同期限、不同收款对象的应收项目的流动性差别很大，有的甚至不具有流动性。应收及预付款项的确认、核算是否合理不仅会影响到企业资产的计量，还会影响到企业的损益。因此，企业应加强对于应收项目的管理，这样不但可以加快企业流动资金的周转，也会进一步增强企业的实力和竞争力。

第一讲　应 收 票 据

【知识要点】

应收票据是企业持有的、尚未到期兑现的商业汇票。它是一种载有一定付款日期、付款地点、付款金额和付款人的无条件支付的流通证券，也是一种可以由持票人自由转让给他人的债权凭证。与应收账款这种口头承诺相比，应收票据受到《中华人民共和国票据法》（以下简称《票据法》）的保护，并且可以提前贴现或转让，是一种流动性更强的信用工具，因此，在资产负债表的列示中位于应收账款的前面。

一、应收票据的分类

能够作为收款书面凭证的商业票据种类很多，如银行本票、银行支票、银行汇票和商业汇票。但这里银行本票、银行支票和银行汇票具有银行证明文件的性质，属于货币资金项目，而会计上所指的应收票据仅限于商业汇票。目前，我国企业只能签发以真实交易关系或债权债务关系为基础的商业汇票。商业汇票承兑期限，由交易双方商定，最长不超过 6 个月。

商业汇票可以按不同的标准进行分类：

(1) 票据按是否附息，可分为无息票据和附息票据。无息票据到期时只需支付票据面额；附息票据到期时除需支付票据面额外，尚需按票面规定的利率支付利息。

(2) 票据按承兑人不同，可分为商业承兑汇票和银行承兑汇票。承兑是汇票付款人承诺在汇票到期日支付汇票金额的票据行为。商业汇票必须经承兑后方可生效。商业承兑汇票和银行承兑汇票的区别在于承兑人不同，决定了商业承兑汇票是商业信用，银行承兑汇票是银行信用。目前，银行承兑汇票一般由银行签发并承兑，而商业承兑汇票可以不通过银行签发并背书转让，但在信用等级和流通性上低于银行承兑汇票，在银行办理贴现的难度较银行承兑汇票高。

(3) 票据按是否带有追索权，可分为带追索权的商业汇票和不带追索权的商业汇票。票据追索权又称偿还请求权，是指持票人在提示承兑或提示付款，而未获承兑或未获付款时，依法向其前手请求偿还票据金额及其他金额的权利。在我国，商业票据可以背书转让，持票人可以对背书人、出票人以及票据的其他债务人行使追偿权。

【拓展阅读】

业务术语——背书

背书是一种票据行为，是票据转让的一种重要方式。背书是由持票人在汇票背面签上自己的名字或盖章，并将汇票交付给受让人的行为。这里的持票人称为背书人，受让人称为被背书人。

通过背书方式转让汇票的主要目的是要在转让人和受让人之间建立起权利义务关系。作为转让人的背书人，一旦在汇票上签名，他就要承担以下两项义务：①须对包括被背书人在内的所有后来取得该汇票的人保证该汇票必将得到承兑或付款。②须保证在他以前曾在该汇票上签名的一切前手的签字的真实性和背书的连续性。

背书人是被背书人的债务人，被背书人是背书人的债权人。被背书人是汇票的受让人，有权取得背书人对票据的一切权利，具体表现为：①被背书人可以用自己的名义向付款人要求承兑、付款，也可以将汇票再经背书转让他人。②当汇票遭到拒付时，被背书人有权向其直接的背书人以及曾在汇票上签名的其他背书人直至出票人进行追索，直到得到兑付或付款。

二、应收票据的确认与核算

应收票据入账价值的确定，目前存在两种方法：一种是按其票面价值入账，另一种是按票面价值的现值入账。如果考虑到货币的时间价值等因素对票据面值的影响，应收票据按现值入账是比较合理和科学的。但是，由于商业汇票的期限较短，利息金额相对来说不大，用现值记账计算烦琐，为了简化核算，企业会计制度规定，应收票据一律按照面值入账。

为了反映和监督应收票据取得、票款收回等经济业务，企业应当设置“应收票据”账户，借方登记取得的应收票据的面值，贷方登记到期收回票款或到期前向银行贴现的应收票据的票面余额，期末余额在借方，反映企业持有的商业汇票的票面金额。本账户可按照开出、承兑商业汇票的单位进行明细核算，并设置应收票据备查簿，逐笔登记商业汇票的种类、号数和出票日、票面金额、交易合同号和付款人、承兑人、背书人的姓名或单位名称、到期日、背书转让日、贴现日、贴现率和贴现净额以及收款日和收回金额、退票情况等资料。商业汇票到期结清票款或退票后，在备查簿中应予注销。

（一）应收票据的取得

企业收到承兑的商业汇票时，按应收票据的面值，借记“应收票据”账户，按实现的营业收入，贷记“主营业务收入”等账户，按增值税专用发票上注明的增值税额，贷记“应交税费——应交增值税（销项税额）”账户。如果企业收到应收票据是用来抵偿应收账款时，应借记“应收票据”账户，贷记“应收账款”账户。其账务处理为：

（1）因债务人抵偿前欠货款而取得的应收票据时：

借：应收票据（票据的面值）

　　贷：应收账款

（2）因销售商品而收到的应收票据时：

借：应收票据（票据的面值）

　　贷：主营业务收入（不含增值税的收入）

　　　　应交税费——应交增值税（销项税额）

(二) 应收票据持有期内计息

对于带息应收票据，期末按应收票据面值和确定的票面利率计提利息。其公式如下：

$$应收票据利息 = 应收票据面值 \times 票据利率 \times 票据期限$$

上述公式中的“利率”，一般是指年利率，如果按月计算利息，应将年利率换算为月利率，如果按日计算利息，应将年利率换算为日利率。为了计算方便，银行通常按 1 年 360 天计算。例如，某公司 3 月 31 日销售商品一批，货款为 106 194.7 元，增值税额为 13 805.3 元，当日收到一张商业承兑汇票，面值为 120 000 元，利率为 6%，期限为 5 个月。8 月 31 日，该票据到期，应计利息为 3 000 元(120 000×6%×5÷12)。

在会计核算上，企业应按照权责发生制的原则于会计期末反映这一部分利息收入，同时，记录应收债权，即借记“应收票据”账户，贷记“财务费用”账户。至于企业于月末、季末还是年末对企业持有的应收票据计提利息，则视企业的会计政策而定。一般而言，金额较大、对企业财务成果影响较大的应收票据，其利息应按月计提；如果金额不大、影响较小，其利息可于季末或年末计提。账务处理如下：

借：应收票据

　　贷：财务费用

(三) 应收票据到期

1. 到期日的确定

应收票据的到期日应按不同的约定方式来确定。如约定按日计算，则应以足日为准，在其计算时按算尾不算头(算到期日不算出票日)的方式确定。例如，3 月 2 日开出的 80 天商业承点汇票的到期日为 5 月 21 日。如约定按月计算，则足月为标准，在计算时按到期月份的对日确定，若到期月份无此对日，应按到期月份的最后日确定。例如，10 月 31 日开出的 4 个月商业汇票，到期日应为下年 2 月 28 日(若有 29 日，则为 29 日)；若此汇票为 6 个月时，到期日应为下年的 4 月 30 日。

2. 到期价值的确定

应收票据的到期价值，即商业汇票到期时的全部应支付款项，要根据票据是否带息来确定。若为不带息票据，到期价值就是票面价值，即本金。若是带息票据，到期价值为票据面值加上应计利息，其计算公式为：

$$不带息应收票据到期值 = 票据面值$$

$$带息应收票据到期值 = 票据面值 \times (1 + 票面利率 \times 票据期限)$$

例如，一张面值为 1 000 元、期限为 90 天、票面利率为 10%的商业承点汇票，到期价值为 1 025 元[1 000×(1+10%×90÷360)]。

3. 应收票据的收回

企业对于持有的即将到期的应收票据，应计算划款时间，提前委托银行收款。一般来说，银行承兑汇票能及时收妥款项入账，但是商业承兑汇票就要视付款人账户资金是否足额，有两种可能：

一是收回应收票据，按实际收到的金额，借记“银行存款”账户，按应收票据的账面余额，贷记“应收票据”账户，按其差额，贷记“财务费用”账户。

二是因付款人无力支付票款，收到银行退回的商业承兑汇票、委托收款凭证、未付票款通知书或拒绝付款证明等，按应收票据的账面余额，借记“应收账款”账户，贷记“应收票据”账户。

到期不能收回的带息应收票据，转入“应收账款”账户核算后，期末不再计提利息，其应计提的利息，在有关备查簿中进行登记，待实际收到时冲减收到当期的财务费用。其账务处理如下：

若到期收回时：

借：银行存款（到期值）

　　贷：应收票据（票据账面余额）

　　　　财务费用（尚未计提利息部分）

若到期无法收回：

借：应收账款（到期值）

　　贷：应收票据（票据账面余额）

【实务操作】

【例 3-1】 2019 年 5 月，广聚公司有关应收票据的业务如下：

（1）1 日，销售一批产品给春晖股份有限公司，货已发出，含税销售额为 169 500 元，增值税额为 19 500 元，收到春晖股份有限公司开出的商业承兑汇票一张，6 个月期限，票面利率为 10%。公司于 6 月 30 日计提票据利息，票据到期后没有收到相关款项。

借：应收票据	169 500	
贷：主营业务收入		150 000
应交税费——应交增值税（销项税额）		19 500

计提利息 $=169\,500\times10\%\times2\div12=2\,825$（元）

借：应收票据	2 825	
贷：财务费用		2 825

到期未收到款项：

借：应收账款	177 975	
贷：应收票据		172 325
财务费用		5 650

（2）12 日，销售一批商品给创意有限责任公司，货已发出，不含税销售额为 40 000 元，增值税额为 5 200 元，按合同约定 3 个月后付款。创意有限责任公司交给广聚公司一张不带息 3 个月到期的银行承兑汇票，面值为 45 200 元，3 个月后票据到期收到款项存入银行。

借：应收票据	45 200	
贷：主营业务收入		40 000
应交税费——应交增值税（销项税额）		5 200

3 个月后，收到款项：

借：银行存款	45 200	
贷：应收票据		45 200

（四）应收票据的转让

企业可以将持有的应收票据进行背书转让，用以购买所需物资或偿还债务。

企业将持有的应收票据背书转让时，应按票面金额结转。若为带息票据，企业还应将尚未计提的利息冲减财务费用。如有价差，则企业应借记或贷记“银行存款”账户。企业转让应收票据时的会计处理为：

借：原材料等（材料物资的成本）
　　应交税费——应交增值税（进项税额）
　　银行存款（差额部分）
　　贷：应收票据（票据账面余额）
　　　　财务费用（尚未计提利息部分）
　　　　银行存款（差额部分）

【实务操作】

【例 3-2】 2019 年 5 月，广聚公司有两笔关于应收票据转让的业务如下：

(1) 1 日，采购一批材料，货款总计 11 300 元（其中，材料价款 10 000 元，增值税额 1 300元），为支付该批款项，公司将金额为 12 000 元的不带息商业承兑汇票背书转让，同时收到差额款 700 元存入银行。

(2) 22 日，该公司又采购一批材料，货款共计 226 000 元（其中材料价款 200 000 元，增值税额 26 000 元），将金额为 220 000 元的带息应收票据背书转让，至转让日该应收票据应计利息总额为 300 元，已经计提的利息为 280 元，尚未计提利息为 20 元，同时以银行存款支付差额为 5 700 元。

其账务处理如下：

(1) 借：原材料	10 000	
应交税费——应交增值税（进项税额）	1 300	
银行存款	700	
贷：应收票据		12 000
(2) 借：原材料	200 000	
应交税费——应交增值税（进项税额）	26 000	
贷：应收票据		220 280
财务费用		20
银行存款		5 700

（五）应收票据的贴现

贴现是指持票人以未到期的应收票据，通过背书手续，请银行按贴现率从票据价值中扣取贴现日起到票据到期日止的贴息后，以余额兑付给持票人。贴现是融通资金的一种信贷形式。背书的应收票据是此项借款的担保品。票据价值就是票据的到期值，不带息票据为票据的面值，带息票据为票据到期的本利和金额。用应收票据向银行申请贴现时，持票人必须在票据上“背书”。票据到期值与贴现收到金额之间的差额，称为贴息或贴现息，通常记作财务费用。贴息的数额根据票据的到期值，按贴现率及贴现期计算。其计算公式为：

贴息 ＝ 票据到期值 × 贴现率 × 贴现期

贴现票据实收金额 ＝ 票据到期值 － 贴息

用应收票据向银行申请贴现时，企业会计制度规定，如果是带息票据，由于受票面载明的利率与银行贴现率的差异和贴现期的影响，其贴现所得与票面金额会产生差异，在会计上作为利息收支处理。按实际收到的金额，借记“银行存款”账户，按应收票据的账面价值，贷记“应收票据”账户，按其差额，借记或贷记“财务费用”账户。

如果是不带息票据，其贴现所得与票面金额产生的差异，在会计上作为利息支出处理。企业应按实际收到的金额，借记“银行存款”账户，按贴现息部分，借记“财务费用”账户，按应收票据的票面价值，贷记“应收票据”账户。

【实务操作】

【例3-3】 2019年6月，广聚公司发生贴现业务如下：

广聚公司于6月1日将4月1日开出并承兑的面值为100 000元、年利率为8%、7月1日到期的商业承兑汇票向银行贴现，贴现率为10%，则贴现息和贴现所得计算如下：

带息票据到期值＝100 000×(1＋8%×90÷360)＝102 000(元)

贴息＝102 000×10%×30÷360＝850(元)

贴现票据实收金额＝102 000－850＝101 150(元)

借：银行存款	101 150	
贷：应收票据		100 000
财务费用		1 150

若假定该票据为不带息票据，则贴现息和贴现所得计算如下：

票据到期值＝100 000(元)

贴现息＝100 000×10%×30÷360＝833(元)

贴现票据实收金额＝100 000－833＝99 167(元)

借：银行存款	99 167	
财务费用	833	
贷：应收票据		100 000

第二讲　应收账款

【知识要点】

一、应收账款的确认与计价

应收账款是指企业因对外销售商品、产品或提供劳务等经营活动，而应向购货单位或接受劳务单位收取的款项。它主要包括应向有关债务人收取的货款及代购货单位垫付的运杂费和包装费等。应收账款属于短期债权，在资产负债表上应列为流动资产项目。

应收账款因企业赊销业务而产生，它的确认与收入的确认密切相关。由于应收账款销售是赊销，货币资金并未流向企业，因此，在确认收入时，企业应同时确认与其相关的应收账款。

应收账款因企业销售或提供劳务而产生，应按实际发生额记账。应收账款的入账价值包括销售货物或提供劳务的价款、增值税额，以及代垫费用等。但在现实经济生活中，企业为了促销或尽快收回货款，往往会实行折扣的办法。因此，在确认应收账款的入账价值时，企业还要进一步考虑折扣因素。折扣主要包括商业折扣和现金折扣两种。

1. 商业折扣

商业折扣是指企业为促进商品销售而在商品标价上给予的价格扣除。例如，企业为鼓励客户多买商品，可能规定，购买 20 件以上商品给予客户 20%的折扣，或客户每买 10 件送 1 件等。此外，企业为了尽快出售一些残次、陈旧、过季的商品，也可能降价(即打折)出售。商业折扣作为企业的一种促销手段，有利于扩大销路，回笼资金。

商业折扣在销售时即已发生，并不构成最终成交价格的一部分。因此，企业销售涉及商业折扣的，应当按照扣除商业折扣后的金额确定销售商品收入金额和应收账款金额。

2. 现金折扣

现金折扣是指债权人为鼓励债务人在规定的期限内尽快付款而向债务人提供的债务折扣。现金折扣一般用符号"折扣率/付款期"表示，如"2/10，1/20，n/30"表示销货方允许客户最长的付款期限为 30 天，如果客户在 10 天以内付款，销货方可给予客户 2%的折扣；如果客户在 11～20 天以内付款，销货方可给予客户 1%的折扣；如果客户在 21～30 天内付款，则不能享受现金折扣。

现金折扣与销售折扣不同，它发生在企业销售商品之后，其是否发生以及发生多少要视买方的付款情况而定，企业在确认销售商品收入时，并不能确定现金折扣的金额。因此，对于现金折扣，会计上有两种处理方法可供选择：一是总价法，二是净价法。我国会计实务要求企业现金折扣销售采用总价法。

总价法是指将未减去现金折扣前的金额作为实际售价，记作应收账款的入账价值，即应收账款按企业销售商品的实际售价全额入账的方法。发生的现金折扣实际上是对利益的折让相当于企业销售收入的减少或理财费用的增加。会计实务中，企业以销货发票作为增值税的计税依据，发生现金折扣并不能改变原来发票金额，为了简化会计核算手续，便于纳税管理，企业一般将发生的现金折扣作为销货折扣处理，不再调整应收的增值税额。

另外，注意两点：第一，现金折扣只有客户在折扣期内支付货款时，才予以确认，计入财务费用。第二，在计算现金折扣时，还应注意是否包含增值税的价款，两种情况下购买方享有的折扣金额不同。例如，销售价格为 100 000 元的商品，增值税额为 13 000 元，购买方享有的现金折扣为 1%。如果购买双方约定计算现金折扣时不考虑增值税，则购买方应享有的现金折扣金额为 1 000 元；如果购买双方约定考虑增值税，则购买方享有的现金折扣金额为 1 130 元。其账务处理如下：

(1) 赊销时：

借：应收账款 100%

　　贷：主营业务收入

　　　　应交税费——应交增值税(销项税额)

(2) 发生现金折扣的付款：

借：银行存款 98%或 99%

　　财务费用 2%或 1%

　　贷：应收账款 100%

(3) 未发生现金折扣的付款：

借：银行存款 100%

　　贷：应收账款 100%

总价法可以较好地反映销售的全过程，且简便易行。但是，总价法的缺点是，在客户可能享受折扣时，由于账面上并没有反映，因此，会造成应收账款和销售收入的高估，从而高估利润的后果。

净价法是指在销售业务发生时，将扣减最大现金折扣后的金额作为应收账款的入账金额的方法。在这种方法下，销货方把客户取得现金折扣视为正常现象，认为客户一般都会提前付款，将客户超过折扣期限付款而多收到的款项，视为提供信贷获得的收入，于收到款项时冲减财务费用。

净价法虽然可以弥补总价法高估收入、高估利润的问题，但在现金折扣处理的理论依据上与其实质不符。现金折扣是销售方为尽早收回货款所采用的手段，是企业的一种理财行为。因此，在净价法下，企业发生的现金折扣应计入财务费用，而不应冲减主营业务收入。净价法的账务处理如下：

(1) 赊销时：

借：应收账款(98%)

　　贷：主营业务收入(98%)

　　　　应交税费——应交增值税(销项税额)

(2) 在最大现金折扣期内付款时：

借：银行存款(98%)

　　贷：应收账款(98%)

丧失一部分现金折扣时：

借：银行存款(99%)

　　贷：应收账款(98%)

　　　　财务费用(1%)

(3) 丧失全部现金折扣时：

借：银行存款(100%)

　　贷：应收账款(98%)

　　　　财务费用(2%)

【实务操作】

【例 3-4】 2019 年 9 月 10 日，广聚公司向春晖有限责任公司赊销商品一批，报价125 000 元，商业折扣 20%。增值税专用发票上注明成交价款为 100 000 元，收取的增值税额为 13 000 元，付款条件为“2/10，n/30”，现金折扣不考虑增值税。请分别使用总价法和净价法进行账务处理。

(1) 总价法：

9 月 10 日，赊销时：

借：应收账款——春晖有限责任公司	113 000	
贷：主营业务收入		100 000
应交税费——应交增值税(销项税额)		13 000

假设春晖有限责任公司于 9 月 19 日付款：

现金折扣＝100 000×2%＝2 000(元)

借：银行存款	111 000	
财务费用	2 000	
贷：应收账款——春晖有限责任公司		113 000

假设春晖公司于 10 月 9 日付款：

借：银行存款　　113 000

　　贷：应收账款——春晖公司　　113 000

(2) 净价法：

9月10日，赊销时：

借：应收账款——春晖公司　　111 000

　　贷：主营业务收入　　98 000

　　　　应交税费——应交增值税(销项税额)　　13 000

假设春晖公司于9月19日付款：

现金折扣＝100 000×2%＝2 000(元)

借：银行存款　　111 000

　　贷：应收账款——春晖公司　　111 000

假设春晖公司于10月9日付款：

借：银行存款　　113 000

　　贷：应收账款——春晖公司　　111 000

　　　　财务费用　　2 000

二、应收账款的发生与收回核算

为了反映应收账款的增减变动及其结存情况，企业应设置"应收账款"账户。不单独设置"预收账款"账户的企业，预收的账款也在"应收账款"账户核算。"应收账款"账户的借方登记应收账款的增加，贷方登记应收账款的收回及确认的坏账损失，期末余额一般在借方，反映企业尚未收回的应收账款；如果期末余额在贷方，则反映企业预收的账款。该账户应按不同购货单位或接受劳务的单位设户进行明细核算，以便及时向债务人催收账款。

【实务操作】

【例3-5】 广聚公司采用托收承付结算方式向创意有限责任公司销售商品一批，货款为200 000元，增值税额为26 000元，以银行存款代垫运杂费5 000元，已办妥托收手续。编制会计分录如下：

(1) 商品发出并办妥托收手续时：

借：应收账款——创意有限责任公司　　231 000

　　贷：主营业务收入　　200 000

　　　　应交税费——应交增值税(销项税额)　　26 000

　　　　银行存款　　5 000

(2) 实际收到货款时：

借：银行存款　　231 000

　　贷：应收账款——创意有限责任公司　　231 000

三、应收账款的融资

企业为了促进销售往往会增加赊销的规模，但这又会引起占用过多资金，提高坏账发生的几率，增加信用管理开支等诸多问题。因此，在一些商业信用比较发达的国家，可以通过应收账款融资的手段来融通资金规避风险，主要方式有应收账款抵借、应收账款转让（有追索权）和应收账款出售（无追索权）三种。三种应收账款融资方式的对比，如表 3-1 所示。

表 3-1　　三种应收账款融资方式的对比

融资协议形式 / 比较项目	抵　借	转　让	出　售
定　义	持有者将全部应收账款作为抵押从银行或其他金融机构取得借款	持有者将特定应收账款转让给银行或其他金融机构，签订借款协议，将应收账款转化为现金	持有者将特定应收账款出售给代理商、银行或其他金融机构，以取得相应的现金
特　征	企业保留与应收账款有关的风险与报酬，企业用收回的应收账款归还借款	企业保留部分与应收账款有关的风险与报酬，受让方保留特定应收账款的追索权	与应收账款有关的风险与报酬转移给受售方，应终止确认该金融资产
权　益	抵押方继续保留应收账款的权益，同时也要承担坏账的责任		让售方式相当于一种销售行为，要确认出售损益；让售既转移了收款权利，同时也转移了坏账风险

第三讲　预付账款及其他应收款

【知识要点】

一、预付账款的核算

预付账款是企业按照合同规定预先支付的款项，是企业暂时被供应单位占有的资金。企业预付货款后有权要求供货方按照购货合同规定发货。预付账款必须以购销双方签订的购货合同为条件，按照规定的程序和方法进行核算。

按照权责发生制原则，预付账款虽已付出，但由于对方尚未履行义务，要求对方履行义务仍是企业的权力，因此，预付账款和应收账款一样，都是企业的短期债权。但是，两者又有区别。应收账款是企业由于销售货物引起的，是应向购货方收取的款项；而预付账款是企业购货引起的，是预先支付的款项。企业在预付货款和预付工程款时，应以预付金额入账。

为了反映和监督预付账款的增减变动及其结存情况，企业应设置“预付账款”账户，并按供货单位设置明细账户进行明细核算。“预付账款”账户借方登记预付款项和补付款项，贷方登记收到所购物资时按发票账单金额冲销的预付账款数及退回的多余款项，期末余额一般在借方，反映企业实际预付的款项，若为贷方余额表示尚未补付的款项。

在实际工作中，预付款项情况不多的企业，可以不设置“预付账款”账户，而直接通过“应付账款”账户核算。但在编制“资产负债表”时，企业应当将“预付账款”和“应付账款”账户的金额分别反映。

预付账款的核算主要包括预付款项和收回货物两个方面。

（1）预付款项的会计处理。根据购货合同的规定向供应单位预付款项时，借记“预付账款”账户，贷记“银行存款”账户。

(2) 收回货物的会计处理。企业收到所购货物时，按应计入购入物资成本的金额，借记“材料采购”(或“原材料”)“应交税费——应交增值税(进项税额)”等账户，贷记“预付账款”账户；当预付货款小于采购货物所需支付的款项时，应将不足部分补付，借记“预付账款”账户，贷记“银行存款”账户；当预付货款大于采购货物所需支付的款项时，对收回的多余款项，应借记“银行存款”账户，贷记“预付账款”账户。

【实务操作】

【例 3-6】 广聚公司向创意有限责任公司采购某材料 5 000 千克，单价为 5 元，所需支付的款项总额为 25 000 元。公司按照合同规定向创意有限责任公司预付货款的 40%，验收货物后补付其余款项。编制会计分录如下：

(1) 预付 40%的货款时：

借：预付账款——创意有限责任公司	10 000	
贷：银行存款		10 000

(2) 收到创意有限责任公司发来的 5 000 千克材料，验收无误，增值税专用发票记载的货款为 25 000 元，增值税额为 3 250 元：

借：原材料	25 000	
应交税费——应交增值税(进项税额)	3 250	
贷：预付账款——创意有限责任公司		28 250

(3) 以银行存款补付所欠款项 18 250 元时：

借：预付账款——创意公司	18 250	
贷：银行存款		18 250

预付账款属于企业的一项短期债权，如果有确凿证据表明企业的预付账款已不符合预付账款的性质，或者因供货单位破产、撤销等原因已无望再收到所购货物的，企业应按照规定确认其资产的减值损失，计提坏账准备。

二、其他应收款的核算

其他应收款是指除应收票据、应收账款、预付账款以外的其他各种应收及暂付款项。其主要内容包括：

(1) 应收的各种赔款、罚款，如企业财产等遭受意外损失而应向有关保险公司收取的赔款等。

(2) 应收的出租包装物租金。

(3) 应向职工收取的各种垫付款，如为职工垫付的水电费、应由职工负担的医药费、房租费等。

(4) 存出保证金，如租入包装物支付的押金。

(5) 预付账款转入。

(6) 备用金(向各科室拨出的备用金)。

(7) 其他各种应收、暂付款项。

为了反映其他应收款的增减变动及其结存情况，企业应设置“其他应收款”账户对其进行核算。“其他应收款”账户的借方登记其他应收款的增加，贷方登记其他应收款的收回，期末余额一般在借方，反映企业尚未收回的其他应收款项。在“其他应收款”账户下，企业应按不同债务人设置明细账户，进行明细核算。

【实务操作】

【例 3-7】 广聚公司 2019 年 9 月份发生关于其他应付款的经济业务如下：

(1) 11 日，租入包装物一批，以银行存款支付包装物押金 3 000 元。

(2) 13 日，以银行存款代职工王兰垫付应由其个人负担的医药费 2400 元，并从其工资中扣回。

(3) 17 日，销售员刘磊出差借差旅费 1 000 元，以现金支付。

(4) 21 日，归还租入包装物，收到出租方退还的押金。

(5) 24 日，刘磊出差归来，报销差旅费 850 元，余款交回。

广聚公司编制会计分录如下：

(1) 租入包装物支付包装物押金时：

借：其他应收款——存出保证金	3 000	
贷：银行存款		3 000

(2) 垫付医药费时：

借：其他应收款——王兰	2 400	
贷：银行存款		2 400

从工资中扣款时：

借：应付职工薪酬	2 400	
贷：其他应收款——王兰		2 400

(3) 预付差旅费时：

借：其他应收款——刘磊	1 000	
贷：库存现金		1 000

(4) 收到押金时：

借：银行存款	3 000	
贷：其他应收款——存出保证金		3 000

(5) 刘磊出差归来，报销差旅费 850 元，余款交回：

借：管理费用	850	
库存现金	150	
贷：其他应收款——刘磊		1 000

企业应定期或至少于年度终了时，对其他应收款进行检查，预计其可能发生的损失，并计提坏账准备。对于不能收回的其他应收款应查明原因，追究责任。对确实无法收回的，按照企业的管理权限，经股东大会、董事会或经理(厂长)会议或类似机构批准作为坏账损失，冲减提取的坏账准备。期末，“其他应收款”项目应按减去已计提的坏账准备后的净额，在资产负债表上列示。

第四讲　坏 账 损 失

【知识要点】

一、坏账损失的确认

坏账是指企业无法收回或收回的可能性极小的应收款项。由于发生坏账而产生的损失，称为坏账损失。

企业应当在资产负债表日对应收款项的账面价值进行检查，有客观证据表明该应收款项发生减值的，应当确认减值损失，计提坏账准备。现行《企业会计准则》规定，符合下列条件之一的应收款项，可确认为坏账：

(1) 债务人破产、死亡或失踪，以其破产财产或遗产进行清偿后确实无法收回的部分。

(2) 因债务单位撤销、资不抵债或现金流量严重不足，确实无法收回的部分。

(3) 因债务人发生严重的自然灾害或意外事故等，损失巨大，导致债务单位停产而在短时间内无法偿付债务，确实无法收回的部分。

(4) 因债务人逾期未履行偿债义务超过 3 年，经核查确实无法收回的部分。

除符合以上条件的可以确认为坏账外，下列情况不能全额计提坏账准备：

(1) 当年发生的应收款项。

(2) 计划对应收款项进行重组。

(3) 与关联方发生的应收款项。

(4) 其他已逾期，但无确凿证据表明不能收回的应收款项。

因企业采用先提供商品或服务，后收款的方式进行销售，因此，发生坏账损失是难以避免的。对已确认为坏账的应收款项，并不意味着企业就放弃追索权，一旦收回，就应及时入账。坏账损失的发生会减少企业利润和现金流量，企业应加强日常对应收款项的管理，尽可能地减少坏账损失的发生。

二、坏账损失的计提和核算

坏账损失的核算方法，有直接转销法和备抵法两种。而我国现行会计准则规定，企业只能采用备抵法核算坏账损失。

(一) 直接转销法

直接转销法是指在确认坏账的当期，直接确认坏账损失的一种核算方法。即某一会计期间确认某笔应收账款确实无法收回，就在当期确认坏账和坏账损失，注销应收账款，同时将坏账损失金额计入当期资产减值损失。

直接转销法的优点是会计处理简单；缺点是需要等到坏账发生时才能确认为当期费用，这样收入和与之相关的坏账费用就不在同一期间确认，从而导致收入和费用不配比，无法如实反映各期的经营责任。

(二) 备抵法

备抵法是指按期估计坏账损失，形成坏账准备，当某一应收款项的全部或部分被确认为坏账时，应根据其金额冲减坏账准，同时转销相应的应收款项金额的一种核算方法。

1. 坏账准备计提的范围

新会计准则下，企业计提坏账准备的基础，由原先的对应收账款和其他应收款计提坏账准备扩大到对全部的应收款项和预付账款等，即如果有证据表明应收账款、其他应收款、长期应收款、预付账款和应收票据等不能收回，或收回的可能性很小时，应计提坏账准备。

2. 坏账准备的账务处理

在备抵法下，企业应当设置“坏账准备”“信用减值损失”账户，核算应收款项的坏账准备计提和转销等情况。企业当期计提的坏账准备应计入当期损益。“坏账准备”账户的贷方登记当期计提的坏账准备金额，借方登记实际发生的坏账损失金额和冲减的坏账准备金额，期末余额一般在贷方,反映企业已计提但尚未转销的坏账准备。

计提坏账准备时,借记“信用减值损失——计提的坏账准备”账户,贷记“坏账准备”账户;冲减多计提的坏账准备时,借记“坏账准备”账户,贷记“信用减值损失——计提的坏账准备”账户。

确实无法收回的坏账,经管理权限报批后作为坏账损失,结转应收款项,借记“坏账准备”账户,贷记“应收账款”“应收票据”“预付账款”“其他应收款”等账户。

已确认并转销的应收款项以后又收回的,应按实际收回的金额,借记“应收票据”“应收账款”“预付账款”“其他应收款”等账户,贷记“坏账准备”账户;同时,借记“银行存款”账户,贷记“应收票据”“应收账款”“预付账款”“其他应收款”等账户;也可以直接按实际收回的金额,借记“银行存款”账户,贷记“坏账准备”账户。

3. 计提坏账准备的比例和方法

按照现行会计准则的规定,计提坏账准备的方法和比例由企业自行决定。企业应当制定计提坏账准备的政策,明确计提坏账准备的范围和提取比例。坏账准备计提方法一经确定,不得随意变更,如需变更,应当在财务报表附注中予以说明。

4. 估计坏账损失的方法

估计坏账损失的方法主要有应收款项余额百分比法、账龄分析法和销货百分比法等。

第一,应收款项余额百分比法。

应收款项余额百分比法是指根据会计期末应收款项的余额和估计的坏账率,估计坏账损失,计提坏账准备的方法。其计算公式如下:

“坏账准备”账户期末数 = 应收账款期末余额 × 估计坏账率

当期应确认的坏账损失数 = 当期按应收款项计算应提坏账准备金额 −(或 +)“坏账准备”账户的贷方(或借方)余额

具体来说,有三种情况:

第一种情况:调整前“坏账准备”账户为借方余额,这时应按本期估计的坏账加上调整前“坏账准备”账户借方余额之和作为计提坏账准备的数额。

第二种情况:调整前“坏账准备”账户为贷方余额,且贷方余额小于本期估计坏账准备金额,这时应按其差额计提坏账准备。

第三种情况:调整前“坏账准备”账户为贷方余额,且贷方余额大于本期估计坏账准备金额,这时其差额为负数,应按差额冲减坏账准备。

【实务操作】

【例 3-8】 广聚公司近几年发生如下经济业务:

(1) 从 2017 年开始计提坏账准备。2017 年年末,公司应收账款余额为 850 000 元,公司提取坏账准备的比例为 5%。计算坏账准备并编制会计分录如下:

坏账准备提取额 = 850 000 × 5% = 42 500(元)

借:信用减值损失——计提的坏账准备　　42 500

　　贷:坏账准备　　42 500

(2) 2018 年 5 月,公司发现创意有限责任公司所欠货款 12 000 元无法收回,按有关规定确认为坏账损失。编制会计分录如下:

借：坏账准备　　12 000

　　贷：应收账款——创意公司　　12 000

(3) 2018 年 12 月 31 日，公司应收账款余额为 1 500 000 元。年末计提坏账准备前，“坏账准备”账户的贷方余额为 30 500 元(42 500－12 000)。则计算坏账准备并编制会计分录如下：

估计坏账准备金额 75 000 元(1 500 000×5%)，前期“坏账准备”账户的贷方余额为 30 500，小于估计损失数，所以属于第二种情况，应提取其差额 44 500 元(75 000－30 500)。

借：信用减值损失——计提的坏账准备　　44 500

　　贷：坏账准备　　44 500

(4) 2019 年 9 月 5 日，接银行通知，公司上年已核销的 12 000 元坏账又收回，款项已存入银行。编制会计分录如下：

借：应收账款　　12 000

　　贷：坏账准备　　12 000

同时：

借：银行存款　　12 000

　　贷：应收账款　　12 000

(5) 2019 年 12 月 31 日，公司应收账款余额为 1 600 000 元。计提坏账准备前的“坏账准备”账户的贷方余额为 87 000 元(75 000＋12 000)。则计算坏账准备并编制会计分录如下：

估计坏账准备金额 80 000 元(1 600 000×5%)，前期“坏账准备”账户的贷方余额为 87 000，大于估计损失数，所以属于第三种情况，应冲减其差额 7 000 元(80 000－87 000)。

借：坏账准备　　7 000

　　贷：信用减值损失——计提的坏账准备　　7 000

第二，账龄分析法。

账龄分析法是指根据应收款项账龄的长短来估计坏账的方法。账龄是指债务人所欠账款的时间。采用这种方法，企业利用账龄分析表所提供的信息，确定坏账准备金额。确定的方法按各类账龄分别估计其可能成为坏账的部分。一般账龄越长，账款不能回收的可能性越大。

【实务操作】

【例 3-9】 广聚公司发生如下经济业务：

2019 年 12 月 31 日，“坏账准备”账户贷方余额 10 000 元，年末应收账款的账龄及估计坏账损失表，如表 3-2 所示。

表 3-2　　估计坏账损失表

2019 年 12 月 31 日　　单位：元

应收账款账龄	应收账款金额	估计坏账率	估计损失金额
未到期	300 000	1%	3 000
逾期一年	120 000	5%	6 000
逾期二年	80 000	30%	24 000

（续表）

应收账款账龄	应收账款金额	估计坏账率	估计损失金额
逾期三年	10 000	80%	8 000
合计	510 000		41 000

计算坏账准备并编制会计分录如下：

年末应提取的坏账准备额为 31 000 元(41 000—10 000)。

借：信用减值损失——计提的坏账准备　　31 000

　　贷：坏账准备　　31 000

第三，销货百分比法。

一般情况下，企业赊销的金额越大，出现坏账损失的可能性就越大。销货百分比法是根据赊销金额的一定百分比估计坏账损失的方法。企业可以根据过去的经验和有关资料，估计坏账损失与赊销金额之间的比率，也可用其他更合理的方法进行估计。

【实务操作】

【例 3-10】 广聚公司发生如下经济业务：

公司 2019 年全年赊销金额为 4 500 000 元，根据以往经验和有关资料，估计坏账损失率为 1.2%，本年度应估计坏账损失 5 4 000 元(4 500 000×1.2%)。编制会计分录如下：

借：信用减值损失——计提的坏账准备　　54 000

　　贷：坏账准备　　54 000

除以上三种方法外，新准则下还规定对于单项金额重大的应收款项，应当单独进行减值测试。有客观证据表明其发生了减值的，应当根据其未来现金流量现值低于其账面价值的差额，确认减值损失，计提坏账准备。

对于单项金额非重大的应收款项可以单独进行减值测试，确定减值损失，计提坏账准备；也可以与经单独测试后未减值的应收款项一起按类似信用风险特征划分为若干组合，再按这些应收款项组合在资产负债表日余额的一定比例计算确定减值损失，计提坏账准备。根据应收款项组合余额的一定比例计算确定的坏账准备，应当反映各项目实际发生的减值损失，即各项组合的账面价值超过其未来现金流量现值的金额。

企业应当根据以前年度与之相同或相类似的、具有类似信用风险特征的应收款项组合的实际损失率为基础，结合现时情况确定本期各项组合计提坏账准备的比例，据此计算本期应计提的坏账准备。

5. 备抵法的优点

备抵法的优点主要体现在三个方面：

一是预计不能收回的应收款项作为坏账损失及时计入费用，避免企业的虚盈实亏。

二是在报表上列示应收账款净额，使报表阅读者能了解企业真实的财务状况。

三是使应收账款实际占用资金接近实际，消除虚列的应收账款，有利于加快企业资金周转，提高经济效益。

单元测试

1. 单项选择题

(1) 下列账户中，企业期末不需计提坏账准备的是(　　)。

A. “其他应收款”　B. “应收票据”　C. “预付账款”　D. “预收账款”

(2) 计提坏账准备应借记的账户是(　　)。

A. “管理费用”　B. “财务费用”　C. “信用减值损失”　D. “营业外支出”

(3) 若企业预付账款业务不多，为简化核算，可直接将预先支付的货款记入(　　)。

A. “应付账款”账户的借方　B. “应收账款”账户的借方

C. “应付账款”账户的贷方　D. “应收账款”账户的贷方

(4) 2019 年 3 月 10 日，签发、期限 90 天的票据，到期日为(　　)。

A. 6 月 11 日　B. 6 月 10 日　C. 6 月 9 日　D. 6 月 8 日

(5) 3 月 15 日，企业销售产品一批，价款共计 20 000 元，增值税额 2 600 元，应收账款合计为 22 600 元，规定付款条件为“2/10，1/20，n/30”(按售价计算现金折扣)，购货方于 3 月 26 日付款，则该企业实际收到的金额为(　　)元。

A. 22 600　B. 22 400　C. 22 200　D. 23 000

(6) 按照现行会计制度的规定，对于购货方实际享受的现金折扣，企业应作的会计处理是(　　)。

A. 冲减当期主营业务收入　B. 增加当期财务费用

C. 增加当期主营业务成本　D. 增加当期管理费用

(7) 企业在采用备抵法核算坏账损失时，如果已确认并转销的坏账以后又收回，则应按收回的金额(　　)。

A. 借：应收账款
　　贷：坏账准备

B. 借：应收账款
　　贷：信用减值损失

C. 借：应收账款
　　贷：坏账准备
　借：银行存款
　　贷：应收账款

D. 借：应收账款
　　贷：信用减值损失
　借：银行存款
　　贷：应收账款

(8) 6 月 10 日，企业销售一批商品，应收账款为 100 000 元，规定应收账款的现金折扣条件为“2/10，1/20，n/30”。购货企业于 6 月 18 日付款，企业实际收到款项的金额为(　　)元。

A. 100 000　B. 98 000　C. 97 000　D. 99 000

(9) 企业提取坏账准备金的时间是在(　　)。

A. 月末　B. 季度末　C. 年度末　D. 资产负债表日

(10) 下列项目中，按照现行会计制度的规定，销售企业应当作为财务费用处理的是(　　)。

A. 购货方获得的商业折扣　B. 购货方获得的现金折扣

C. 购货方获得的销售折让　D. 购货方放弃的现金折扣

(11) 下列账户中，期末可能出现贷方余额的是(　　)。

A. “固定资产”　B. “应收账款”　C. “银行存款”　D. “库存现金”

(12) 2019 年 8 月 28 日，企业签发了一张期限为 3 个月的商业承兑汇票，其到期日为(　　)。

A. 11 月 26 日　B. 11 月 27 日　C. 11 月 28 日　D. 11 月 29 日

(13) “坏账准备”账户在期末结账前如为借方余额，其反映的内容是(　　)。

A. 提取的坏账准备

B. 已经发生的坏账损失

C. 收回以前已经确认并转销的坏账损失

D. 已确认的坏账损失超出坏账准备的余额

(14) 企业 2019 年年初“坏账准备”账户的贷方余额为 8 000 元，当年实际发生坏账损失为 2 000 元，2019 年年底估计的坏账损失为 10 000 元。2019 年年末企业应计提坏账准备(　　)元。

A. 4 000　B. 10 000　C. 0　D. 2 000

(15) 2019 年 9 月 1 日，企业销售一批产品给乙公司，货物已发出，增值税专用发票上注明的价款为 200 000 元，增值税额为 26 000 元。收到乙公司交来的商业承兑汇票一张，期限为 6 个月，票面利率为 5%。票据的到期值为(　　)元。

A. 231 000　B. 200 000　C. 226 000　D. 231 650

2. 多项选择题

(1) 采用备抵法核算坏账，可采用(　　)估计坏账损失。

A. 加权平均法　B. 销货百分比法

C. 账龄分析法　D. 应收账款余额百分比法

(2) “应收账款”账户核算的内容不包括(　　)。

A. 收职工欠款　B. 购买的长期债券

C. 因销售活动形成的债权　D. 存出的保证金

(3) 下列各项中，属于其他应收款核算内容的有(　　)。

A. 应收股利　B. 存出保证金　C. 备用金　D. 赊销产品

(4) 采用备抵法核算坏账损失，其优点包括(　　)。

A. 账务处理比较简单　B. 符合谨慎性原则

C. 符合权责发生制原则　D. 避免企业虚夸资产

(5) 下列各项中，应计入应收账款的有(　　)。

A. 销售商品款　B. 销售材料款

C. 垫付的运杂费　D. 应收的增值税款

(6) 下列各项中，应通过“其他应收款”账户核算的有(　　)。

A. 应收的各种赔款　B. 预付账款转入

C. 应收股利　D. 职工暂借的款项

(7) 应收账款在分类上可属于(　　)。

A. 金融资产　B. 流动资产　C. 流动负债　D. 非流动负债

(8) 不能用“应收票据”账户核算的票据包括(　　)。

A. 银行本票　B. 银行承兑汇票　C. 银行汇票　D. 商业承兑汇票

(9) 关于“预付账款”账户，下列说法中，正确的有(　　)。

A. 该账户借方余额反映企业向供货单位预付的货款

B. 预付货款不多的企业，可以不单独设置“预付账款”账户，而将预付的货款记入“应付账

款”账户的借方

C. “预付账款”账户贷方余额反映的是应付供货单位的款项

D. “预付账款”账户应按供货单位或个人的名称设置明细账

(10) 一般来讲,企业的应收账款符合下列(　　)情况之一的,表明该应收账款发生减值,应当计提坏账准备。

A. 债务人违反了合同条款,如偿付利息或本金发生违约或逾期等

B. 债权人出于经济或法律等方面因素的考虑,对发生财务困难的债务人作出让步

C. 债务人很可能倒闭或进行其他财务重组

D. 1 年以上不能收回的应收账款

3. 判断题

(1) 商业汇票可以背书转让,背书人对票据到期付款负连带责任。(　　)

(2) 企业备用金业务可以通过“其他应收款”账户核算。(　　)

(3) 企业不带息应收票据的到期值等于应收票据的面值。(　　)

(4) 在存在现金折扣的情况下,若采用总价法核算,应收账款应按营业收入扣除预计最大的现金折扣之后的金额确认。(　　)

(5) 对预付账款不多的企业,可将其直接记入“应收账款”账户的借方。(　　)

(6) 企业如果已经确认应收账款为坏账,就意味着企业放弃了其追索权,如果该应收账款又收回,应确认为营业外收入。(　　)

(7) 按现行财务制度的规定,企业应按总价法核算应收账款。(　　)

(8) 企业只有在发生坏账损失时,才计提坏账准备。(　　)

(9) 在备抵法下,已确认坏账,以后又收回的,仍然通过“应收账款”账户核算,并贷记“坏账准备”账户。(　　)

(10) 采用备抵法核算坏账的情况下,发生坏账时所作的冲销应收账款的会计分录,会使资产及负债同时减少相同数额。(　　)

(11) 已确认为坏账的应收账款,并不意味着企业放弃了追索权,一旦重新收回,应及时入账。(　　)

(12) 为了核算企业应收账款发生的资产减值,会计上应设置“坏账准备”“信用减值损失”账户进行核算。(　　)

(13) “坏账准备”账户期末余额在贷方,在资产负债表上列示时,应列示于“坏账准备”项目中。(　　)

(14) 在存在商业折扣的情况下,应收账款应按发票价格减去商业折扣后的净额确认。(　　)

(15) 在我国,应收票据也应计提坏账准备。(　　)

实务训练

训练一

资料:练习应收票据的核算。

广聚公司销售一批商品给春晖公司，货款为 200 000 元，增值税税率为 13%，春晖公司签发了一张 226 000 元、期限为 3 个月的无息商业承兑汇票。如果 1 个月后广聚公司持票据向银行贴现(符合票据终止条件)，贴现率为 12%。

要求:

(1) 编制广聚公司收到票据的会计分录，到期收到货款的会计分录以及到期不能收到货款的会计分录。

(2) 计算贴现息与贴现所得额，并作账务处理。

训练二

资料:练习应收账款的核算。

广聚企业 2019 年 1 月发生以下经济业务:

(1) 2 日，销售 B 商品一批，增值税专用发票上注明:价款共计 30 000 元，增值税额 3 900 元。代购货单位垫付运杂费 500 元，已办妥托收承付手续。

(2) 6 日，销售 B 商品一批，标价为 80 000 元。由于是成批销售，公司应给予购货方 10% 的商业折扣(折扣与售价开在一张发票上)，货款未收到。

(3) 18 日，向创意公司销售 A 商品一批，增值税专用发票上注明:价款共计 40 000 元，增值税额为 5 200 元。合同规定的现金折扣条件为“2/10，n/30”。商品已发出并办妥托收手续，

(4) 25 日，收到创意公司开来的转账支票一张，支付其 18 日购买 A 商品的价税款。根据合同规定，按售价的 2%给予创意公司现金折扣，支票已送交银行办理转账。

要求:根据以上资料编制会计分录。

训练三

资料:练习坏账的核算。

2017 年，广聚公司“坏账准备”账户有年初贷方余额 27 000 元，年底该公司应用减值测试和账龄法估计 2017 年年底坏账损失为 35 000 元。2018 年当年实际发生的坏账损失为 3 000元，年末应用减值测试和账龄法估计 2018 年年底坏账损失为 38 000 元。2019 年，上年确认的 3 000 元坏账损失中有 1 000 元被收回，本年度通过减值测试估计 2019 年底底的坏账损失为 40 000 元。

要求:根据上述资料编制会计分录。

训练四

资料:练习预付账款的核算。

广聚公司向其供应商创意公司订购紧俏原材料一批，按合同规定预先支付给创意公司 20 000 元，以银行存款支付。1 个月后，广聚公司收到创意公司发来的材料，材料价款为 30 000 元，增值税额为 3 900 元。广聚公司开出转账支票补付应付给创意公司的不足材料款。

要求:根据上述资料编制会计分录。

第四单元　交易性金融资产

导学目标

通过本单元学习，学生应该掌握如下知识技能：

1. 了解金融资产的概念及分类。

2. 掌握交易性金融资产的特征，初始入账价值的构成，以及公允价值变动的确认方法和处置时的会计处理入账价值的确定方法。

导学案例

参股海通证券　上市公司获益几何？

海通证券目前的67名股东中共有民生银行、百联股份和兰生股份等20家上市公司。除民生银行外，其余全部系非金融企业，由于都是采用成本法核算，因此，有关上市公司目前均无法根据海通证券所实现的净利润来确认投资收益。

海通证券2015—2017年连续3年亏损，累计达46.94亿元，而2018年度净利润仅为6.5亿元。根据《公司法》的有关规定，海通证券需要在弥补亏损以后才能向股东分配利润，故而在2019年度，有关上市公司的投资收益中不可能有来自海通证券所分配的现金股利。

在海通证券借壳上市后，相关上市公司需要结合本次交易方案中的有关条款，判断其所持有的海通证券股权是否属于“在活跃市场中没有报价、公允价值不能可靠计量的权益性投资”。如是，则继续采用成本法核算，只有在海通证券宣告分派现金股利时，才能确认投资收益。如否，则属于“金融资产”，可以进一步划分为“交易性金融资产”或“可供出售金融资产”，如确认为“交易性金融资产”，海通证券股价的变动将直接计入有关上市公司的当期损益；如划分为“可供出售金融资产”，海通证券股价的变动将直接计入有关上市公司的净资产，待今后出售时，股价的累计变动金额与处置收益将一并转入当期损益。

在参股海通证券的上市公司中，兰生股份与世茂股份已在2018年年报中转回了以前年度所计提的长期投资减值准备，分别为1.4亿元与0.18亿元，相应增加了2018年度的净利润。而申能股份、东方创业、华银电力、外高桥和浦东金桥等5家上市公司的2018年年报中仍保留了有关长期投资减值准备。如果这5家上市公司继续采用成本法核算，即使减值迹象已经消除，减值准备仍然不得转回。如果这5家上市公司将其所持有的海通证券股权确认为“交易性金融资产”，则海通证券股价与扣除减值准备后的账面价值之间差额将计入当期损益；如划分为“可供出售金融资产”，则海通证券股价与扣除减值准备后的账面价值之间差额将计入净资产。

资料来源：《参股海通证券　上市公司获益几何?》，《上海证券报》2019 年 5 月 20 日。

第一讲　交易性金融资产概述

【知识要点】

一、金融资产的内容

金融是现代经济的核心，是金融市场健康与可持续发展的保障。金融资产，是指单位或个人所拥有的以价值形态存在的资产，是一种索取实物资产的无形的权利，也是一切可以在有组织的金融市场上进行交易、具有现实价格和未来估价的金融工具的总称。其主要包括库存现金、银行存款、应收账款、应收票据、贷款、其他应收款、债权投资、股权投资和基金投资等。一般来说，会具有货币性、流通性、风险性和收益性等特征，其中最显著的特征就是在市场交易中能够为其持有者提供即期或远期的现金流量。

（一）金融资产的分类

金融资产的分类是其确认和计量的基础。根据《企业会计准则第 22 号——金融工具确认和计量》(2018)的要求，企业在首次执行日，应当结合其自身业务特点和风险管理要求，将所取得的金融资产在初始确认划分为：①以摊余成本计量的金融资产；②以公允价值计量且其变动计入其他综合收益的金融资产；③以公允价值计量且其变动计入当期损益的金融资产。上述分类一经确定，不得随意变更。

（二）金融资产分类时应考虑的因素

1. 管理层意图

一项金融资产划分为哪一类，主要取决于管理当局的意图，也就是应结合企业自身的情况、管理的要求以及投资的策略等。如果管理层持有金融资产的意图主要是为了近期内出售，赚取差价，就应该分类为交易性金融资产。如果管理层的意图为是为了长期持有并且有能力持有至到期日的，那么就可以划分为持有至到期投资。如果管理者持有意图不是很明确，既不是短期出售，也不准备持有到期，则可将其划分为可供出售金融资产。

2. 是否满足该种分类的特征

每一类金融资产都有自身的特征。例如，交易性金融资产，为交易而持有，可以随时出售，处置很方便，以从价格或交易商保证金的短期波动中获利为目的；而持有至到期投资，到期日固定、回收金额固定或可确定，且企业有明确意图和能力持有至到期日，不能随意处置。相比之下，可供出售金融资产的特征就不明显了，如果一项金融资产既不能划分为以公允价值计量且其变动计入当期损益的金融资产，也不能划分为持有至到期投资，则可以考虑将其划分为可供出售金融资产。

二、交易性金融资产的内容

（一）交易性金融资产概述

满足以下条件之一的金融资产，应当划分为交易性金融资产：

(1) 取得该金融资产的目的是为了近期内出售。例如,企业以赚取差价为目的,从二级市场购入的股票、债券和基金等。

(2) 属于进行集中管理的可辨认金融工具组合的一部分,且有客观证据表明企业近期采用短期获利方式对该组合进行管理。在这种情况下,即使组合中有某个组成项目持有的期限稍长也不受影响。

(3) 属于衍生工具。但是,被指定为有效套期工具的衍生工具、属于财务担保合同的衍生工具等除外。其中,财务担保合同是指保证人和债权人约定,当债务人不履行债务时,保证人按照约定履行债务或者承担责任的合同。

(二) 账户设置

为了反映和监督交易性金融资产的取得、收取现金股利或利息、出售等情况,企业应当设置“交易性金融资产”“公允价值变动损益”“投资收益”等账户进行核算。

“交易性金融资产”账户用来核算企业分类为以公允价值计量且变动计入当期损益的金融资产。“交易性金融资产”账户的借方登记交易性金融资产的取得成本、资产负债表日其公允价值高于账面余额的差额,以及企业出售交易性金融资产时结转公允价值低于账面余额的变动金额;贷方登记资产负债表日下,其公允价值低于账面余额的差额,以及企业出售交易性金融资产时结转的成本和公允价值高于账面余额的变动金额。企业应当按照交易性金融资产的类别和品种,分别设置“成本”“公允价值变动”等明细账户进行核算。

“公允价值变动损益”账户用来核算企业交易性金融资产等因公允价值变动而形成的计入当期损益的利得或损失,贷方登记资产负债表日企业持有的交易性金融资产等的公允价值高于账面余额的差额;借方登记资产负债表日企业持有的交易性金融资产等的公允价值低于账面余额的差额。

“投资收益”账户用来核算企业持有交易性金融资产期间取得的投资收益以及处置交易性金融资产等实现的投资收益或投资损失,贷方登记企业出售交易性金融资产等实现的投资收益;借方登记企业出售交易性金融资产等发生的投资损失。

第二讲 交易性金融资产的账务处理

【知识要点】

一、交易性金融资产的取得

企业取得交易性金融资产时,应当按照该金融资产取得时的公允价值作为其初始确认金额,记入“交易性金融资产——成本”账户的借方。金融资产的公允价值,应当以市场交易价格为基础确定。

取得交易性金融资产所支付价款中,如果有已宣告但尚未发放的现金股利或已到付息期但尚未领取的债券利息的,应当单独确认为应收项目,记入“应收股利”或“应收利息”账户的借方。

如果取得交易性金融资产时发生了相关的交易费用,则该费用应当在发生时计入当期损益,冲减投资收益,发生交易费用取得的增值税专用发票的,进项税额经认证后可从当月销项税额中。这里的交易费用,是指可直接归属于购买、发行或处置金融工具新增外部费用,包括支付给代理机构、咨询公司、券商的手续费和佣金及其他必要支出,不包括债券溢价、折价、融资费用、内部管理成本及其他与交易不直接相关费用。

会计处理为，按照金融资产取得时的公允价值，借记“交易性金融资产——成本”账户，已宣告但尚未发放的现金股利或已到付息期但尚未领取的债券利息，借记“应收股利或应收利息”账户，按照发生的交易费用，借记“投资收益”账户，发生交易费用取得增值税专用发票的，按其注明的增值税进项税额，借记“应交税费——应交增值税（进项税额）”账户，按照实际支付的金额，贷记“其他货币资金”等账户。

【实务操作】

【例 4-1】 （1）2019 年 5 月 20 日，广聚公司委托长城证券公司从上海证券交易所购入 A 上市公司股票 100 万股，并将其划分为交易性金融资产。该笔股票投资在购买日的公允价值为 10 000 000 元，另支付相关交易费用金额 30 000 元，取得的增值税专用发票上注明的增值税额为 1 800 元。

（2）5 月 29 日，又支付价款 270 000 元，其中含交易费用 5 000 元（取得的增值税专用发票上注明的增值税额为 300 元）和已宣告但尚未发放的现金股利 25 000 元，购入 B 上市公司发行的股票 12 万股，公司将其划分为交易性金融资产。依据成交过户交割单，应作如下会计处理：

① 2019 年 5 月 20 日，购买 A 上市公司股票时：

借：交易性金融资产——成本	10 000 000	
贷：其他货币资金——存出投资款		10 000 000

支付相关交易费用时：

借：投资收益	30 000	
应交税费——应交增值税（进项税额）	1 800	
贷：其他货币资金——存出投资款		31 800

② 2019 年 5 月 29 日，购买 B 上市公司股票时：

借：交易性金融资产——成本	239 700	
投资收益	5 000	
应交税费——应交增值税（进项税额）	300	
应收股利	25 000	
贷：其他货币资金——存出投资款		270 000

二、交易性金融资产的持有

（一）交易性金融资产的现金股利和利息

企业持有交易性金融资产期间对于被投资单位宣告发放的现金股利或已到付息期但尚未领取的债券利息，应确认为应收项目，并计入投资收益，即借记“应收股利或应收利息”账户，贷记“投资收益”账户；实际收到款项时，借记“其他货币资金”账户，贷记“应收股利或应收利息”账户。

企业只有在同时满足三个条件时，才确认交易性金融资产所取得的股利或利息并计入当期损益：一是企业收取股利或利息的权利已经确立（如被投资单位已宣告）；二是与股利或利息相关的经济利益很可能流入企业；三是股利或利息的金额能够可靠计量。

【实务操作】

【例 4-2】 承[例 4-1](1),2020 年 3 月 20 日,A 上市公司宣告发放 2019 年现金股利,广聚公司按其持有该上市公司股份计算确定应分得的现金股利为 800 000 元,假定不考虑相关税费。4 月 20 日,广聚公司收到 A 公司发放的现金股利。

(1) 2020 年 3 月 20 日,A 上市公司宣告发放现金股利时:

借:应收股利	800 000	
贷:投资收益		800 000

(2) 2020 年 4 月 20 日,收到现金股利时:

借:其他货币资金——存出投资款	800 000	
贷:应收股利		800 000

(二) 交易性金融资产的期末计量

资产负债表日,交易性金融资产应当按照公允价值计量,公允价值与账面余额之间的差额计入当期损益。

企业应当在资产负债表日比较交易性金融资产公允价值与其账面余额的大小。如果交易性金融资产的公允价值大于账面余额,则借记"交易性金融资产——公允价值变动"账户,贷记"公允价值变动损益"账户;如果资产负债表日公允价值小于账面余额,则作贷记"交易性金融资产——公允价值变动"账户,借记"公允价值变动损益"账户。

【实务操作】

【例 4-3】 承[例 4-1](1),2019 年 6 月 30 日,广聚公司持有 A 上市公司股票的公允价值为 8 600 000 元;2019 年 12 月 31 日,广聚公司持有 A 上市公司股票的公允价值为 12 400 000元。不考虑相关税费和其他因素。

(1) 2019 年 6 月 30 日,确认 A 上市公司股票的公允价值变动损益时:

借:公允价值变动损益——A 上市公司股票	1 400 000	
贷:交易性金融资产——公允价值变动		1 400 000

(2) 2019 年 12 月 31 日,确认 A 上市公司股票的公允价值变动损益时:

借:交易性金融资产——公允价值变动	3 800 000	
贷:公允价值变动损益——A 上市公司股票		3 800 000

三、交易性金融资产的处置

出售交易性金融资产时,应当将该金融资产出售时的公允价值与其初始入账金额之间的差额确认为投资收益。

企业应按实际收到的金额,借记"其他货币资金"等账户,按该交易性金融资产的账面余额,贷记"交易性金融资产——成本"账户,按照交易性金融资产的账面余额的公允价值变动,贷记或借记"交易性金融资产——公允价值变动"账户,按其差额,贷记或借记"投资收益"账户。

【实务操作】

【例 4-4】 承[例 4-1][例 4-2][例 4-3],2020 年 5 月 31 日,广聚公司出售其他因素所持

有 A 上市公司股票，价款为 12 100 000 元。不考虑相关税费和其他因素。

借：其他货币资金——存出投资款　　12 100 000
　　投资收益　　300 000
　　贷：交易性金融资产——成本　　10 000 000
　　　　　　　　　　——公允价值变动　　2 400 000

四、转让金融商品应交增值税

金融商品转让按照卖出价扣除买入价（不需要扣除已宣告未发放现金股利和已到付息期未领取的利息）后的余额作为销售额计算增值税，即转让金融商品按盈亏相抵后的余额为销售额。若相抵后出现负差，可结转下一纳税期与下期转让金融商品销售额互抵，但年末时仍出现负差的，不得转入下一会计年度。

转让金融资产当月月末，如产生转让收益，则按应纳税额，借记“投资收益”等账户，贷记“应交税费——转让金融商品应交增值税”账户；如产生转让损失，则按可结转下月抵扣税额，借记“应交税费——转让金融商品应交增值税”账户，贷记“投资收益”等账户。

年末，如果“应交税费——转让金融商品应交增值税”账户有借方余额，说明本年度的金融商品转让损失无法弥补，且本年度的金融资产转让损失不可转入下年度继续减转让金融资产的收益，应将“应交税费——转让金融商品应交增值税”账户的借方额转出。因此，应借记“投资收益”等账户，贷记“应交税费——转让金融商品应交增值税”账户。

【实务操作】

【例 4-5】 承[例 4-4]，计算该项业务转让金融商品应交增值税。转让金融商品应交增值税 537 735.85 元[(35 500 000－26 000 000)÷(1＋6%)×6%]。

广聚公司应编制如下会计分录：

借：投资收益　　537 735.85
　　贷：应交税费——转让金融商品应交增值税　　537 735.85

【实务操作】

【例 4-6】 2019 年 6 月 1 日，广聚公司购入 B 公司发行的债券，支付价款 26 000 000 元（含已到期但尚未领取的利息 500 000 元），另发生交易费用 300 000 元，取得的增值税专用发票上注明的增值税额为 18 000 元。该债券面值 25 000 000 元，剩余期限为 3 年，票面年利率为 10%，每年付息一次，甲企业将其划分为交易性金融资产。其他资料如下：

(1) 2019 年 6 月 10 日，收到已到期但尚未领取的利息 500 000 元。

(2) 2019 年 6 月 30 日，该债券的公允价值为 26 700 000 元（不含利息）。

(3) 2019 年 12 月 31 日，该债券的公允价值为 25 800 000 元（不含利息）。

(4) 2020 年 1 月 5 日，收到该债券 2019 年利息。

(5) 2019 年 3 月 15 日，甲企业将该债券出售，取得价款 35 500 000 元。假定不考虑其他因素。企业的账务处理如下：

① 2019 年 6 月 1 日，购入债券：

借：交易性金融资产——成本　25 500 000
　　应收利息　500 000
　　投资收益　300 000
　　应交税费——应交增值税(进项税额)　18 000
　　贷：其他货币资金——存出投资款　26 318 000

② 2019 年 6 月 10 日，收到已到期但尚未领取的利息：

借：其他货币资金——存出投资款　500 000
　　贷：应收利息　500 000

③ 2019 年 6 月 30 日，确认债券公允价值变动和投资收益：

借：交易性金融资产——公允价值变动　1 200 000
　　贷：公允价值变动损益　1 200 000

④ 2019 年 12 月 31 日，确认债券公允价值变动和投资收益：

借：公允价值变动损益　900 000
　　贷：交易性金融资产——公允价值变动　900 000

借：应收利息　2 500 000
　　贷：投资收益　2 500 000

⑤ 2020 年 1 月 5 日，收到 2019 年利息：

借：其他货币资金——存出投资款　2 500 000
　　贷：应收利息　2 500 000

⑥ 2020 年 3 月 15 日，将该债券予以出售：

借：其他货币资金——存出投资款　35 500 000
　　贷：交易性金融资产——成本　25 500 000
　　　　　　　　　　——公允价值变动　300 000
　　　　投资收益　9 700 000

单元测试

1. 单项选择题

(1) 2019 年 8 月 1 日，某股份有限公司购买某上市公司股票 50 万股，划分为交易性金融资产，价款 360 万元(包含已宣告但尚未发放的股利 10 万元)，另支付手续费 1 万元，取得增值税专用发票注明税额 600 元。该交易性金融资产的入账金额为(　　)万元。

A. 360　　B. 350　　C. 361　　D. 351

(2) 企业在发生交易性金融资产的下列有关业务中，不应贷记“投资收益”账户的是(　　)。

A. 收到持有期间获得的现金股利

B. 收到持有期间获得的债券利息

C. 资产负债表日，持有的股票市价大于其账面价值

D. 企业转让交易性金融资产收到的价款大于其账面价值的差额

(3) 2019 年 4 月 1 日，甲公司从证券市场购入 A 公司股票 60 000 股，划分为交易性金融

资产，每股买价 7 元（其中包括已宣告发放尚未领取的现金股利 1 元），另外支付印花税及佣金 8 000 元。2019 年年底，甲公司持有的该股票的市价总额（公允价值）为 400 000 元。2020 年 3 月 12 日，甲公司决定出售全部 A 公司股票，收入现金 450 000 元。甲公司出售该项金融资产时应确认的投资收益为（　　）元。

A. 30 000　　B. 60 000　　C. 50 000　　D. 90 000

(4) 2019 年 3 月 20 日，某股份有限公司以每股 12 元的价格购入某上市公司的股票 400 万股，并将其分为交易性金融资产，购买该股票支付手续费 40 万元。2019 年 5 月 20 日，收到该上市公司按照每股 0.5 元发放的现金股利。2019 年 12 月 31 日，该股票的市价为每股 11 元。2019 年 12 月 31 日，该交易性金融资产的账面价值为（　　）万元。

A. 4 400　　B. 4 800　　C. 4 640　　D. 4 840

(5) 甲公司将其持有的交易性金融资产全部出售，售价为 1 000 万元；出售前该金融资产的账面价值为 800 万元（其中成本 700 万元，公允价值变动 100 万元）。假定不考虑增值税等其他因素，甲公司对该交易应确认的投资收益为（　　）万元。

A. 300　　B. 200　　C. 100　　D. −100

2. 多项选择题

(1) 下列各项经济业务中，应通过“投资收益”账户核算交易性金融资产的有（　　）。

A. 持有期间被投资单位宣告分派的现金股利

B. 资产负债表日发生的公允价值变动

C. 取得时支付的交易费用

D. 出售时公允价值与其账面余额的差额

(2) 下列各项中，关于交易性金融资产表述正确的有（　　）。

A. 取得交易性金融资产所发生的相关交易费用应当在发生时计入投资收益

B. 资产负债表日交易性金融资产公允价值与账面余额的差额计入当期损益

C. 取得交易性金融资产价款中包含已宣告但尚未发放的现金股利计入应收股利

D. 出售交易性金融资产时应将其公允价值与账面余额之间的差额确认为投资收益

(3) 企业取得交易性金融资产支付的总价款中，不应当计入交易性金融资产值的有（　　）。

A. 取得时已宣告但尚未发放的现金

B. 支付代理机构的手续费

C. 取得时已到期但尚未领取的债券利息

D. 支付给咨询公司的佣金

(4) 企业持有交易性金融资产时，对应的分期付息到期还本的债券投资，在计息日企业进行相关账务处理会涉及的有（　　）。

A. “投资收益”　　B. “营业外收入”

C. “公允价值变动损益”　　D. “应收利息”

(5) 下列各项中，关于交易性金融资产的会计处理表述正确的有（　　）。

A. 持有期间发生的公允价值变动计入公允价值变动损益

B. 持有期间被投资单位宣告发放的现金股利计入投资收益

C. 取得时支付的价款中包含的应收股利计入初始成本

D. 取得时支付的相关交易费用计入投资收益

3. 判断题

(1) 交易性金融资产是按公允价值进行后续计量,且公允价值变动计入当期损益。 ( )

(2) 交易性金融资产在资产负债表日的公允价值大于账面价值的差额应作为投资收益。 ( )

(3) 企业持有交易性金融资产期间,对于被投资单位宣告发放的现金股利应当确认为当期的投资收益。 ( )

(4) 企业出售交易性金融资产时,应将其出售时实际收到的款项与其账面余额之间的差额计入当期损益。 ( )

(5) 企业为取得交易性金融资产发生的交易费用应计入交易性金融资产初始确认金额。 ( )

实务训练

训练一

资料:广聚公司系上市公司,按季对外提供中期财务报表,按季计提利息。2019 年有关业务如下:

(1) 1 月 6 日,公司以赚取差价为目的从二级市场购入的一批债券作为交易性金融资产,面值总额为 100 万元,票面利率为 6%,3 年期,每半年付息一次,该债券为 2018 年 1 月 1 日发行。取得时支付价款为 103 万元,含已到付息期但尚未领取的 2018 年下半年的利息 3 万元,另支付交易费用 2 万元,取得的增值税专用发票上注明税额 0.12 万元。

(2) 1 月 16 日,收到 2018 年下半年的利息 3 万元。

(3) 3 月 31 日,该债券公允价值为 110 万元。

(4) 3 月 31 日,按债券票面利率计算利息。

(5) 6 月 30 日,该债券公允价值为 96 万元。

(6) 6 月 30 日,按债券票面利率计算利息。

(7) 7 月 16 日,收到 2019 年上半年的利息 3 万元。

(8) 8 月 16 日,将该债券全部出售,实际收到价款 120 万元。

要求:根据以上业务编制有关交易性金融资产的会计分录。

训练二

资料:2019 年 5 月 20 日,广聚公司从上海证券交易所购入 C 上市公司股票 1 万股,每股买价 6 元(含 0.2 元现金股利),相关税费 3 000 元,取得的增值税专用发票上注明税额 180 元。并将其划分为交易性金融资产,6 月 1 日,收到现金股利;6 月 30 日,每股公允价值 5 元;8 月 20 日,出售,收到 7 万元存入银行。

要求:编制有关会计分录。

第五单元　存　货

导学目标

通过本单元学习，学生应该掌握如下知识技能：

1. 了解存货的概念和分类。
2. 明确存货入账价值的确定方法熟悉存货发出的各种计价方法以及特点。
3. 掌握原材料收发的核算方法。
4. 掌握周转材料、委托加工物资等存货收发的核算方法。
5. 掌握存货清查的核算方法以及存货期末计价的账务处理方式。

导学案例

170 多亿元的存货，应该计提多少减值准备呢？

案例介绍：五矿发展股份有限公司 2018 年第三季度业绩预减公告。

本公司及董事会全体成员保证信息披露内容的真实、准确和完整，没有虚假记载、误导性陈述或者重大遗漏。

一、预计本期业绩情况

（1）业绩预告期间：2018 年 1 月 1 日至 2018 年 9 月 30 日。

（2）业绩预告情况：

根据公司财务部初步测算，预计公司 2018 年前三个季度实现净利润与上年同期相比减少 31%以上，具体数据将在公司 2018 年第三季度报告中予以详细披露。

（3）本次预计的业绩是否经过注册会计师审计：否。

二、上年同期业绩

（1）净利润：685 047 805.12 元。

（2）每股收益：0.921 4 元。

三、业绩预减主要原因

公司 2018 年前三个季度实现净利润与上年同期相比减少较多的主要原因是：公司约有 171 亿铁矿石存货，由于铁矿石价格大幅度下跌造成收益下降，虽然已计提风险损失，但已对 2018 年总体效益带来不小的亏损；同时，由于各类钢材等基础原料价格大幅变化，也对公司业绩造成了不确定的影响;公司 2018 年前三季度虽然主营业务规模持续增长,但利润率下降,销售毛利率降低;加上汇率大幅度走高,也对利润造成直接经济损失。

四、其他相关说明

上述预测为公司财务部门初步估计,公司 2018 年前三季度盈利情况以公司 2018 年第三季度报告经审计后的半年度财务报告为准。

五矿发展股份有限公司董事会

2018 年 10 月 9 日

据悉,五矿发展股份有限公司 2018 年第三季度利润同比下降 33.71%,每股收益同比下降 43.69%,资产减值损失由期初的 36 976 万元变成期末的 99 486 万元,增长幅度达 169.06%,公司解释主要是因为坏账准备和存货跌价准备同比增加所造成。

试思考,170 多亿元的存货,应该计提多少减值准备呢?

资料来源:《五矿发展股份有限公司 2018 年第三季度财务报告》。

第一讲 存货概述

【知识要点】

一、存货的定义及范围

存货属于流动资产,其流动性仅次于应收款项,因此,在资产负债表中列示于应收款项之后。

根据《企业会计准则第 1 号——存货》的规定,存货是指企业在日常活动中持有的以备出售的产成品或商品、处在生产过程中的在产品、在生产过程或提供劳务过程中耗用的材料和物料等。根据定义指出的存货范围应包括以下三点:

第一,在日常活动中储存的以备出售的存货,是指企业在正常生产经营过程中处于待销状态的各种物品,如工业企业的产成品、商品流通企业的库存商品等。

第二,为了最终出售仍然处于生产阶段的存货,是指为了最终出售但目前仍处于生产加工过程中的各种物品。如工业企业的在产品、自制半成品等。

第三,为了生产供销售的产品或提供劳务以备消耗的存货,是指企业为产品生产和提供劳务服务过程中耗用而储存的各种物资,如工业企业为生产产品而储存的原材料、燃料、包装物和低值易耗品等。

我们在判断存货范围时,应当依据实质重于形式的原则,判断与存货所有权相关的报酬与风险是否发生了转移,更具体一点就是看法定所有权的归属。在盘存日下,法定所有权归属于企业的一切存货,无论其存放于何处,都应作为企业的存货。另外,还应特别注意以下几点内容:

(1) 凡"法定所有权"属于企业的存货,不管其存放在何处或处于何种状态,都应作为企业的存货。例如,存放企业仓库、门市部,已发运但尚未办理托收手续;委托其他单位加工的存货;委托其他单位代销的存货;已购进但尚未入库的在途物资。

(2) 凡"法定所有权"不属于企业的存货,即使存放在企业仓库,也不属于企业的存货。例如,企业销售的商品、产品等,其产权已转移但并未发出;受托加工存货;受托代销商品等。

【拓展阅读】

受托代销商品是谁的存货?

受托代销商品在商品售出之前,其所有权仍然归属于委托方,不属于受托方;售出后则属于购货方,也不属于受托方。所以,商品在售出前,应作为委托方的存货。但为了加强对这部分存货的管理,保证受托代销商品的安全,会计准则规定,受托方应设置"受托代销商品"(资产类账户)和"代销商品款"(负债类账户)账户将其纳入账内核算。

在编制资产负债表时,"受托代销商品"与"代销商品款"账户余额均填入"存货"项目,并且借贷方金额相互冲销,实际上资产负债表的"存货"项目并没有包括受托代销商品,即受托代销商品在资产负债表中并没有被确认为一项资产。将受托代销商品纳入账内核算的目的,主要是为了方便企业加强对存货的实物管理,保证受托代销商品的安全。

(3) 不是为企业正常生产而储备的资产不属于存货。例如,特种储备的资产以及按有关部门指令专门储备的物资。

(4) 为购置和建造固定资产而储备的资产不属于存货。例如,为购置和建造固定资产为储备的专用物资,只能列为有关长期资产。

二、存货的特征

存货的特征包括:

(1) 存货是具有实物形态的有形资产,如原材料、产成品和周转材料等。

(2) 存货是企业的流动资产,它将在 1 年或者长于 1 年的一个营业周期内被出售或耗用,并不断地被重置,因此,具有较强的变现能力和流动性。

(3) 存货属于非货币性资产,具有时效性和发生潜在损失的可能性。在正常生产情况下,存货能够在生产经营中被销售、生产或耗用而转换为现金和其他资产。但由于存货的价值受到市场价格以及多种因素变动的影响,其转换货币的金额并不固定,具有较大的不确定性。因此,当存货因为各种原因长期不能销售、使用时,常常需要折价销售,或变成无用物资,因而给企业造成损失。

(4) 企业在判断一个资产项目是否属于存货时,必须考虑取得该资产项目的目的,即其在生产经营过程中的用途或起到的作用。例如,企业为生产产品或提供劳务而购进的材料属于存货,但为购置和建造固定资产为储备的专用物资就不属于存货。再如,对于生产机器设备的企业来说,机器设备属于存货;而对于使用机器设备的企业来说,就属于固定资产。因此,企业持有存货的目的是为了出售,无论是直接出售,还是进一步加工后再出售,而不是为了自用或消耗。这是存货区别于其他资产的最基本特征。

三、存货的分类

存货按照经济内容的不同,一般作如下分类:

(1) 原材料是指直接或间接用于产品生产的各种物资。它们或者形成产品实体的一部分,或者有助于产品的生产,一般包括原料及主要材料、辅料、燃料、包装材料、修理用备件及外购半成品等。

(2) 在产品是指企业正在生产、加工或装配,尚未完工的产品,包括正在各个生产工序加工的产品,和已加工完毕但尚未检验或虽已检验但未办理入库手续的产品。

（3）半成品是指已经过一定生产过程，并已验收合格交付半成品仓库保管，但尚未制造完工成为产成品，仍须进一步加工的中间产品。不包括从一个车间转给另一个车间继续加工的自制半成品以及不能单独计算成本的自制半成品。半成品也可以直接作为商品对外销售。

（4）产成品是指已完成全部生产过程，验收合格交付成品库保管，可按照合同规定的条件送交订货单位或作为商品对外销售的产品。另外，企业接受外来原材料加工制造的代制品和为外单位加工修理的代修品，制造和修理完成验收入库后，应视同本企业的产成品。

（5）商品是指商品流通企业的商品，包括外购或委托外单位加工完成并已验收入库用于销售的各种商品。

（6）包装物是指为包装企业商品，并准备随同商品一起出售而储备的和在销售过程中用于出租出借、周转使用的各种包装容器，如桶、箱、罐、瓶、坛和袋等。

（7）低值易耗品是指不能作为固定资产的各种劳动资料，如价值较低而又易损耗的各种工具、管理用品、器具、劳动保护用品等。低值易耗品跟包装物一起统称为周转材料。

（8）委托代销商品是指企业委托其他单位代销的商品。

【拓展阅读】

存货的行业特征：以万科股份和康美药业为例

一般来说，特定的行业存货都具有自己典型的存货特征。例如，万科企业股份有限公司是一家从事房地产开发的企业。它的存货主要包括在建开发产品、出租开发产品、完工开发产品、拟开发土地、物业工程、低值易耗品和原材料。又如，康美药业是一家中药饮片、中药材和化学药品等医药产品的生产、经营和批发销售公司。它的存货分为原材料、库存商品、自制半成品、在产品、周转材料和消耗性生物资产等。其中，消耗性生物资产主要是自行种植的人参和三七等。

从以上例子可以看出，不同的行业具有不同的特征，其存货内容也不尽相同。所以，在分析存货时，一定要关注行业的特征。

第二讲　存货的确认、计量与核算方法

【知识要点】

一、存货的确认

存货的确认，除须符合存货的定义外，还需要同时满足下列两个条件：

（1）该存货包含的经济利益很可能流入企业。

（2）该存货的成本能可靠地计量。

存货在确认与计量中主要解决的问题就是存货数量的确认与存货价值的计量。

为正确确定存货的数量，就必须首先确认存货的所有权归属。企业拥有存货的所有权是存货所包含的经济利益很可能流入企业的重要标志。因而，企业存货的确认，应以存货所有权的归属为前提条件，而不仅看其存在的方式、存放的地点和合同的约定等。

二、存货的初始计量

我国会计准则规定，存货应当按照成本进行初始计量。成本是指使一项物品达到其目前场所和状态所发生的直接或间接的费用和支出的金额。

(一) 存货成本的构成

存货成本包括采购成本、加工成本和其他成本。

1. 采购成本

存货的采购成本一般包括购买价款、相关税费、运输费、装卸费、保险费以及其他可归属于存货采购成本的费用。

购买价款是指企业购入的材料或商品的发票账单上列明的价款,不包括按规定可以抵扣的增值税额。在发生购货折扣的情况下,购货价格是指已扣除商业折扣但包括现金折扣在内的金额。

相关税费是指企业购买、自制或委托加工存货时发生的消费税、资源税和不能从销项税额中抵扣的增值税进项税额等。其征收方法包括价内税和价外税两种。价内税主要包括消费税、资源税和城市维护建设税等,税金已经包含在企业所购进存货的购货价格中,所以计入存货的成本。而价外税,不计入存货成本。目前我国只有增值税执行价外征收方法。

其他可直接归属于存货采购的费用,是指采购成本中除上述各项以外可直接归属于存货采购的费用,如在存货采购过程中发生的仓储费、包装费、运输途中的合理损耗、入库前的挑选整理费用等。其中,入库前的挑选整理费用,包括挑选整理人员的工资及有关费用支出,以及挑选整理过程中的在扣除残料价值后的合理损耗。运输途中的合理损耗是指商品在运输的过程中,因商品性质、自然条件及技术设备等因素,所发生的自然的或不可避免的损耗,如汽车在运输煤炭、化肥等过程中自然散落以及易挥发产品在运输过程中的自然挥发。上述这些费用能分清负担对象的,直接计入该存货的采购成本;不能分清负担对象的,应选择合理的分配方法,如按所购存货的重量比例或采购价格比例等,分配计入有关存货的采购成本。

2. 加工成本

存货的加工成本是指将原材料形式的存货转化为产成品形式的存货过程中所追加发生的费用,包括直接人工以及按照一定方法分配的制造费用两部分。

直接人工是指企业在产品生产过程中,直接从事产品生产的工人的薪酬费用。制造费用是指企业为生产产品、提供劳务而发生的各项间接费用。企业应当根据制造费用的性质,合理地选择制造费用分配方法。分配方法一经确定,不得随意变更。例如,在同一生产过程中,同时生产两种或两种以上的产品,并且每种产品的加工成本不能直接区分的,其加工成本可以按照生产工人工资、生产工时和产品产量等方法在各种产品之间进行分配。

3. 其他成本

其他成本是指除采购成本、加工成本以外的,使存货达到目前场所和状态所发生的其他支出。例如,企业设计产品发生的设计费用通常应计入当期损益,但是,为特定客户设计产品所发生的、可直接确定的设计费用则应计入存货的成本。

(二) 不应计入成本的费用

在确定存货成本的过程中,下列费用应当在发生时确认为当期费用,不应当包括在存货成本中。

(1) 非正常消耗的直接材料、直接人工及制造费用,如因遭受意外或自然灾害而发生的直接材料、直接人工及制造费用。

(2) 仓储费用是指企业在采购入库后发生的仓储费用,通常应计入当期损益。但在生产过程中,为达到下一个生产阶段所必需的仓储费用则应计入存货成本。

(3) 不能归属于使存货达到目前场所和状态的其他支出。

注意:对于采购过程中发生的物资毁损、短缺等,除合理的损耗应作为存货的"其他可归属于存货采购成本的费用"计入采购成本外,应区别不同情况进行会计处理:一种是,应从供应单位、外部运输机构等收回的物资短缺或其他赔款,冲减物资的采购成本;另一种是,因遭受意外灾害发生的损失和尚待查明原因的途中损耗,不得增加物资的采购成本,应暂作为待处理财产损溢进行核算,在查明原因后再作处理。

【实务操作】

【例 5-1】 2019 年 4 月 21 日,广聚公司以每千克 20 元的价格购买甲材料 100 千克,收到销货单位开具的增值税专用发票一张,其中买价为 2 000 元,增值税额 260 元。该批材料的运杂费总计 600 元,以现金支付完毕。在甲材料入库时,发现实际重量仅为 85 千克,发生 15 千克的损耗,其中的 1%属于合理损耗,其他损耗尚待查明原因。经调查得知,运输工人张某私自盗窃 3 千克,其他部分由保险公司理赔。

购买甲材料时:

借:在途物资	2 600	
应交税费——应交增值税(进项税额)	260	
贷:应付账款		2 260
库存现金		600

验收入库时:

在损耗的 15 千克中,1 千克(100×1%)为合理损耗,其余 14 千克均应由相应的责任人进行赔偿。因此,甲材料的入库成本为 2 320 元(2 600−20×14)。

借:原材料——甲材料	2 320	
待处理财产损溢(14×20)	280	
贷:在途物资		2 600
借:其他应收款——张某(3×20)	60	
——保险公司(11×20)	220	
贷:待处理财产损溢		280

(三) 存货的取得方式及其成本确定

在会计实务中,存货可以以多种方式取得,则其取得成本可以按以下方法确定:

(1) 外购取得存货,按采购成本确定。

(2) 自制取得存货,按制造过程中的各项实际支出作为实际成本,包括自制存货过程中所使用存货的成本、加工成本和其他成本。

(3) 委托外单位加工完成的存货,其入账价值包括加工中所耗用的原材料或半成品的实际成本、往返运杂费、加工费、装卸费和保险费等费用,以及应由委托单位负担的按规定应计入成本的税金。

(4) 投资者投入的存货,应当按照投资合同或协议约定的价值确定,但合同或协议约定价值不公允的除外。

(5) 盘盈的存货,按照同类型或类似产品的市场价格确定其入账价值。

(6) 受赠取得存货,在会计准则上,接受捐赠的存货,应当按照公允价值进行计量;公允价值不能可靠取得的，按照名义金额计量。受赠资产附带有关文件、协议、发票、报关单等凭证注明的价值与公允价值差异不大的，应当以有关凭证中注明的价值作为公允价值；如没有注明价值或者注明价值与公允价值差异较大、但有活跃市场的，应当根据有确凿证据表明的同类或类似资产市场价格作为公允价值；如没有注明价值、且没有活跃市场、不能可靠取得公允价值的，用当按照名义金额计量，名义金额为 1 元。

三、发出存货的计价

发出存货价值确定的正确与否，不仅直接影响到当期销货成本、当期损益和有关税金的计算，还会影响到各期期末存货价值的确定，进而影响到资产负债表中存货项目的表达。日常工作中，企业发出的存货，可以按实际成本核算，也可以按计划成本核算。发出存货的计价方法通常包括个别计价法、先进先出法、加权平均法和移动平均法等。商品流通企业发出商品还可以采用毛利率法和售价金额核算法等方法进行核算。此外，按照计划成本进行存货日常核算的企业可以通过材料成本差异的分配将发出存货和结存存货的计价成本调整为实际成本。

（一）个别计价法

个别计价法又称个别认定法，是指以某种存货或某批存货收入时的实际成本作为该种存货或该批存货发出时的实际成本的一种方法。在这种方法下，存货流转与实物流转完全一致，即按每一种或每一批存货的原始实际成本直接作为计算发出存货成本和期末存货成本的基础。

这种方法看似理想，计算结果也精确，无论在实地盘存制还是在永续盘存制下均可适用，且计算结果相同，但在实际中操作复杂，困难较大。个别计价法适用于不能替代使用的存货、为特定项目专门购入或制造的存货以及提供的劳务计价，如珠宝、名画等贵重物品。

【实务操作】

【例 5-2】 广聚公司 2019 年 8 份收发存货资料，如表 5-1 所示。

表 5-1 **A 存货收发存业务记录**

2019 年		收入			发出			结存		
月	日	数量（千克）	单价（元/千克）	金额（元）	数量（千克）	单价（元/千克）	金额（元）	数量（千克）	单价（元/千克）	金额（元）
8	1							10	20	200
	3	40	21	840						
	6				30					
	14	30	22	660						
	27				40					
	31	20	23	460						

假设经过具体辨认，本期发出存货的情况如下：

8 月 6 日发出的 30 件存货系 8 月 3 日购入的存货，8 月 27 日发出的 40 件存货中，10 件系期初结存存货，30 件系 8 月 14 日购入的存货。

在个别计价法下，

本月发出存货成本 $=30\times21+10\times20+30\times22=1\ 490$(元)

本月结存存货成本 $=10\times21+20\times23=670$(元)

(二)加权平均法

加权平均法又称全月一次加权平均法,是指在各期期末以期初存货数量和本期进货数量作权数,去除期初存货成本和本期全部进货成本,以平均计算单位存货成本的一种方法。其计算公式如下:

$$\text{存货加权平均单价}=\frac{\text{期初库存存货的实际成本}+\text{本期收入存货的实际成本}}{\text{期初库存存货的数量}+\text{本期收入存货的数量}}$$

$$\text{本期发出存货成本}=\text{月末加权平均单价}\times\text{本期发出存货数量}$$

$$\text{期末结存存货成本}=\text{月末加权平均单价}\times\text{本期发出存货数量}$$

在实际工作中,计算月末加权平均单位成本时,往往会出现不能整除的情况,因此,应采用如下公式:

$$\text{本期发出存货成本}=\text{月末加权平均单价}\times\text{本期发出存货数量}$$

$$\text{期末结存存货成本}=\text{期初结存存货成本}+\text{本期收入存货成本}-\text{本期发出存货成本}$$

【实务操作】

【例 5-3】 广聚公司 2019 年 8 月份收发存货资料,如表 5-2 所示。

表 5-2　A 存货收发存业务记录

年		收入			发出			结存		
月	日	数量(千克)	单价(元/千克)	金额(元)	数量(千克)	单价(元/千克)	金额(元)	数量(千克)	单价(元/千克)	金额(元)
8	1							10	20	200
	3	40	21	840						
	6				30					
	14	30	22	660						
	27				40					
	31	20	23	460						

根据上述资料,采用全月一次加权平均法确定该项存货的加权平均单价为:

$$\text{加权平均单价}=\frac{200+840+660+460}{10+40+30+20}=21.6(\text{元}/\text{千克})$$

本月发出存货成本 $=21.6\times70=1\ 512$(元)

本月结存存货成本 $=21.6\times30=648$(元)

全月一次加权平均法适用于实地盘存制,期内发出的存货平时只记录数量不登记金额,待期末计算出加权平均单价后再填列发出存货的金额合计数。这种方法计算简单,应用方便,但日常不能提供发出和结存存货的单价及金额,不利于加强对存货的管理。

月末一次加权平均法适用于收发批次较多、数量较大,但是单价差异并不大的存货计价。

(三) 移动加权平均法

移动加权平均法是指在每收入一次存货后，就根据库存存货数量和总成本计算出新的平均单位成本的一种方法。

其计算公式如下：

$$\text{存货移动加权平均单价} = \frac{\text{本次进货前库存存货总成本} + \text{本次收入存货实际成本}}{\text{本次进货前库存存货数量} + \text{本次收入存货数量}}$$

$$\text{本次发出存货实际成本} = \text{本次发出存货数量} \times \text{存货移动加权平均单价}$$

【实务操作】

【例 5-4】 承[例 5-3]，按移动加权平均法计算的结果，如表 5-3 所示。

表 5-3　　A 存货明细账(移动加权平均法)

年		收入			发出			结存		
月	日	数量(千克)	单价(元/千克)	金额(元)	数量(千克)	单价(元/千克)	金额(元)	数量(千克)	单价(元/千克)	金额(元)
8	1							10	20	200
	3	40	21	840				50	20.8	1 040
	6				30	20.8	624	20	20.8	416
	14	30	22	660				50	21.52	1 076
	27				40	21.52	860.8	10	21.52	215.2
	31	20	23	460				30	22.51	675.2

这种方法一般用于永续盘存制下，是对加权平均法的改进，每次进货后都要计算一次平均单价，虽工作量加大，但能及时从账面反映出存货的最新平均单位成本，满足管理当局日常存货成本管理与控制需要，适用于品种较少、收发批次不多的存货计价。

(四) 先进先出法

先进先出法是指假定先收到的存货先发出(销售或耗用)，并依据这种假定的存货流转次序对发出存货成本和结存存货成本计价的一种方法。即先收到的存货的成本，在后收到的存货的成本之前转出，并据以计算发出存货成本和结存存货成本。

采用先进先出法，在收到存货时，应逐笔登记每批存货的数量、单价和金额；在发出存货时，按照先进先出的原则计价，并逐笔登记发出存货的数量、单价和金额，以及结存存货的数量、单价和金额。这种方法既适用于永续盘存制，又适用于实地盘存制，且两种存货盘存制度下所得出的结果一致。

在先进先出法下，存货成本流转较为接近存货的实物流转。这种计价方法的特点是使企业无法任意挑选存货单价来操纵当期利润。从资产计价角度来看，由于期末库存按后期进货单价计价，其实际成本较为接近该种存货的现行市价，因而资产负债表中的存货成本能较好地反映存货的实际价值。但从利润确定角度来看，由于反映在损益表上的毛利是以较早的存货成本与当前营业收入相配比，不能正确反映当期利润。在物价持续上涨情况下，因期末库存存货按后期进货单价计算，而本期发出存货按早期进货单价计算，必然会压低发出存货成本，高估库存存货价值，虚增当期利润，不利于资本的保全。

【实务操作】

【例 5-5】 承[例 5-4],按移动加权平均法计算的结果,如表 5-4 所示。

表 5-4　　A 存货明细账(先进先出法)

年		收入			发出			结存		
月	日	数量(千克)	单价(元/千克)	金额(元)	数量(千克)	单价(元/千克)	金额(元)	数量(千克)	单价(元/千克)	金额(元)
8	1							10	20	200
	3	40	21	840				10 40	20 21	200 840
	6				10 20	20 21	200 420	20	21	420
	14	30	22	660				20 30	21 22	420 660
	27				20 20	21 22	420 440	10	22	220
	31	20	23	460				10 20	22 23	220 460

第三讲　原　材　料

【知识要点】

原材料是企业生产和经营的物质资料,是生产过程中的劳动对象。原材料在生产过程中经过加工改变其实物形态成为新的产品或者为劳动工具所消耗以保证生产的顺利进行的各种原料及主要材料、辅助材料、外购半成品、包装物和燃料等。原材料经过一个生产周期就被消耗掉,并且随着原材料的消耗,其价值也全部转移到新产品价值中去,成为产品成本的主要组成部分。会计实务中,原材料的日常核算有按计划成本计价核算和按实际成本计价核算两种方法。

一、原材料按实际成本计价核算

原材料按实际成本计价核算是指从原材料的收、发、存均按实际成本在总分类账、明细分类账中予以记录。

采用实际成本进行核算的,一般适用于规模较小、存货品种简单、采购业务不多的企业。由于各种存货是分次购入或分批生产形成的,所以同一项目的存货,其单价或单位成本往往不同。要核算领用、发出存货的价值,就要选择一定的计量方法,只有正确地计算领用、发出存货的价值,才能真实地反映企业生产成本和销售成本,进而正确地确定企业的净利润。企业会计制度规定,企业领用或发出存货,按照实际成本核算的,可以根据实际情况选择采用先进先出法、加权平均法、移动平均法和个别计价法等确定其实际成本。

(一) 原材料按实际成本计价核算的账户设置

企业采用实际成本计价方法进行原材料采购和收发核算时,应设置“在途物资”和“原材料”账户。

1. “在途物资”账户

“在途物资”账户用来核算企业采用实际成本进行材料(或商品)日常核算,货款已付,但尚未验收入库的购入材料或商品的采购成本。借方登记已付款但尚未验收入库物资的实际成本，贷方登记已验收入库的各种物资实际成本，期末借方余额表示各种在途物资的实际成本。本账户应当按照供应单位和物资品种设置明细账进行明细核算。

2. “原材料”账户

“原材料”账户用来核算企业各种原材料的收、发、存情况，借方登记已验收入库各种原材料的实际成本，贷方登记发出原材料的实际成本，期末余额在借方反映原材料的库存实际成本。在该账户下，应按原材料的保管地点，原材料的类别、品种和规格设置明细账进行明细核算。

（二）原材料购入的会计处理

企业外购原材料时，由于结算方式和采购地点不同，货款的支付与原材料入库的时间不一定能完全一致，因而其账务处理也会有所差异。

1. 结算凭证到达，同时原材料入库

凡是银行结算凭证和原材料同时到达企业的原材料采购业务，应根据银行结算凭证和供应单位开来的发票账单，按原材料的实际成本填制收料凭证，将原材料验收入库。按增值税专用发票上注明的货款及税额借记“原材料”“应交税费——应交增值税（进项税额）”账户，贷记“银行存款”等账户。

【实务操作】

【例 5-6】 广聚公司为增值税一般纳税人，2019 年 8 月 13 日，购入原材料一批，取得的增值税专用发票上注明原材料价款 200 000 元，增值税额 26 000 元，另付运杂费 5 000 元，全部款项已开出并使用商业承兑汇票结算，材料已验收入库。会计处理如下：

借：原材料　　205 000

　　应交税费——应交增值税（进项税额）　　26 000

　　贷：应付票据　　231 000

2. 结算凭证已到，原材料尚未入库

对于结算凭证已经到达，货款已支付，但原材料尚在途中的情况，称为在途物资。企业在这种情况下应先办理货款结算手续，按发票账单所列示的货款和运杂费承付或支付货款，做账时，借记“在途物资”“应交税费——应交增值税（进项税额）”账户，贷记“库存现金”“银行存款”“应付票据”“应付账款”等账户。待原材料运达并验收入库后，再借记“原材料”账户，贷记“在途物资”账户，根据收料凭证按原材料实际成本结转入库。

【实务操作】

【例 5-7】 广聚公司为增值税一般纳税人，2019 年 8 月 16 日，按合同规定向华中机械厂购入原材料一批，取得的增值税专用发票上注明原材料价款 300 000 元，增值税额 39 000 元，款项已通过银行存款付讫，原材料尚未到达。会计处理如下：

借：在途物资　　300 000

　　应交税费——应交增值税（进项税额）　　39 000

　　贷：银行存款　　339 000

当这批材料运达企业并验收合格入库时，再作会计处理如下：

借：原材料　　300 000

　　贷：在途物资　　300 000

3. 原材料已入库，结算凭证未收到

一般情况下，结算凭证在原材料到达以后几天内即可收到，因此，为简化核算手续，发生此类业务时，可先暂不进行账务处理，只将有关的入库单据单独保管，待有关结算凭证到达后，借记“原材料”“应交税费——应交增值税(进项税额)”账户，贷记“银行存款”“库存现金”等账户。如果月末仍未收到相关结算凭证，未办理付款手续，则应按原材料合同价格或计划价格暂估入账，借记“原材料”账户，贷记“应付账款——暂估应付账款”账户，等到下月月初再用红字作相同会计分录予以冲回。

【实务操作】

【例 5-8】 广聚公司为增值税一般纳税人，2019 年 8 月 29 日，购入燃料一批，已验收入库，但月末发票账单等结算凭证未到达，货款尚未支付。该批燃料合同价格为 60 000 元。根据上述资料，应作会计处理如下：

(1) 2019 年 8 月 29 日，收到燃料时不作会计处理。

(2) 2019 年 8 月末，按合同价格暂估入账时：

借：原材料　　60 000

　　贷：应付账款——暂估应付账款　　60 000

(3) 2019 年 9 月初，用红字作相同会计分录予以冲回(红字用方框表示)：

借：原材料　　[60 000]

　　贷：应付账款——暂估应付账款　　[60 000]

(4) 2019 年 9 月 5 日，收到发票账单，并于当日以银行存款支付，实际支付燃料价款 60 000 元，增值税额 7 800 元。会计处理如下：

借：原材料　　60 000

　　应交税费——应交增值税(进项税额)　　7 800

　　贷：银行存款　　67 800

4. 货款已经预付，材料尚未验收入库

在支付预付款时，按实际支付的金额，借记“预付账款”账户，贷记“银行存款”账户；收到结算凭证时，按发票金额，借记“在途物资”“应交税费——应交增值税(进项税额)”账户，贷记“预付账款”账户，根据差额借或贷记“银行存款”账户；材料验收合格入库时，借记“原材料”账户，贷记“在途物资”账户。

【实务操作】

【例 5-9】 广聚公司为增值税一般纳税人。根据购销合同于 2019 年 8 月 1 日向某钢材厂预付 100 000 元价款的 80%，计 80 000 元，款项已通过汇兑的方式汇出。会计处理如下：

借：预付账款　　80 000

　　贷：银行存款　　80 000

2019 年 8 月 20 日，收到钢材厂发运来的材料，已验收入库。取得增值税专用发票上注明的价款为 100 000 元，增值税额为 13 000 元，所欠款项以银行存款付讫。会计处理如下：

（1）材料入库时：

借：原材料　100 000

　　应交税费——应交增值税（进项税额）　13 000

　　贷：预付账款　113 000

（2）补付货款时：

借：预付账款　33 000

　　贷：银行存款　33 000

需要说明的是，原材料在验收入库时如果发现短缺或毁损，应视不同情况区别处理：

（1）属于运输途中合理损耗的，应计入原材料采购成本。

（2）属于供应单位责任的，若货款尚未承付或支付，应填写拒付理由书予以部分拒付，只按已承付部分货款，借记“原材料”账户，贷记“银行存款”等账户；若货款已经承付，应填写赔偿损失请求单，要求索赔，并据以借记“其他应收款”或“应付账款”账户，贷记“在途物资”账户。

（3）属于运输部门责任的，同供应部门类似处理。

（4）属于自然灾害造成非常损失的，应将扣除残料收入和保险公司赔偿后的净损失，借记“营业外支出”账户，贷记“在途物资”账户。

（5）属于尚待查明原因或需要经过批准后才能转销损失的，应先借记“待处理财产损溢——待处理流动资产损溢”账户，贷记“在途物资”账户，待查明原因并经批准后再作处理。

（三）原材料发出的会计处理

发出原材料应区分不同的使用部门和用途进行核算。生产用原材料通过“生产成本”“制造费用”等账户核算；非生产用原材料通过“管理费用”“销售费用”等账户核算。在实际工作中，由于企业发料频繁，发料凭证数量较多，因此，为简化核算手续，平时一般不直接根据发料凭证编制记账凭证和登记总分类账，而是对已签收和标价的发料凭证按各类原材料的用途等进行分类整理，月末据以编制发料凭证汇总表，再进行原材料发出的总分类核算。

【实务操作】

【例 5-10】 广聚公司 2019 年 8 月发出材料一批，根据发料凭证汇总表，如表 5-5 所示。（单位：元）。

表 5-5　　发料凭证汇总表

材料用途	原材料
生产甲产品领用	54 568
生产乙产品领用	34 687
第一车间一般耗用	2 312
第二车间一般耗用	1 876
管理部门领用	6 455
企业扩建工程领用（暂不考虑增值税）	6 500

借：生产成本——甲产品　　54 568
　　　　　　——乙产品　　34 687
　　制造费用——第一车间　　2 312
　　　　　　——第二车间　　1 876
　　管理费用　　6 455
　　在建工程　　6 500
　　贷：原材料　　106 398

二、原材料按计划成本计价核算

计划成本法是指企业存货的收入、发出和结余均按预先制定的计划成本计价，同时，另设“材料成本差异”账户，作为计划成本和实际成本联系的纽带，用来登记实际成本和计划成本的差额，同时计划成本法下存货的总分类和明细分类核算均按计划成本计价。因此，这种方法适用于存货品种繁多、收发频繁的企业。如果企业的自制半成品、产成品品种繁多的，或者在管理上需要分别核算其计划成本和实际成本差异的，也可采用计划成本法核算。

（一）计划成本法的原理

用计划成本进行存货日常核算的企业，一般需要设置“材料采购”“材料成本差异”及“原材料”等账户。对每一品种、规格的存货制定计划成本。平时用计划成本记录收入和发出的存货，每到期末，将库存和发出的存货由计划成本调整为原始(或实际)成本。

采购时，按实际成本付款，记入“材料采购”账户借方；验收入库时，按计划成本记入“原材料”账户借方，“材料采购”账户贷方；期末结转，验收入库材料形成的材料成本差异的超支差记入“材料成本差异”账户借方，节约差记入“材料成本差异”账户贷方；平时发出材料时，一律用计划成本；期末，计算材料成本差异率，结转发出材料应负担的差异额。发生的差异作如下会计分录：

借：生产成本等
　　贷：材料成本差异

超支差异用蓝字，节约差异用红字；合理损耗作为材料成本差异。

发出材料应负担的成本差异，除委托外部加工发出材料可按上月的差异率计算外，都应使用当月的实际差异率；如果上月的成本差异率与本月成本差异率相差不大的，也可按上月的成本差异率计算。计算方法一经确定，不得任意变动。

存货采用计划成本法核算，有利于简化财务会计处理工作，有利于考核采购部门的经营业绩，促使降低采购成本和节约支出，因此，这一计价方法在大中型制造企业中得到了广泛应用。计划成本法应用是否恰当，直接影响到企业财务核算的规范性、真实性以及反映的财务状况、经营成果和现金流量是否真实。

对存货日常核算采用何种方法，由企业根据实际情况自行确定，但要遵守前后一致的原则。在采用实际成本进行核算时，对于发出存货的实际成本的计算方法，以及在采用计划成本进行核算时，对于成本差异分摊方法，一经确定之后一般不应变更。

（二）原材料按计划成本核算的账户设置

企业采用计划成本计价方法进行原材料采购和收发核算时，应设置“材料采购”“材料成本差异”和“原材料”账户。

1. “材料采购”账户

“材料采购”账户用来核算企业采用计划成本进行材料日常核算而购入材料的采购成本。借方登记已付款原材料的实际采购成本和原材料实际采购成本小于计划成本的差异；贷方用来登记已验收入库原材料的计划成本和原材料实际采购成本大于计划成本的差异。本账户的期末借方余额，反映企业已经收到发票账单付款或已开出、承兑商业汇票，但尚未到达或尚未验收入库的在途材料的采购成本。在该账户下，可按供应单位和物资的品种设置“材料采购明细账”进行明细分类核算。

2. “材料成本差异”账户

企业根据具体情况，可以单独设置“材料成本差异”账户；也可以在“原材料”“包装物及低值易耗品”等账户设置“成本差异”明细账户进行核算。

“材料成本差异”账户用来核算企业各种材料的实际成本与计划成本之间的差异。实际成本大于计划成本的超支数，借记本账户，贷记“材料采购”账户；实际成本小于计划成本的节约数和发出材料应负担成本差异的调整数，应贷记本账户。发出材料应负担的实际成本大于计划成本的超支数用蓝笔登记，实际成本小于计划成本的节约数用红笔登记。本账户期末借方余额，反映企业库存原材料等的实际成本大于计划成本的超支差异；贷方余额反映企业库存原材料等的实际成本小于计划成本的节约差异。本账户应当区分“原材料”“包装物及低值易耗品”等，按照类别或品种进行明细核算。

材料的计划成本所包括的内容应与其实际成本相一致，计划成本应当尽可能地接近实际。计划成本除特殊情况外，在年度内一般不作变动。

3. “原材料”账户

“原材料”账户用来反映和监督原料及主要材料、燃料、辅助材料、包装材料等各类原材料收、发、存情况。在采用计划成本法进行核算时，借方登记已验收入库原材料的计划成本，贷方登记发出原材料的计划成本，期末借方余额反映库存原材料的计划成本。在该账户下，应按原材料的保管地点，原材料的类别、品种和规格设置“原材料明细账”进行明细核算。月末在计算出本月材料成本差异率后，将原材料的计划成本调整为实际成本，才真正反映各类原材料期末实际占用的资金情况。

(三) 原材料购入的会计处理

在计划成本法下，原材料的采购过程与按实际成本核算一样，应注意区分不同情况。

1. 结算凭证到达，同时原材料入库

对于发票账单与原材料同时到达企业的采购业务，其会计处理方法如下：

付款时，企业根据银行结算凭证和供应单位开来的发票账单等，借记“材料采购”和“应交税费——应交增值税(进项税额)”账户，贷记“银行存款”“库存现金”和“其他货币资金”等账户。如果采用商业汇票结算方式购入物资的，应贷记“应付票据”账户；如果通过商业信用赊购原材料的，则贷记“应付账款”账户；若企业根据合同规定已预付材料款的，则应贷记“预付账款”账户。

当企业收到原材料且验收入库时，应根据收料凭证按其计划成本(实际入库数量与计划单价的乘积)借记“原材料”账户，贷记“材料采购”账户。

结转成本差异时，应将原材料实际成本与计划成本之间的差异额自“材料采购”账户结转至“材料成本差异”账户，该账户借方登记原材料实际成本大于计划成本的超支数，贷方登记原材料实际成本小于计划成本的节约数。

2. 结算凭证已到,原材料尚未入库

对于已经付款或已开出商业汇票,但原材料尚未到达或尚未验收入库采购业务的会计处理同发票账单与原材料同时到达企业的采购业务基本相同。只是在做账的时间上稍有延迟,即必须等到原材料到达且验收入库后才能按其计划成本记入"原材料"账户,同时结转相应的材料成本差异。

如果原材料月底仍未到达企业,财会部门只能根据发票账单确定这部分材料的实际成本,但却不能作材料入库和确定入库材料成本差异的会计分录。因此,在这种情况下,月底计算成本差异率时,公式中的分子和分母均不会涉及这部分原材料。

3. 原材料已入库,结算凭证未收到

在原材料采购业务中,由于货款结算和原材料到达时间上的差异,可能会导致原材料已验收入库,但企业尚未付款的情况发生。一般正常情况下,发票账单等结算凭证在原材料到达后几天内即可收到。因此,为简化核算手续,对此类情况,可暂不处理,待收到结算凭证支付货款时,再按发票账单与原材料同时到达企业的采购业务作付款、收料和结转差异的账务处理。但如果月末仍未收到相关结算凭证,则为了如实反映资金的动态情况,应按原材料的计划成本暂估入账,即借记"原材料"账户,贷记"应付账款——暂估应付账款"账户,并于下月月初用红字冲回;待付款时,再按发票账单与原材料同时到达的情况进行会计核算。

【实务操作】

【例 5-11】 广聚公司为增值税一般纳税人。2019 年 8 月发生如下材料采购业务:

(1) 8 月 5 日,外购生产用原材料一批,取得的增值税专用发票上注明原材料价款 25 000 元,增值税额 3 250 元,全部款项已通过银行转账付讫。8 月 10 日,该批原材料已验收入库,计划成本为 26 000 元。

支付原材料货款时:

借:材料采购	25 000	
应交税费——应交增值税(进项税额)	3 250	
贷:银行存款		28 250

8 月 10 日,该批原材料验收入库:

借:原材料	26 000	
贷:材料采购		26 000

结转材料成本差异时:

借:材料采购	1 000	
贷:材料成本差异		1 000

(2) 8 月 12 日,购入原材料一批,取得的增值税专用发票上注明原材料价款 240 000 元,增值税额 31 200 元,企业当即开出商业承兑汇票结算。原材料尚未到达。

借:材料采购	240 000	
应交税费——应交增值税(进项税额)	31 200	
贷:应付票据		271 200

(3) 8 月 25 日,收到创意有限责任公司发来的电子元件并已验收入库,但月底仍未收到结算凭证。该批原材料的计划成本为 25 000 元。直到 9 月初收到结算凭证,并于 9 月 6 日以银行存款支付,实际支付原材料价款 24 500 元,增值税额 3 185 元。

收到电子元件时不作会计处理：

8 月末，按计划成本暂估入账时：

借：原材料　　25 000

　　贷：应付账款——暂估应付账款　　25 000

9 月初，用红字作相同会计分录予以冲销：

借：原材料　　25 000

　　贷：应付账款——暂估应付账款　　25 000

9 月 6 日，收到结算凭证时：

借：材料采购　　24 500

　　应交税费——应交增值税(进项税额)　　3 185

　　贷：银行存款　　27 685

结转计划成本：

借：原材料　　25 000

　　贷：材料采购　　25 000

结转材料成本差异：

借：材料采购　　500

　　贷：材料成本差异　　500

如果是企业自制或委托外单位加工的原材料验收入库时，应当按原材料计划成本，借记“原材料”账户，按实际成本，贷记“生产成本”或“委托加工物资”账户，并将原材料实际成本与计划成本之间的差异，借记或贷记“材料成本差异”账户。

需要注意的是，以上原材料验收入库和结转成本差异的会计分录是逐笔编制的，为了简化核算工作，一般可按旬或按月汇总编制。

(四) 原材料发出的会计处理

企业发出原材料应按其用途不同进行区分，记入不同的账户中。当生产车间为进行产品生产或经营管理而领用原材料时，应通过“生产成本”“制造费用”等账户进行核算；当固定资产新建、改建、扩建领用原材料时，应通过“在建工程”账户进行核算；当企业专设销售机构领用原材料时，应通过“销售费用”账户进行核算；企业管理部门出于经营管理目的领用原材料的，应通过“管理费用”账户核算；对外销售所发出的原材料的，应通过“其他业务成本”账户进行核算。

由于原材料发出业务比较频繁，为简化核算手续，一般应根据原材料发料凭证，按原材料的领用部门、用途，定期进行归类汇总，编制发料凭证汇总表。在计划成本计价法下，表中除填列发出原材料的计划成本外，还应根据当月或上月的材料成本差异率计算并填列发出原材料计划成本应当负担的成本差异额，并将发出原材料的计划成本调整为实际成本。

结转发出原材料应负担的成本差异时，应借记“生产成本”“制造费用”“管理费用”等账户，贷记“材料成本差异”账户。如果实际成本大于计划成本，是超支数则用蓝字登记；如果实际成本小于计划成本，是节约数，则应用红字登记。这样，可以直接冲减原材料计划成本，反映出实际消耗数额。

$$\text{本期材料成本差异率}=\frac{\text{期初结存材料的成本差异}+\text{本期验收入库材料的成本差异}}{\text{期初结存材料的计划成本}+\text{本期验收入库材料的计划成本}}$$

$$\text{发出材料应负担的成本差异}=\text{发出材料的计划成本}\times\text{本期材料成本差异率}$$

如果企业的材料成本差异率各期之间是比较均衡的，也可以采用期初材料成本差异率分摊本期的材料成本差异。年度终了，应对材料成本差异进行核实调整。

【实务操作】

【例 5-12】 广聚公司为增值税一般纳税人。2019 年 8 月发生的材料发出业务根据发料凭证汇总表，如表 5-6 所示(单位：元)。

表 5-6　　发料凭证汇总表

材料用途	计划成本
基本生产车间生产产品领用	200 000
辅助生产车间生产产品领用	150 000
各车间一般消耗	50 000
企业管理部门领用	38 000
对外销售	62 000
合计	500 000

企业月初"原材料"账户余额为 250 000 元，当月收入原材料计划成本为 350 000 元。月初"材料成本差异"账户借方余额为 6 800 元，本月收入材料成本差异为贷方 800 元。

(1) 分配发出原材料计划成本：

借：生产成本——基本生产成本　　200 000
　　　　　　——辅助生产成本　　150 000
　　制造费用　　50 000
　　管理费用　　38 000
　　其他业务成本　　62 000
　　贷：原材料　　500 000

(2) 计算并结转发出原材料计划成本应负担的成本差异：

$$\text{本月材料成本差异分配率}=\frac{6\ 800-800}{250\ 000+350\ 000}\times 100\%=1\%$$

借：生产成本——基本生产成本　　2 000
　　　　　　——辅助生产成本　　1 500
　　制造费用　　500
　　管理费用　　380
　　其他业务支出　　620
　　贷：材料成本差异　　5 000

则发出原材料的实际成本为 505 000 元(500 000+5 000)。

(3) 如果月初"材料成本差异"账户为贷方余额 6 800 元，本月收入材料成本差异为借方 800 元。

则本月材料成本差异分配率 $=\frac{-6\ 800+800}{250\ 000+350\ 000}\times 100\%=-1\%$

借：生产成本——基本生产成本 [2 000]

——辅助生产成本 [1 500]

制造费用 [500]

管理费用 [380]

其他业务支出 [620]

贷：材料成本差异 [5 000]

则发出原材料的实际成本为495 000元(500 000－5 000)。

第四讲 其他存货

【知识要点】

一、委托加工物资

委托加工物资是指企业为了满足生产经营需要，在企业无法加工或者由于生产业务量大而企业生产能力有限的情况下，委托外单位加工的各种商品物资。材料物资委托加工前，企业一般应与受托方就加工的要求、加工数量、加工费、加工过程中的损耗、交货日期与交货方式等项目签订加工合同。材料物资发外加工时，应填写委托加工物资出库单；加工完毕验收入库时，应填写委托加工物资入库单。发外加工材料物资虽已离开本企业仓库，但其所有权仍属本企业所有，只是暂时由受托单位负责保管，因此，委托加工物资仍属于存货的范畴。

委托外单位加工的物资成本在计价时，应包括实际发出加工材料物资的实际成本支付的加工费及往返运杂费等支付的有关税金(包括应由委托加工物资负担的增值税和消费税)。

为了总括地反映和监督委托加工物资的发出、收回和结存情况，企业应设置“委托加工物资”账户，用来核算企业各种委托外单位加工物资的实际成本。该账户借方登记发出材料物资的实际成本和加工费、运杂费和税金等，贷方登记已加工完毕并已验收入库的委托加工物资的全部成本，期末借方余额反映尚未加工完毕的委托加工物资的实际成本等。

委托加工物资可按实际成本计价核算，也可按计划成本计价核算。委托加工业务在会计处理上主要包括发出加工物资，支付加工费用、往返运杂费、税金，收回加工物资和剩余物资三个环节。

1. 发出委托加工物资

当企业发出委托加工材料物资时，应按发出物资的实际成本，借记“委托加工物资”账户，贷记“原材料”“库存商品”等账户；如果企业采用计划成本法核算，还应将发出材料物资所负担的材料成本差异，借记或贷记“材料成本差异”账户。

2. 支付加工费、往返运杂费、税金

发出和收回加工材料物资的往返运杂费、材料物资加工过程中的加工费，均应作为委托加工物资的成本，借记“委托加工物资”账户，支付的增值税，在满足抵扣条件下，应借记“应交税费——应交增值税(进项税额)”账户，贷记“银行存款”“库存现金”“应付账款”等账户。

需要注意的是，如果委托加工物资属于应纳消费税的应税消费品，则应由受托方在向委托方交货时代收代交消费税款。如果委托加工物资收回后直接用于销售的，应将所交纳的消费税计入委托加工物资的成本，借记“委托加工物资”账户，贷记“银行存款”“应付账款”等账户；如果委托加工物资收回后还要连续生产应税消费品的，则应借记“应交税费——应交消费税”账户，贷记“银行存款”“应付账款”等账户。

3. 收回加工物资和剩余物资

加工完毕后验收入库的委托加工物资和剩余物资，应分别按其实际成本，借记“原材料”“周转材料”“库存商品”等账户，贷记“委托加工物资”账户；如果企业采用计划成本法核算的，还应将实际成本与计划成本间的差异，借记或贷记“材料成本差异”账户。

【实务操作】

【例 5-13】 广聚公司为增值税一般纳税人。2019 年 8 月委托乙企业加工材料一批(属于应税消费品)。原材料成本为 400 000 元，应支付的加工费有 68 000 元(不含增值税)，消费税额为 52 000 元，材料加工完毕验收入库，加工费用等尚未支付。双方适用的增值税税率均为 13%。

(1) 发出委托加工材料，编制会计分录如下：

借：委托加工物资　　400 000

　　贷：原材料　　400 000

(2) 对于加工费用，编制会计分录如下：

若甲企业收回加工后的材料用于继续生产应税消费品，编制会计分录如下：

借：委托加工物资　　68 000

　　应交税费——应交增值税(进项税额)　　8 840

　　　　　　——应交消费税　　52 000

　　贷：应付账款　　128 840

若甲企业收回加工后的材料直接用于销售，编制会计分录如下：

借：委托加工物资　　120 000

　　应交税费——应交增值税(进项税额)　　8 840

　　贷：应付账款　　128 840

(3) 加工完成收回委托加工原材料，编制会计分录如下。

若甲企业收回加工后的材料用于继续生产应税消费品，编制会计分录如下：

借：原材料　　468 000

　　贷：委托加工物资　　468 000

若甲企业收回加工后的材料直接用于销售，编制会计分录如下：

借：原材料　　520 000

　　贷：委托加工物资　　520 000

【实务操作】

【例 5-14】 广聚公司为增值税一般纳税人。2019 年 9 月发出原材料 1 吨，计划成本 20 000 元，原材料成本差异率为 3%，委托华达工具厂加工专用原件，通过银行支付发出材料的运杂费 2 500 元。当月加工完毕验收入库，共 100 件，每件计划成本 320 元。企业支付加工费 8 000 元和华达工具厂代垫运杂费 1 400 元。

(1) 发出钢材时：

借：委托加工物资　　20 600

　　贷：原材料　　20 000

　　　　材料成本差异——原材料　　600

(2) 支付发出委托加工材料的运杂费时：

借：委托加工物资　　2 500

　　贷：银行存款　　2 500

(3) 支付加工费及华达工具厂代垫运杂费时(增值税税率 13%)：

借：委托加工物资　　9 400

　　应交税费——应交增值税(进项税额)　　1 040

　　贷：银行存款　　10 440

(4) 专用原件验收入库时：

借：周转材料——低值易耗品　　32 000

　　材料成本差异——周转材料　　500

　　贷：委托加工物资　　32 500

二、周转材料

周转材料是指企业能够多次使用，不符合固定资产定义，逐渐转移其价值但仍保持原有形态的材料物品，包括为了包装本企业商品而储备的各种包装物，各种管理用具、工具、玻璃器皿、劳动保护用品以及在经营过程中周转使用的容器等低值易耗品，建造承包商的钢模板、木模板、脚手架等其他周转材料。

周转材料因其具有可多次参与生产经营活动而不改变原有实物形态，并且价值随着磨损程度逐渐地转移到企业成本费用之中的特点，因而，与固定资产相似。但在另一方面周转材料又存在价值低、易损耗、品种多、数量大和进出频繁，在使用中需要经常更换、补充的问题，这又与材料相同。因此，周转材料的会计处理，既有别于原材料核算，又与固定资产核算不尽相同。

在对周转材料进行分类时，可将周转材料区分为存货和固定资产：如果使用期间在 1 年以上，符合固定资产定义的周转材料，应当作为固定资产进行核算和管理；如果不符合固定资产定义的周转材料，应当作为存货进行核算和管理。

根据周转材料的实际特点，企业可将其分为在库与在用两阶段进行账务处理。在库周转材料的核算是指周转材料的采购、入库、发出和结存的核算，与前述原材料的核算基本相同。在用周转材料的核算，包括周转材料自仓库发出开始直至报废为止整个使用过程的核算。在这一过程中，周转材料所损耗的价值，应采用较为简便的摊销方法，合理地计入企业成本费用，以便从产品利润中得到补偿，实现资金的周转。

企业应设置“周转材料”账户，核算各种周转材料的实际成本或计划成本。该账户借方登记已验收入库周转材料的成本，贷方登记领用周转材料的成本，期末借方余额反映所有在库周转材料的成本。该账户按照周转材料的种类，即包装物、低值易耗品来设置明细账户进行明细分类核算。

(一) 低值易耗品

1. 低值易耗品的核算内容

低值易耗品是指那些单位价值低于固定资产的最低限额或者使用期限在1年以内,不能列作固定资产的各种物品。企业低值易耗品一般可划分为以下几种类别:

(1) 一般工具,是指生产各种不同产品时能共同使用的工具,如刀具、量具、夹具和模具等。

(2) 专用工具,是指专门用于制造某种产品,或在某一工序上使用的工具,如专用模具等。

(3) 替换设备,是指容易磨损或为制造不同产品需要替换使用的机器装备和零件,如浇注钢锭用的钢锭模等。

(4) 管理用具,是指用于管理工作的家具和办公用品,如桌、椅、柜和仪器等。

(5) 劳动保护用品,是指用于保障职工安全生产的各种用品,如工作服和工作鞋等。

(6) 其他,是指不属于上述各类的低值易耗品。

2. 低值易耗品的账务会计处理

为反映和监督低值易耗品的增减变动及其结存情况,企业应设置"周转材料——低值易耗品"账户,借方登记低值易耗品成本的增加,贷方登记其成本的减少,余额在借方通常反映期末低值易耗品的成本。

购入或其他渠道形成的低值易耗品核算与原材料的核算方法完全相同,可比照原材料的核算方法进行。

低值易耗品被领用后其价值须以摊销方式计入相关成本费用。采用分次摊销法摊销低值易耗品,低值易耗品在领用时摊销其账面价值的单次平均摊销额。分次摊销法适用于可供多次反复使用的低值易耗品。在采用分次摊销法的情况下,需要单独设置"周转材料——低值易耗品——在用""周转材料——低值易耗品——在库""周转材料——低值易耗品——摊销"明细账户。

某次摊销额可用下列公式计算:

$$\text{某次应摊销额}=\frac{\text{低值易耗品的账面价值}}{\text{预计使用次数}}\times\text{该期实际使用次数}$$

【实务操作】

【例5-15】 广聚公司为增值税一般纳税人。2019年9月,基本生产车间领用专用工具一批,实际成本为100 000元,不符合固定资产定义,采用分次摊销法进行摊销。该专用工具的估计使用次数为两次。应编制如下会计分录:

(1) 领用专用工具:

借:周转材料——低值易耗品——在用　　100 000

　　贷:周转材料——低值易耗品——在库　　100 000

(2) 第一次摊销其价值的一半:

借:制造费用　　50 000

　　贷:周转材料——低值易耗品——摊销　　50 000

(3) 第二次摊销其价值的一半:

借:制造费用　　50 000

　　贷:周转材料——低值易耗品——摊销　　50 000

同时：

借：周转材料——低值易耗品——摊销　　100 000

　　贷：周转材料——低值易耗品——在用　　100 000

（二）包装物

包装物是指在生产流通过程中，为了包装本企业的产品或商品并随同一起出售，或者出租、出借给购货单位的各种包装容器，如桶、箱、罐、瓶、坛、袋等。包装物按其具体用途不同，可以分为生产流通过程中用于包装产品或商品并作为其组成部分的包装物，如酒瓶、油桶等；随同产品出售而不单独计价的包装物；随同产品出售而单独计价的包装物；出租或出借给购买单位使用的包装物。

进行包装物核算时应注意以下三点：

第一，企业各种一次性使用的包装材料，如纸、绳、铁皮、铁丝等不属于包装物之列，应在“原材料”账户核算。

第二，企业用于储存、保管产品或商品等存货而不对外销售、出租或出借的包装物，应按其价值大小和使用期限，在“固定资产”或“周转材料——低值易耗品”账户核算。

第三，单独列为企业产品或商品存货的自制包装物，应在“库存商品”账户核算。

1. 包装物入库的会计处理

企业购入、自制、委托外单位加工完成等验收入库的包装物核算方法与原材料的核算方法相同，这里不再重复。

2. 生产领用包装物

生产领用包装物核算与生产领用原材料核算方法相同，应借记“生产成本”账户，贷记“周转材料——包装物”账户。

3. 包装物随同产品或商品出售的会计处理

包装物出售的会计处理主要包括两种情况：

(1) 随同产品或商品一同出售但不单独计价的包装物。企业未用包装物一般极少单独出售，通常随同产品一起出售。不单独计价的包装物因无独立的收入可与包装物存货成本相配比，所以，将其视为销售过程中耗用的原材料，在其发出时，将其实际成本计作产品销售费用，借记“销售费用”账户，贷记“周转材料——包装物”账户。

(2) 随同产品或商品一同出售但单独计价的包装物。对在销售过程中领用并随同产品一同出售，但单独计价的包装物，应视为企业其他业务，按原材料销售处理。销售时所获得的收入，记入“其他业务收入”账户，相应地其成本亦作为其他业务成本，以与其收入配比。

4. 包装物出租的会计处理

出租包装物是企业的一项非生产性经营业务，应按其他业务处理。企业出租的包装物在周转使用过程中，其实物形态保持不变，因此，其价值也应按损耗程度，逐渐地转到有关的成本费用中去，其摊销方法与低值易耗品类似，可以采用一次摊销法、五五摊销法和分次摊销法等。

具体核算方法如下：企业第一次领用新包装物向购货单位出租时，应按包装物摊销金额，借记“其他业务成本”账户，贷记“周转材料”账户。收取租金时，借记“库存现金”或“银行存款”账户，贷记“其他业务收入”账户。收取押金时，借记“库存现金”或“银行存款”账户，贷记“其他应付款——存入保证金”账户；退回押金时作相反会计分录。对于逾期未退包装物而没收的押金，应根据其中所含的增值税额，贷记“应交税费——应交增值税（销项税额）”账户，另外，扣税后的部分转入“其他业务收入”账户。当出租的包装物报废时，其残料价值应冲减其他业务成本，借记“原材料”账户，贷记“其他业务成本”账户。

5. 包装物出借的会计处理

出借包装物严格来讲不属于企业的经营业务，而只是一种促销手段，是指企业的产品或商品在销售时将包装物无偿提供给购货单位临时使用。包装物在出借期间，其价值损耗和其他有关支出，都是为推销产品而发生的，因此，应作为销售费用处理。其摊销方法与包装物出租相同。

具体核算方法如下：企业第一次领用新包装物出借给购货单位时，应按包装物摊销金额，借记“销售费用”账户，贷记“包装物”账户。企业收取押金时，借记“库存现金”或“银行存款”账户，贷记“其他应付款——存入保证金”账户；退回押金时，作相反会计分录。对于逾期未退包装物而没收的押金，应根据其中所含的增值税额，贷记“应交税费——应交增值税（销项税额）”账户，另外，扣税后的部分转入“其他业务收入”账户。出借包装物报废时其残料价值应冲减销售费用，借记“原材料”账户，贷记“销售费用”账户。

【实务操作】

【例 5-16】 广聚公司为增值税一般纳税人，用计划成本法进行包装物的核算，并用一次摊销法摊销。2019 年 9 月发生包装物业务如下：

（1）生产领用包装物一批，其计划成本 20 000 元。

（2）企业销售产品时，领用不单独计价的包装物，其计划成本为 2 000 元。

（3）企业销售产品时，领用单独计价的包装物，销售时收到 6 000 元现金，其计划成本为 5 000 元。

（4）仓库发出新包装物一批，出租给购货单位，计划成本为 3 000 元。收到租金 1 000 元，存入银行。

（5）出借新包装物一批，计划成本为 1 000 元，收到押金 1 130 元，存入银行。

（6）出借包装物逾期未退，按规定没收其押金 1 130 元。

（7）出租包装物收回后，不能使用而报废，回收残料入库，价值 400 元。

（8）月末，按 1% 的差异率结转本月生产领用、出售、出租、出借包装物分摊的成本差异额。

具体账务处理如下：

（1）借：生产成本	20 000	
贷：周转材料——包装物		20 000
（2）借：销售费用	2 000	
贷：周转材料——包装物		2 000
（3）借：库存现金	6 000	
贷：其他业务收入		6 000
借：其他业务成本	5 000	
贷：周转材料——包装物		5 000
（4）借：其他业务成本	3 000	
贷：周转材料——包装物		3 000
同时，收到租金：		
借：银行存款	1 000	
贷：其他业务收入		1 000

(5) 借：销售费用 1 000
　　贷：周转材料——包装物 1 000
同时，收取押金：
　借：银行存款 1 130
　　贷：其他应付款 1 130
(6) 借：其他应付款 1 130
　　贷：其他业务收入 1 000
　　　应交税费——应交增值税(销项税额) 130
(7) 借：原材料 400
　　贷：其他业务成本 400
(8) 借：生产成本 200
　　其他业务成本 80
　　销售费用 30
　　贷：材料成本差异 310
其中：生产领用＝20 000×1%＝200(元)
出售(不单独计价)＝2 000×1%＝20(元)
出售(单独计价)＝5 000×1%＝50(元)
出租＝3 000×1%＝30(元)
出借＝1 000×1%＝10(元)

三、库存商品

(一) 库存商品的内容

库存商品是企业库存的各种商品。对于工业企业而言，库存商品是企业完工入库的产成品；对于商品流通企业而言，库存商品是企业以销售为目的而购入的商品。工业企业的产成品和商品流通企业的商品均通过“库存商品”账户核算。

从事商品流通的企业，新准则规定，在采购商品过程中发生的运输费、装卸费、保险费以及其他可归属于存货采购成本的费用等进货费用，应当计入存货采购成本。其库存商品的核算方法分为数量金额核算法和金额核算法。

数量金额核算法是指同时采用实物计量和货币计量两种量度对库存商品的增减变动和结存情况进行反映和监督的核算方法。它既可以提供库存商品的数量指标，又可提供库存商品的金额指标，数量金额核算法又可进一步分为数量进价金额核算和数量售价金额核算两种。

金额核算法是指仅以货币计量对库存商品的增减变动及结存情况进行反映和监督的核算方法。金额核算法又可以分为售价金额核算法和进价金额核算法。不同类型的商品流通企业，可以根据本企业的经营特点及经营管理的要求来选择确定采用不同的库存商品核算。

(二) 库存商品的账务处理

1. 工业生产企业库存商品的账务处理

从事工业生产的企业，其产成品一般按实际成本核算。在按实际成本核算的情况下，产成品的收、发，平时只计数量不计金额。月度终了，计算入库产成品的实际成本。对发出和销售的产成品，可以采用先进先出法、加权平均法、移动平均法、后进先出法或个别计价法等方法确定其实际成本。核算方法一经确定，不得随意变更；如需变更，应在会计报表附注中予以说明。企业生产完成验收入库的产成品，按实际成本，借记“库存商品”账户，贷记“生产成本”等账户。企业在销售产成品并结转成本时，应借记“主营业务成本”账户，贷记“库存商品”账户。

2. 商品流通企业库存商品的账务处理

商品流通企业发出商品的核算，除采用上述方法外，还可以采用以下方法。

(1) 毛利率法。毛利率法主要适用于商业零售业，是指运用以前年度或估计的毛利率匡算本期销售成本和期末存货成本的一种存货估计方法。毛利率是指销售毛利占销售净额的比率，其公式可表示为：

$$销售毛利 = 销售净额 - 销售成本$$

$$毛利率 = \frac{销售毛利}{销售净额} \times 100\%$$

$$销售净额 = 商品销售收入 - 销售退回与折让$$

$$销售毛利 = 销售净额 \times 毛利率$$

$$\begin{aligned} 销售成本 &= 销售净额 - 销售毛利 \\ &= 销售净额 \times (1 - 毛利率) \end{aligned}$$

$$期末存货成本 = 期初存货成本 + 本期购货成本 - 本期销售成本$$

上式中，期初存货成本和本期增加存货成本均已在账簿资料中作了记录，因而只要确定了毛利率，就很容易推算出本期销售成本和期末存货成本了。

【实务操作】

【例 5-17】 广聚公司下属独立销售商场 2019 年第二季度 A 类商品的销售毛利率为 25%，假定该商场 7 月初 A 类商品结存成本为 21 000 元，本月购进 A 类商品成本为 40 000 元，销售收入净额为 75 000 元。

本期已销 A 类商品成本为：

销售成本＝75 000 元×(1－25%)＝56 250(元)

期末结存 A 类商品成本为：

期末存货成本＝21 000＋40 000－56 250＝4 750(元)

运用毛利率法估计本期销售成本和期末存货成本，关键在于估计毛利率的正确性。通常情况下，可采用上一期的实际毛利率作为估算的基础。如果以前期间的毛利率波动较大，也可采用平均毛利率匡算。同时，应考虑本期是否存在影响毛利率变动的因素，并作适当的调整。

毛利率法主要适用于那些无法及时计算出实际成本，而又需要对存货情况作出恰当估计的企业，如商品批发企业。

(2) 售价金额核算法。售价金额核算法主要适用于商业零售业，是指利用库存商品的零售价格与差价之间的比例来计算本期销售成本和期末存货成本的一种存货估计方法。具体操作步骤如下：

第一，期初库存商品和本期购货同时按进销差价和零售价记录，用来计算可供销售商品的成本和售价总额。

第二，本期销货只按售价记录，从本期可供销售的商品售价总额中减去本期实际销售商品的售价总额，计算出期末结存商品的售价总额。

第三，计算本期可供销售商品的差价占售价总额的百分比，即商品进销差价率。

$$商品进销差价率 = \frac{期初库存商品进销差价 + 本期购入商品进销差价}{期初库存商品售价 + 本期购入商品售价} \times 100\%$$

第四，计算本期销售商品的进销差价。

$$本期销售商品应分摊的商品进销差价 = 本期商品销售收入 \times 商品进销差价率$$

第五，计算本期销售商品的成本、期末结存商品的成本。

$$本期销售商品的成本 = 本期商品销售收入 - 本期销售商品应分摊的商品进销差价$$

$$期末结存商品的成本 = 期初库存商品的进价成本 + 本期购进商品的进价成本 - 本期销售商品的成本$$

企业购入商品采用售价金额核算的，按验收入库商品的售价，借记“库存商品”账户，按商品进价，贷记“银行存款”“在途物资”“委托加工物资”等账户，按商品售价与进价之间的差额，贷记“商品进销差价”账户。

对外销售商品时，按售价结转销售成本，借记“主营业务成本”账户，贷记“库存商品”账户。期末分摊已销商品的进销差价，借记“商品进销差价”账户，贷记“主营业务成本”账户。

对于从事商业零售业务的企业（如百货公司、超市），由于经营的商品种类、品种和规格等繁多，而且要求按商品零售价格标价，采用其他方法计算比较困难，因此广泛采用这一方法。

【实务操作】

【例 5-18】 广聚公司下属一独立销售商场 2019 年 8 月初 A 类商品成本为 100 000 元，售价总额为 130 000 元；本月份购货成本为 460 000 元，售价总额为 670 000 元；本期销售收入为 650 000 元。

$$进销差价率 = \frac{(130\ 000 - 100\ 000) + (670\ 000 - 460\ 000)}{130\ 000 + 670\ 000} \times 100\% = 30\%$$

本期销售商品的差价 = 650 000 × 30% = 195 000（元）

本期销售商品成本 = 650 000 − 195 000 = 455 000（元）

第五讲　期末存货的清查与计价

【知识要点】

一、存货清查

企业在进行存货的日常收、发及保管过程中，因种种原因可能造成存货实际结存数量与账面结存数量不符，有时还会因非常事项而造成存货毁损。为了确保企业存货的安全，做到账实相符，企业应定期或不定期地对存货进行盘点。发生存货盘盈（实际结存数量大于账面结存数量）、盘亏（实际结存数量小于账面结存数量）及毁损（非常性事项造成的存货损失）时，应及时查明原因，并进行账务处理，以保证账实相符。

（一）存货清查的方法

存货清查是企业财产清查中的一项重要内容。企业有可能因日常管理不善或收发计量差错以及记录登记错误等原因，而造成账面记录和实物结存不一致的情况发生。因此，需要对于各种存货进行经常的清查，确定存货数量，与账簿进行核对。对于账实不符的应尽快查明发生原因，明确经济责任，以便作出适当的处理，从而改进管理，保证存货的安全和完整。存货盘点应当定期进行，每年至少一次。

常用的存货数量盘存方法有定期盘存制与永续盘存制两种。

1. 永续盘存制

永续盘存制又称账面盘存制，是指对存货设置明细账，逐日逐笔登记其收入数和发出数，并随时结算其结存数的一种存货盘存方法。

这种方法要求存货明细账按每一品种规格设置，以保持对各项存货的记录。在明细账中，要随时登记收入、发出、结存数量与金额，这样，就可以完整、系统地反映存货的收入、发出和结存情况。存货账户的贷方发生额合计数便是本期存货的销货成本或耗用成本，而借方余额则是期末库存存货的实际成本。

永续盘存制的最大优点是有利于加强对存货的管理。由于设置存货明细账，可以随时反映出各个品种规格存货的收入、发出和结存情况，因而，能够同时在数量与成本两个方面进行监督与控制，具有内在的检查作用。在永续盘存制下，为了验证存货明细账记录的正确性，仍须对存货定期或不定期地进行实地盘点，核对账面数和实有数是否相符。当发生库存溢余或短缺时便于查明原因，及时处理。另外，存货的账面结存数可以随时与预定的最高和最低库存限额数进行比较，以反映存货是否过多或不足的资料，便于及时组织存货的增购或削减，加速资金周转。永续盘存制的最大缺点是存货日常核对工作量大，尤其是存货品种规格繁多的企业，需要花费很多的人力和费用。

2. 定期盘存制

定期盘存制又称实地盘存制，是指期末通过现场实物的盘点来确定存货的数量，并据以计算出期末存货成本和销货(耗用)成本的一种存货盘存方法。在实际工作中，这种方法用于工业企业，称为以存计耗；用于商品流通企业，称为以存计销。采用实地盘存制方法，平时对存货只计购入，不计发出，期末通过实地盘点确定存货数量，据以计算出期末存货成本和当期销货或耗用成本。其计算公式如下：

期末存货成本 = 库存数量 × 单价

本期销货成本 = 期初存货成本 + 本期购货成本 − 期末存货成本

定期盘存制的最大优点是简化了日常对存货的核算工作，平时对销货(耗用)成本或结存数量不作明细记录。因此，有关存货账户可按大类或全部库存品设置，不设具体明细品种账户，每一明细品种的单价可直接根据进货凭证获得。

定期盘存制的主要缺点有两点：一是不能正确地反映存货销货(耗用)成本。由于平时对发出存货不作记录，因此无法随时反映存货的收入、发出和结存动态，存货的账面数只是定期实物盘点的结果，缺乏存货管理所得的信息，因而，容易放松对存货的控制和监督作用。二是不能准确地反映当期的生产经营状况。按照定期盘存制，期末存货成本是经过实物盘点而得出的，并通过公式计算以存计销，倒推出销货成本或耗用成本，这样，凡未计入期末结存的部分都视为已售出或耗用，甚至包括无论何种原因造成的非销售非耗用的库存品损耗，如盗抢、责任损失、自然损耗等，全部计入销货成本或耗用成本，不仅人为地掩盖了存货管理中出现的自然和人为损耗因素，而且更重要的是造成存货成本的不真实。由于定期盘存制存在上述缺点，一般只适用于一些价值低、品种杂、交易频繁的存货和一些损耗大、数量不稳定的鲜活商品。

(二) 存货清查结果的处理程序

存货清查结果的会计处理分为两个步骤。

第一步,根据存货盘点盈亏报告表,按盘盈或盘亏、毁损存货的实际成本调整存货的账面价值,使得存货账实相符,并将其记入"待处理财产损溢——待处理流动资产损溢"账户,报送有关部门批示。

第二步,经有关部门审批后,根据存货盘盈或盘亏、毁损的不同原因及处理结果,将待处理财产损溢分别结转到不同的账户,以落实经济责任。

(三) 存货清查结果的会计处理

为了核算存货清查过程中的各项物资的盘盈、盘亏及毁损等情况,企业应设置"待处理财产损溢"总账账户及"待处理流动资产损溢"明细账账户。该账户具有双重性质。其借方登记各种财产物资的盘亏金额以及批准转销的盘盈金额,贷方登记各种财产物资的盘盈金额和批准转销的盘亏金额。借方余额反映企业尚未处理的各种财产净损失;贷方余额反映企业尚未处理的各种财产的净溢余。期末,在存货清查结果处理完毕后,该账户没有余额。存货的盘盈、盘亏、毁损进行账务处理时,应根据不同情况确定账户。

1. 存货盘盈的核算

企业盘盈的存货,属于前期差错,多因企业日常收发计量或计算差错而引起,应及时办理存货的入库手续,调整增加存货的实存数。但由于存货盘盈通常金额较小,不会影响财务报表使用者对企业以前年度的财务状况、经营成果和现金流量进行判断,因此,存货盘盈时,应按同类或类似存货的市场价格作为实际成本记入"待处理财产损溢——待处理流动资产损溢"账户,按管理权限报经批准后冲减管理费用。

2. 存货盘亏或毁损的核算

企业存货发生盘亏或损毁,在批准处理之前,应先根据存货盘点盈亏报告表及时办理存货销账手续,调减存货的账面记录。同时,按盘亏或毁损存货的实际成本记入"待处理财产损溢——待处理流动资产损溢"账户的借方。

对于购进的货物、在产品、产成品发生非正常损失而引起盘亏的,这一部分存货的增值税进项税额不得从销项税中抵扣,应将进项税额从贷方转出,一并转入"待处理财产损溢——待处理流动资产损溢"账户的借方。这样,非正常损失的存货价值应包括其实际成本和应负担的增值税额两部分。另外,若存货按计划成本法核算,还须计算其成本差异,使"待处理财产损溢"账户反映其实际损溢。

在查明存货盘亏和损毁的原因并报经批准后,应按不同情况进行会计处理。

(1) 属于自然损耗的定额内短缺及日常收发计量、计算差错,经批准后一般作为管理费用列支。

(2) 属于一般经营性损失或管理不善所造成的,企业应尽快落实责任人,通过"其他应收款"向其追偿,在扣除赔偿后还有净损失的,经批准后可转作管理费用。

(3) 属于自然灾害或意外事故等非常原因而造成非常损失的,在扣除过失人或保险公司赔款及残料价值后的净损失经批准后转作营业外支出处理,其中赔款应通过"其他应收款"账户核算,残料则通过"原材料"账户核算。

【实务操作】

【例 5-19】 广聚公司为增值税一般纳税人,2019 年 12 月底开始一年一度的财产清查工作。在存货盘点过程中发现有两处账实不符。其中,甲种材料盘亏100件,该存货的单位实际成本为10元/件。后查明原因为管理员梁某盗用了40件;自然损耗了18件,且无任何回收价值,其他部分损失则由保险公司赔偿。另发现乙种材料盘盈,按重置成本计算其价值为900元,查明原因属于收发时计量误差所致,经批准冲销企业管理费用。根据存货盘点盈亏报告表(见表5-7)作相应账务处理。

表5-7 **存货盘点盈亏报告表**

仓库:1号仓库 2019年12月30日

序号	物资名称	单位	单价	账面		实际		盘盈(+) 盘亏(-)		差异原因
				数量	金额	数量	金额	数量	金额	
1	甲材料	件	10	1 300	13 000	1 200	12 000	-100	-1 000	管理员盗用40件 自然损耗18件
2	乙材料	件	100	110	11 000	119	11 900	+9	+900	收发计量错误

填表部门:财务部 填表人:王芳 审核人:李明

(1) 甲材料盘亏时:

借:待处理财产损溢——待处理流动资产损溢 1 000

　　贷:原材料——甲材料 1 000

报经上级批准后:

借:其他应收款——梁某 400

　　　　　　——保险公司 420

　　管理费用 180

　　贷:待处理财产损溢——待处理流动资产损溢 1 000

(2) 乙材料盘盈时:

借:原材料——乙材料 900

　　贷:待处理财产损溢——待处理流动资产损溢 900

报经上级批准后,冲减当期管理费用:

借:待处理财产损溢——待处理流动资产损溢 900

　　贷:管理费用 900

需要注意的是,这里说的"盘盈"和"盘亏",是指存货的实际结存数量与账面记录之间的差异。而这种差异只有在永续盘存制下才有,因为在实地盘存制下,账面记录的存货结存数量就是实际盘点的结果。

二、存货的期末计量

存货期末计价是指在会计期末,为了客观、真实、准确地反映期末存货的实际价值,需要对存货价值的重新计量,以确定资产负债表中"存货"项目的金额。会计准则规定,资产负债表日,存货应当按照成本与可变现净值孰低计量。期末存货的成本低于其可变现净值的,期末存货按成本计价;期末存货的成本高于可变现净值的,期末存货按可变现净值计价。

(一) 成本与可变现净值孰低法的含义

成本是指存货的历史成本,具体是指依据实际成本为基础的存货计价方法所计算的期末存货账面价值。如果企业日常核算采用的是计划成本法,则成本应该为调整后的实际成本。

这里的“可变现净值”,是指在日常活动中,以存货的估计售价减去至完工时估计将要发生的成本、销售费用以及相关税费后的金额。注意,可变现净值并不同于售价,而是在售价的基础上,减去估计将要发生各项成本费用以后才能得到。

成本与可变现净值孰低是指对于期末存货应当以成本与可变现净值两者之中较低者来进行计价的一种方法。采用这种方法体现了谨慎性原则,当期末存货成本低于可变现净值时,企业并不确认增值收益,存货价值仍按原先成本反映;相反,如果期末存货成本高于可变现净值时,存货发生贬值,则应及时确认存货跌价损失,在资产负债表上按可变现净值反映。比较成本与可变现净值的目的在于如何更加谨慎、如实地反映企业期末存货的价值。

在采用成本与可变现净值孰低法时,需要解决以下三个主要问题:

一是,如何确定可变现净值。

二是,如何进行成本与可变现净值的比较。

三是,可变现净值低于成本时的跌价损失如何处理。

(二)可变现净值的确定

存货可变现净值 = 存货估计售价 − 至完工估计将发生的成本 − 估计销售费用 − 相关税金

1. 可变现净值中估计售价的确定

从以上“可变现净值”的概念中可以看出,存货估计售价的确定对于企业确定可变现净值非常关键。企业应以资产负债表日为基准,如果当月存货价格变动较大时,则应以当月该存货平均销售价格或资产负债表日最近几次销售价格的平均数,作为其估计售价的基础。此外,还应按照以下原则确定存货的估计售价。

第一,如果为执行销售合同或者劳务合同而持有的存货,通常应当以产成品或商品的合同价格作为其可变现净值的计量基础。

第二,如果企业持有存货的数量多于销售合同订购的数量,超出部分存货的可变现净值应当以产成品或商品的一般销售价格作为计量基础。

第三,如果企业持有的存货(不包括用于出售的材料)没有销售合同约定,其可变现净值应当以产成品或商品一般销售价格(即市场销售价格)作为计量基础。

第四,如果企业持有的存货是用于出售的材料等,应当以市场价格作为其可变现净值的计量基础。这里的市场价格,是指材料等的市场销售价格。

2. 材料存货的期末计量

对用于生产而持有的原材料以及为继续加工生产而持有的在产品和委托加工材料等,在期末计量时,不能只考虑其自身可变现净值与成本的关系,而应以其完成生产后的产成品的可变现净值与成本的关系为基础进行判断。如果用其生产的产成品的可变现净值高于产成品的生产成本,则说明产成品未贬值,无论生产该产品材料的市场价格是否下降,都应推断该材料尚未贬值,所以材料仍然需按成本计量;如果产成品的可变现净值已经低于成品的成本,且价格下降明显时,这些材料应当按可变现净值计量,并提取存货跌价准备。

【实务操作】

【例 5-20】 广聚公司为增值税一般纳税人,2019 年 12 月 31 日,公司“原材料——甲材料”的账面价值为 12 000 元,市价为 11 000 元,假设不发生其他购买费用,由于甲材料价格下降，市场上用甲材料生产的A1型机器的售价也发生了相应下降，下降了10%。由此造成广聚公司A1型机器售价总额由30 000元降为27 000元，但生产成本仍为28 000元，将甲材料加工成A1型机器尚需投入16 000元，估计销售费用及税金为1 000元。

确定2019年12月31日甲材料价值的步骤如下：

第一步，计算用该原材料所生产的产成品的可变现净值。

A1型机器的可变现净值＝A1型机器估计售价－估计销售费用及税金

＝27 000－1 000＝26 000(元)

第二步，将用该原材料所生产的产成品的可变现净值与其成本进行比较。

A1型机器的可变现净值26 000元，低于其成本28 000元，即A1型机器发生贬值，因此，甲材料应当按可变现净值计量。

第三步，计算该原材料的可变现净值，并确定其期末价值。

甲材料的可变现净值＝A1型机器的售价总额－将甲材料加工成A1型机器尚需投入的成本－估计销售费用及税金

＝27 000－16 000－1 000＝10 000(元)

甲材料的可变现净值10 000元，低于其成本12 000元，因此，甲材料的期末价值应为其可变现净值10 000元，即甲材料应按10 000元列示在2019年12月31日的资产负债表的存货项目之中。

3. 成本与可变现净值的比较方法

成本与可变现净值孰低法计价时，可分别采用单项比较法、分类比较法和总额比较法三种不同的方法。

单项比较法又称逐项比较法或个别认定法，是指将每个存货项目的成本与其可变现净值逐一比较，取其低者来确定该项存货的期末价值。

分类比较法是指将存货按相同的性质进行分类，把各类存货的成本总额与其可变现净值总额进行比较，取其低者来确定该类存货的期末价值。

总额比较法又称综合比较法，是指将全部存货的总成本与总可变现净值相比较，取其低者作为全部存货期末计价的基础。

【实务操作】

【例5-21】 广聚公司为增值税一般纳税人，公司有甲、乙、丙和丁四种存货，并按性质的不同分为A类和B类，各类存货的可变现净值与成本已经确定，现分别按照三种方法比较确定期末存货的成本。期末存货成本与可变现净值比较表，如表5-8所示。

表5-8　　期末存货成本与可变现净值比较表

单位：元

项目	成本	可变现净值	单项比较法	分类比较法	总额比较法
A类材料	25 000	24 000		24 000	
甲材料	10 000	8 000	8 000		
乙材料	15 000	16 000	15 000		
B类商品	50 000	52 000		50 000	

（续表）

项目	成本	可变现净值	单项比较法	分类比较法	总额比较法
丙商品	33 000	32 000	32 000		
丁商品	17 000	20 000	17 000		
合计	75 000	76 000	72 000	74 000	75 000

由表5-8可见，单项比较法确定的期末存货成本最低，分类比较法次之，总额比较法最高，其原因是单项比较法所确定的均是各项存货的最低价。由此可见，单项比较法确定的成本最为准确，最符合谨慎性原则，但工作量最大；总额比较法最简便易行，但结果过于粗糙；分类比较法介乎两者之间。

一般实际工作中，通常采用单项比较法或分类比较法来确定存货期末价值。

4. 存货减值迹象的判断

对出现下列情形之一的，应考虑计提存货跌价准备：

一是，市价持续下跌，并且在可预见的未来无回升的希望。

二是，企业使用该项原材料所生产的产品的成本大于产品的销售价格。

三是，企业因产品更新换代，原有库存材料已不适应新产品的需要，而该原材料市场价格又低于其账面成本。

四是，因企业所提供的商品或劳务过时或消费者爱好改变而使市场的需求发生变化，导致市场价格逐渐下跌。

五是，其他足以证明该项存货实质上已经发生减值的情形。

另外，当存货出现存在下列一项或若干情形时，表明存货的可变现净值为零，应当将存货账面价值全部转入当期损益：

一是，已霉烂变质的存货。

二是，已过期且无转让价值的存货。

三是，生产中已不再需要，并且已无使用价值和转让价值的存货。

四是，其他足以证明已无使用价值和转让价值的存货。

5. 存货跌价准备的计提方法

资产负债表日下，企业应当对存货进行全面清查，考虑存货是否存在减值迹象，并按照成本与可变现净值孰低法的原则进行计量。区分不同情况计提存货跌价准备，计入当期损益。

对于直接出售存货，只需将存货成本与根据存货本身的估计售价、估计销售费用及相关税金确定的可变现净值相对比即可，如果成本高于可变现净值则需要计提跌价准备；反之，则不需要计提。这类存货的可变现净值应通过其自身的估计售价和预计销售费用及税金来计算。其计算公式如下：

存货可变现净值 = 存货估计售价 − 估计销售费用 − 相关税金

对于待加工的材料存货，应当将其与所生产的产成品的期末价值减损情况联系起来，如果其生产的产成品的可变现净值预计高于产成品的生产成本，则该材料应当按照成本计量，即不计提跌价准备；如果材料价格的下降，导致产成品的可变现净值低于产成品的生产成本，则该材料应当按材料的可变现净值计量，即需要计提跌价准备。同时，应特别注意的是，材料的可变现净值应通过用其生产的产成品的估计售价和产成品的预计销售费用及税金来计算。其计算公式如下：

$$\text{材料的可变现净值}=\text{产成品的估计售价}-\text{将材料加工成产成品尚需投入的成本}-\text{产成品估计销售费用及相关税金}$$

企业通常应当按照单个存货项目计提存货跌价准备。但是，对于数量繁多、单价较低的存货，可以按照存货类别计提存货跌价准备。另外，对于在同一地区生产和销售的产品系列相关、具有相同或相似最终目的或用途，且难以与其他项目区分计量的存货，可以合并计提存货跌价准备。

需要说明的是，具有相同或相似最终目的或用途，并在同一地区生产和销售，意味着存货所处的法律环境、经济环境和市场环境等相同，具有相同的报酬和风险。在这种情况下，可以对该存货进行合并计提存货跌价准备。

6. 成本与可变现净值孰低法的会计处理

采用成本与可变现净值孰低法时，需要确认存货跌价损失，并作相应的会计处理，一方面，在资产负债表上将存货价值减至可变现净值；另一方面，在损益表上确认存货跌价损失。会计实务中，对于期末存货可变现净值低于成本而形成的存货跌价损失采用备抵法处理。

备抵法是指对于存货账面净值低于成本而形成的损失不直接冲销存货相关账户，而另设“存货跌价准备”账户，以抵减存货价值。当企业期末存货发生跌价损失时，借记“资产减值损失”账户，贷记“存货跌价准备”账户。这种方法的优点在于：一是保持了存货明细账记录的原貌，工作量小；二是资产负债表上可以揭示存货的成本和可变现净值两方面信息。

资产负债表日，如果存货可变现净值低于成本，则存货跌价准备期末应有余额＝成本－可变现净值，当存货跌价准备期末应有余额大于已提数时，则应补提差额。

借：资产减值损失

　　贷：存货跌价准备

当存货跌价准备应有余额小于已提数时，则应以已提的跌价准备为限转回。

借：存货跌价准备

　　贷：资产减值损失

当以前减计存货价值的影响因素已经消失时，减计的金额就应当予以恢复，并在原已计提的存货跌价准备金额内转回，转回的金额计入当期损益，即“资产减值损失”账户的贷方。但转回跌价准备金时应需要注意以下三点：

第一，以前减计价值的影响因素消失。如果以前计提跌价准备时是因为产品市场价格的下跌导致可变现净值低于成本，而现在可变现净值高于成本，是由于强化了企业内部管理，降低了成本，则不符合转回的条件。

第二，在核算存货跌价准备的转回时，转回的存货跌价准备与计提该跌价准备的存货项目类别应当存在直接对应关系。

第三，在原已计提的存货跌价准备金额内转回，意味着转回的金额应以存货跌价准备的余额为限进行冲减，最多冲减至零。

7. 存货跌价准备的结转

企业计提了存货跌价准备，如果其中一部分存货已经销售，则企业在结转销售成本时，应同时结转对其已计提的存货跌价准备。如果已经计提存货跌价准备的存货销售了一部分，则应按比例结转相应的存货跌价准备。

借：主营业务成本（或其他业务成本）

　　存货跌价准备

　　贷：库存商品（或原材料等）

【实务操作】

【例 5-22】 广聚公司为增值税一般纳税人，期末存货采用成本与可变现净值孰低法计价。2019 年 9 月 26 日，与创意有限责任公司签订销售合同约定：广聚公司于 2020 年 1 月 6 日向创意公司销售笔记本电脑 10 000 台，每台 1.5 万元。2019 年 12 月 31 日，广聚公司库存笔记本电脑 14 000 台，单位成本为 1.41 万元。2019 年 12 月 31 日，市场销售价格为每台 1.3 万元，预计销售税费均为每台 0.05 万元。广聚公司于 2020 年 1 月 6 日向创意公司销售笔记本电脑 10 000 台，每台 1.5 万元。广聚公司于 2020 年 1 月 16 日销售笔记本电脑 100 台，市场销售价格为每台 1.2 万元。货款均已收到。要求：

（1）编制计提存货跌价准备的会计分录，并列示计算过程。

（2）编制有关销售业务的会计分录。

由于广聚公司持有的笔记本电脑数量 14 000 台多于已经签订销售合同的数量 10 000 台。因此，销售合同约定数量 10 000 台的可变现净值应以销售合同约定的销售价格作为计量基础，超过的部分 4 000 台的可变现净值应以一般销售价格作为计量基础。

（1）有合同部分：

可变现净值＝10 000×1.5－10 000×0.05＝14 500（万元）

账面成本＝10 000×1.41＝14 100（万元）

可变现净值大于成本，该部分存货未发生减值，因此，计提存货跌价准备金额为 0。

（2）没有合同的部分：

可变现净值＝4 000×1.3－4 000×0.05＝5 000（万元）

账面成本＝4 000×1.41＝5 640（万元）

可变现净值小于成本，该部分存货发生减值，因此存货跌价准备金额为 640 万元（5 640－5 000）。

（3）编制会计分录：

借：资产减值损失——计提的存货跌价准备	6 400 000	
贷：存货跌价准备		6 400 000

1 月 6 日，向创意公司销售笔记本电脑 10 000 台。

借：银行存款	169 500 000	
贷：主营业务收入（10 000×1.5）		150 000 000
应交税费——应交增值税（销项税额）		19 500 000
借：主营业务成本（10 000×1.41）	141 000 000	
贷：库存商品		14 100 000

1 月 16 日，销售笔记本电脑 100 台，市场销售价格为每台 1.2 万元。

借：银行存款	1 356 000	
贷：主营业务收入（100×12 000）		1 200 000
应交税费——应交增值税（销项税额）		156 000

借：主营业务成本(100×14 100)　　1 410 000

　　贷：库存商品　　1 410 000

因销售应结转的存货跌价准备＝640×(100÷4 000)＝16(万元)

借：存货跌价准备　　160 000

　　贷：主营业务成本　　160 000

本题需要注意的是，期末对存货进行计量时，如果同一类存货，其中一部分是有合同价格约定的，另一部分没有合同价格，则需要分别按照有合同价格约定部分和没有合同价格约定部分，计算其期末可变现净值，并与相应的成本进行比较，来分别确定是否需要计提存货跌价准备，并且由此所计提的存货跌价准备不得相互抵销。

三、存货信息的披露

为了真实、完整地反映存货对企业财务状况、经营成果的影响，企业应对与存货有关的信息予以披露。具体披露内容如下：

(1) 各类存货的期初和期末账面价值。

(2) 确定发出存货成本所采用的方法。

(3) 存货可变现净值的确定依据，存货跌价准备的计提方法，当期计提的存货跌价准备的金额，当期转回的存货跌价准备的金额，以及计提和转回的有关情况。

(4) 用于担保的存货账面价值。

单元测试

1. 单项选择题

(1) 在物价持续下跌的情况下，发出存货采用(　　)更能体现谨慎性要求。

A. 移动加权平均法　　B. 月末一次加权平均法

C. 个别计价法　　D. 先进先出法

(2) 某工业企业为增值税小规模纳税人，2019 年 10 月 9 日，购入材料一批，取得的增值税专用发票上注明的价款为 21 200 元，该企业适用的增值税征收率为 6%，材料入库前的挑选整理费用为 200 元，材料已验收入库。则该企业取得的该材料的入账价值应为(　　)元。

A. 21 200　　B. 21 400　　C. 25 004　　D. 22 672

(3) 某企业采用移动平均法计算发出材料的成本。2019 年 3 月 1 日，结存 A 材料 200 吨，每吨实际成本为 200 元；3 月 4 日和 3 月 17 日分别购进 A 材料 300 吨和 400 吨，每吨实际成本分别为 180 元和 220 元；3 月 10 日和 3 月 27 分别发出 A 材料 400 吨和 350 吨。A 材料月末账面余额为(　　)元。

A. 30 000　　B. 30 333　　C. 32 040　　D. 33 000

(4) 某企业采用毛利率法计算发出存货成本。该企业 2019 年 1 月份实际毛利率为 30%，本年度 2 月 1 日的存货成本为 1 200 万元，2 月份购入存货成本为 2 800 万元，销售收入为 3 000 万元，销售退回为 300 万元。该企业 2 月末存货成本为(　　)万元。

A. 1 300　　B. 1 900　　C. 2 110　　D. 2 200

(5) 某商业企业采用零售价法计算期末存货成本。本月月初存货成本为 20 000 元,售价总额为 30 000 元;本月购入存货成本为 100 000 元,相应的售价总额为 120 000 元;本月销售收入为 100 000 元。该企业本月销售成本为(　　)元。

A. 96 667　　B. 80 000　　C. 40 000　　D. 33 333

(6) 下列有关确定存货可变现净值基础的表述中,不正确的是(　　)。

A. 有销售合同的库存商品以该库存商品的合同售价为基础

B. 无销售合同的库存商品以该库存商品的估计售价为基础

C. 用于生产有销售合同产品的材料以该材料的市场价格为基础

D. 用于出售且无销售合同的材料以该材料的市场价格为基础

(7) 企业在材料收入的核算中,需在月末暂估入账并于下月月初红字冲回的是(　　)。

A. 月末购货发票账单未到,但已入库的材料

B. 月末购货发票账单已到,货款未付但已入库的材料

C. 月末购货发票账单已到,货款已付且已入库的材料

D. 月末购货发票账单已到,货款已付但未入库的材料

(8) 对于每期领用数量和报废数量大致相等的周转材料,应采用(　　)进行摊销。

A. 一次转销法　　B. 五五摊销法　　C. 分次摊销法　　D. 计划成本法

(9) 企业对随同商品出售而不单独计价的包装物进行会计处理时,该包装物的实际成本应结转到(　　)账户。

A. "制造费用"　　B. "销售费用"

C. "营业外支出"　　D. "其他业务成本"

(10) 某企业因管理不善盘亏一批材料 16 000 元,该批材料的进项税为 2 080 元。收到各种赔款 1 500 元,残料入库 200 元。报经批准后,应记入"营业外支出"账户的金额为(　　)元。

A. 16 380　　B. 18 620　　C. 14 300　　D. 14 400

(11) 对下列存货盘亏或损毁事项进行处理时,企业不应当计入管理费用的是(　　)。

A. 由于定额内损耗造成的存货盘亏净损失

B. 由于核算差错造成的存货盘亏净损失

C. 由于自然灾害造成的存货毁损净损失

D. 由于收发计量原因造成的存货盘亏净损失

(12) 企业进行材料清查时,对于盘亏的材料,应先记入"待处理财产损溢"账户,待期末或报批准后,对于应由过失人赔偿的损失记入(　　)账户。

A. "管理费用"　　B. "其他应收款"

C. "营业外支出"　　D. "销售费用"

(13) 某企业月初结存材料的计划成本为 250 万元,材料成本差异为超支 45 万元;当月入库材料的计划成本为 550 万元,材料成本差异为节约 85 万元;当月生产车间领用材料的计划成本为 600 万元。当月生产车间领用材料的实际成本为(　　)万元。

A. 502.5　　B. 570　　C. 630　　D. 697.5

(14) 应交消费税的委托加工物资收回后用于连续生产应税消费品的,按规定准予抵扣的由受托方代扣代交的消费税,应当计入(　　)。

A. 生产成本　　B. 应交税费　　C. 主营业务成本　　D. 委托加工物资

(15) 下列各项中,不会引起企业期末存货账面价值变动的是(　　)。

A. 已发出商品但尚未确认销售收入

B. 已确认销售收入但尚未发出商品

C. 已收到材料但尚未收到发票账单

D. 已收到发票账单并付款但尚未收到材料

(16) 某企业采用计划成本进行材料的日常核算。月初结存材料的计划成本为80万元，成本差异为超支20万元。当月购入材料一批，实际成本为110万元，计划成本为120万元。当月领用材料的计划成本为100万元，当月领用材料应负担的材料成本差异为(　　)万元。

A. 超支5　　B. 节约5　　C. 超支15　　D. 节约

(17) 某企业为增值税一般纳税人，购入材料一批，增值税专用发票上标明的价款为25万元，增值税额为3.25万元，另支付材料的保险费2万元、包装物押金2万元。该批材料的采购成本为(　　)万元。

A. 27　　B. 29　　C. 29.25　　D. 30.25

(18) 某企业采用月末一次加权平均计算发出原材料的成本。2019年2月1日，甲材料结存200千克，每千克实际成本为100元；2月10日，购入甲材料300千克，每千克实际成本为110元；2月25日，发出甲材料400千克。2月末，甲材料的库存余额为(　　)元。

A. 10 000　　B. 10 500　　C. 10 600　　D. 11 000

(19) 乙工业企业为增值税一般纳税企业。本月购进原材料200千克，货款为6 000元，增值税额为780元；发生的保险费为350元，入库前的挑选整理费用为130元；验收入库时发现数量短缺10%，经查属于运输途中合理损耗。乙工业企业该批原材料实际单位成本为每千克(　　)元。

A. 32.4　　B. 33.33　　C. 35.28　　D. 36

(20) 甲企业发出实际成本为140万元的原材料，委托乙企业加工成半成品，收回后用于连续生产应税消费品，甲企业和乙企业均为增值税一般纳税人，甲企业根据乙企业开具有增值税专用发票向其支付加工费4万元和增值税额0.52万元，另支付消费税16万元，假定不考虑其他相关税费，甲企业收回该批半成品的入账价值为(　　)万元。

A. 144　　B. 144.68　　C. 160　　D. 160.68

2. 多项选择题

(1) 下列各项中，应计入存货实际成本中的有(　　)。

A. 用于继续加工的委托加工应税消费品收回时支付的消费税

B. 一般纳税企业委托加工物资收回时所支付的增值税

C. 发出用于委托加工的物资在运输途中发生的合理损耗

D. 商品流通企业外购商品时所发生的合理损耗

(2) 在我国的会计实务中，下列项目中，构成企业存货实际成本的有(　　)。

A. 自然灾害造成的原材料净损失　　B. 入库后的挑选整理费

C. 运输途中的合理损耗　　D. 小规模纳税人购货时的增值税进项税额

(3) 下列项目中，计算为生产产品而持有的材料的可变现净值时，不会影响其可变现净值的因素有(　　)。

A. 材料的账面成本

B. 材料的售价

C. 估计发生的销售产品的费用及相关税费

D. 估计发生的销售材料的费用及相关税费

(4) 企业期末编制资产负债表时，下列各项应包括在“存货”项目的有(　　)。

A. 委托代销商品　　B. 周转材料

C. 为在建工程购入的工程物资　　D. 约定将于未来购入的商品

(5) 下列项目中，应确认为购货企业存货的有(　　)。

A. 销售方已确认销售，但尚未发运给购货方的商品

B. 购销双方已签协议约定，但尚未办理商品购买手续

C. 未收到销售方结算发票，但已运抵购货方验收入库的商品

D. 购货方已付款购进，但尚在运输途中的商品

(6) 下列情形中，表明存货的可变现净值为零的有(　　)。

A. 已霉烂变质的存货

B. 已过期但是有转让价值的存货

C. 生产中已不再需要，并且已无使用价值和转让价值的存货

D. 其他足以证明已无使用价值和转让价值的存货

(7) 下列各项中，属于存货采购成本的有(　　)。

A. 采购价格　　B. 入库前的挑选整理费

C. 运输途中的合理损耗　　D. 运输途中因遭受灾害发生的损耗

(8)“材料成本差异”账户借方可以用来登记(　　)。

A. 购进材料实际成本小于计划成本的差额

B. 发出材料应负担的超支差异

C. 发出材料应负担的节约差异

D. 购进材料实际成本大于计划成本的差额

(9) 小规模纳税企业委托其他单位加工材料收回后用于直接对外出售的，其发生的下列支出中，应计入委托加工物资成本的有(　　)。

A. 加工费　　B. 增值税

C. 发出材料的实际成本　　D. 受托方代收代缴的消费税

(10) 下列项目中，应计入存货成本的有(　　)。

A. 商品流通企业在采购商品过程中发生的运输费

B. 非正常消耗的直接材料、直接人工和制造费用

C. 在生产过程中为达到下一个生产阶段所必需的费用

D. 存货的加工成本

(11) 下列各项中构成企业委托加工物资成本的有(　　)。

A. 加工中实际耗用物资的成本

B. 支付的加工费用和保险费

C. 收回后直接销售物资的代收代缴消费税

D. 收回后继续加工物资的代收代缴消费税

3. 判断题

(1) 月末一次加权平均法有利于存货成本日常管理与控制。　　(　　)

(2) 存货发出计价方法的选择直接影响着资产负债表中资产总额的多少，而与利润表中净利润的大小无关。 ( )

(3) 委托加工物资收回后，直接用于对外销售的，委托方应将交纳的消费税计入委托加工物资的成本。 ( )

(4) 因遭受意外灾害发生的损失和尚待查明原因的途中损耗，应计入物资的采购成本。 ( )

(5) 某一材料是专门用于生产某种产品的，如果材料发生减值，但是生产的产品没有发生减值，材料就按自身的可变现净值和账面价值相比较确认减值额。 ( )

(6) 购入材料在运输途中发生的合理损耗应计入管理费用。 ( )

(7) 属于非常损失造成的存货毁损，应按该存货的实际成本计入营业外支出。 ( )

(8) 存货的成本就是存货的采购成本。 ( )

(9) 商品流通企业采购商品过程中发生的采购费用应计入当期损益。 ( )

(10) 计提存货跌价准备时，会减少资产负债表中存货项目的金额。 ( )

(11) 企业采用计划成本核算原材料，平时收到原材料时应按实际成本借记"原材料"账户，领用或发出原材料时应按计划成本贷记"原材料"账户，期末再将发出材料和期末材料调整为实际成本。 ( )

(12) 股份有限公司在财产清查时发现的存货盘亏、盘盈，应当于年末结账前处理完毕，如果确实尚未报经批准的，可先保留在"待处理财产损溢"账户中，待批准后再处理。 ( )

(13) 企业出售原材料取得的款项扣除其成本及相关费用后的净额，应当计入营业外收入或营业外支出。 ( )

(14) 商品流通企业在采购商品过程中发生的运输费、装卸费、保险费以及其他可归属于存货采购成本的费用等，应当计入存货的采购成本，也可以先进行归集，期末再根据所购商品的存销情况进行分摊。 ( )

实务训练

训练一

资料：广聚公司为增值税一般纳税人，增值税税率为13%。原材料采用实际成本核算，原材料发出采用月末一次加权平均法计价。运输费不考虑增值税额。2019年8月，与甲材料相关的资料如下：

(1) 1日，"原材料——甲材料"账户余额20 000元(共2 000千克，其中含3月末验收入库但因发票账单未到而以2 000元暂估入账的甲材料200千克)。

(2) 5日，收到3月末以暂估价入库甲材料的发票账单，货款1 800元，增值税额234元，对方代垫运输费400元，全部款项已用转账支票付讫。

(3) 8日，以汇兑结算方式购入甲材料3 000千克，发票账单已收到，货款36 000元，增值税额4 680元，运输费用1 000元。材料尚未到达，款项已由银行存款支付。

(4) 11日，收到8日采购的甲材料，验收时发现只有2 950千克。经检查，短缺的50千克确定为运输途中的合理损耗，甲材料验收入库。

(5) 18日，持银行汇票80 000元购入甲材料5 000千克，增值税专用发票上注明的货款为

49 500 元，增值税额为 6 435 元，另支付运输费用 2 000 元，材料已验收入库，剩余票款退回并存入银行。

(6) 21 日，基本生产车间自制甲材料 50 千克验收入库，总成本为 600 元。

(7) 30 日，根据发料凭证汇总表的记录，4 月份基本生产车间为生产产品领用甲材料 6 000千克，车间管理部门领用甲材料 1 000 千克，企业管理部门领用甲材料 1 000 千克。

要求：

(1) 计算广聚公司 8 月份发出甲材料的单位成本。

(2) 根据上述资料，编制广聚公司 8 月份与甲材料有关的会计分录。

（“应交税费”账户要求写出明细科目和专栏名称，答案中的金额单位用“元”表示）

训练二

资料：广聚公司为增值税一般纳税人，对甲种材料采用计划成本法核算，计划单位成本 20 元/千克。7 月 31 日，有关甲种材料的科目余额，如表 5-9 所示。

表 5-9　　甲种材料的科目余额

科目名称	余额方向	金额(元)
材料采购	借方	32 700
原材料	借方	281 600
材料成本差异	贷方	3 100

2019 年 8 月发生业务如下：

(1) 采购甲供材料 500 千克，材料验收入库，货款 10 000 元，增值税额 1 300 元，以支票付讫，并以现金支付装卸费 200 元。

(2) 企业 3 月份企业已办理结算但材料未达的在途物资 120 千克，于本月到达，材料实际成本 2 300 元，计划成本 2 400 元(120×20)。

(3) 从外地采购甲材料 150 千克，结算凭证到达并办理付款手续。付款总额为 3 360 元，其中货款 3 000 元，增值税额 390 元，进货运费 100 元(准予抵扣 9%的进项税)；装卸费 50 元。材料未到。

(4) 本月购进的甲材料 300 千克已验收入库，但月末结算凭证仍未到达，按计划成本暂估入账，5 月初用红字冲回。

(5) 本月共计发出材料 900 千克，计划成本 18 000 元。其中，直接用于产品生产 500 千克，车间一般耗用 200 千克，管理部门耗用 150 千克，销售耗用 50 千克。

(6) 月末结转已付款并验收入库材料发生的成本差异。

(7) 计算差异率，分摊差异，将发出材料的计划成本调整为实际成本。

训练三

资料：广聚公司将生产应税消费品甲产品所用原材料委托给华达企业加工。8 月 11 日，广聚公司发出材料实际成本为 35 950 元，应付加工费为 5 000 元(不含增值税)，消费税率为 10%，广聚公司收回后将进行加工应税消费品甲产品；8 月 25 日，收回加工物资并验收入库，另支付往返运杂费100元,加工费及代扣代缴的消费税均未结算;9月6日,将所加工收回的物资投入生产甲产品。广聚公司为增值税一般纳税人,增值税税率为13%。

要求:编制广聚公司有关会计分录。

训练四

资料:广聚公司为增值税一般纳税人,库存商品采用实际成本核算,商品售价不含增值税,商品销售成本随销售同时结转。2019年8月1日,A商品账面余额为230万元。2019年8月发生的有关采购与销售业务如下:

(1) 8月3日,从春晖公司采购A商品一批,收到的增值税专用发票上注明的货款为80万元,增值税额为10.4万元。A商品已验收入库,款项尚未支付。

(2) 8月8日,向创意公司销售A商品一批,开出的增值税专用发票上注明的售价为150万元,增值税额为19.5万元,该批A商品实际成本为120万元,款项尚未收到。

(3) 销售给创意公司的部分A商品由于存在质量问题,8月20日,B公司要求退回8月8日所购A商品的50%,经过协商,广聚公司同意了创意公司的退货要求,并按规定向创意公司开具了增值税专用发票(红字),发生的销售退回允许扣减当期的增值税销项税额,该批退回的A商品已验收入库。

(4) 8月31日,经过减值测试,A商品的可变现净值为230万元。

要求:

(1) 编制广聚公司上述(1)至(3)项业务的会计分录。

(2) 计算广聚公司2019年8月30日A商品的账面余额。

(3) 计算广聚公司2019年8月30日A商品应确认的存货跌价准备并编制会计分录。

("应交税费"账户要求写出明细账户和专栏名称,答案中的金额单位用"万元"表示)

第六单元　固定资产

导学目标

通过本单元学习,学生应该掌握如下知识技能:

1. 了解固定资产的基本概念,特征与分类等。
2. 掌握固定资产取得的确认原则、计价基础和会计处理。
3. 掌握固定资产折旧的相关概念、主要的折旧方法及其会计处理。
4. 掌握固定资产后续支出的相关概念及其会计处理。
5. 掌握固定资产清查的方法与核算、固定资产减值计提的基本原理和步骤以及固定资产处置的概念及其确认与计量。

导学案例

固定资产的重要性

案例介绍:固定资产是企业生产管理的必要长期资产,表 6-1 是我国各行业上市公司 2017 年度固定资产(含在建工程)净额占总资产的百分比,由此可以看出制造业的固定资产比重高于其他行业,制造业的固定资产多为厂房、机器设备和运输工具等,占总资产的比重一般在 50%左右。而在其他行业中,所占比重最高的是交通运输仓储业和电力煤气的生产与供应,金融业的比重最低,金融服务类行业的盈利模式为吸存放贷,主要的盈利性资产是贷款、债券投资,固定资产是非生息性资产,所以,这类行业的固定资产比重应当尽量低。对于固定资产占到一定比例的公司而言,固定资产管理的重要性不言而喻。

表 6-1　　2017 年 9 月 30 日我国各行业上市公司固定资产占总资产的比重

制造业		比重	其他行业		比重
行业	公司名称		行业	公司名称	
机械仪表设备	中航精机	29.48%	金融保险业	浦发银行	0.26%
石化塑胶塑料	南京化纤	27.54%	批发和零售业	苏宁电器	11.18%
电子	隆基股份	35.88%	房地产业	保利地产	0.38%
医药生物制品	东宝生物	40.61%	建筑业	嘉寓股份	11.45%

（续表）

制造业		比重	其他行业		比重
行业	公司名称		行业	公司名称	
金属非金属	首钢股份	55.31%	农林牧渔业	西部牧业	38.96%
纺织服装皮毛	雅戈尔	9.99%	传播文化产业	华数传媒	41.22%
食品饮料	贵州茅台	15.03%	信息技术业	天泽信息	10.04%
木材家具	宜华木业	28.44%	综合类	廊坊发展	0.27%
造纸印刷	福建南纸	54%	采掘业	山东黄金	29.71%
其他制造业	梅花伞	26.14%	社会服务业	全聚德	43.39%
			交通运输仓储业	上海机场	60.72%
			电力煤气及水的生产与供应业	国投电力	40%

第一讲　固定资产概述

【知识要点】

固定资产是企业进行生产经营活动的主要生产资料，通常是企业最具盈利性的核心资产之一。固定资产一般占企业资产总额的比重比较大，是一项重要的长期资产。正确地对固定资产进行分类并核算，有利于提高企业管理资产的水平，降低生产成本，并实现资产的保值和增值。

一、固定资产的概念及特征

根据《企业会计准则第 4 号——固定资产》的规定，固定资产是指同时具有以下特征的有形资产：

(1) 为生产商品、提供劳务、出租或经营管理而持有的。

(2) 使用寿命超过 1 个会计年度。

这里定义给出了判定资产是否属于固定资产的三个标准——目的标准、使用寿命标准和资产形态标准。

目的标准意味着能够被定义为固定资产的设备器具必须是用于企业生产经营之中的，是为了生产商品、提供劳务、出租或经营管理而持有的，这与流动资产直接用于出售的特征明显不同。但是，反过来不一定成立，即用于企业生产经营之中的设备器具未必都是固定资产，如经营租入固定资产。需要注意的是，此处的“出租”仅指机器设备的出租，经营租赁方式出租建筑物属于企业的投资性房地产。

使用寿命标准意味着固定资产属于长期资产。这是区分于存货类的流动资产的一项重要判定标准。

资产形态标准是将固定资产与无形资产区分开来。固定资产一定是有形资产，即使是有些资产是为了生产经营而持有且寿命长于一个会计年度，但是不具有实物形态，仍不属于固定资产。

有些资产虽然符合上述确认固定资产的三项标准，如企业持有的工具、模具、管理工具和玻璃器皿等，但是由于他们数量大、单位价值低，逐项确认为固定资产显然不符合成本效益原则，因此，在实务中，通常认定为存货（低值易耗品）。需要说明的是，新准则中的定义与原准则相比取消了原准则中“单位价值较高”这一条件，但实务中，企业仍可根据自身情况确定将单位价值在一定金额以上的项目计入固定资产。

如果固定资产的各组成部分具有不同的使用寿命或以不同的方式为企业提供经济利益，且应该适用于不同的折旧率或折旧方法的，应单独确认为固定资产，如飞机的引擎。

另外，需要注意的是，企业购置的环保设备和安全设备等资产，它们的使用虽然不能直接为企业带来经济利益，但有助于企业从相关资产中获取经济利益，或者将减少企业未来经济利益的流出，因此，对于这些设备，企业应将其确认为固定资产。备品、备件和维修设备一般作为存货核算，但某些备品备件和维修设备与相关固定资产组合发挥效用。例如，民用航空运输企业的高价周转件，就应当确认为固定资产。

总之，作为企业进行生产经营活动必须拥有的劳动资料，固定资产与其他资产相比具有如下特点：

第一，企业持有固定资产的目的是为了满足生产经营活动的需要，而不是为了出售。

第二，使用期限较长，固定资产的使用寿命一般超过一个会计年度，能在 1 年以上的时间里连续多次为企业生产经营活动服务而不改变其实物形态，并为企业创造经济利益。

第三，固定资产为有形资产。

二、固定资产的确认

确认固定资产必须同时满足以下两个条件：

(1) 与该固定资产有关的经济利益很可能流入企业。企业的资产是企业获取经济利益的物质基础，因此，资产应能给企业带来经济利益，如果某一项资产预期不能给企业带来经济利益，就不能确认为企业资产。

企业在确认某项固定资产时，要判断该项固定资产所包含的经济利益能否流入企业，主要判断依据是与该项固定资产所有权相关的风险和报酬是否转移到了企业。其中，与固定资产所有权相关的风险，是指由于生产经营情况的变化而造成的相关收益变动，以及由于资产闲置、技术陈旧等原因造成的损失；与固定资产所有权相关的报酬，是指在固定资产使用寿命内直接使用资产而获得的收入以及处置该项资产而实现的利得等。那么，衡量与资产所有权相关的风险和报酬是否转移到企业的重要标志则是固定资产所有权的取得，凡是所有权已归属于企业的，无论企业是否收到或拥有该项固定资产，均应当作为企业的固定资产予以确认；反之，如果企业没有取得所有权的，即使存放在企业，也不能认定为企业的固定资产。不过，这种所有权的归属，也不是判定与固定资产所有权相关的风险和报酬是否转到企业的唯一标准，按照实质重于形式的原则，有时某项固定资产的所有权并不属于企业，但企业能够控制该项固定资产并能使用它创造未来经济利益流入企业，这就意味着与该项固定资产所有权相关的风险和报酬实质上已转移到企业，应该作为企业固定资产予以确认。例如融资租入固定资产，作为承租人，虽然从法律意义上讲并不拥有其所有权，但企业能够控制该项固定资产并能使其经济利益流入企业，说明企业已经承担了与该项固定资产所有权相关的风险和报酬，因此，应视为企业自有固定资产确认入账。

（2）该固定资产的成本能够可靠地计量。企业取得某项固定资产时发生的支出必须能够可靠地加以计量，是确认固定资产必须满足的另一条件。如果固定资产的成本能够可靠地计量，并同时满足其他条件，即可确认为固定资产，否则，不能予以确认。

固定资产成本有时虽然不能可靠地计量，但可以根据最新资料对其成本进行合理地估计。例如，已达到预定使用状态，但尚未办理竣工决算手续的固定资产，企业可以根据工程预算或工程实际发生的成本等资料，暂估其成本入账，等办理了竣工决算手续后再作调整。如果企业能够合理地估计出固定资产成本，则应视同为固定资产成本能够可靠地计量。

三、固定资产的分类

企业的固定资产种类繁多，用途各异，为加强管理和核算，必须对固定资产进行科学、合理地分类。企业根据不同的需要，可以按下列不同标准进行分类。

（一）按固定资产的经济用途分类

按固定资产的经济用途分类，可以分为生产经营用固定资产和非生产经营用固定资产。

（1）生产经营用固定资产，是指直接服务于企业生产经营活动的各种固定资产，如生产经营用的房屋、建筑物、机器、设备和工具器具等。

（2）非生产经营用固定资产，是指不直接服务于生产经营活动但又必不可少的各种固定资产，如职工宿舍、食堂、浴室等房屋、建筑物、设施和设备等。

按固定资产的经济用途分类，可以分为反映生产性和非生产性固定资产的数量规模，借以考核固定资产的有效利用情况，促进固定资产的合理配置。

（二）按固定资产的使用状态分类

按固定资产的使用状态分类，可以分为使用中的固定资产、未使用的固定资产和不需用的固定资产。

（1）使用中的固定资产是指正在使用中的生产经营性和非生产经营性固定资产。季节性停用、大修理停用以及经营租出的固定资产也属于使用中的固定资产。

（2）未使用的固定资产是指尚未交付使用的新增固定资产以及因更新改造而暂停使用的固定资产。

（3）不需用的固定资产是指企业多余或不适用而准备调配处理的固定资产。

按固定资产的使用情况分类，可以清楚地反映企业固定资产的使用、闲置及待处理资产的现状，有利于企业采取调剂措施，有效地使用、调配和处置各种固定资产。

（三）综合分类

按固定资产的经济用途和使用情况进行综合分类，可以分为七类：

（1）生产经营用固定资产。

（2）非生产经营用固定资产。

（3）经营租出固定资产。

（4）不需用固定资产。

（5）未使用固定资产。

（6）土地（指过去已经估价单独入账的土地。因征地而支付的补偿费，应计入与土地有关的房屋、建筑物的价值内，不单独作为土地价值入账。企业取得的土地使用权不能作为固定资产，应作为无形资产管理）。

（7）租入固定资产（指企业除短期租赁和低价值资产租赁租入的固定资产，在租赁期间，应视同自有固定资产管理)。

这种分类能综合反映固定资产的用途结构及使用情况,有利于固定资产的核算与管理。在实务中,大多按此分类方法进行分类。

(四) 按产权归属分类

按产权归属可以将固定资产分为自有固定资产和租入固定资产。

(1) 自有固定资产是指企业拥有的可供企业自由支配使用的固定资产,经营性租出的机器设备类也属于企业的自有固定资产。

(2) 租入固定资产是指企业采用租赁的方式从其他企业租入的固定资产。

租入固定资产可以分为经营租入固定资产和融资租入固定资产。经营租入固定资产不符合固定资产的定义,所以不应作为企业的固定资产处理。而融资租入固定资产,企业虽然不拥有它的所有权,但却可以为企业拥有或者控制,并预期会给企业带来经济利益的流入,符合资产的定义,因此,属于企业的资产。

(五) 按实物形态分类

按实物形态可以将固定资产分为土地、房屋及建筑物以及各类设备。

(1) 土地是指没有建筑物等附着设施的土地。在西方土地可以私有化,可以作为固定资产核算,但在我国,土地国有化,企业拥有的只是土地的使用权,应归为无形资产,这里指的土地仅为过去已经估价单独入账的土地。

(2) 房屋及建筑物是指为人类活动、设备运转以及储备物资提供的场所。如果土地与建筑物的价值难以分类,那么两者应合并为建筑物类的资产进行核算。应注意的是,经营租赁方式出租的房屋及建筑物属于企业的投资性房地产,不属于固定资产。

(3) 各类设备是指企业生产经营过程中所使用的各种机器设备、电子设备、运输设备及其他设备、工具器具等。

【拓展阅读】

企业账簿中所列“固定资产——土地”的形成历史

第一次是1950年开始的第一次全国性的清产核资。1950年12月23日,政务院财政经济委员会公布《私营企业重估财产调整资本办法》(中财委),该《办法》规定,全国私营企业于1950年12月31日办理年度决算后,将全部财产(包括资产、负债)重估价值并调整其资本额。重估财产一律以1950年12月31日实有财产以当时当地价格为估价根据,以人民币为计算单位,并规定了各种财产的估价标准。当时的土地属于固定资产,而无形资产仅包括商标权、著作权和专利权等。

第二次是1950—1956年基本完成的中国资本主义工商业的社会主义改造。1956年2月8日,国务院全体会议第二十四次会议通过并发布的《国务院关于私营企业实行公私合营时对财产清理估价的几项主要问题的规定》中规定:“(二)对房屋、其他建筑物和可资利用的铺面装修设备,按照它的新旧程度,参照当地房地产管理机关的估价标准进行估价;如果没有上述价格,由公私双方协商估价。土地也应该进行适当的估价。”“(十)企业实行公私合营的时候,如果需要迁移、合并,应该按照迁移、合并以前的情况,对企业的机器、设备、房屋、土地和其他建筑物,予以估价。”“(十一)根据1950年12月政务院财政经济委员会《私营企业重估财产调整资本办法》进行过重估财产的企业,重估结果比较合理的,经公私双方协商,可以作为估价的基础。”1955年1月31日,国务院发布《国营企业决算报告编送办法》,该《办法》第四章(资产估价)"第二十八条:各种固定资产,除土地外,列入资产负债表的价值,为其原价及折旧;原价列入资产方,折旧列入负债方。"同时规定"土地列入资产负债的价值,应依《国营企业资产清理及估价暂行办法》第八条的规定。"即依据估价列入资产方的"固定资产——土地",并相应列入固定资金(反映国家对企业固定资产上的投资)。

第三次是1993年开始的第五次全国性的清产核资。这次全国国有企业清产核资工作的主要任务之一是对全部国有企业占用的土地进行清查和估价,逐步建立国有土地基准价制度。财政部《关于国有企业清产核资中土地估价有关财务处理问题的通知》(财工字〔1995〕108号)规定:"二、对于企业过去已作为固定资产单独入账的土地,估价后,应按确认、批复的价值调整账面价值,并按调整后的账面价值单独入账,不计提折旧,调整后的土地账面价值高于原账面价值部分,经清产核资机构会同同级财政部门批准后,作为国家投资,在资本公积金中单独反映。三、对于通过行政划拨方式依法无偿取得的土地,企业应按确认、批复后的价值,经清产核资机构会同同级财政部门批准后,作增加固定资产处理,同时增加国家资本公积金。"

(六) 按最短使用期限分类

按固定资产最短使用期限分为5年、10年、20年。

(1) 最短使用期为5年的,如电子设备和火车、轮船以外的运输工具,以及与生产经营有关的器具、工具、家具等固定资产。

(2) 最短使用期限为10年的,如火车、轮船、机器、机械和其他生产设备。

(3) 最短使用期为20年的,如房屋、建筑物等固定资产。企业在对固定资产最短使用期限分类时,不能将不同使用年限的固定资产划为一类,以免影响固定资产折旧计提的正确性。

根据《企业会计制度》的规定,企业应当根据固定资产的定义,结合本企业的具体情况,制定适合于本企业的固定资产目录、分类方法、每类或每项固定资产的折旧年限、折旧方法等,作为进行固定资产核算的依据,并且一经确定不得随意变更,如需变更,应经批准后报送有关部门备案,并在报表附注中予以说明。

四、固定资产的计价

固定资产计价是指企业以货币量度对固定资产的价值进行计量,作为固定资产的入账价值。一般来说固定资产的计价标准有以下几种。

(一) 原始价值

原始价值又称历史成本、原始成本,是指企业为取得某项固定资产所支付的全部价款以及使固定资产达到预期工作状态前所发生的一切合理、必要的支出。一般来说,由于固定资产取得的渠道不同,取得时的成本构成也不尽相同。

(1) 购置不需要经过建造过程即可使用的固定资产,应按实际支付的买价、使固定资产达到预定可使用状态前所发生的应归属于固定资产的运输费、装卸费、安装费、税金和专业人员服务费等,作为固定资产的初始成本计价入账。

(2) 自行建造固定资产,应按建造该项固定资产达到预定可使用状态前所发生的全部支出,作为成本计价入账。

(3) 投资者投入固定资产,应按投资合同或协议约定的价值,作为入账价值,但合同或协议约定价值不公允的除外。

(4) 融资租入固定资产,应按租赁开始日租赁资产的公允价值与最低租赁付款额现值两者中的较低者，以及在租赁谈判和签订租赁合同过程中发生的、可直接归属于租赁项目的手续费、律师费、差旅费、印花税等初始直接费用，作为租入固定资产的入账价值。

(5) 接受捐赠固定资产，如果捐赠方提供了相关凭据的，应按凭据上的金额加上有关税费作为入账价值；如果捐赠方没有提供有关的凭据，则可按下列顺序确定入账价值：

第一，同类或类似固定资产存在活跃市场的，可按同类或类似固定资产的市场价格估计金额入账。

第二，同类或类似固定资产不存在活跃市场的，按该受赠固定资产的预计未来现金流量求其现值入账。

第三，如果受赠固定资产系旧固定资产的，应按照上述方法确定价值后再减去按该项资产新旧程度估计的价值损耗后的金额入账。

接受捐赠发生的相关税费，也应作为固定资产价值入账。

(6) 盘盈固定资产，如果同类或类似固定资产存在活跃市场的，可按同类或类似固定资产的市场价格减去按该项资产新旧程度估计的价值损耗后的金额入账；如果同类或类似固定资产不存在活跃市场的，则应按该项资产预计未来现金流量的现值入账。

(二) 重置价值

重置价值又称现时重置成本，是指在当前的生产技术条件下重新购建同样的固定资产所需要的全部支出。按重置价值计价可以比较真实地反映固定资产的现时价值，因此，有人主张以重置完全价值代替原始价值作为固定资产的计价依据。但是这种方法缺乏可验证性，具体操作也比较复杂，一般在无法取得固定资产原始价值或需要对报表进行补充说明时采用。如发现盘盈固定资产时，可以用重置完全价值入账。但在这种情况下，重置完全价值一经入账，即成为该固定资产的原始价值。

(三) 净值

净值又称折余价值，是指固定资产的原始价值或重置完全价值减去已提折旧后的金额。固定资产净值可以反映企业一定时期固定资产尚未磨损的现有价值和固定资产实际占用的资金数额。将净值与原值相比，可反映企业当前固定资产的新旧程度。

【知识连接】

账面余额、账面净值、账面价值和账面净额的关系

“账面价值”与“账面余额”是两个不同的概念。账面价值是指某账户(通常是资产类账户)的账面余额减去相关备抵项目后的净额。例如，“应收账款”账面余额减去相应的“坏账准备”后的净额为账面价值。账面余额是指某账户的账面实际余额，不扣除作为该账户备抵的项目(如累计折旧、相关资产的减值准备等)。

《企业会计制度》[财会(2000)25 号]规定，各项主要资产，如短期投资、应收款项、存货、长期投资、固定资产、无形资产、在建工程以及委托贷款都要计提资产减值准备。上述项目除固定资产外，其他七项资产在资产负债表上全部采用净值反映，即按照期末有关资产的“账面价值”填列。

1. 对固定资产来讲

账面价值 = 固定资产的原价 − 计提的减值准备 − 计提的累计折旧

账面余额 = 固定资产的账面原价

账面净值 = 固定资产的折余价值 = 固定资产原价 − 计提的累计折旧

2. 对无形资产来讲

账面价值 = 无形资产的原价 − 计提的减值准备 − 累积摊销
账面余额 = 无形资产的账面原价
账面净值 = 无形资产的摊余价值 = 无形资产原价 − 累积摊销

3. 其他资产

账面价值 = 账面余额 − 计提的资产减值准备

对于企业其他的资产，只涉及账面价值和账面余额的概念。账面价值都是减去计提的减值准备后的金额；账面余额都是各自账户结余的金额。

与此相关的还有两个容易混淆的概念，即固定资产净值与固定资产净额。它们之间的关系用公式表示为：

固定资产净值 = 固定资产原价 − 累计折旧
固定资产净额 = 固定资产净值 − 固定资产减值准备

(四) 现值

现值是指固定资产在使用期间内以及处置时产生的未来净现金流量的折现值。

五、账户设置

为了核算固定资产，企业一般需要设置"固定资产""累计折旧""在建工程""工程物资""固定资产清理"等账户，用来核算固定资产的取得、折旧的提取以及处置等情况。

"固定资产"账户用来核算企业所有固定资产的原价。借方登记企业增加的固定资产的原价，贷方登记企业减少的固定资产的原价，期末借方余额反映固定资产的原价。

企业应当设置固定资产登记簿和固定资产卡片，按固定资产的类别、使用部门和每项固定资产进行明细核算。

"累计折旧"账户是"固定资产"的调整账户，用来核算企业固定资产的累计折旧数额。贷方登记企业计提的固定资产折旧，借方登记处置固定资产转出的累计折旧，期末贷方余额反映企业固定资产折旧的累计数。本账户可以按照固定资产类别或项目进行明细核算。

"在建工程"账户用来核算企业基建、更新改造等在建工程发生的支出。借方登记企业各项在建工程的实际支出，贷方登记完工工程转出的实际支出，期末借方余额，反映尚未完工的工程实际成本。该账户可按工程项目设户进行明细核算。

"工程物资"账户用来核算企业为在建工程而准备的各种物资的实际成本，包括各种工程使用的材料、尚未安装的设备以及为生产准备的器具等。借方登记购入工程物资的实际成本，贷方登记领出工程物资的实际成本，期末借方余额反映企业库存工程物资的实际成本。

"固定资产清理"账户用来核算企业因出售、报废和毁损、对外投资、非货币性资产交换、债务重组等原因转出的固定资产价值及其在清理过程中所发生的清理税费和清理收入等。借方登记转出的固定资产，清理过程中支付的相关税费及其他费用，贷方登记清理固定资产的变价收入和应由保险公司或过失人承担的损失等，期末借方余额反映企业尚未清理完毕固定资产清理净损失。该账户应按照被清理的固定资产项目设置明细账。

此外，还要设置"固定资产减值准备""在建工程减值准备""工程物资减值准备"等账户，以核算企业固定资产、在建工程和工程物资发生的减值。

第二讲　固定资产的取得

【知识要点】

固定资产的取得按照来源不同，可分为外购固定资产、自行建造的固定资产和投资者投入的固定资产等，企业应当根据不同的来源进行账务处理。

一、固定资产的购置

企业购置的固定资产，有的需要经过安装、调试和试生产后才能投入正常使用，称为需要安装的固定资产；有的则无需经过安装调试，购入后即可投入使用，称为不需要安装的固定资产。

(一) 购置不需要安装的固定资产

企业购入不需要安装的固定资产，应按实际支付的买价、运输费和包装费等相关税费入账。

外购固定资产成本＝买价＋相关税费(达到预定可使用状态前发生的可归属该资产的运输费、装卸费、安装费、专业人员服务费，但不包括员工培训费)。

借记"固定资产""应交税费——应交增值税(进项税额)"账户，贷记"银行存款""应付账款""应付票据"等账户。

按照《关于全国实施增值税转型改革若干问题的通知》(财政部、国家税务总局财税〔2008〕170 号 20081219)规定，自 2009 年 1 月 1 日起，增值税一般纳税人购进或者自制固定资产发生的进项税额，凭增值税专用发票、海关进口增值税专用缴款书和运输费用结算单据从销项税额中抵扣，其进项税额应当记入"应交税费——应交增值税(进项税额)"账户。

以一笔款项购入多项没有单独标价的固定资产，应当按照各项固定资产的公允价值比例对总成本进行分配，分别确定各项固定资产的成本。

【实务操作】

【例 6-1】 广聚公司为增值税一般纳税人，2019 年 5 月 10 日，购入一台不需要安装的设备，取得的增值税专用发票上注明的设备价款为 30 000 元，增值税额为 3 900 元，另支付包装费并取得增值税专用发票，注明包装费 700 元，增值税税率为 6%，以上款项均以银行存款支付。编制会计分录如下：

借：固定资产	30 700	
应交税费——应交增值税(进项税额)	3 942	
贷：银行存款		34 642

(二) 购置需要安装的固定资产

企业购入需要安装的固定资产，在安装过程中发生的实际安装费用，应计入固定资产原值。应在固定资产投入安装时，先将购置成本及安装成本记入"在建工程"账户，待该资产达到预定可使用状态时，将其全部成本从"在建工程"账户中转入"固定资产"账户。

【实务操作】

【例 6-2】 广聚公司为增值税一般纳税人，2019 年 5 月 15 日，购入一台需要安装的 A 设备,增值税专用发票上注明的买价为 200 000 元,增值税额为 26 000 元,支付安装中发生安装费并取得增值税专用发票,注明安装费 40 000 元,增值税税率为 9%,以上款项均用银行存款支付。设备已达到预定可使用状态并交付使用。编制会计分录如下:

(1) 购入设备并投入安装时:

借:在建工程——A 设备安装工程　　200 000

　　应交税费——应交增值税(进项税额)　　26 000

　　贷:银行存款　　226 000

(2) 安装中支付安装费用时:

借:在建工程——A 设备安装工程　　40 000

　　应交税费——应交增值税(进项税额)　　3 600

　　贷:银行存款　　43 600

(3) 设备安装达到预定可使用状态并交付使用时:

借:固定资产　　240 000

　　贷:在建工程——A 设备安装工程　　240 000

二、固定资产的自行建造

企业自行建造固定资产是指企业利用自己的力量自营建造以及出包给他人建造的固定资产,具体有自营建造和出包建造两种形式,无论哪种形式,均应按建造该项资产达到预定可使用状态前所发生的全部支出,作为固定资产的成本。

(一) 自营建造固定资产

自营建造固定资产是企业自行采购工程物资和自行组织施工而建造的固定资产。企业自营建造工程中耗用的材料物资,一般应单独进行核算。企业购入自营工程所需材料物资时,应根据实际支付的全部价款的买价和应计入工程物资成本的包装运杂费等,借记"工程物资"账户;按增值税专用发票上注明的增值税进项税额,借记"应交税费——应交增值税(进项税额)"账户,按实际支付的金额,贷记"银行存款"等账户。

企业自营工程中若领用材料物资,应按照材料实际成本计入工程成本,借记"在建工程"账户,贷记"工程物资"账户。

工程中若领用本企业生产的产品,应将产品成本计入工程成本,即借记"在建工程"账户,贷记"库存商品"账户。

企业自营工程应承担的职工工资和福利费等,应借记"在建工程"账户,贷记"应付职工薪酬"账户。

企业的辅助生产车间为自营工程提供的水、电、设备安装、运输等产品或劳务,应根据实际成本和应负担的税金,借记"在建工程"账户,贷记"生产成本"账户。

企业自营建造的固定资产发生其他支出,应借记"在建工程"账户,贷记"银行存款"账户。

所有工程成本均通过"在建工程"账户归集,待工程达到预定可使用状态时,将其成本全部转入"固定资产"账户。

应该说明的是,当固定资产达到预定可使用状态时,如果尚未办理竣工决算的,应先按暂估价入账,同时停止借款费用的资本化并开始计提折旧,待办理竣工决算手续后,再按实际成本调整账面暂估成本(注意原先已提取的折旧不再调整)。如该固定资产的实际原值大于原入账价值，应对原入账价值进行调整，借记“固定资产”账户，贷记“在建工程”账户（实际原值小于原入账价值的差额作相反处理）。

【实务操作】

【例 6-3】 广聚公司为增值税一般纳税人，2019 年 6 月 1 日，自营建造一台生产设备，用银行存款购入工程所需物资一批，增值税专用发票上注明买价 500 000 元，增值税额 65 000 元，全部用于工程建设；领用企业生产的产品成本价 400 000 元；计提工程人员工资 100 000 元；用银行存款支付其他费用并取得增值税专用发票，注明安装费 30 000 元，增值税税率为 9%。工程完工达到预定可使用状态。编制会计分录如下：

（1）购入工程物资时：

借：工程物资	500 000	
应交税费——应交增值税（进项税额）	65 000	
贷：银行存款		565 000

（2）工程领用工程物资时：

借：在建工程	500 000	
贷：工程物资		500 000

（3）工程领用企业库存商品时：

借：在建工程	400 000	
贷：库存商品		400 000

（4）计提工程人员工资时：

借：在建工程	100 000	
贷：应付职工薪酬		100 000

（5）支付工程发生的其他费用：

借：在建工程	300 000	
应交税费——应交增值税（进项税额）	2 700	
贷：银行存款		32 700

（6）工程达到预定可使用状态并交付使用时：

借：固定资产	1 030 000	
贷：在建工程		1 030 000

（二）出包建造固定资产

出包建造固定资产是指企业通过招标等方式将工程发包给建筑承包商，由承包商组织施工而建造的固定资产。在这种方式下，企业只需根据建筑承包合同中规定，按工程进度拨付工程款。企业拨付的工程款，通过“在建工程”账户核算，按增值税专用发票上注明的增值税进项税额，借记“应交税费——应交增值税（进项税额）”账户，按实际支付的金额，贷记“银行存款”等账户。待工程达到预定可使用状态经验收合格时，再转入“固定资产”账户。

【实务操作】

【例 6-4】 广聚公司为增值税一般纳税人，2019 年 7 月 1 日，将一栋厂房的建造工程出包给甲公司（为增值税一般纳税人）承建，按合理估计的发包工程进度和合同规定向甲公司结算进度款并取得增值税专用发票，注明工程款 600 000 元，增值税税率为 9%。2020 年 7 月 1 日，工程完工后，收到甲公司有关工程结算单据和增值税专用发票，注明工程款 400 000 元，增值税税率为 9%。工程完工达到预定可使用状态。编制会计分录如下：

(1) 按合理估计的发包工程进度和合同规定向甲公司结算进度款时：

借：在建工程　　600 000

　　应交税费——应交增值税(进项税额)　　54 000

　　贷：银行存款　　654 000

(2) 补付工程款时：

借：在建工程　　400 000

　　应交税费——应交增值税(进项税额)　　36 000

　　贷：银行存款　　436 000

(3) 工程完工达到预定可使用状态时：

借：固定资产　　1 000 000

　　贷：在建工程　　1 000 000

(三) 接受投资的固定资产

企业接受投资者投入的固定资产，应当按照投资合同或协议中约定的公允价值作为入账价值。接受投资的固定资产，应借记"固定资产"账户，贷记"实收资本"账户。

(四) 接受捐赠的固定资产

企业接受捐赠的固定资产，应当根据捐赠者提供的有关凭据金额，或按同类或类似资产的市场价格，或该资产预计未来现金流量现值作为入账价值。接受捐赠时发生的相关税费，也应计入固定资产价值。

企业接受捐赠的固定资产属于利得，按现行会计准则规定，捐赠利得应作为营业外收入处理。因此，企业受赠时，直接按资产的入账价值，借记"固定资产"账户，按其受赠价值，贷记"营业外收入"账户。

第三讲　固定资产折旧

【知识要点】

一、固定资产折旧概述

固定资产折旧是指在固定资产由于损耗而减少的价值。固定资产能够长期服务于企业的生产经营过程而保持原有的实物形态，但随着固定资产的使用，其实物在逐渐磨损，价值在不断减少，固定资产折旧就是把逐渐损耗而消失的那部分价值转移到成本费用中的价值分摊过程。

固定资产损耗分为有形损耗和无形损耗两种。有形损耗是指固定资产由于使用和自然力作用而造成的使用价值及价值的损失，如机器发生磨损、房屋建筑物受到自然侵蚀等；无形损耗是指由于科学技术的进步和劳动生产率的提高而引起的固定资产价值损失，如因新技术的出现而使使用中的固定资产技术水平相对陈旧等。在计提固定资产折旧时，应充分考虑这两种损耗的影响，选择合理的折旧方法，确保固定资产折旧科学合理。

(一) 影响固定资产折旧的因素

影响固定资产折旧的因素主要有以下几个方面：

(1) 固定资产原价。固定资产原价是固定资产折旧的基数。

(2) 预计净残值。固定资产的预计净残值是指预计在固定资产使用寿命期满时，企业从该项资产的处置收益中扣除预计处置费用后的金额。因为这部分残值是预计可以收回的价值，所以应该从固定资产原价中扣除后再计算折旧额。预计净残值应合理确定，一经确定不得随意变更。

(3) 固定资产减值准备。按现行会计准则规定，当企业有迹象表明，固定资产的预计可收回金额低于账面价值的，可预先计提减值准备。这部分准备金可以弥补固定资产的价值损失，应从应计折旧额中扣除。

(4) 固定资产的使用寿命。固定资产使用寿命的长短直接影响各期应提取的折旧额。在确定使用寿命时，除应充分考虑该项资产的有形损耗和无形损耗外，还应考虑该项资产的预计生产能力及法律对该项资产的使用限制。同样，使用寿命确定后不得随意变更。

(二) 固定资产折旧的范围

按现行会计准则规定，企业应对所有固定资产计提折旧，但是已提足折旧仍继续使用的固定资产和按规定单独估价作为固定资产入账的土地除外。

在确定固定资产折旧范围时，还应注意以下几点：

(1) 固定资产应当按月计提折旧，当月增加的固定资产，当月不计提折旧，从下月起计提折旧；当月减少的固定资产，当月仍计提折旧，从下月起停止计提折旧。

(2) 固定资产提足折旧后，不论能否继续使用，均不再计提折旧；提前报废的固定资产，也不再补提折旧。

(3) 已达到预定可使用状态但尚未办理竣工决算手续的固定资产，应当按照估计价值确定其成本入账，并计提折旧，待办理竣工决算手续后，再按实际成本调整原暂估成本，但不需要调整原已计提的折旧额。

(4) 融资租入的固定资产，能确定租赁期届满时将会取得资产所有权的，应当在租赁资产尚可使用年限内计提折旧；不能确定租赁期届满时能否取得资产所有权的，应当在租赁期与租赁资产尚可使用年限两者中较短的期间内计提折旧。

(5) 因更新改造而停止使用的固定资产，应将其账面价值转入在建工程，不再计提折旧，待改造达到预定可使用状态转为固定资产后，再按重新确定的使用寿命和折旧方法计提折旧。

(6) 因进行大修理而停用的固定资产，应当照提折旧，计提的折旧计入相关资产成本或当期损益。

(7) 企业对未使用、不需用的固定资产也应计提折旧，计提的折旧计入当期管理费用。

二、固定资产折旧方法

固定资产折旧方法有年限平均法、工作量法、双倍余额递减法和年数总和法等。企业可以根据固定资产价值损耗的特性确定合理的折旧方法。折旧方法一经确定，不得随意变更。

(一) 直线法

直线法是指按照时间或完成工作量平均计提折旧的方法，主要包括年限平均法和工作量法。

1. 年限平均法

年限平均法是指按固定资产使用年限平均计算折旧额的一种方法。由于采用这种方法计提的折旧额在各个会计期都是相等的，折旧累计金额呈一直线上升趋势，故又称直线法。其计算公式如下：

$$年折旧额 = \frac{固定资产原价 - 预计净残值}{预计使用寿命(年)}$$

$$月折旧额 = 年折旧额 \div 12$$

在实际工作中，为了简便计算，可以合理确定预计净残值率，再计算年折旧率和月折旧率，每月用固定资产原价乘以月折旧率即可求得月折旧额。预计净残值率是指预计净残值占固定资产原价的比率。

$$年折旧率 = \frac{1 - 预计净残值率}{预计使用寿命(年)} \times 100\%$$

$$月折旧率 = 年折旧率 \div 12$$

$$月折旧额 = 固定资产原价 \times 月折旧率$$

【实务操作】

【例 6-5】 广聚公司一台大型设备原价 100 000 元，预计使用 8 年，预计净残值率为 4%，则其个别折旧率和月折旧额计算如下：

$$年折旧率 = \frac{1 - 4\%}{8} \times 100\% = 12\%$$

$$月折旧率 = 12\% \div 12 = 1\%$$

$$月折旧额 = 100\ 000 \times 1\% = 10\ 000(元)$$

2. 工作量法

工作量法是指按照固定资产所能完成的工作总量计算每个工作量折旧额，然后按每期实际完成的工作量计提折旧的一种方法。其计算公式如下：

$$单位工作量折旧额 = \frac{固定资产原价 \times (1 - 预计净残值率)}{预计总工作量}$$

$$某项固定资产月折旧额 = 该项固定资产当月实际工作量 \times 单位工作量折旧额$$

不同的固定资产，其工作量有不同的表现形式。对于运输设备来说，其工作量表现为运输里程；对于机器设备来说，其工作量表现为机器工时和机器台班。

【实务操作】

【例 6-6】 广聚公司一辆载重汽车原价为 400 000 元，预计净残值率为 4%，预计总行驶里程为 600 000 千米，本月实际行驶 8 000 千米。该汽车的单位工作量折旧额和该月折旧额计算如下：

$$每公里折旧额 = \frac{400\ 000 \times (1 - 4\%)}{600\ 000} = 0.64(元)$$

$$本月折旧额 = 8\ 000 \times 0.64 = 5\ 120(元)$$

采用工作量法计算折旧能较准确地反映固定资产的使用状况和实物磨损程度。一般用于价值较高的大型精密机床以及运输设备等固定资产的折旧计算。这些设备的价值较高，各月的工作量一般并不均衡，采用平均年限法计算折旧，会使各月的成本费用的负担不够合理。

(二) 加速折旧法

加速折旧法又称快速折旧法，是指能更快地摊销应折旧金额的一种折旧方法。加速折旧法的依据是效用递减，即固定资产的效用随着其使用寿命的缩短而逐渐降低，因此，当固定资产处于较新状态时，效用高，产出也高，而维修费用较低，所取得的现金流量较大；当固定资产处于较旧状态时，效用低，产出也小，而维修费用较高，所取得的现金流量较小，这样，既能反映收支配比要求，体现会计核算的谨慎性原则，又能尽快收回投资，实现固定资产快速更新。

较为常见的加速折旧法有两种：一是双倍余额递减法，二是年数总和法。

1. 双倍余额递减法

双倍余额递减法是指以固定资产的年初账面余额为折旧基数，以双倍的直线法折旧率（不考虑净残值）来计算各期折旧额的一种方法。

由于双倍余额递减法计算折旧率时，并不考虑固定资产的预计净残值，这样会导致使用寿命结束时已折旧总额不等于应计折旧总额，为解决这一问题，采用本方法计提折旧时，应当在固定资产使用到期的前 2 年内，将固定资产账面净值减去预计净残值后的金额平均摊销。其计算公式如下：

$$年折旧率 = \frac{2}{预计使用寿命(年)} \times 100\%$$

$$月折旧率 = 年折旧率 \div 12$$

$$月折旧额 = 固定资产年初账面净额 \times 月折旧率$$

或者在计算出年折旧率之后，先计算年折旧额，然后再计算月折旧额，则有：

$$某年折旧额 = 该年年初账面净值 \times 年折旧率$$

$$月折旧额 = 年折旧额 \div 12$$

【实务操作】

【例 6-7】 广聚公司一台机器原价为 100 000 元，预计使用寿命为 5 年，预计净残值为 4 000 元，则各年折旧额，如表 6-2 所示。

表 6-2 **固定资产折旧计算表**

年份	期初净值	年折旧率	年折旧额	累计折旧	期末净值
1	100 000	40%	40 000	40 000	60 000
2	60 000	40%	24 000	64 000	36 000
3	36 000	40%	14 400	78 400	21 600
4	21 600	—	8 800	87 200	12 800
5	12 800	—	8 800	96 000	4 000

各年内的月折旧额用各年的年折旧额除以 12 即可求得。

2. 年数总和法

年数总和法是指以固定资产的应计折旧总额（固定资产原价减去预计净残值）作为折旧基数，各年分别以一个逐年递减的分数作为折旧率来计提各期折旧额的一种方法。其中，逐年递减的分数中，分母是使用寿命的逐年数字之总和，如使用寿命为 4 年，则分母的年数总和为

10(1+2+3+4)；分子则为固定资产尚可使用的年数。其计算公式如下：

$$年折旧率=\frac{预计使用寿命-已使用年数}{预计使用寿命\times(预计使用寿命+1)\div 2}\times 100\%$$

$$或=\frac{尚可使用的年限}{预计使用寿命的年数总和}\times 100\%$$

$$年折旧额=(固定资产原价-预计净残值)\times 年折旧率$$

$$月折旧额=年折旧额\div 12$$

【实务操作】

【例 6-8】 承[例 6-7]，采用年数总和法计算年折旧额，如表 6-3 所示。

表 6-3　　固定资产折旧计算表

年份	固定资产原价－预计净残值	年折旧率	年折旧额	资产折余价值
1	96 000	5/15	32 000	68 000
2	96 000	4/15	25 600	42 400
3	96 000	3/15	19 200	23 200
4	96 000	2/15	12 800	10 400
5	96 000	1/15	6 400	4 000

表 6-3 中，最后 4 000 元的资产折余价值为预计净残值，可通过资产的报废处置而收回。

在科学技术日新月异的情况下，固定资产无形损耗是折旧必须考虑的重要因素，采用以上两种方法实行加速折旧是尽可能地避免固定资产因技术陈旧而遭淘汰的一项重要措施。

三、固定资产折旧的核算

企业按月计提的折旧，应当通过“累计折旧”账户核算，该账户用来核算企业固定资产的累计折旧额，计提的折旧额记入贷方，因固定资产减少而应转销的折旧额记入借方，期末余额在贷方，反映企业实有固定资产的累计折旧额。

计提的折旧还应根据用途计入相关资产的成本或当期损益。企业自行建造固定资产过程使用的固定资产，其折旧记入“在建工程”账户；基本生产车间使用的固定资产，其折旧记入“制造费用”账户；行政管理部门使用的固定资产，其折旧记入“管理费用”账户；销售部门使用的固定资产，其折旧记入“销售费用”账户；经营租出的固定资产，其折旧记入“其他业务成本”账户。

【实务操作】

【例 6-9】 广聚公司编制固定资产折旧计算表，计算出各部门所使用的固定资产折旧额如下：基本生产车间用固定资产折旧 50 000 元，行政管理部门用固定资产折旧 30 000 元，销售部门用固定资产折旧 10 000 元，经营租出固定资产折旧 10 000 元。编制会计分录如下：

借：制造费用	50 000	
管理费用	30 000	
销售费用	10 000	
其他业务成本	10 000	
贷：累计折旧		100 000

第四讲　固定资产的后续支出

【知识要点】

固定资产的后续支出是指固定资产在使用过程中发生的更新改造支出、修理费用等支出。

固定资产的不断使用，往往会使实物发生局部损坏，或者由于科学技术的进步而使使用中的固定资产逐渐处于落后状态。为了保持固定资产的正常运转和使用，充分发挥它们在使用寿命期内的产出效能，就必须对其进行必要的改造或修理。

根据《企业会计准则第 4 号——固定资产》第六条和《企业会计准则第 4 号——固定资产》应用指南的规定，固定资产的更新改造、装修修理等后续支出，如果与该固定资产有关的经济利益很可能流入企业或该固定资产的成本能可靠地计量，如延长了固定资产的使用寿命，或者使产品质量实质性提高、产品成本实质性降低，则满足固定资产确认条件的应予以资本化，应当计入固定资产成本，如有被替换的部分，应扣除其账面价值；不满足上述规定的后续支出，应费用化在发生时计入当期损益。

一、资本化的后续支出

企业对固定资产进行更新改造或改良，通常应满足固定资产确认条件，因此，其支出应予以资本化。

在固定资产投入更新改造时，应先将该资产的原价、累计折旧和已计提的减值准备转销，将其账面净值转入在建工程，并停止折旧。固定资产发生的可资本化的后续支出，通过“在建工程”账户核算，待改造工程达到预定可使用状态时，在资本化的资产价值不超过预计可收回的金额内转入“固定资产”账户，并重新确定固定资产的使用寿命，预计净残值等进行折旧。后续支出涉及替换原固定资产的某组成部分时，应加上新增部分的价值，扣除被替换部分的账面价值。

【实务操作】

【例 6-10】　2019 年 12 月 7 日，广聚公司对一幢厂房进行改造，该厂房账面原价为 1 500 000 元，已计提折旧 800 000 元；改造中领用原材料 250 000 元，直接用于工程改造；计提工程人员工资 50 000 元；2020 年 3 月 4 日，该资产达到预定可使用状态并重新投入使用，该厂房可使用 10 年；预计净残值率为 4%；预计使用期内和处置时可收回的金额为 1 200 000 元，符合固定资产条件。则编制会计分录如下：

（1）转销固定资产的账面记录：

借：在建工程——厂房改造工程	700 000	
累计折旧	800 000	
贷：固定资产——厂房		1 500 000

（2）领用原材料并投入使用：

借：在建工程——厂房改造工程	250 000	
贷：原材料		250 000

（3）计提工程人员工资：

借：在建工程——厂房改造工程　　　　50 000

　　贷：应付职工薪酬　　　　50 000

工程达到预定可使用状态：

借：固定资产——厂房　　　　1 000 000

　　贷：在建工程——厂房改造工程　　　　1 000 000

从 2020 年 4 月起每月计提折旧：

$$年折旧额=\frac{1\ 000\ 000\times(1-4\%)}{10(年)}=96\ 000(元)$$

月折旧额＝96 000÷12＝8 000(元)

借：制造费用　　　　8 000

　　贷：累计折旧　　　　8 000

【实务操作】

【例 6-11】 甲航空公司为增值税一般纳税人，2010 年 12 月购入一架飞机，总计花费 8 000 万元(含发动机)，发动机当时的购买价为 500 万元。公司未将发动机作为一项单独的固定资产进行核算。2019 年 6 月末，公司开辟新航线，航程增加。为延长飞机的空中飞行时间，公司决定更换一部性能更为先进的发动机。新发动机购价 700 万元，增值税额为 91 万元，另需支付安装费用并取得增值税专用发票，注明安装费 10 万元，增值税税率为 9%。假定飞机的年折旧率为 3%，不考虑预计净残值和相关税费的影响，甲公司应编制如下会计分录：

(1) 2019 年 6 月末，飞机的累计折旧金额为 20 400 000 元(80 000 000×3%×8.5)，将固定资产转入在建工程：

借：在建工程　　　　59 600 000

　　累计折旧　　　　20 400 000

　　贷：固定资产　　　　80 000 000

(2) 购入并安装新发动机：

借：工程物资　　　　7 000 000

　　应交税费——应交增值税(进项税额)　　　　910 000

　　贷：银行存款　　　　7 910 000

借：在建工程　　　　7 000 000

　　贷：工程物资　　　　7 000 000

(3) 支付安装费：

借：在建工程　　　　100 000

　　应交税费——应交增值税(进项税额)　　　　9 000

　　贷：银行存款　　　　109 000

(4) 2019 年 6 月末，老发动机的账面价值为 3 725 000 元(5 000 000－5 000 000×3%×8.5)，终止确认老发动机的账面价值：

借：营业外支出　　　　3 725 000

　　贷：在建工程　　　　3 725 000

(5) 发动机安装完毕，投入使用，固定资产的入账价值为 62 975 000 元(59 600 000＋

7 000 000＋100 000－3 725 000)。

借：固定资产　　62 975 000

　　贷：在建工程　　62 975 000

二、费用化的后续支出

企业日常对固定资产进行维护和局部修理，目的只是为了恢复其使用价值，确保固定资产保持正常的工作状态，一般不能满足固定资产确认条件。因此，其修理费用应予以费用化。费用化的后续支出，应当计入支出发生的当期损益，不得采用预提或待摊方式处理。

企业生产车间(部门)和行政管理部门等发生的固定资产修理费用等后续支出计入管理费用；企业专设销售机构的，其发生的与专设销售机构相关的固定资产修理费用等后续支出，计入销售费用。

【实务操作】

【例 6-12】 2019 年 6 月 15 日，广聚公司对生产车间使用的设备进行日常维修，发生修理费并取得增值税专用发票，注明修理费 20 000 元，增值税税率为 13%。编制会计分录如下：

借：管理费用　　20 000

　　应交税费——应交增值税(进项税额)　　2 600

　　贷：银行存款　　22 600

第五讲　固定资产的清查、期末计价和处置

【知识要点】

一、固定资产的清查

为了确保固定资产核算的真实性，充分挖掘现有固定资产的潜力，发现固定资产管理中存在的问题，企业应当定期(通常在年末)对固定资产进行盘点清查。在固定资产清查中，如果发现盘盈、盘亏固定资产，应当填制固定资产盘点盈亏报告表，及时查明盈亏原因，并按管理权限和报告程序报批处理。

(一) 固定资产盘盈

按照现行会计准则规定，企业在清查中盘盈的固定资产，应作前期差错处理。在按管理权限和程序报批前先通过“以前年度损益调整”账户核算，同时，按同类或类似固定资产的市场价格减去估计损耗价后的余额作为入账价值，或者按该项固定资产预计未来现金流量的现值作为入账价值。待批准后，按规定计算应交所得税、计提盈余公积，余下部分作为未分配利润转入以后年度分配。

【实务操作】

【例 6-13】 广聚公司年末在固定资产清查中，发现 1 台账外设备，该类设备尚存在活动市场，按类似设备的市场价格减去按新旧程度估计的价值损耗后的余额为 40 000 元，当即填写了固定资产盘点盈亏报告表，并上报有关机构审批。所得税税率为 25%，法定盈余公积提

取比例为10%。公司管理机构批复按会计准则的有关规定处理。编制会计分录如下：

(1) 报批前将盘盈固定资产登记入账：

借：固定资产　　40 000

　　贷：以前年度损益调整　　40 000

(2) 批准后计算应交纳的所得税为10 000元(40 000×25%)：

借：以前年度损益调整　　10 000

　　贷：应交税费——应交所得税　　10 000

(3) 结转留存收益：

借：以前年度损益调整　　30 000

　　贷：盈余公积——法定盈余公积　　3 000

　　　　利润分配——未分配利润　　27 000

(二) 固定资产盘亏

企业在固定资产清查中盘亏的固定资产，应在报批前按账面净值，借记"待处理财产损溢"账户，按已提折旧额，借记"累计折旧"账户，如该项固定资产已计提减值准备，还要借记"固定资产减值准备"账户，同时按账面原价，贷记"固定资产"账户；待按管理权限和程序报经批准后，应由责任人赔偿的部分，借记"其他应收款"账户，其余部分借记"营业外支出——盘亏支出"账户，同时，贷记"待处理财产损溢"账户。

【实务操作】

【例6-14】 广聚公司在年末对固定资产的清查中，发现短缺一台小型仓库运输设备，该设备账面原价为70 000元，已计提折旧30 000元，当即填写了固定资产盘点盈亏报告表，并上报有关机构审批。经查明，该设备的丢失，仓库管理员李斌负有责任。公司管理机构批复由仓库管理员赔偿损失10 000元，其余部分作营业外支出处理。编制会计分录如下：

(1) 报批前转销盘亏固定资产账面价值：

借：待处理财产损溢　　40 000

　　累计折旧　　30 000

　　贷：固定资产　　70 000

(2) 转出不可抵扣的进项税额时：

借：待处理财产损溢　　5 200

　　贷：应交税费——应交增值税(进项税额转出)　　5 200

(3) 按批复转销时：

借：其他应收款——李斌　　10 000

　　营业外支出　　35 200

　　贷：待处理财产损溢　　45 200

二、固定资产期末计价及其减值准备的核算

为了真实、准确地反映固定资产的实际价值，企业应当在资产负债表日对企业全部固定资产价值进行重新计量，合理确定其期末价值。

（一）固定资产减值迹象的判断

由于固定资产使用期限较长，其价值除在使用中因实物的局部损坏而造成损失外，还会因为技术的进步而发生贬值。因此，企业必须于资产负债表日对固定资产的单项或资产组逐一评估，判断是否存在减值迹象。如果固定资产存在减值迹象，应当进行减值测试，估计可收回的金额。

固定资产发生减值的迹象，可以从外部和内部两个方面的信息来判断。

从外部信息看，存在以下情况则表明固定资产可能发生减值：

(1) 如果出现了固定资产的市价在当期大幅度下降，其跌幅明显高于因时间推移或正常使用而预计的下跌。

(2) 如果企业经营所处的经济、技术或者法律等环境及固定资产所处的市场在当期或者将在近期发生重大变化，从而对企业产生不利影响。

(3) 如果市场利率或者其他市场投资报酬率在当期已经提高，从而影响企业计算固定资产预计未来现金流量现值的折现率，导致固定资产可收回金额大幅度降低等。

从内部信息看，存在以下情况则同样表明固定资产可能发生减值：

(1) 如果企业有证据表明固定资产已经陈旧过时或者其实体已经损坏。

(2) 如果固定资产已经或者将被闲置、终止使用或者计划提前处置。

(3) 如果有证据表明固定资产的经济绩效已经低于或者将低于预期。

出现上述迹象，尽管并不必然表明固定资产发生减值，但存在减值的可能性，企业应当综合其他因素，作出职业判断。

（二）固定资产减值准备的计提和核算

当企业判定固定资产存在减值迹象的，应当进行减值测试，估计可收回金额，并与账面价值比较，若估计可收回金额低于账面价值的，应计提固定资产减值准备。

某项(组)固定资产可收回金额，应当按该项(组)固定资产的公允价值减去处置费用后的净额与预计未来现金流量的现值两者之中的较高者来确定。

固定资产的公允价值是指在公平交易中，熟悉情况的交易双方自愿进行固定资产交换的金额，如固定资产交易中的销售协议价格；处置费用是指可以直接归属于固定资产处置的增量成本，包括与固定资产处置有关的但不含财务费用和所得税费用的其他所有相关税费，如运输费、销售费、法律费用等。固定资产的公允价值减去处置费用后的净额，通常就是固定资产如果被出售或处置时可以收回的净现金收入。

按照现行会计准则要求，企业应当按照所确认的可收回金额低于其账面价值的金额，借记“资产减值损失”账户，贷记“固定资产减值准备”账户。编制会计分录如下：

借：资产减值损失——固定资产减值损失

　　贷：固定资产减值准备

值得指出的是，固定资产减值损失一经确认后，在以后会计期间不得转回。但是，遇到固定资产处置，如出售、报废、毁损、对外投资、以非货币性资产交换方式换出、在债务重组中抵偿债务等情况，同时符合固定资产终止确认条件的，应当将其减值准备予以转销。

【实务操作】

【例 6-15】 2019 年 12 月 31 日，广聚公司的某生产线存在可能发生减值的迹象，经计算，该机器的可收回金额合计为 1 230 000 元，账面价值为 1 400 000 元，以前年度未对该生产线计提过减值准备。

借：资产减值损失　　170 000

　　贷：固定资产减值准备　　170 000

【知识链接】

减值准备能否转回？

《企业会计准则第8号——资产减值》规定，资产减值这一章提到的资产，计提减值准备后，即使以后期间可收回金额回升了，也不允许对已经计提的减值准备进行转回。

关于这个规定，我们可以从两个角度简单解释：

(1) 主要是为了监管上市公司利用减值准备的转回来调节利润的现象。

(2) 从国际上来看，这个规定是不讲道理的。通过准则硬性规定，在资产价值回升时不允许已计提的资产减值准备转回，这是一个非市场理念。

这个问题既体现了与国际会计准则的趋同，又体现了中国的特色。

这些资产减值准备只有在资产处置、出售和报废时一并转销。

具体来看，允许转回的减值准备仅限于坏账准备、存货跌价准备、持有至到期投资减值准备和贷款损失准备等。

而下列资产的减值准备禁止转回：长期股权投资减值准备、固定资产减值准备、在建工程减值准备、工程物资减值准备、生产性生物资产减值准备和无形资产减值准备。

三、固定资产的处置

固定资产的处置主要包括固定资产的出售、报废、毁损、对外投资、非货币性资产交换和债务重组等。凡是处于处置状态和预期通过使用或处置不能产生经济利益的固定资产，应作终止确认，予以处置。

企业处置固定资产应通过“固定资产清理”账户核算。该账户用来核算因出售、报废、毁损、对外投资、非货币性资产交换、债务重组等原因转出的固定资产价值以及在清理过程中发生的税费等。借方记转入清理的固定资产账面净值和清理费用、税金；贷方记清理中的收益；清理结束后，如为借方余额，则借记“营业外支出”或“资产处置损益”账户，贷记本账户；如为贷方余额，则借记本账户，贷记“营业外收入”或“资产处置损益”账户。

固定资产的处置通常包括以下环节。

(一) 固定资产转入清理

固定资产转入清理按固定资产账面价值，借记“固定资产清理”账户；按已计提的折旧，借记“累计折旧”账户；按已计提的减值准备，借记“固定资产减值准备”账户；按固定资产原值，贷记“固定资产”账户。

(二) 结算清理费用

清理过程中，应支付的清理费用及可抵扣的增值税的进项税额，借记“固定资产清理”“应交税费——应交增值税(进项税额)”账户，贷记“银行存款”等账户。

(三) 收回出售固定资产的价款或残料价值或保险赔偿变价收入

收回出售固定资产的价款和税款，借记“银行存款”账户，按增值税专用发票上注明的价款和税额，贷记“固定资产清理”“应交税费——应交增值税(销项税额)”账户。残料入库，按残料价值，借记“原材料”账户，贷记“固定资产清理”账户。

（四）确认应收责任单位或个人赔偿责任

应由保险公司或过失人赔偿的损失，借记“其他应收款”账户，贷记“固定资产清理”账户。

（五）结转清理净损益

（1）因固定资产已丧失使用功能或因自然灾害发生毁损等原因而报废清理产生的利得或损失计入营业外收支。属于生产经营期间报废清理产生的处理净损失，借记“营业外支出”账户，贷记“固定资产清理”账户；如为净收益，借记“固定资产清理”账户，贷记“营业外收入”账户。

（2）因出售、转让等原因产生的利得或损失计入资产处置损益。确认处置净损失，借记“资产处置收益”账户，贷记“固定资产清理”账户；如为净收益，借记“固定资产清理”账户，贷记“资产处置收益”账户。

【实务操作】

【例 6-16】 广聚公司为增值税一般纳税人，2019 年 12 月 30 日，出售一座仓库，原价为 2 000 000 元，已计提折旧 1 500 000 元，未计提减值准备；经双方协商售价为 1 200 000 元，增值税税率为 9%，款已划入公司存款账户，编制会计分录如下：

（1）将出售仓库转入清理时：

借：固定资产清理　　500 000
　　累计折旧　　1 500 000
　　贷：固定资产　　2 000 000

（2）收到出售仓库的价款和税款时：

借：银行存款　　1 308 000
　　贷：固定资产清理　　1 200 000
　　　　应交税费——应交增值税（销项税额）　　108 000

（3）结转出售仓库的利得：

借：固定资产清理　　700 000
　　贷：资产处置损益　　700 000

单元测试

1. 单项选择题

（1）某工业企业采用经营租赁方式租出设备 1 台，该设备计提的折旧费应计入（　　）。

A. 生产成本　　B. 制造费用　　C. 管理费用　　D. 其他业务成本

（2）在建工程项目达到预定可使用状态前，试生产产品对外出售取得的收入应（　　）。

A. 冲减工程成本　　B. 计入营业外收入

C. 冲减营业外支出　　D. 计入其他业外收入

（3）某项固定资产的原值为 200 000 元，预计净残值为 2 000 元，预计使用年限为 4 年。则在双倍余额递减法下第二年的折旧额为（　　）元。

A. 39 600　　B. 49 500　　C. 50 000　　D. 59 400

(4) 根据《企业会计准则》规定,企业对未使用、不需用的固定资产也应计提折旧,计提的折旧计入当期(　　)。

A. 管理费用　　B. 销售费用　　C. 制造费用　　D. 财务费用

(5) 某公司对账面原价为100万元,累计折旧为60万元的某一项固定资产进行出售。该固定资产已计提减值准备5万元。出售时发生相关费用5万元。出售收入60万元,该固定资产的出售净收入为(　　)万元。

A. 17　　B. 23　　C. 20　　D. 25

(6) 甲公司2011年9月初增加设备一项,该项设备原值为50 000元,净残值为零,采用年数总和法计提折旧2013年甲公司应计提的折旧额为(　　)万元。

A. 10 000　　B. 12 500　　C. 13 000　　D. 13 500

(7) 某企业购入一台机器设备,取得的增值税专用发票上注明的设备买价为50 000元,增值税额为6 500元,支付的运费为1 500元,设备安装时领用的工程用材料价值1 000元(不含税),购进该批工程用材料的增值税为130元。设备安装时支付有关人员的工资2 000元。该固定资产的成本为(　　)元。

A. 63 170　　B. 50 000　　C. 53 000　　D. 54 500

(8) 固定资产改良中取得的变价收入,应记入(　　)账户。

A. "在建工程"　　B. "营业外收入"

C. "管理费用"　　D. "固定资产清理"

(9) 企业的下列固定资产中,不计提折旧的是(　　)。

A. 闲置的房屋　　B. 融资租入的设备

C. 临时出租的设备　　D. 已全额计提减值准备的固定资产

(10) 企业购入多项没有标价的固定资产,各项固定资产的原价应按(　　)。

A. 各项固定资产的重置完全价值确定

B. 各项固定资产市场价格的比例进行分配后确定

C. 各项同类固定资产的历史成本确定

D. 各项同类固定资产的净值确定

(11) 某企业出售一台设备(不考虑相关税费),原价150 000元,已提折旧50 000元,出售设备时发生各种清理费用1 000元,出售设备所得价款100 000元。该设备出售净收益为(　　)元。

A. −2 000　　B. 2 000　　C. −5 000　　D. −1 000

(12) 2019年11月1日,某企业购入一项固定资产。该固定资产原价为500万元,预计使用年限为5年,预计净残值为5万元,按双倍余额递减法计提折旧。该固定资产2020年应计提的折旧额是(　　)万元。

A. 200　　B. 120　　C. 183.33　　D. 193.33

(13) 下列各项中,需要计提折旧的是(　　)。

A. 经营租入的设备

B. 已交付但尚未使用的设备

C. 提前报废的固定资产

D. 按规定单独估价作为固定资产入账的土地

(14) 一台设备原值120万元,预计使用年限5年,预计净残率为5%,采用双倍余额递减法计提折旧,则5年内计提折旧总额为(　　)万元。

A. 100　　B. 114　　C. 120　　D. 90

(15) 2019年12月31日,某公司进行盘点,发生有一台使用中的机器设备未入账,该型号机器设备存在活跃市场,市场价格为750万元,该机器八成新。达到当年固定资产账面价值的10%以上。其正确的会计处理方法是(　　)。

A. 贷记"待处理财产损溢"账户750万元

B. 贷记"待处理财产损溢"账户1350万元

C. 贷记"待处理财产损溢"账户600万元

D. 贷记"以前年度损益调整"账户600万元

(16) 固定资产的应计折旧额是指(　　)。

A. 固定资产的原价

B. 固定资产原价扣除其预计净残值后的余额,如已计提减值准备,还应扣除已计提的固定资产减值准备累计金额

C. 固定资产原价扣除其预计净残值后的余额,但不得扣除已计提的固定资产减值准备金额

D. 固定资产原价扣除已计提的减值准备后的金额

(17) 和平均年限法相比,采用年数总和法对固定资产计提折旧将使(　　)。

A. 计提折旧的初期,企业利润减少,固定资产净值减少

B. 计提折旧的初期,企业利润减少,固定资产原值减少

C. 计提折旧的后期,企业利润减少,固定资产净值减少

D. 计提折旧的后期,企业利润减少,固定资产原值减少

(18) 按照《企业会计准则第4号——固定资产》规定,下列会计处理方法正确的是(　　)。

A. 企业生产车间和行政管理部门等发生的固定资产修理费用等后续支出计入管理费用

B. 自营方式建造的固定资产,建设期间发生的工程物资盘亏、报废及毁损,减去残料价值以及保险公司、过失人等赔款后的净损失,计入营业外支出

C. 对于融资租赁的固定资产,应当在租赁期与租赁资产尚可使用年限两者中较短的期间内计提折旧

D. 固定资产的大修理费用和日常修理费用,通常不符合固定资产确认条件,金额较小时应当在发生时计入当其管理费用,金额较大时采用预提或待摊方式处理

(19) 某项固定资产的账面原价为80 000元,预计使用年限为5年,预计净残值为5 000元,按年数总和法计提折旧。若该项固定资产在使用的第3年年末,因技术陈旧等原因首次计提减值准备,金额为其账面价值的10%,则该项固定资产在第3年年末的账面价值为(　　)元。

A. 14 400　　B. 15 000　　C. 16 000　　D. 18 000

(20) 某企业为延长甲设备的使用寿命,2019年10月份对其进行改良,11月份完工,改良时发生相关支出共计32万元,估计能使甲设备延长使用寿命3年。根据2019年10月末的账面记录,甲设备的原账面原价为200万元,采用直线法计提折旧,使用年限为5年,预计净残值为0,已使用2年,已提减值准备30万元。若被替换部分的账面原值为50万元,则该企业2019年11月份改良后固定资产价值为(　　)万元。

A. 182　　B. 92　　C. 150　　D. 32

2. 多项选择题

(1) 下列各项中,应计入固定资产成本的有(　　)。
A. 固定资产进行日常修理所发生的人工费用
B. 固定资产在安装过程中领用的原材料成本
C. 固定资产达到预定可使用状态后发生的专门借款利息
D. 固定资产达到预定可使用状态前发生的工程物资盘亏净损失
(2)“固定资产清理”账户借方核算的内容有(　　)。
A. 转入清理的固定资产的净值
B. 发生的清理费用
C. 结转的固定资产清理净损失
D. 结转的固定资产清理净收益
(3) 影响固定资产折旧金额的因素有(　　)。
A. 固定资产的原值　　B. 预计使用寿命
C. 预计净残值　　D. 折旧的方法
(4) 企业结转固定资产清理净损益时,可能涉及的账户有(　　)。
A.“管理费用”　　B.“营业外收入”
C.“营业外支出”　　D.“资产处置损益”
(5) 确定固定资产处置损益时,应考虑的因素有(　　)。
A. 累计折旧　　B. 清理费用　　C. 增值税　　D. 固定资产减值准备
(6) 按照《企业会计准则》的规定,(　　)应提取固定资产折旧。
A. 经营租赁方式租出的固定资产　　B. 季节性停用的固定资产
C. 正在改扩建的固定资产　　D. 大修理停用的固定资产
(7) 下列业务中,不通过“在建工程”账户核算的有(　　)。
A. 购入需要安装的设备
B. 购入不需要安装的设备
C. 固定资产达到预定可使用状态前的专门借款利息(未发生中断并符合资本化条件)
D. 固定资产达到预定可使用状态后的利息支出
(8) 下列各项中,属于直线折旧的方法有(　　)。
A. 双倍余额递减法　B. 工作量法　　C. 平均年限法　　D. 年数总和法
(9) 下列各项中,需要对固定资产账面价值进行调整的有(　　)。
A. 对固定资产进行大修理　　B. 对固定资产进行改扩建
C. 对经营租赁租入的固定资产进行改良　　D. 计提固定资产减值准备
(10) 下列有关固定资产的初始计量表述,正确的有(　　)。
A. 投资者投入固定资产的成本,应当按照投资合同或协议约定的价值确定,但合同或协议约定价值不公允的除外
B. 盘盈的固定资产,应先通过“待处理财产损溢”账户核算
C. 核电站核设施企业固定资产预计的弃置费用应计入固定资产的成本
D. 以一笔款项购入多项没有单独标价的固定资产,应当按照各项固定资产公允价值比例

对总成本进行分配，分别确定各项固定资产的成本

3. 判断题

(1) 所建造的固定资产已达到预定可使用状态，但尚未办理竣工决算的，先按估计价值转入固定资产，但不计提折旧，待办理竣工决算手续后，再作相应的调整。 (　　)

(2) 固定资产出售、报废、毁损以及盘亏，均应通过“固定资产清理”账户进行核算。 (　　)

(3) 固定资产预计使用寿命发生改变时，应同时改变固定资产折旧方法。 (　　)

(4) 按照《企业会计准则》的规定，企业接受其他单位的固定资产投资时，“固定资产”账户入账金额应考虑投资方原账面价值，但“实收资本”账户金额应按双方合同约定的价值入账。 (　　)

(5) 按照《企业会计准则》的规定，企业在计提固定资产折旧时，当月增加的固定资产当月不提折旧；当月减少的固定资产，当月要提折旧。 (　　)

(6) 因进行大修理而停用的固定资产，不应计提折旧。 (　　)

(7) 双倍余额递减法永远不需要考虑固定资产的预计净残值。 (　　)

(8) 对固定资产由于磨损和损耗而转移到产品中去的那一部分价值的补偿应该记入“管理费用”账户中。 (　　)

(9) 以融资租赁方式租入的固定资产，应由出租方计提该项固定资产折旧。 (　　)

(10) 盘亏和盘盈的固定资产都应该通过“待处理财产损溢”账户核算。 (　　)

实务训练

训练一

资料：广聚公司发生如下经济业务：

(1) 购买设备 1 台，价款 100 万元，增值税税率 13%，以银行存款支付，需进行安装。

(2) 购买材料 20 万元，取得增值税专用发票，以银行存款支付，全部用于安装工程。

(3) 应付安装工程人员工资 23 万元。

(4) 安装完毕交付生产车间使用。

(5) 该设备预计使用 10 年，净残值 5%，采用直线法计提折旧。

(6) 该设备用于交付使用后，第四年年末报废，在清理中，支付清理费用 2 000 元，收到过失人赔款和残料变价收入款共计 13 000 元。

要求：编制上述有关业务的会计分录。

训练二

资料：广聚公司 2019 年 3 月开始自行建造生产设备，购入为工程准备的各种物资 100 000 元，支付的增值税额为 13 000 元，实际领用工程物资 93 600 元，剩余物资转作生产用材料；另外，还领用了企业生产用的原材料一批，实际成本为 20 000 元；分配工程人员工资 30 000 元，企业辅助生产车间为工程提供有关劳务支出 6 000 元，工程于 2019 年 3 月 15 日完工并同时交付生产车间使用。该生产线采用双倍余额递减法计提折旧，预计使用年限为 5 年，预计净残值为 2 000 元。

要求:(1)计算工程完工交付使用时固定资产的入账价值。

(2) 计算该生产线在2019年应该计提的折旧额。

(3) 编制有关会计分录("应交税费"账户要求写出明细账户)。

训练三

资料:广聚公司2016年有关固定资产折旧的资料如下:

2016年6月21日,购置一台不需要安装的固定资产。入账价值为610万元,预计使用寿命为5年,预计净残值为10万元。

要求:用年限平均法、双倍余额递减和年数总和法三种方法分别计算2016—2021年的折旧额。

第七单元　无形资产与长期待摊费用

导学目标

通过本单元学习，学生应该掌握如下知识技能：

1. 了解无形资产的性质、分类；掌握无形资产购入、自行研发，无形资产摊销、出租以及处置的核算；理解接受投资、接受捐赠的无形资产核算和无形资产减值的核算。

2. 理解长期待摊费用的核算。

导学案例

可口可乐的品牌价值几何？

案例介绍：国际著名咨询商 Interbrand 近日发布了 2017 年品牌价值 100 强榜单：可口可乐、IBM 和微软蝉联三甲。其中，苹果公司从 2016 年第 17 位升至第 8 位，品牌价值猛增 58%；惠普依然占据第 10 位，诺基亚从 2016 年第 8 滑至第 14，品牌缩水 15%。百强中中国仅有台湾地区的 HTC 入选，HTC 为 2017 年新入榜，排名第 98 位。

表 7-1　　2017 年 9 月 30 日，我国各行业上市公司固定资产占总资产的比重

排名	2016 年排名	品牌	国家地区	行业	品牌价值（百万美元）	品牌价值变动幅度
1	1	可口可乐	美国	饮料	71 861	2%
2	2	IBM	美国	商业服务	69 905	8%
3	3	微软	美国	计算机软件	59 087	−3%
4	4	Google	美国	网络服务	55 317	27%
5	5	通用	美国	多种经营	42 808	0

曾有人断言：“即使一把火把可口可乐的所有资产烧光，可口可乐凭着其商标，就能重新起来。”那么，可口可乐的商标究竟价值几何呢？

最新一期商业周刊 8 月 5 日公布本年度全球前 100 名品牌价值最高的企业，美商可口可乐品牌价值估计 718 亿美元，较去年升值 2%，轻松蝉联全球价值第一高的企业品牌。IBM、微软、google 及通用分列第二至第五名。

可口可乐作为一个饮料商标，其商业价值为何常年居高不下，且于微软，IBM，诺基亚等电子巨头之上？谜底耐人寻味……

那么品牌到底是什么？它是否为企业的一种重要资产？

可口可乐的718亿美元的品牌价值能否计入其资产负债表中？为什么？

第一讲 无形资产

【知识要点】

一、无形资产的特征和内容

(一) 无形资产的特征

无形资产是指企业拥有或者控制的、没有实物形态的、可辨认的非货币性资产。无形资产是与有形资产相区别的一个资产类别，通常代表企业拥有的一些法定权利，企业可以凭借这些权利获得更多的经济利益，我们平时在经济生活中接触到的商标权(如可口可乐)、专利权、版权和特许经营权等都属于无形资产的范畴。一般来讲，作为企业的一项无形资产与其他资产相比，它往往具有如下显著特征。

1. 无形资产不具有实物形态

不具有实物形态是无形资产区别于固定资产和其他有形资产的主要标志。但是，有形和无形并不能作为判断一项资产是否为无形资产的必要充分的条件，也不能成为决定一项资产是否无形资产的实质性标准，如应收款项、银行存款等也没有实物形态，因此，仅以有无实物形态与其他资产加以区分是不够的。

2. 无形资产具有可辨认性

无形资产能够从企业中分离出来，单独或者与资产、负债和相关合同一起用于出售、租赁或交换；同时，无形资产所表现的权利源自合同或法定权利，都是可辨认的。

3. 无形资产属于非货币性长期资产

属于非货币性资产且非流动资产，是无形资产的又一特征。货币性资产是指持有的现金及将以固定或可确定金额的货币收取的资产，如应收款项和银行存款等。按照这个定义，无形资产明显属于非货币性资产的范畴。无形资产成为一项非货币性资产的根本原因往往是因为不存在活跃的交易市场，难以便捷地取得公允价值，这样即使无形资产可以交易，其交易金额也往往是事先难以用货币进行可靠计量的。

无形资产属于长期资产，主要是因为它们能在超过一个营业周期的长时间内为企业创造经济利益。

(二) 无形资产的内容

无形资产包括专利权、非专利技术、商标权、著作权、土地使用权和特许权等。

1. 专利权

专利权是指国家专利主管机关依法授予发明创造专利申请人对其发明创造在法定期限所享有的特有权利，包括发明专利权、实用新型专利权和外观设计专利权三种。

2. 非专利技术

非专利技术又称专有技术，是指不为外人所知、在生产经营活动中已采用了的、不享有法律保护的各种技术和经验。非专利技术一般包括工业专有技术、商业贸易专有技术和管理专有技术等。非专有技术可以用蓝图、配方、技术记录和操作方法的说明等具体资料表现出来，也可以通过买方派出技术人员进行指导，或接受买方人员进行技术实习等手段来实现。非专有技术具有经济性、机密性和动态性的特点。例如，著名的可口可乐配方就没有申请专利，而是一项技术秘诀。

3. 商标权

商标是用来辨认特定商品和劳务的标记。商标是专门在某类指定的商品或产品上使用特定名称或图案的权利。商标权包括独占使用权和禁止权两个方面。

4. 著作权

著作权又称版权，是指作者对其创作的文学、科学和艺术作品依法享有的某些特殊权利。著作权包括两方面的权利，即精神权利(人身权利)和经济权利(财产权利)。前者是指作品署名、发表作品、确认作者身份、保护作品完整性、修改已经发表的作品等权利，包括发表权、署名权、修改权和保护作品完整权；后者是指以出版、表演、展览、录制唱片和摄影影片等方式使用作品及因授权他人使用作品而获得经济利益的权利。

5. 土地使用权

土地使用权是指国家准许某企业在一定期间内对国有土地享有开发、利用、经营的权利。我国企业取得土地使用权的方式大致有以下几种，即行政划拨取得、外购取得和投资者投入取得等。

6. 特许权

特许权又称经营特许权、专营权，是指企业在某一地区经营或销售某种特定商品的权利或是一家企业接受另一家企业使用其商标、商号、技术机密等的权利。

(三) 无形资产的确认

无形资产在符合其定义的基础上，还必须同时满足以下两个条件时才能予以确认。

1. 与该无形资产有关的经济利益很可能流入企业

作为企业无形资产予以确认的项目，必须具备产生的经济利益很可能流入企业这项基本条件。实务中，要确定无形资产创造的经济利益是否很可能流入企业，需要实施职业判断。在实施这种判断时，应当对无形资产在预计使用寿命内可能存在的各种经济因素作出合理估计，并且应当有明确证据支持。如果有证据表明某一无形资产产生的经济利益很可能流入企业，就应将其确认为无形资产；反之，就不能确认为无形资产。

2. 该无形资产的成本能够可靠地计量

成本能够可靠地计量是资产确认的一项基本条件。对于无形资产来说，这个条件显得十分重要。比如，一些高新科技企业的科技人才，假定其与企业签订了服务合同，且合同规定其在一定期限内不能为其他企业提供服务。在这种情况下，虽然这些科技人才的知识在规定的期限内预期能够为企业创造经济利益，但由于这些技术人才的知识难以辨认，加之为形成这些知识所发生的支出难以计量，从而不能作为企业的无形资产加以计量。

二、无形资产的账务处理

为了核算无形资产的取得、摊销和转让，应设置“无形资产”账户。该账户借方登记企业购入或自行创造并按法律程序申请取得的，以及投资者投入的各种无形资产的价值，贷方登记企业向外单位投资转出，转让出售的无形资产价值及分期摊销的无形资产的价值，期末借方余额反映企业已入账尚未摊销的无形资产价值。“无形资产”账户应按其类别设置明细分类账。

(一) 无形资产的取得

取得的无形资产应当按照成本进行初始计量。无形资产取得的方式主要有外购、自行研究开发等,由于取得的方式不同,会计处理方式也不同。

1. 外购无形资产

外购无形资产的成本包括购买价款、相关税费以及直接归属于该项资产达到预定用途所发生的其他支出。按取得增值税专用发票上注明的金额和税额,借记“无形资产”“应交税费——应交增值税(进项税额)”账户,贷记“银行存款”等账户。

【实务操作】

【例 7-1】 广聚公司为增值税一般纳税人,2019 年 9 月购入一项非专利技术,取得的增值税专用发票上注明的价款为 900 000 元,增值税税率为 6%,以银行存款支付。编制会计分录如下:

借:无形资产——非专利技术 900 000
　　应交税费——应交增值税(进项税额) 54 000
　　贷:银行存款 954 000

2. 自行研究开发的无形资产

企业会计准则将内部研究开发分为研究阶段和开发阶段。研究阶段是指为获取新的技术和知识等进行的有计划的调查,其特点在于研究阶段是探索性的,为进一步的开发活动进行资料及相关方面的准备,从已经进行的研究活动看,将来是否会转入开发、开发后是否会形成无形资产等具有较大的不确定性。开发阶段相对研究阶段而言,应当是完成了研究阶段的工作,在很大程度上形成了一项新产品或新技术的基本条件已经具备。根据准则的规定,企业研究阶段的支出全部费用化,计入当期损益。开发阶段的支出符合资本化条件的,才能确认为无形资产;不符合资本化条件的计入当期损益。无法区分研究阶段支出和开发阶段支出,应当将其所发生的研发支出全部费用化,计入当期损益。

企业内部发生的开发阶段支出,应同时满足下列条件,才能予以资本化,确认为无形资产,否则应计入当期损益。

一是,完成该项无形资产以使其能够使用或出售在技术上具有可能性。判断无形资产的开发在技术上是否具有可行性,应当以目前阶段的成果为基础,并提供相关证据和材料,证明企业进行开发所需的技术条件等已经具备,不存在技术上的障碍或其他不确定性。比如,企业已经完成了全部计划,设计和测试活动,这些活动是使资产能够达到设计规划书中的功能、特征和技术所必须的活动,或经过专家坚定等。

二是,具有完成该无形资产并使用或出售的意图。企业能够说明其持有开发无形资产的目的。

三是,无形资产能够为企业带来未来经济利益。

四是,有足够的技术、财务资源和其他资源支持,以完成该无形资产的开发,并有能力使用或出售该无形资产。

五是,归属于该无形资产开发阶段的支出能够可靠地计量。企业对于研究开发的支出应当能够单独核算。比如,直接发生的研发人员工资、材料费,以及相关设备折旧费等能够对象化;同时从事多项研究开发活动的,所发生的支出能够按照合理的标准在各项研究开发活动之间进行分配。研发支出无法明确分配的，应当计入当期损益，不计入开发活动的成本。

企业自行开发无形资产，应设置“研发支出”账户核算研究开发过程中的相关支出。该账户应当按照研究开发项目，分别设置“费用化支出”与“资本化支出”明细账户进行明细核算。其研发支出，不满足资本化条件的，借记“研发支出——费用化支出”账户；满足资本化条件的，借记“研发支出——资本化支出”账户，贷记“原材料”“银行存款”“应付职工薪酬”等账户。企业以其他方式取得的正在进行中研究开发项目，应按确定的金额，借记“研发支出——资本化支出”账户，贷记“银行存款”等账户。研究开发项目达到预定用途形成无形资产的，应按“研发支出——资本化支出”账户的余额，借记“无形资产”账户，贷记“研发支出——资本化支出”账户。期末，企业应将“研发支出——费用化支出”金额转入“管理费用”账户，借记“管理费用”账户，贷记“研发支出——费用化支出”账户。本账户期末借方余额，反映企业正在进行中的研究开发项目中满足资本化条件的支出。

【实务操作】

【例 7-2】 广聚公司自行研究、开发一项技术，截至 2018 年 12 月 31 日，发生研发支出合计 2 000 000 元，经测试该项研发活动完成了研究阶段，从 2019 年 1 月 1 日开始进入开发阶段。2019 年发生开发支出 300 000 元，假定符合《企业会计准则第 6 号——无形资产》规定的开发支出资本化条件，取得增值税专用发票上注明的税额为 39 000 元。2019 年 6 月 30 日，该项研发活动结束，最终开发出一项非专利技术。编制会计分录如下：

(1) 2018 年发生的研发支出：

借：研发支出——费用化支出	2 000 000	
贷：银行存款等		2 000 000

(2) 2018 年 12 月 31 日，结转研究阶段的支出：

借：管理费用	2 000 000	
贷：研发支出——费用化支出		2 000 000

(3) 2019 年，发生开发支出并满足资本化确认条件：

借：研发支出——资本化支出	300 000	
应交税费——应交增值税(进项税额)	39 000	
贷：银行存款等		339 000

(4) 2019 年 6 月 30 日，该技术研发完成并形成无形资产：

借：无形资产	300 000	
贷：研发支出——资本化支出		300 000

3. 投资者投入的无形资产

投资者投入的无形资产，应以投资各方确认的公允价值作为入账价值，借记“无形资产”账户，贷记“实收资本”账户。

(二) 无形资产的摊销

无形资产属于企业的长期资产，能在较长的时间给企业带来经济效益。但无形资产也有一定的有效期限，其价值将随着时间的推移而消失。因此，无形资产的成本应在其有效的经济寿命内加以摊销。会计准则对使用寿命有限的无形资产和使用寿命不确定的无形资产的摊销规定了不同的方法。对于使用寿命有限的无形资产，其应摊销金额应当在使用寿命内系统合理摊销;使用寿命不确定的无形资产不应摊销。

无形资产的应摊销金额为其成本扣除预计残值后的金额。已计提减值准备的无形资产,还应扣除已计提的无形资产减值准备累计金额。使用寿命有限的无形资产,其残值应当视为零,但下列情况除外:①有第三方承诺在无形资产使用寿命结束时购买该无形资产;②可以根据活跃市场得到预计残值信息,并且该市场在无形资产使用寿命结束时很可能存在。

在估计无形资产使用寿命时应当注意到:法律或合同的规定,这称为法定寿命。譬如法律规定专利权的有效期限为 20 年、商标权的有效期限为 10 年等。确定无形资产的使用寿命的原则为“合同年限与法律规定孰低”。具体来讲,可按照以下原则确定:

(1) 若合同规定有明确的年限,而法律没有规定有效年限,则按照合同的规定年限确定使用寿命。

(2) 若合同没有规定明确的年限,而法律规定了有效年限,则按照法律的规定年限确定使用寿命。

(3) 若合同规定有明确的年限,而法律也规定了有效年限的,则按照“合同年限与法律规定孰低”的原则确定使用寿命。

会计准则规定,使用寿命有限的无形资产,企业应当按月进行摊销,自无形资产可供使用当月起开始摊销,处置当月不再摊销。在确定摊销期限后还应选择合理的摊销方法,无形资产的摊销方法有年限平均法(即直线法)和生产总量法等。企业选择的方法应当反映与该项无形资产有关的经济利益的预期实现方式。无法可靠确定预期实现方式的,应当采用直线法摊销。

企业至少应当于每年年度终了,对使用寿命有限的无形资产的使用寿命及摊销方法进行复核。无形资产的使用寿命及摊销方法与以前估计不同的,应当改变摊销期限和摊销方法。

企业应当在每个会计期间对使用寿命不确定的无形资产的使用寿命进行复核。如果有证据表明无形资产的使用寿命是有限的,那么,企业应当将其视为会计估计变更,并按照使用寿命有限的无形资产进行会计处理,估计其使用寿命。

无形资产的摊销金额一般应计入当期损益。企业管理用的无形资产,其摊销金额计入管理费用;出租的无形资产,其摊销金额计入其他业务成本;但如果某项无形资产包含的经济利益是通过所生产的产品或其他资产实现的,其摊销金额应当计入相关资产的成本。

【实务操作】

【例 7-3】 广聚公司于 2019 年 12 月购得一项专利权,该专利权的成本为 900 000 元,有效期为 3 年,本月应该摊销无形资产 25 000 元(90 000÷3÷12)。编制会计分录如下:

借:管理费用——无形资产摊销　　25 000

　贷:累计摊销　　25 000

(三) 无形资产的减值

期末对于无形资产进行摊销后,还应对其进行减值测试。如果无形资产已经发生减值,应对其提取减值准备。要注意的是:根据可获得的相关信息判断,有确凿证据表明无法合理估计其使用寿命的无形资产,应作为使用寿命不确定的无形资产。对于使用寿命不确定的无形资产,在持有期间内不需要进行摊销,但应当至少在每年年度终了按照《企业会计准则第 8 号——资产减值》的有关规定进行减值测试。如经减值测试表明已发生减值,则需要计提相应的减值准备。衡量无形资产是否发生减值的标准是其可回收金额。

根据《企业会计制度》的规定，企业应定期或者至少在每年年度终了时，检查各项无形资产预计给企业带来未来经济利益的能力，对预计可收回金额低于其账面价值的差额，应当计提无形资产减值准备。无形资产的可收回金额是指以下两项金额中的较大者：

（1）无形资产的销售净价（即该无形资产的销售价格减去因出售该无形资产所发生的律师费和其他相关税费后的余额）。

（2）预期从无形资产的持续使用和使用年限结束时的处置中产生的预计未来现金流量的现值。

无形资产减值损失一旦确认，在以后期间不得转回。

如果无形资产经过减值测试发生减值，则需要计提相应的减值准备。具体账务处理为：借记"资产减值损失"账户，贷记"无形资产减值准备"账户。

【实务操作】

【例 7-4】 2019 年 12 月 31 日，市场上某项新技术生产的产品销售势头较好，已对甲公司产品的销售产生重大不利影响。甲公司外购的类似专利技术的账面价值为 800 000 元，剩余摊销年限为 4 年，经减值测试，该专利技术的可收回金额为 750 000 元。甲公司应作如下会计处理：

借：资产减值损失	50 000	
贷：无形资产减值准备		50 000

（四）无形资产出售和报废

出售无形资产，企业应按实际收到或应收的金额等，借记"银行存款"等账户；按该资产已计摊销额，借记"累计摊销"账户；已计提减值准备的，应同时结转减值准备，借记"无形资产减值准备"账户；按无形资产的原值，贷记"无形资产"账户；按照开具的增值税专用发票上注明的增值税销项税额，贷记"应交税费——应交增值税（销项税额）"等账户；按其差额，贷记或借记"资产处置损益"账户。

【实务操作】

【例 7-5】 2019 年 12 月 20 日，广聚公司将拥有的一项专利权出售，开具增值税专用发票，注明价款为 500 000 元，税率 6%，款项存入银行，该专利权原价 600 000 元，累计摊销 220 000 元。编制会计分录如下：

借：银行存款	530 000	
累计摊销	220 000	
贷：无形资产		600 000
应交税费——应交增值税（销项税额）		30 000
资产处置损益		120 000

如果无形资产预期不能为企业带来经济利益，从而不再符合无形资产的定义，则应将其转销。企业在判断无形资产是否预期不能为企业带来经济利益时，应根据以下迹象加以判断：

（1）该无形资产是否已被其他新技术替代，且已不能为企业带来经济利益。

（2）该无形资产是否不再受法律保护，且不能给企业带来经济利益。比如，某企业的一项无形资产的法定有效年限已过，且借以生产的产品没有市场，出现这种情况时，企业应转销这项无形资产。

转销时，应按已计提的累计摊销，借记“累计摊销”账户；已计提减值准备的，应同时结转减值准备，借记“无形资产减值准备”账户；按其原值，贷记“无形资产”账户；按其差额，借记“营业外支出”账户。

【实务操作】

【例 7-6】 广聚公司拥有的某项专利权已被其他新技术替代，预期不能为企业带来经济效益，决定予以转销。该专利权的账面余额为 60 000 元，摊销期限为 5 年。采用直线法进行摊销，已摊销 3 年。已计提减值准备 16 000 元。编制会计分录如下：

借：累计摊销	36 000	
无形资产减值准备	16 000	
营业外支出——处置非流动资产损失	8 000	
贷：无形资产——专利权		60 000

【实务操作】

【例 7-7】 广聚公司于 2016 年年初开始自行研究开发一项无形资产，在研究开发过程中发生人工工资 90 万元，以及其他费用 70 万元，共计 160 万元，其中，符合资本化条件的支出为 120 万元；2016 年 10 月无形资产获得成功，达到预定可使用状态。

公司根据可获得的相关信息判断，无法可靠预计这一非专利技术为企业带来未来经济利益的期限。2016 年 12 月 31 日，经减值测试，预计该项无形资产的可收回金额为 100 万元。2017 年年末，经减值测试，预计该项无形资产的可收回金额为 80 万元。同时，有证据表明其使用寿命是有限的，预计尚可使用 5 年。2018 年年末，由于新技术发展迅速，该无形资产出现减值迹象，经减值测试，预计其可收回金额为 54 万元，预计使用寿命和摊销方法不变。2020 年年末，该项无形资产的相关产品已没有市场，该无形资产预期不能再为企业带来经济利益。编制会计分录如下：

2016 年度：

借：研发支出——费用化支出	400 000	
——资本化支出	1 200 000	
贷：应付职工薪酬		900 000
银行存款		700 000
借：管理费用	400 000	
贷：研发支出——费用化支出		400 000
借：无形资产	1 200 000	
贷：研发支出——资本化支出		1 200 000

资产的账面价值为 120 万元，可收回金额为 100 万元，账面价值高于可收回金额，所以应该计提减值准备，金额为 20 万元(120－100)。

借：资产减值损失	200 000	
贷：无形资产减值准备		200 000

2017 年度 12 月 31 日，应计提的减值准备为 20 万元(100－80)。

借：资产减值损失　　200 000

　　贷：无形资产减值准备　　200 000

2018 年度的摊销额＝80÷5＝16(万元)

2018 年 12 月 31 日，应计提无形资产减值准备为 10 万元[(80－16)－54]。

借：管理费用　　160 000

　　贷：累计摊销　　160 000

借：资产减值损失　　100 000

　　贷：无形资产减值准备　　100 000

2020 年度：

借：管理费用　　135 000

　　贷：累计摊销　　135 000

借：累计摊销(16＋13.5×2)　　430 000

　　无形资产减值准备(40＋10)　　500 000

　　营业外支出　　270 000

　　贷：无形资产　　1 200 000

第二讲　长期待摊费用

【知识要点】

一、长期待摊费用的概念和内容

长期待摊费用是指企业已经支出但摊销期限在 1 年以上(不含 1 年)的各项费用，包括固定资产的大修理支出、租入固定资产改良支出和开办费等。

2006 年实行新的《企业会计准则》规定，企业在筹建期间内属于本期发生不需由以后各期摊销的开办费，包括人员工资、办公费、培训费、差旅费、印刷费、注册登记费以及不计入固定资产成本的借款费用等长期待摊费用，待企业开始生产经营当月起一次计入开始生产经营当月的损益，不再分期摊销了。待摊费在开始生产经营的当月一次性转入"管理费用"账户。

租入固定资产的改良支出，是指以经营租赁方式租入的固定资产不适应企业生产技术要求而在租入固定资产上进行的改良工程所发生的工程支出。租入固定资产改良支出应在租赁期限与预计可使用年限两者中较短的期限内平均摊销。

二、长期待摊费用的核算

为了核算和监督长期待摊费用的发生、摊销和结存情况，企业应该设置"长期待摊费用"账户，借方登记发生的各种长期待摊费用，贷方登记长期待摊费用的摊销数，期末借方余额反映尚未摊销的长期待摊费用。

1. 开办费

企业发生各项开办费时，应借记"长期待摊费用"账户，贷记有关账户；摊销时，应借记"管理费用"账户，贷记"长期待摊费用"账户。

【实务操作】

【例 7-8】 广聚公司下属某子公司在筹建期间，用现金支付差旅费、办公费共计 8 000 元，用银行存款支付的工人培训费 10 000 元。编制会计分录如下：

借：长期待摊费用——开办费 18 000

  贷：库存现金 8 000

    银行存款 10 000

目前该子公司已经正式投产。将开办费一次性的计入本期损益。编制会计分录如下：

借：管理费用 18 000

  贷：长期待摊费用——开办费 18 000

2. 租入固定资产的改良支出

租入固定资产的改良支出要在使用寿命和租期两者中选择较短的期限摊销，摊销时，借记“制造费用”“管理费用”等账户，贷记“长期待摊费用——租入固定资产改良支出”账户。

单元测试

1. 单项选择题

(1) 按照现行规定，下列各项中，股份有限公司应作为无形资产入账的是(　　)。

A. 开办费

B. 商誉

C. 为获得土地使用权支付的土地出让金

D. 开发新技术过程中发生的研究开发费

(2) 购买无形资产的价款超过正常信用条件延期支付，实质上具有融资性质的，无形资产的成本以(　　)为基础确定。

A. 全部购买价款　　B. 全部购买价款的现值

C. 对方提供的凭据上标明的金额　　D. 市价

(3) A 公司为甲、乙两个股东共同投资设立的股份有限公司。经营 1 年后，甲、乙股东之外的另一个投资者丙要求加入 A 公司。经协商，甲、乙同意丙以一项非专利技术投入，三方确认该非专利技术的价值是 100 万元。该项非专利技术在丙公司的账面余额为 120 万元，市价为 100 万元，那么该项非专利技术在 A 公司的入账价值为(　　)万元。

A. 100　　B. 120　　C. 0　　D. 150

(4) 2019 年 3 月 1 日，A 公司开始自行开发成本管理软件，在研究阶段发生材料费用 10 万元，开发阶段发生开发人员工资 100 万元，福利费 20 万元，支付租金 30 万元。开发阶段的支出满足资本化条件。2019 年 5 月 16 日，A 公司自行开发成功该成本管理软件，并依法申请了专利，支付注册费 1 万元，律师费 2.5 万元，2019 年 3 月 20 日，A 公司为向社会展示其成本管理软件，特举办了大型宣传活动，支付费用 50 万元，则 A 公司无形资产的入账价值应为(　　)万元。

A. 213.5　　B. 3.5　　C. 153.5　　D. 163.5

(5) 企业在研发阶段发生的无形资产支出应先记入(　　)账户。

A. “无形资产”　　B. “管理费用”　　C. “研发支出”　　D. “累计摊销”

(6) 企业购入或支付土地出让金取得的土地使用权,在已经开发或建造自用项目的,通常作为(　　)账户核算。

A. “固定资产”　　B. “在建工程”　　C. “无形资产”　　D. “长期待摊费用”

(7) 无形资产预期不能给企业带来经济利益时,应将其账面价值列入(　　)账户。

A. “营业外支出”　　B. “其他业务成本”　　C. “管理费用”　　D. “投资收益”

(8) 无形资产的期末借方余额,反映企业无形资产的(　　)。

A. 成本　　B. 摊余价值　　C. 账面价值　　D. 可收回金额

(9) 企业出售无形资产所取得的净收益,应记入(　　)账户。

A. “其他业务收入”　　B. “资产处置损益”　　C. “投资收益”　　D. “营业外收入”

(10) 企业摊销自用的、使用寿命确定的无形资产时,借记“管理费用”账户,贷记(　　)账户。

A. “无形资产”　　B. “累计摊销”

C. “累计折旧”　　D. “无形资产减值准备”

(11) 在会计期末,股份有限公司所持有的无形资产的账面价值高于其可收回金额的差额,应当记入(　　)账户。

A. “管理费用”　　B. “资产减值损失”

C. “其他业务成本”　　D. “营业外支出”

(12) 企业出租无形资产所取得的收入,记入(　　)账户。

A. “营业外收入”　　B. “投资收益”

C. “其他业务收入”　　D. “主营业务收入”

(13) 2020 年 1 月 1 日,乙公司将某专利权的使用权转让给丙公司,每年收取租金 10 万元,转让期间乙公司不使用该项专利。该专利权系乙公司 2018 年 1 月 1 日购入的,初始入账价值为 10 万元,预计使用年限为 5 年。该无形资产按直线法摊销。假定不考虑其他因素,乙公司 2013 年度因该专利权形成的其他业务利润为(　　)万元。

A. −2　　B. 7.5　　C. 8　　D. 9

(14) 甲公司出售所拥有的无形资产一项,取得收入 300 万元,营业税税率 5%。该无形资产取得时实际成本为 400 万元,已摊销 120 万元,已计提减值准备 50 万元。甲公司出售该项无形资产应计入当期损益的金额为(　　)万元。

A. −100　　B. −20　　C. 300　　D. 55

2. 多项选择题

(1) 下列可以确认为无形资产的有(　　)。

A. 计算机公司购入的为客户开发的软件

B. 高级专业技术人才

C. 购买的商标权

D. 有偿取得一项为期 15 年的高速公路收费权

(2) 外购无形资产的成本包括(　　)。

A. 购买价款

B. 进口关税

C. 其他相关税费

D. 直接归属于使该项资产达到预定用途所发生的其他支出

(3) 投资者投入无形资产的成本,应当按照(　　)确定,但该金额不公允的除外。

A. 投资合同约定的价值　　B. 公允价值

C. 投资方无形资产的账面价值　　D. 协议约定的价值

(4) 下列各项中,会引起无形资产账面价值发生增减变动的有(　　)。

A. 对无形资产计提减值准备　　B. 发生无形资产后续支出

C. 摊销无形资产成本　　D. 转让无形资产所有权

(5) 下列有关无形资产会计处理的表述中,正确的有(　　)。

A. 无形资产后续支出应该在发生时计入当期损益

B. 企业自用的、使用寿命确定的无形资产的摊销金额,应该全部计入当期管理费用

C. 不能为企业带来经济利益的无形资产的摊余价值,应该全部转入当期的管理费用

D. 使用寿命有限的无形资产应当在取得当月起开始摊销

(6) 下列有关无形资产的后续计量中,说法不正确的有(　　)。

A. 使用寿命不确定的无形资产,其应摊销的金额应该按照 10 年进行摊销

B. 无形资产的摊销方法必须采用直线法进行摊销

C. 使用寿命不确定的无形资产应该按照系统合理的方法摊销

D. 企业无形资产的摊销方法应当反映与该项无形资产有关的经济利益的预期实现方式

(7) 企业对使用寿命有限的无形资产进行摊销时,其摊销额应根据不同情况分别计入(　　)。

A. 管理费用　　B. 制造费用　　C. 财务费用　　D. 其他业务成本

3. 判断题

(1) 无形资产是指企业为生产商品、提供劳务、出租给他人、或为管理目的而持有的、没有实物形态的非货币性长期资产。(　　)

(2) 某企业以 50 万元外购一项专利权,同时还发生相关费用 6 万元外购无形资产的成本,包括购买价款、进口关税和其他税费以及直接归属于使该项资产达到预定用途所发生的其他支出。那么,该外购专利权的入账价值为 56 万元。(　　)

(3) 企业为首次发行股票和为非首次发行股票而接受投资者投入的无形资产,均应按投资合同或协议约定的价值作为实际成本,但合同或协议约定价值不公允的除外。(　　)

(4) 无法区分研究阶段支出和开发阶段支出,应当将其所发生的研发支出全部资本化,计入无形资产成本。(　　)

(5) 已计入各期费用的研发费用,在该项无形资产获得成功并依法申请专利时,再将原已计入费用的研究费用予以资本化。(　　)

(6) 企业对于无法合理确定使用寿命的无形资产,应将其成本在不超过 10 年的期限内摊销。(　　)

(7) 使用寿命不确定的无形资产不用进行摊销,也不用进行减值测试计提减值准备。(　　)

(8) 使用寿命确定的无形资产的摊销应计入管理费用。(　　)

(9) 无形资产摊销时,应该冲减无形资产的成本。(　　)

（10）由于出售无形资产属于企业的日常活动，因此出售无形资产所取得的收入应通过“其他业务收入”账户核算。　（　　）

实务训练

训练一

资料：广聚公司正在研究和开发一项新工艺，2019 年 1～10 月发生的各项研究、调查和试验等费用 100 万元，2019 年 10～12 月发生材料人工等各项支出 60 万元，在 2019 年 9 月末，该公司已经可以证实该项新工艺必然开发成功，并满足无形资产确认标准。2020 年 1～6 月又发生材料费用、直接参与开发人员的工资、场地设备等租金和注册费等支出 240 万元。2020 年 6 月末该项新工艺完成，达到了预定可使用状态。要求做出相关的会计处理。（答案以“万元”为单位）

训练二

资料：2016 年 1 月 1 日，广聚公司以银行存款 300 万元购入一项专利权。该项无形资产的预计使用年限为 10 年，2019 年年末预计该项无形资产的可收回金额为 100 万元，尚可使用年限为 5 年。另外，该公司 2017 年 1 月内部研发成功并可供使用非专利技术的无形资产账面价值 150 万元，无法预见这一非专利技术为企业带来未来经济利益期限，2019 年年末预计其可收回金额为 130 万元，预计该非专利技术可以继续使用 4 年，该企业按直线法摊销无形资产，计算 2019 年计提无形资产减值准备和 2020 年的摊销金额，并编制会计分录。

训练三

资料：广聚公司自行研发一项专利技术，与该项专利技术有关的资料如下：

（1）2019 年 1 月，该项研发活动进入开发阶段，以银行存款支付开发费用 280 万元，其中，满足资本化条件的为 150 万元，2019 年 7 月 1 日，开发活动结束，并按法律程序申请取得专利权，供企业行政管理部门使用。

（2）该项专利权法律规定有效年限为 5 年，采用直线法摊销。

（3）2019 年 12 月 1 日，将该项专利权转让，实际取得价款 160 万元，款项已存入银行。

要求：

（1）编制广聚公司发生开发支出的会计分录。

（2）编制广聚公司转销费用化开发支出的会计分录。

（3）编制广聚公司形成专利权的会计分录。

（4）计算广聚公司 2019 年 7 月专利权摊销金额并编制会计分录。

（5）编制广聚公司转让专利权的会计分录。

（会计分录涉及的账户要求写明明细账户，答案中的金额单位用“万元”表示）

第八单元　负　债

导学目标

通过本单元学习，学生应该掌握如下知识技能：

1. 掌握短期借款的核算。
2. 掌握应付票据的核算和应付账款的核算。
3. 掌握应付职工薪酬的核算。
4. 掌握应交增值税、应交消费税的核算，理解应交城市建设维护税、教育费附加的核算。
5. 理解预收账款和其他应付款等的核算。

导学案例

高铁大跃进带来包袱　康尼机电负债率居高不下

案例介绍：7 月 13 日，铁道部公布了“2018 年上半年全国铁路主要指标完成情况”，资料显示，上半年铁路固定资产投资同比回落近四成，但是单月投资数据则显示，自 2018 年 2 月以来投资金额逐月回升。但专家同时担忧，再度提速的铁路建设如果解决不好债务风险和投资导向型风险，未来可能会埋下隐患。

有资料显示，由于高铁建设“大跃进”，铁道部背上了日益沉重的债务包袱，负债率一度接近 60%。受资金紧张的影响，从 2017 年开始，我国一些铁路建设重点项目进展缓慢的情况仍在延续，多个铁路建设重点项目的通车时间一拖再拖。

数据显示，康尼机电 2016 至 2018 年和 2019 年 1～3 月的负债率分别高达 73.01%、71.67%、75.30%、74.65%，而最近 3 个会计年度中公司的流动负债占比均超过了 80%，2018 年流动负债更是高达 85.67%。其中，应付账款一直居高不下，2016 年、2017 年、2018 年分别为 42.58%、39.05%、31.06%。

按照康尼机电招股书列举的同行业上市公司，从数据中不难发现，四家已上市公司 2016—2018 年的负债率均不超过 40%，最低的世纪瑞尔 2018 年资产负债率仅为7.07%。相比之下，康尼机电的高负债率像是一把悬在头顶的达摩克利斯之剑，将对公司未来的生产经营产生不利影响。四家已上市公司 2016—2018 年的资产负债率情况表，如表 8-1 所示。

表 8-1　　四家已上市公司 2016—2018 年的资产负债率情况表

公司名称	资产负债率		
	2018 年	2017 年	2016 年
晋西车轴	38.23%	32.95%	32.93%
世纪瑞尔	7.07%	7.18%	34.09%
辉煌科技	26.63%	16.08%	17.72%
鼎汉技术	7.94%	16.28%	12.50%
康尼机电	75.30%	71.67%	73.01%

资料来源：中国网《康尼机电 IPO：高铁大跃进带来包袱　高负债或成拦路虎》。

第一讲　短期借款

【知识要点】

一、短期借款的概念

短期借款是指企业从银行或其他金融机构借入的偿还期在 1 年以内(特殊情况下在超过 1 年的一个营业周期以内)的款项。这类借款往往需要按照月份或者季度支付一定的利息，即使是利息在借款到期时一次性偿还，企业也应该按月预提利息。因此，短期借款的核算一般会涉及银行存款、短期借款和财务费用等。

二、短期借款的核算

(一) 短期借款的取得

企业从银行或其他金融机构借入款项时，应签订借款合同，注明借款金额、借款利率和还款时间等。取得短期借款时，应借记“银行存款”账户，贷记“短期借款”账户。“短期借款”账户应按债权人以及借款种类、还款时间设置明细账。

(二) 短期借款的利息费用

企业取得短期借款而发生的利息费用，一般应作为财务费用处理，计入当期损益。银行或其他金融机构一般按季度在季末月份结算借款利息，每季度的前 2 个月不支付利息。因此，企业应按照权责发生制原则，当月应负担的利息费用，即使在当月没有支付，也应作为当月的利息费用处理，应在月末估计当月的利息费用数额，进行预提，借记“财务费用”账户，贷记“应付利息”账户。在实际支付利息的月份，应根据已经预提的数额，借记“应付利息”账户；实际支付的利息大于预提数的差额，为当月应负担的利息费用，借记“财务费用”账户，根据实际支付的利息，贷记“银行存款”账户。

(三) 短期借款的偿还

企业在短期借款到期偿还借款本金时，应借记“短期借款”账户，贷记“银行存款”账户。

【实务操作】

【例 8-1】　2019 年 4 月 1 日起，广聚公司自银行取得偿还期为 6 个月的借款 40 000 元，年利率为6%,每季度结息一次。该企业按月预提利息费用,到期后企业如数归还借款。

根据以上资料,编制会计分录如下:

(1) 4月1日,借入短期借款:

借:银行存款　　40 000

　贷:短期借款　　40 000

(2) 4月末计提4月份利息费用200元:

借:财务费用　　200

　贷:应付利息　　200

5月末计提5月份利息费用的处理与4月份相同。

(3) 6月份实际支付借款利息600元:

借:应付利息　　400

　财务费用　　200

　贷:银行存款　　600

第三季度的会计处理同上。

(4) 10月1日,偿还借款本金:

借:短期借款　　40 000

　贷:银行存款　　40 000

第二讲　应付票据与应付账款

【知识要点】

应付票据和应付账款都是企业在赊购过程中因为商业信用的存在而形成的流动负债,但两者又有着一定的区别。

一、应付票据

应付票据是指企业在购买材料、商品和接受劳务供应等而开出的、承兑的商业汇票,是一种延期付款的结算方式。在我国,商业汇票的付款期限最长为6个月,因而应付票据即短期应付票据。

(一) 商业汇票的签付

企业采用商业汇票结算方式购入货物,应向供货单位签付已承兑的商业汇票。企业也可以签发商业汇票,用以抵偿应付账款。

商业汇票按承兑人不同分类,可以分为商业承兑汇票和银行承兑汇票两种;按是否带息分类,可以分为不带息商业汇票和带息商业汇票两种。

1. 不带息商业汇票

企业签付不带息的商业汇票,不论是商业承兑汇票还是银行承兑汇票,其到期价值即票面价值。按照重要性原则,应付票据应按业务发生时的金额即票面价值(亦即到期价值)入账。企业取得结算凭证并签付商业汇票后,应按票面价值,借记“原材料”“应交税费”等账户,贷记“应付票据”账户。企业向银行申请承兑支付的手续费,应计入财务费用。

2. 带息商业汇票

企业签付带息的商业汇票，不论是商业承兑汇票还是银行承兑汇票，其到期价值应为票面价值与应计利息的和。在这种情况下，其票面价值为应付票据的现值，应付票据仍应按业务发生时的金额即票面价值(亦即现值)入账。企业取得结算凭证并签付商业汇票后，应按结算凭证上注明的价款，借记“原材料”“应交税费”等账户，按商业汇票的票面价值，贷记“应付票据”账户。企业向银行申请承兑支付的手续费，应计入财务费用。

(二) 带息商业汇票的利息费用

带息商业汇票利息费用的核算，一般有以下几种方法。

1. 按月计提

这种方法适用于票面价值较大、利息费用较多的商业汇票利息费用的核算。采用这种方法，应于每月月末计算当月应付的商业汇票利息费用，计入财务费用，借记“财务费用”账户，贷记“应付利息”账户。

2. 到期计提

这种方法适用于票面价值较小、利息费用较少且签发日与到期日在同一个会计年度的商业汇票利息费用的核算。采用这种方法，每月月末不需要计提利息费用，而是在到期日一次计算确认全部利息费用，计入财务费用。到期时，应按商业汇票的票面价值，借记“应付票据”账户，按全部应计利息，借记“财务费用”账户，按商业汇票的票面价值与应计利息之和，贷记“银行存款”账户。

3. 年末及到期计提

这种方法适用于票面价值较小、利息费用较少但签发日与到期日不在同一个会计年度的商业汇票利息费用的核算。采用这种方法，每月月末不需要计提利息费用，但由于签发日与到期日不在同一个会计年度，按照权责发生制原则应在年末计提当年的利息费用，在到期日再计算确认其余利息费用。年末计提利息费用的核算方法，与按月计提利息费用的核算方法相同；到期日确认其余利息费用的核算方法，与到期确认利息费用的核算方法相同。企业如果在 6 月 30 日需要提供对外会计报告，则利息费用在 6 月 30 日的核算方法与年末相同。

(三) 商业汇票的到期

企业签付的商业汇票到期时，应无条件支付票据款。由于企业筹集付款资金的方法和能力有所不同，到期时可能会出现有能力支付和无力支付两种情况。

1. 有能力支付

在商业汇票到期时，如果企业有能力支付票据款，则企业的开户银行在收到商业汇票付款通知时，无条件支付票据款。企业在收到开户银行的付款通知时，核销应付票据。

支付不带息的票据款时，应借记“应付票据”账户，贷记“银行存款”账户。

支付带息的票据款时，应按商业汇票账面价值，借记“应付票据”账户；按已计提的利息，借记“应付利息”账户；按尚未计提的应计利息，借记“财务费用”账户；按实际支付的票据款，贷记“银行存款”账户。

2. 无力支付票据款

在商业汇票到期时，如果企业无力支付票据款，则应根据不同承兑人承兑的商业汇票作不同的处理。

采用商业承兑汇票进行结算，承兑人即为付款人。如果付款人无力支付票据款，银行将把商业承兑汇票退还给收款人,由收付款双方协商解决。由于商业汇票已经失效,付款人应将应付票据款转为应付账款,应付的利息也应计入应付账款,企业应借记“应付票据”“应付利息”“财务费用”账户,贷记“应付账款”账户。如果是不带息的商业汇票,企业应按票面价值,借记“应付票据”账户,贷记“应付账款”账户。

采用银行承兑汇票进行结算,承兑人为承兑银行。如果付款人无力支付票据款,承兑银行将代为支付票据款,并将其转为对付款人的逾期贷款。由于商业汇票已经失效,付款人应将应付票据款转为短期借款,应付的利息也应计入短期借款,企业应借记“应付票据”“应付利息”“财务费用”账户,贷记“短期借款”账户。如果是不带息的商业汇票,企业应按票面价值,借记“应付票据”账户,贷记“短期借款”账户。企业支付的罚息,应计入营业外支出。

【实务操作】

【例 8-2】 2019 年 8 月 1 日,广聚公司购入原材料一批,增值税专用发票上注明的价款为 20 000 元,增值税额为 2 600 元,共计 22 600 元,原材料已验收入库,采用商业汇票结算方式进行结算。该企业签付一张无息商业承兑汇票,付款期限为 4 个月。12 月 1 日,用银行存款支付票据款 22 600 元。根据以上资料,编制会计分录如下:

(1) 8 月 1 日,签付商业承兑汇票 22 600 元:

借:原材料	20 000	
应交税费——应交增值税(进项税额)	2 600	
贷:应付票据		22 600

(2) 12 月 1 日,支付票据款 22 600 元:

借:应付票据	22 600	
贷:银行存款		22 600

二、应付账款

应付账款是指企业在正常的生产经营过程中因购进货物或接受劳务应在 1 年以内偿付的债务,属于流动负债。应付账款同样也是商业赊购形成的商业信用,但是,它的法律约束力明显弱于应付票据,因此,流动性顺序也低于应付票据。

(一) 应付账款的入账时间

从理论上讲,应付账款的入账时间应为结算凭证取得的时间。在赊购情况下,企业取得结算凭证的同时可以取得货物,也意味着取得了该项货物的产权,应在确认资产的同时确认负债。在实际工作中,一般在货物验收入库、发票到达之后登记入账。但是,如果购进的货物已验收入库,而结算凭证在月末仍未到达,企业应对其进行估价,同时确认资产和负债。但为了规范实际支付货款时的核算方法,应在下月 1 日编制红字会计凭证予以冲销。

(二) 应付账款的入账价格

一般来说,按照重要性原则,应付账款一般按照业务发生时的金额,即未来应付的金额入账。企业确认应付账款时,应借记有关账户,贷记“应付账款”账户;偿付应付账款时,应借记“应付账款”账户,贷记“银行存款”等账户。

如果应付账款中含有现金折扣,其入账价格的确定方法有总价法和净价法两种。

1. 总价法

总价法的特点是购进的货物和应付账款均按结算凭证中的价格入账，假定企业不会享受现金折扣，按照全部交易金额计入应付账款，待实际享受现金折扣时，再冲减企业财务费用，借记"原材料""应交税费"等账户，贷记"应付账款"账户。企业在折扣期内支付了货款，取得了现金折扣，则将其视为提前付款取得的利息收入，冲减财务费用，按应付账款的总价，借记"应付账款"账户，按实际支付的价款，贷记"银行存款"账户，按取得的现金折扣，贷记"财务费用"账户；如果未取得现金折扣，按总价支付货款时，应借记"应付账款"账户，贷记"银行存款"账户。

2. 净价法

净价法的特点是假定企业会享受现金折扣，因此，购进的货物和应付账款均按结算凭证中的价格扣除了最大现金折扣后的金额入账。企业购进货物以后，应按购进货物发票上的买价扣除最大现金折扣后的金额，借记"原材料"等账户，按发票中注明的增值税进项税额，借记"应交税费"账户，按发票的全部价款扣除最大现金折扣后的金额，贷记"应付账款"账户。企业支付货款时，如果取得了最大的现金折扣，应按实际支付的价款，借记"应付账款"账户，贷记"银行存款"账户；如果未能取得最大的现金折扣，比应付账款账面价值多付的金额，一般视为迟付货款多付的利息，计入财务费用，应按应付账款账面价值，借记"应付账款"账户，按多付的价款，借记"财务费用"账户，按实际支付的价款，贷记"银行存款"账户。

需要指出的是，采用净价法时，为了正确反映应付账款的数额，对于期末已经丧失的现金折扣应予以调整，丧失的现金折扣一般也视为迟付货款多付的利息，计入财务费用。调整丧失的现金折扣时，应借记"财务费用"账户，贷记"应付账款"账户。

【实务操作】

【例 8-3】 2019 年 5 月 3 日，广聚公司赊购原材料一批，增值税专用发票中注明的价款为 10 000 元，增值税额为 1 300 元，共计 11 300 元，原材料已经入库。付款条件为"2/10, 1/20, n/30"。公司采用总价法进行核算。5 月 13 日，实际支付价款 11 074 元[11 300×(1－2%)]，取得现金折扣 226 元。

(1) 5 月 3 日，购入原材料，按总价入账：

借：原材料	10 000	
应交税费——应交增值税(进项税额)	1 300	
贷：应付账款		11 300

(2) 5 月 13 日，支付价款 11 074 元：

借：应付账款	11 300	
贷：银行存款		11 074
财务费用		226

如果公司采用净价法进行核算，编制会计分录如下：

(1) 5 月 3 日，购入原材料，按净价入账：

最大现金折扣＝11 300×2%＝226(元)

应付账款净价＝11 300－226＝11 074(元)

原材料入账价值＝10 000－226＝9 774(元)

借：原材料 9 774
　　应交税费——应交增值税(进项税额) 1 300
　　贷：应付账款 11 074

(2) 5月13日，支付价款11 074元：

借：应付账款 11 074
　　贷：银行存款 11 074

如果该企业5月13日未支付货款，而在5月23日支付货款，则只能取得1%的现金折扣113元，实际支付价款11 187元：

借：应付账款 11 074
　　财务费用 113
　　贷：银行存款 11 187

上述总价法和净价法都是应付账款核算较为常用的方法，各有利弊。

从经营管理者的角度以及购进货物计价的客观性来说，净价法具有较大的优越性。在规范的市场经济条件下，现金折扣是促使购买者尽快付款的有效手段。因为在较短的时间内取得较大的现金折扣，对购买者具有较大的吸引力。但是，从价值控制的角度来说，采用总价法购进货物的入账价值与发票所列价格相同，便于进行控制；而采用净价法购进货物的入账价值与发票上所列的价格不符，不便于进行控制。我国现行会计制度规定，要求企业按总价法进行核算。

第三讲　应付职工薪酬

【知识要点】

一、职工薪酬的概述

职工薪酬是指企业为获得职工提供的服务或解除劳动关系而给予的各种形式的报酬或补偿。职工薪酬包括短期薪酬、离职后福利、辞退福利和其他长期职工福利。企业提供给职工配偶、子女、受赡养人、已故员工遗属及其他受益人等的福利，也属于职工薪酬。

这里所称的"职工"，主要包括三类人员：一是与企业订立劳动合同的所有人员，含全职、兼职和临时职工；二是未与企业订立劳动合同，但由企业正式任命的企业治理层和管理层人员，如董事会成员、监事会成员等；三是在企业的计划和控制下，虽未与企业订立劳动合同或未由其正式任命，但向企业所提供服务与职工所提供服务类似的人员，也属于职工的范畴，包括通过企业与劳务中介公司签订用工合同而向企业提供服务的人员。

职工薪酬主要包括以下内容。

1. 短期薪酬

短期薪酬是指企业在职工提供相关服务的年度报告期间结束后12个月内需要全部予以支付的职工薪酬，因解除与职工的劳动关系给予的补偿除外。短期薪酬具体包括：

(1) 职工工资、奖金、津贴和补贴是指按照构成工资总额的计时工资、计件工资、支付给职工的超额劳动报酬和增收节支的劳动报酬、为补偿职工特殊或额外的劳动消耗和因其他特殊原因支付给职工的津贴，以及为保证职工工资水平不受物价影响支付给职工的物价补贴等。

其中,企业按照短期奖金计划向职工发放的奖金属于短期薪酬,按照长期奖金计划向职工发放的奖金属于其他长期职工福利。

(2) 职工福利费是指企业向职工提供的生活困难补助、丧葬补助费、抚恤费、职工异地安家费、防暑降温费等职工福利支出。

(3) 医疗保险费、工伤保险费等社会保险费是指企业按照国家规定的基准和比例计算,向社会保险经办机构缴纳的医疗保险费、工伤保险费。

(4) 住房公积金,是指企业按照国家规定的基准和比例计算,向住房公积金管理机构缴存的住房公积金。

(5) 工会经费和职工教育经费是指企业为了改善职工文化生活、为职工学习先进技术及提高文化水平和业务素质,用于开展工会活动和职工教育及职业技能培训等相关支出。

(6) 短期带薪缺勤是指职工虽然缺勤但企业仍向其支付报酬的安排,包括年休假、病假、婚假、产假、丧假和探亲假等。长期带薪缺勤属于其他长期职工福利。

(7) 短期利润分享计划是指因职工提供服务而与职工达成的基于利润或其他经营成果提供薪酬的协议。长期利润分享计划属于其他长期职工福利。

(8) 其他短期薪酬是指除上述薪酬以外的其他为获得职工提供的服务而给予的短期薪酬。

2. 离职后福利

离职后福利是指企业为获得职工提供的服务而在职工退休或与企业解除劳动关系后提供的各种形式的报酬和福利,短期薪酬和辞退福利除外。企业应当将离职后福利计划分类为设定提存计划和设定受益计划。离职后福利计划是指企业与职工就离职后福利达成的协议,或者企业为向职工提供离职后福利制定的规章或办法等。其中,设定提存计划是指向独立的基金缴存固定费用后,企业不再承担进一步支付义务的离职后福利计划;设定受益计划是指除设定提存计划以外的离职后福利计划。

3. 辞退福利

辞退福利是指企业在职工劳动合同到期之前解除与职工的劳动关系,或者为鼓励职工自愿接受裁减而给予职工的补偿。

4. 其他长期职工福利

其他长期职工福利是指除短期薪酬、离职后福利、辞退福利之外所有的职工薪酬,包括长期带薪缺勤、长期残疾福利和长期利润分享计划等。

二、应付职工薪酬的科目设置

企业应设置“应付职工薪酬”账户,用来核算应付职工薪酬的计提、结算、使用等情况。该账户的贷方登记已分配计入有关成本费用项目的职工薪酬,借方登记实际发放的职工薪酬,包括扣还的款项等;期末贷方余额,反映企业应付未付的职工薪酬。

“应付职工薪酬”账户应按照“工资、奖金、津贴和补贴”“职工福利费”“非货币性福利”“社会保险费”“住房公积金”“工会经费和职工教育经费”“带薪缺勤”“利润分享计划”“设定提存计划”“设定受益计划”“辞退福利”等职工薪酬项目设置明细账进行明细核算。

三、短期薪酬的核算

企业应当在职工为其提供服务的会计期间,将实际发生的短期薪酬确认为负债,并计入当期损益,其他会计准则要求或允许计入资产成本的除外。

(一) 货币性职工薪酬

1. 职工工资、奖金、津贴和补贴

对于职工工资、奖金、津贴和补贴等货币性职工薪酬,企业应当在职工为其提供服务的会计期间,将实际发生的职工工资、奖金、津贴和补贴等,根据职工提供服务的受益对象进行分配。一般来说,应根据生产车间职工工资计入产品成本,其中生产工人的工资,借记“生产成本”账户,车间管理人员的工资,借记“制造费用”账户;应根据销售人员的工资,借记“销售费用”账户;应根据在建工程人员工资,借记“在建工程”账户;应根据自行开发无形资产人员工资,借记“研发支出”账户;应根据其他人员的工资,借记“管理费用”账户;贷记“应付职工薪酬——工资、奖金、津贴和补贴”账户。

为了便于进行工资分配的核算,企业应编制工资分配汇总表。

【实务操作】

【例 8-4】 广聚公司 2019 年 10 月份的工资分配汇总表,如表 8-2 所示。

表 8-2　　工资分配汇总表

单位:元

应借科目	生产工人	车间管理人员	企业管理人员	销售人员	在建工程人员	合计
生产成本	80 000					80 000
制造费用		4 500				4 500
管理费用			14 700			14 700
销售费用				3 300		3 300
在建工程					6 500	6 500
合　计	80 000	4 500	14 700	3 300	6 500	109 000

根据工资分配汇总表,编制会计分录如下:

借:生产成本　　80 000
　　制造费用　　4 500
　　管理费用　　14 700
　　销售费用　　3 300
　　在建工程　　6 500
　　贷:应付职工薪酬——工资、奖金、津贴和补贴　　109 000

实务中,企业一般在每月发放工资前,根据工资结算汇总表中的“实发金额”栏的合计数,通过开户银行支付给职工或从开户银行提取现金,然后再向职工发放。

实际发放工资时,按照实发工资数额,借记“应付职工薪酬——工资、奖金、津贴和补贴”账户,贷记“银行存款”“库存现金”账户;企业从应付职工薪酬中扣还的各种款项(代垫的家属药费、个人所得税等),借记“应付职工薪酬”账户,贷记“银行存款”“其他应收款”“其他应付款”“应交税费——应交个人所得税”账户。

【实务操作】

【例 8-5】 广聚公司2019年10月份的工资结算汇总表，如表8-3所示。

表 8-3　　工资结算汇总表

单位：元

项目	应付工资							代扣款项	代扣个人所得税	实发金额
	计时工资	计件工资	奖金	津贴和补贴	加班费	其他工资	合计			
生产工人	50 000	10 000	8 000	4 000	6 000	2 000	80 000	5 000	3 000	72 000
车间管理人员	3 000		1 000	500			4 500	500	100	3 900
企业管理人员	11 000		2 500	1 200			14 700	1 600	530	12 570
销售人员	2 000		1 000	300			3 300	200	70	3 030
在建工程人员	4 000		1 500	1 000			6 500	200	200	6 100
合　计	70 000	10 000	14 000	7 000	6 000	2 000	109 000	7 500	3 900	97 600

根据有关的工资结算业务，编制会计分录如下。

通过银行转账方式，实际发放工资97 600元。

借：应付职工薪酬——工资、奖金、津贴和补贴　　109 000
　　贷：银行存款　　97 600
　　　　其他应付款　　7 500
　　　　应交税费——应交个人所得税　　3 900

2. 职工付福利费

在我国，企业职工从事生产经营活动除了领取劳动报酬以外，还享受一定的福利补助，如医疗费、独生子女保健费等。为了反映职工福利的支付与分配情况，应在“应付职工薪酬”账户下设置“职工福利费”明细账户。

企业应当在实际发生职工福利费时，根据实际发生额，借记“生产成本”“制造费用”“管理费用”“销售费用”“在建工程”和“研发支出”等账户，贷记“应付职工薪酬——职工福利费”账户。实际支出时，应借记“应付职工薪酬——职工福利费”账户，贷记“银行存款”等账户。

【实务操作】

【例 8-6】 广聚公司下设一所职工食堂，每月根据在岗职工数量及岗位分布情况、相关历史经验数据等计算需要补贴食堂的金额，从而确定企业每期因补贴职工食堂需要承担的福利费金额。2019年10月，企业在岗职工共计200人，其中生产车间170人，管理部门30人，公司对每个职工每月需补贴食堂100元。

(1) 确认职工福利费时：

借：生产成本　　17 000
　　管理费用　　3 000
　　贷：应付职工薪酬——职工福利费　　20 000

(2) 支付福利费给食堂时：

借：应付职工薪酬——职工福利费　　20 000
　　贷：银行存款　　20 000

3. 国家规定计提标准的职工薪酬

(1) 工会经费和职工教育经费。根据《工会法》的规定，企业按每月全部职工工资总额的2%向工会拨缴经费，并在成本费用中列支，主要用于为职工服务和工会活动。

职工教育经费一般由企业按照每月工资总额的8%计提，主要用于职工接受岗位培训和继续教育等方面的支出。

期末，企业根据规定的计提基础和比例计算确定应付工会经费和职工教育经费，借记"生产成本""制造费用""管理费用""销售费用""在建工程"和"研发支出"等账户，贷记"应付职工薪酬——工会经费、职工教育经费"账户。实际上缴或支出时，应借记"应付职工薪酬——工会经费、职工教育经费"账户，贷记"银行存款"等账户。

【实务操作】

【例 8-7】 2019 年 7 月，甲企业应付工资总额 693 000 元，工资费用分配汇总表中列示的产品生产人员工资为 480 000 元，车间管理人员工资为 105 000 元，企业行政管理人员工资为 90 600 元，销售人员工资为 17 400 元。结算本月应付职工工资总额 693 000 元，其中，企业代垫职工房租 32 000 元、代垫职工家属医药费 8 000 元，实发工资 653 000 元，通过银行发放工资。

(1) 分配工资费用时：

借：生产成本　　480 000
　　制造费用　　105 000
　　管理费用　　90 600
　　销售费用　　17 400
　　贷：应付职工薪酬——工资、奖金、津贴和补贴　　693 000

(2) 实际发放工资时：

借：应付职工薪酬——工资、奖金、津贴和补贴　　693 000
　　贷：银行存款　　653 000
　　　　其他应收款——职工房租　　32 000
　　　　　　　　　——代垫医药费　　8 000

(3) 计提工会经费和职工教育经费：

借：生产成本　　48 000
　　制造费用　　10 500
　　管理费用　　9 060
　　销售费用　　1 740
　　贷：应付职工薪酬——工会经费、职工教育经费——工会经费　　13 860
　　　　　　　　　　　　　　　　　　　　　　　——职工教育经费　　55 440

(2) 社会保险费和住房公积金。社会保险费包括医疗保险费、养老保险费、失业保险费和工伤保险费。企业承担的社会保险费，除养老保险费和失业保险费按规定确认为离职后福利，其他的社会保险作为企业的短期薪酬。

住房公积金分为职工所在单位为职工缴存和职工个人缴存两部分，但其全部属于职工个人所有。

期末，对于企业应缴纳的社会保险费（不含基本养老费和失业保险费）和住房公积金，应按照国家规定的计提基础和比例，在职工提供服务期间根据受益对象计入当期损益或相关资产成本，并确认相应的应付职工薪酬金额，借记“生产成本”“制造费用”“管理费用”“销售费用”“在建工程”“研发支出”等账户，贷记“应付职工薪酬——社会保险费、住房公积金”账户；对于职工个人承担的社会保险费和住房公积金，由职工所在企业每月从其工资中代扣代缴，借记“应付职工薪酬——社会保险费、住房公积金”账户，贷记“其他应付款——社会保险费（医疗保险、工伤保险）、住房公积金”账户。

【实务操作】

【例 8-8】 承[例 8-7]，2019 年 7 月，该企业根据国家规定的计提标准，计算应由企业负担的向社会保险经办机构缴纳社会保险费（不含基本养老险和失业保险费）共计 83 160 元。按照规定标准计提住房公积金为 7 230 元。甲企业应编制如下会计分录：

借：生产成本	110 400	
制造费用	24 150	
管理费用	20 838	
销售费用	4 002	
贷：应付职工薪酬——社会保险费		83 160
——住房公积金		76 230

假定该企业从应付职工薪酬中代扣个人应缴纳的社会保险费（不含基本养老险和失业保险）20 790 元、住房公积金为 76 230 元，共计 97 020 元。甲企业应编制如下会计分录：

借：应付职工薪酬——社会保险费	20 790	
——住房公积金	76 230	
贷：其他应付款——社会保险费		20 790
——住房公积金		76 230

4. 短期带薪缺勤

对于职工带薪缺勤，企业应当根据其性质及职工享有的权利，分为累积带薪缺勤和非累积带薪缺勤两类。企业应当对累积带薪缺勤和非累积带薪缺勤分别进行会计处理。如果带薪缺勤属于长期带薪缺勤的，企业应当作为其他长期职工福利处理。

（1）累积带薪缺勤是指带薪权利可以结转下期的带薪缺勤，本期尚未用完的带薪缺勤权利可以在未来期间使用。企业应当在职工提供了服务从而增加了其未来享有的带薪缺勤权利时，确认与累积带薪缺勤相关的职工薪酬，并以累积未行使权利而增加的预期支付金额计量。确认累积带薪缺勤时，借记“管理费用”等账户，贷记“应付职工薪酬——带薪缺勤——短期带薪缺勤——累积带薪缺勤”账户。

【实务操作】

【例 8-9】 丁企业从 2018 年 1 月 1 日起实行累积带薪缺勤制度。该制度规定，每个职工每年可享受5个工作日带薪年休假，未使用的年休假只能向后结转一个公历年度，超过1年未使用的权利作废，在职工离开企业时也无权获得现金支付；职工休年假时，首先使用当年可享受的权利，不足部分再从上年结转的带薪年休假中扣除。至2018年12月31日，丁企业有2 000名职工未享受当年的带薪年休假，丁企业预计，2019年有1 900名职工将享受不超过5天的带薪年休假，剩余100名职工每人将平均享受6.5天的年休假，假定这100名职工全部为总部管理人员，该企业平均每名职工每个工作日工资为300元。不考虑其他相关因素。2018年12月31日，丁企业应编制如下会计分录：

借：管理费用　　45 000

　　贷：应付职工薪酬——带薪缺勤——短期带薪缺勤——累积带薪缺勤　　45 000

丁企业在2018年12月31日应当预计由于职工累积未使用的带薪年休假权利而导致的预期支付的金额，即相当于150天[100×(6.5—5)]的年休假工资金额45 000元(150×300)。

(2) 非累积带薪缺勤，是指带薪权利不能结转下期的带薪缺勤，本期尚未用完的缺勤权利将予以取消，并且职工离开企业时也无权获得现金支付。我国企业职工休婚假、产假、丧假、探亲假、病假期间的工资通常属于非累积带薪缺勤。由于职工提供服务本身不能增加其能够享受的福利金额，企业在职工未缺勤时不应当计提相关费用和负债。为此，企业应当在职工实际发生缺勤的会计期间确认与非累积带薪缺勤相关的职工薪酬。

企业确认职工享有的与非累积带薪缺勤权利相关的薪酬，视同职工出勤确认的当损益或相关资产成本。通常情况下，与非累积带薪缺勤相关的职工薪酬已经包括在企业每期向职工发放的工资等薪酬中，因此，不必额外作相应的账务处理。

(二) 非货币性职工薪酬

1. 以自产产品或外购商品作为福利发放给职工

企业以其生产的产品作为非货币性福利提供给职工的，应按该产品的公允价值和相关税费计入相关资产成本或当期损益，并确认应付职工薪酬，借记“生产成本”“制造费用”“管理费用”等账户，贷记“应付职工薪酬——非货币性福利”账户。同时，确认主营业务收入，其销售成本的结转和相关税费的处理与正常商品销售相同。以外购商品作为非货币性福利提供给职工的，应按该商品的公允价值和相关税费计入相关资产成本或当期损益，同时确认应付职工薪酬；实际购买时冲销应付职工薪酬。需要注意的是，企业在进行账务处理时，应先通过“应付职工薪酬”账户归集当期应计入成本费用的非货币性福利，以准确确定企业人工成本。

【实务操作】

【例8-10】 广聚公司共有职工238人，其中直接参加生产的职工200人，总部管理人员38人。2019年9月，公司以其生产成本为60元的电子产品和外购的每盒不含税价格为80元的食品礼盒作为中秋节福利发放给全体职工。电子产品售价为100元，公司适用的增值税税率为13%；公司购买的食品礼盒开具了增值税专用发票，适用税率为13%。

电子产品售价总额＝100×200＋100×38＝23 800(元)

电子产品的增值税销项税额＝100×200×13%＋100×38×13%＝3 094(元)

应付职工薪酬总额＝23 800＋3 094＝26 894(元)

电子产品的成本总额＝60×238＝14 280(元)

(1) 公司决定发放非货币性福利时：

借：生产成本　22 600
　　管理费用　4 294
　　贷：应付职工薪酬——非货币性福利　26 894

(2) 实际发放非货币性福利时：

借：应付职工薪酬——非货币性福利　26 894
　　贷：主营业务收入　23 800
　　　　应交税费——应交增值税(销项税额)　3 094
借：主营业务成本　14 280
　　贷：库存商品　14 280

食品礼盒的售价总额 $=80\times200+80\times38=19\ 040$(元)

食品礼盒的增值税进项税额 $=80\times200\times13\%+80\times38\times13\%=2\ 475.2$(元)

应付职工薪酬总额 $=19\ 040+2\ 475.2=21\ 515.2$(元)

(1) 购买食品礼盒时：

借：库存商品　21 515.20
　　贷：银行存款　21 515.20

(2) 公司决定发放非货币性福利时：

借：生产成本　18 080.00
　　管理费用　3 435.20
　　贷：应付职工薪酬——非货币性福利　21 515.20
借：应付职工薪酬——非货币性福利　21 515.20
　　贷：库存商品　21 515.20

2. 将自有或租赁的住房等资产无偿提供给职工使用

将企业拥有的房屋等资产无偿提供给职工使用的，应当根据受益对象，将该住房每期应计提的折旧计入相关资产成本或当期损益，同时确认应付职工薪酬，借记“生产成本”“制造费用”“管理费用”等账户，贷记“应付职工薪酬——非货币性福利”账户。并且，同时借记“应付职工薪酬——非货币性福利”账户，贷记“累计折旧”账户。租赁住房等资产供职工无偿使用的，应当根据受益对象，将每期应付的租金计入相关资产成本或当期损益，并确认应付职工薪酬，借记“生产成本”“制造费用”“管理费用”等账户，贷记“应付职工薪酬——非货币性福利”账户。难以认定受益对象的非货币性福利直接计入当期损益和应付职工薪酬。

【实务操作】

【例 8-11】 广聚公司为部门经理级别以上的职工共 12 名免费提供公司自有的汽车使用，假定每辆汽车每月计提折旧 800 元，同时对于普通的车间工人共 200 名提供集体宿舍居住，该住房为公司租赁而来，每月租金共计 24 000 元，假定租金每月支付一次。

公司每月应进行如下处理：

借：生产成本　24 000
　　管理费用　9 600
　　贷：应付职工薪酬——非货币性福利　33 600

在计提折旧、交纳租金时：

借：应付职工薪酬——非货币性福利　　33 600
　　贷：累计折旧　　9 600
　　　　银行存款　　24 000

四、设定提存计划的核算

对于设定提存计划，企业应当根据在资产负债表日为换取职工在会计期间提供的服务而应向单独主体缴存的提存金，确认为应付职工薪酬，并计入当期损益或相关资产成本，借记“生产成本”“制造费用”“管理费用”等账户，贷记“应付职工薪酬——设定提存计划”账户。

【实务操作】

【例 8-12】 承[例 8-7]，甲企业根据所在地政府规定，按照职工工资总额的 16%计提基本养老保险费，缴存当地社会保险经办机构。2019 年 7 月份，甲企业缴存的基本养老保险费，应计入生产成本的金额为 76 800 元，应计入制造费用的金额为 16 800 元，应计入管理费用的金额为 14 496 元，应计入销售费用的金额为 2 784 元。

甲企业应编制如下会计分录：

借：生产成本　　76 800
　　制造费用　　16 800
　　管理费用　　14 496
　　销售费用　　2 784
　　贷：应付职工薪酬——设定提存计划——基本养老保险费　　110 880

第四讲　应交税费

【知识要点】

一、概述

企业根据税法规定应交纳的各种税费包括增值税、消费税、城市维护建设税、资源税、环境保护税、企业所得税、土地增值税、房产税、车船税、城镇土地使用税、教育费附加、矿产资源补偿费、印花税、耕地占用税、契税和车辆购置税等。

企业应通过“应交税费”账户，核算各种税费的应交、交纳等情况。该账户贷方登记应交纳的各种税费等，借方登记实际交纳的税费；期末余额一般在贷方，反映企业尚未交纳的税费，期末余额如在借方，反映企业多交或尚未抵扣的税费。本账户按应交税费项目设置明细账户进行明细核算。

企业代扣代交的个人所得税，也通过“应交税费”账户核算，而企业交纳的印花税、耕地占用税等不需要预计应交数的税金，不通过“应交税费”账户核算。

二、应交增值税

（一）增值税概述

1. 增值税征税范围和纳税义务人

增值税是以商品（含应税劳务、应税行为）在流转过程中实现的增值额作为计税依据而征收的一种流转税。按照我国现行增值税制度的规定，在我国境内销售货物、加工修理修配劳务、服务、无形资产和不动产以及进口货物的企业、单位和个人为增值税的纳税人。其中，“服务”是指提供交通运输服务、建筑服务、邮政服务、电信服务、金融服务、现代服务和生活服务。

根据经营规模大小及会计核算水平的健全程度，增值税纳税人分为一般纳税人和小规模纳税人。

一般纳税人是指年应税销售额超过财政部、国家税务总局规定标准的增值税纳税人。小规模纳税人是指年应税销售额未超过规定标准，并且会计核算不健全，不能够提供准确税务资料的增值税纳税人。

2. 增值税的计税方法

计算增值税的方法分为一般计税方法和简易计税方法。

增值税的一般计税方法，是先按当期销售额和适用的税率计算出销项税额，然后以该销项税额对当期购进项目支付的税款(即进项税额)进行抵扣，间接算出当期的应纳税额。应纳税额的计算公式：

应纳税额 = 当期销项税额 − 当期进项税额

公式中的“当期销项税额”，是指纳税人当期销售货物、加工修理修配劳务、服务、无形资产和不动产时按照销售额和增值税税率计算并收取的增值税额。其中，销售额是指纳税人销售货物、加工修理修配劳务、服务、无形资产和不动产向购买方收取的全部价款和价外费用，但不包括收取的销项税额。当期销项税额的计算公式：

销项税额 = 销售额 × 增值税税率

公式中的“当期进项税额”，是指纳税人购进货物、加工修理修配劳务、服务、无形资产或者不动产，支付或者负担的增值税额。下列进项税额准予从销项税额中抵扣：

(1) 从销售方取得的增值税专用发票(含税控机动车销售统一发票，下同)上注明的增值税额。

(2) 从海关进口增值税专用缴款书上注明的增值税额。

(3) 购进农产品，除取得增值税专用发票或者海关进口增值税专用缴款书外，按照农产品收购发票或者销售发票上注明的农产品买价和9%的扣除率计算的进项税额，如用于生产销售或委托加工13%税率货物的农产品，按照农产品收购发票或者销售发票上注明的农产品买价和10%的扣除率计算的进项税额。

(4) 从境外单位或者个人购进服务、无形资产或者不动产，从税务机关或者扣缴义务人取得的解缴税款的完税凭证上注明的增值税额。

(5) 一般纳税人支付的道路、桥、闸通行费，凭取得的通行费发票上注明的收费金额和规定的方法计算的可抵扣的增值税进项税额。

当期销项税额小于当期进项税额不足抵扣时，其不足部分可以结转下期继续抵扣。

一般纳税人采用的税率分为13%、9%、6%和零税率。

一般纳税人销售货物、劳务、有形动产租赁服务或者进口货物，税率为13%。

一般纳税人销售或者进口粮食等农产品、食用植物油、食用盐、自来水、暖气、冷气、热水、煤气、石油液化气、天然气、二甲醚、沼气、居民用煤炭制品、图书、报纸、杂志、音像制品、电子出版物、饲料、化肥、农药、农机、农膜以及国务院及其有关部门规定的其他货物，税率为9%；提供交通运输、邮政、基础电信、建筑、不动产租赁服务，销售不动产，转让土地使用权，税率为9%；其他应税行为，税率为6%。

一般纳税人出口货物，税率为零；但是，国务院另有规定的除外。境内单位和个人发生的跨境应税行为税率为零，具体范围由财政部和国家税务总局另行规定。

增值税的简易计税方法是按照销售额与征收率的乘积计算应纳税额，不得抵扣进项税额。应纳税额的计算公式：

$$应纳税 = 销售额 \times 征收率$$

公式中的销售额不包括其应纳税额，如果纳税人采用销售额和应纳税额合并定价方法的，应按照公式“销售额＝含税销售额÷(1＋征收率)”还原为不含税销售额计算。

增值税一般纳税人计算增值税大多采用一般计税方法；小规模纳税人一般采用简易计税方法；一般纳税人发生财政部和国家税务总局规定的特定应税销售行为，也可以选择简易计税方式计税，但是不得抵扣进项税额。采用简易计税方式的增值税征收率为3%，国家另有规定的除外。

(二) 一般纳税人的账务处理

1. 增值税核算应设置的账户

为了核算企业应交增值税的发生、抵扣、交纳、退税及转出等情况，增值税一般纳税人应当在“应交税费”账户下设置“应交增值税”“未交增值税”“预交增值税”“待抵扣进项税额”“待认证进项税额”“待转销项税额”“增值税留抵税额”“简易计税”“转让金融商品应交增值税”“代扣代交增值税”等明细账户。

(1)“应交增值税”明细账户，用来核算一般纳税人进项税额、销项税额抵减、已交税金、转出未交增值税、减免税款、出口抵减内销产品应纳税额、销项税额、出口退税、进项税额转出和转出多交增值税等情况。该明细账设置以下专栏：

第一，“进项税额”专栏，记录一般纳税人购进货物、加工修理修配劳务、服务、无形资产或不动产而支付或负担的、准予从当期销项税额中抵扣的增值税额。

第二，“销项税额抵减”专栏，记录一般纳税人按照现行增值税制度规定因扣减销售额而减少的销项税额。

第三，“已交税金”专栏，记录一般纳税人当月已交纳的应交增值税额。

第四，“转出未交增值税”和“转出多交增值税”专栏，分别记录一般纳税人月度终了转出当月应交未交或多交的增值税额。

第五，“减免税款”专栏，记录一般纳税人按现行增值税制度规定准予减免的增值税额。

第六，“出口抵减内销产品应纳税额”专栏，记录实行“免、抵、退”办法的一般纳税人按规定计算的出口货物的进项税抵减内销产品的应纳税额。

第七，“销项税额”专栏，记录一般纳税人销售货物、加工修理修配劳务、服务、无形资产或不动产应收取的增值税额。

第八，“出口退税”专栏，记录一般纳税人出口货物、加工修理修配劳务、服务、无形资产按规定退回的增值税额。

第九，“进项税额转出”专栏，记录一般纳税人购进货物、加工修理修配劳务、服务、无形资产或不动产等发生非正常损失以及其他原因而不应从销税额中抵扣、按规定转出的进项税额。

(2)“未交增值税”明细账户，用来核算一般纳税人月度终了从“应交增值税”或“预交增值税”明细账户转入当月应交未交、多交或预交的增值税额，以及当月交纳以前期间未交的增值税额。

（3）“预交增值税”明细账户，用来核算一般纳税人转让不动产、提供不动产经营租服务、提供建筑服务、采用预收款方式销售自行开发的房地产项目等，以及其他按现行增值税制度规定应预交的增值税额。

（4）“待抵扣进项税额”明细账户，用来核算一般纳税人已取得增值税扣税凭证并经税务机关认证，按照现行增值税制度规定准予以后期间从销项税额中抵扣的进项税额。

（5）“待认证进项税额”明细账户，用来核算一般纳税人由于未经税务机关认证而不得从当期销项税额中抵扣的进项税额。包括一般纳税人已取得增值税扣税凭证、按照现行增值税制度规定准予从销项税额中抵扣，但尚未经税务机关认证的进项税额；一般纳税人已申请稽核但尚未取得稽核相符结果的海关缴款书进项税额。

（6）“待转销项税额”明细账户，用来核算一般纳税人销售货物、加工修理修配劳务、服务、无形资产或不动产，已确认相关收入（或利得）但尚未发生增值税纳税义务而需于以后期间确认为销项税额的增值税额。

（7）“简易计税”明细账户，用来核算一般纳税人采用简易计税方法发生的增值税计提、扣减、预缴和缴纳等业务。

（8）“转让金融商品应交增值税”明细账户，用来核算增值税纳税人转让金融商品发生的增值税额。

（9）“代扣代交增值税”明细账户，用来核算纳税人购进在境内未设经营机构的境外单位或个人在境内的应税行为代扣代缴的增值税额。

2. 取得资产、接受劳务或服务

（1）一般纳税人购进货物、加工修理修配劳务、服务、无形资产或者不动产，按应计入相关成本费用或资产的金额，借记“材料采购”“在途物资”“原材料”“库存商品”“生产成本”“无形资产”“固定资产”“管理费用”等账户，按当月已认证的可抵扣增值税额，借记“应交税费——应交增值税（进项税额）”账户，按当月未认证的可抵扣增值税额，借记“应交税费——待认证进项税额”账户，按应付或实际支付的金额，贷记“应付账款”“应付票据”“银行存款”等账户。购进货物等发生的退货，应根据税务机关开具的红字增值税专用发票编制相反的会计分录，如原增值税专用发票未作认证，应将发票退回并作相反的会计分录。

企业购进农产品，除取得增值税专用发票或者海关进口增值税专用缴款书外，按照农产品收购发票或者销售发票上注明的农产品买价和9%的扣除率计算的进项税额；购进用于生产销售或委托加工13%税率货物的农产品，按照农产品收购发票或者销售发票上注明的农产品买价和10%的扣除率计算的进项税额，借记“应交税费——应交增值税（进项税额）”账户，按农产品买价扣除进项税额后的差额，借记“材料采购”“在途物资”“原材料”“库存商品”等账户，按照应付或实际支付的价款，贷记“应付账款”“应付票据”“银行存款”等账户。

【实务操作】

【例 8-13】 广聚公司为增值税一般纳税人，销售商品适用的增值税税率为13%，原材料按实际成本核算，销售商品价格为不含增值税的公允价格。2019年6月份发生交易或事项以及相关的会计分录如下：

5日，购入原材料一批，增值税专用发票上注明的价款为120 000元，增值税额为

15 600 元，材料尚未到达，全部款项已用银行存款支付。

借：在途物资　　120 000
　　应交税费——应交增值税(进项税额)　　15 600
　　贷：银行存款　　135 600

10 日，收到 5 日购入的原材料并验收入库，实际成本总额为 120 000 元。同日，与运输公司结清运输费用，增值税专用发票上注明的运输费用为 5 000 元，增值税额为 450 元，运输费用和增值税额已用转账支票付讫。

借：原材料　　125 000
　　应交税费——应交增值税(进项税额)　　450
　　贷：银行存款　　5 450
　　　　在途物资　　120 000

15 日，购入不需要安装的生产设备一台，增值税专用发票上注明的价款为 30 000 元，增值税额为 3 900 元，款项尚未支付。

借：固定资产　　30 000
　　应交税费——应交增值税(进项税额)　　3 900
　　贷：应付账款　　33 900

20 日，购入农产品一批，农产品收购发票上注明的买价为 200 000 元，规定的扣除率为 9%，货物尚未到达，价款已用银行存款支付。

借：在途物资　　182 000
　　应交税费——应交增值税(进项税额)　　18 000
　　贷：银行存款　　200 000

进项税额＝购买价款×扣除率＝200 000×9%＝18 000(元)

25 日，企业管理部门委托外单位修理机器设备，取得对方开具的增值税专用发票上注明的修理费用为 20 000 元，增值税额为 2 600 元，款项已用银行存款支付。

借：管理费用　　20 000
　　应交税费——应交增值税(进项税额)　　2 600
　　贷：银行存款　　22 600

25 日，该公司购进一栋简易办公楼作为固定资产核算，并投入使用。已取得增值税专用发票并经税务机关认证，增值税专用发票上注明的价款为 1 500 000 元，增值税额为 135 000 元，全部款项以银行存款支付。不考虑其他相关因素。

借：固定资产　　1 500 000
　　应交税费——应交增值税(进项税额)　　135 000
　　贷：银行存款　　1 635 000

(2) 货物等已验收入库但尚未取得增值税扣税凭证。企业购进的货物等已到达并验收入库，但尚未收到增值税扣税凭证并未付款的，应在月末按货物清单或相关合同协议上的价格暂估入账，不需要将增值税的进项税额暂估入账。下月月初，用红字冲销原暂估入账金额，待取得相关增值税扣税凭证并经认证后，按应计入相关成本费用或资产的金额，借记"原材料""库存商品""固定资产""无形资产"等账户，按可抵扣的增值税额，借记"应交税费——应交增值税(进项税额)"账户，按应付或实际支付的金额，贷记"应付账款""应付票据""银行存款"等账户。

【实务操作】

【例 8-14】 承[例 8-13]，2019 年 6 月 30 日，广聚公司购进原材料一批已验收入库，但尚未收到增值税扣税凭证，款项也未支付。随货同行的材料清单列明的原材料销价格为 260 000 元。广聚公司应编制如下会计分录：

借：原材料　　260 000
　贷：应付账款　　260 000

下月月初，用红字冲销原暂估入账金额（用方框内文字代表红字）：

借：原材料　　[260 000]
　贷：应付账款　　[260 000]

7 月 10 日，取得相关增值税专用发票上注明的价款为 260 000 元，增值税额为 33 800 元，增值税专用发票已经认证。全部款项以银行存款支付。广聚公司应编制如下会计分录：

借：原材料　　260 000
　应交税费——应交增值税（进项税额）　　33 800
　贷：银行存款　　293 800

（3）进项税额转出。企业已单独确认进项税额的购进货物、加工修理修配劳务或者服务、无形资产或者不动产但其事后改变用途（如用于简易计税方法计税项目、免征增值税项目、非增值税应税项目、集体福利或个人消费等），或发生非正常损失，原已计入进项税额、待抵扣进项税额或待认证进项税额，按照现行增值税制度规定不得从销项税额中抵扣。这里所说的“非正常损失”，根据现行增值税制度规定，是指因管理不善造成货物被盗、丢失、霉烂变质，以及因违反法律法规造成货物或者不动产被依法没收、销毁、拆除的情形。

进项税额转出的账务处理为，借记“待处理财产损溢”“应付职工薪酬”“固定资产”“无形资产”等账户，贷记“应交税费——应交增值税（进项税额转出）”“应交税费——待抵扣进项税额”或“应交税费——待认证进项税额”账户。属于转作待处理财产损失的进项税额，应与非正常损失的购进货物、在产品或库存商品、固定资产或无形资产的成本一并处理。

【实务操作】

【例 8-15】 承[例 8-13]，2019 年 6 月份，广聚公司发生进项税额转出事项如下：

① 10 日，库存材料因管理不善发生火灾损失，材料实际成本为 20 000 元，相关增值税专用发票上注明的增值税额为 2 600 元。广聚公司将毁损库存材料作为待处理财产损溢入账。

借：待处理财产损溢——待处理流动资产损溢　　22 600
　贷：原材料　　20 000
　　应交税费——应交增值税（进项税额转出）　　2 600

② 18 日，领用一批外购原材料用于集体福利，该批原材料的实际成本为 60 000 元相关增值税专用发票上注明的增值税额为 7 800 元。

借：应付职工薪酬——职工福利费　　67 800
　贷：原材料　　60 000
　　应交税费——应交增值税（进项税额转出）　　7 800

需要说明的是，一般纳税人购进货物、加工修理修配劳务、服务、无形资产或不动产，用于简易计税方法计税项目、免征增值税项目、集体福利或个人消费等，即使取得的增值税专用发票上已注明增值税进项税额，该税额按照现行增值税制度规定也不得从销项税额中抵扣的，取得增值税专用发票时，应将待认证的目前不可抵扣的增值税进项税额，借记“应交税费——待认证进项税额”账户，贷记“银行存款”“应付账款”等账户。经税务机关认证为不可抵扣的增值税进项税额时，借记“应交税费——应交增值税（进项税额）”账户，贷记“应交税费——待认证进项税额”账户；同时，将增值税进项税额转出，借记相关成本费用或资产账户，贷记“应交税费——应交增值税（进项税额转出）”账户。

【实务操作】

【例 8-16】 承[例 8-13]，2019 年 6 月份，广聚公司外购空调扇 300 台作为福利发放给直接从事生产的职工，取得的增值税专用发上注明的价款为 150 000 元、增值税额为 19 500 元，以银行存款支付了购买空调扇的价款和增值税进项税额，增值专用发票尚未经税务机关认证。广聚公司应编制如下会计分录：

购入时：

借：库存商品——空调扇	150 000	
应交税费——待认证进项税额	19 500	
贷：银行存款		169 500

经税务机关认证不可抵扣时：

借：应交税费——应交增值税(进项税额)	19 500	
贷：应交税费——待认证进项税额		19 500

同时，

借：库存商品——空调扇	19 500	
贷：应交税费——应交增值税(进项税额转出)		19 500

实际发放时：

借：应付职工薪酬——非货币性福利	169 500	
贷：库存商品——空调扇		169 500

3. 销售等业务的账务处理

（1）企业销售货物、加工修理修配劳务、服务、无形资产或不动产，应当按应收或已收的金额，借记“应收账款”“应收票据”“银行存款”等账户，按取得的收益金额，贷记“主营业务收入”“其他业务收入”“固定资产清理”等账户，按现行增值税制度规定计算的销项税额（或采用简易计税方法计算的应纳增值税额），贷记“应交税费——应交增值税（销项税额）”或“应交税费——简易计税”账户。

企业销售货物等发生销售退回的，应根据税务机关开具的红字增值税专用发票作相反的会计分录。根据会计准则相关规定的收入或利得确认时点早于按照现行增值税制度确认增值税纳税义务发生时点的，应将相关销项税额记入“应交税费——待转销项税额”账户，待实际发生纳税义务时再转入“应交税费——应交增值税（销项税额）”或“应交税费——简易计税”账户。按照增值税制度确认增值税纳税义务发生时点早于根据会计准则相关规定收入或利得确认时点的，应将应纳增值税额，借记“应收账款”账户，贷记“应交税费——应交增值税（销项税额)”或“应交税费——简易计税”账户，根据会计准则相关规定确认收入或利得时，应按扣除增值税销项税额后的金额确认收入或利得。

【实务操作】

【例 8-17】 承[例 8-13]，2019 年 6 月份，广聚公司发生与销售相关的交易或事项如下：

15 日，销售产品一批，开具增值税专用发票上注明的价款为 3 000 000 元，增值税额为 390 000 元，提货单和增值税专用发票已交给买方，款项尚未收到。

借：应收账款	3 390 000	
贷：主营业务收入		3 000 000
应交税费——应交增值税(销项税额)		390 000

28 日，为外单位代加工电脑桌 500 个，每个收取加工费 80 元，已加工完成。开具增值税专用发票上注明的价款为 40 000 元，增值税额为 5 200 元，款项已收到并存入银行。

借：银行存款	45 200	
贷：主营业务收入		40 000
应交税费——应交增值税(销项税额)		5 200

(2) 视同销售。企业有些交易或者事项按照现行增值税制度规定，应视同对外销售处理，计算应交增值税。视同销售需要交纳增值税的事项主要有：企业将自产或委托加工的货物用于集体福利或个人消费、作为投资提供给其他单位或个体工商户、分配给股东或投资者、对外捐赠等。在这些情况下，企业应当根据视同销售的具体内容，按照现行增值税制度规定计算的销项税额(或采用简易计税方法计算的应纳增值税额)，借记“长期股权投资”“应付职工薪酬”“利润分配”“营业外支出”等账户，贷记“应交税费——应交增值税(销项税额)”或“应交税费——简易计税”账户。

【实务操作】

【例 8-18】 承[例 8-13]，2019 年 6 月份，广聚公司发生的视同销售交易或事项如下：

10 日，以公司生产的产品对外捐赠，该批产品的实际成本为 200 000 元，市场不含税售价为 250 000 元，开具的增值税专用发票上注明的增值税额为 32 500 元。

借：营业外支出	232 500	
贷：库存商品		200 000
应交税费——应交增值税(销项税额)		32 500

广聚公司以自产产品对外捐赠应交的增值税销项税额 $=250\ 000\times 13\%=32\ 500$(元)

25 日，甲公司用一批原材料对外进行长期股权投资。该批原材料实际成本为 600 000 元，双方协商不含税价值为 750 000 元，开具的增值税专用发票上注明的增值税额为 97 500 元。

借：长期股权投资	847 500	
贷：其他业务收入		750 000
应交税费——应交增值税(销项税额)		97 500

同时，

借：其他业务成本	600 000	
贷：原材料		600 000

广聚公司对外投资原材料应交的增值销项税额＝750 000×13%＝97 500(元)

4．交纳增值税

企业交纳当月应交的增值税，借记“应交税费——应交增值税(已交税金)”账户，贷记“银行存款”账户；企业交纳以前期间未交的增值税，借记“应交税费——未交增值税”账户，贷记“银行存款”账户。

【实务操作】

【例8-19】 承[例8-13]至[例8-18]，2019年6月份，广聚公司当月发生增值税销项税额合计为525 200元，增值税进项税额转出合计为29 900元，增值税进项税额合计为195 050元。广聚公司当月应交增值税计算结果如下：

当月应交增值税＝525 200＋29 900－195 050＝360 050(元)

广聚公司当月实际交纳增值税款310 050元，编制如下会计分录：

借：应交税费——应交增值税(已交税金)　　310 050

　　贷：银行存款　　310 050

5．月末转出多交增值税和未交增值税

月度终了，企业应当将当月应交未交或多交的增值税自“应交增值税”明细账户转入“未交增值税”明细账户。对于当月应交未交的增值税额，借记“应交税费——应交增值税(转出未交增值税)”账户，贷记“应交税费——未交增值税”账户；对于当月多交的增值税额，借记“应交税费——未交增值税”账户，贷记“应交税费——应交增值税(转出多交增值税)”账户。

【实务操作】

【例8-20】 承[例8-19]，2019年6月30日，广聚公司将尚未交纳的其余增值税额50 000进行转账。编制如下会计分录：

借：应交税费——应交增值税(转出未交增值税)　　50 000

　　贷：应交税费——未交增值税　　50 000

7月份，广聚公司交纳6月未交的增值税额50 000元，编制如下会计分录：

借：应交税费——未交增值税　　50 000

　　贷：银行存款　　50 000

企业购入材料、商品等不能取得增值税专用发票的，发生的增值税额计入材料采购成本，借记“材料采购”“在途物资”“原材料”“库存商品”等账户，贷记“银行存款”等账户。

(三) 小规模纳税人的账务处理

小规模纳税人应交增值税的核算采用简化的方法，即购进货物或接受应税劳务支付的增值税进项税额，一律不予抵扣，均计入购进货物和接受应税劳务的成本；销售货物或提供应税劳务时，按应征增值税销售额的3%计算，但不得开具增值税专用发票。

一般来说，小规模纳税人采用销售额和应纳税额合并定价的方法，销售货物或提供应税劳务后，应进行价税分离，其计算公式为：

不含税的销售额 = 含税销售额 ÷ (1 + 征收率)

应纳税额 = 不含税销售额 × 征收率

小规模纳税人进行账务处理时，只需要在“应交税费”账户下设置“应交增值税”明细账户，该账户不再设置增值税专栏。“应交税费——应交增值税”账户贷方登记应交纳的增值税，借方登记已交纳的增值税；期末贷方余额，反映小规模纳税人尚未交纳的增值税，期末借方余额，反映小规模纳税人多交纳的增值税，小规模纳税人购进货物、应税服务或应税行为，按照应付或实际支付的全部款项（包括支付的增值税额），借记“材料采购”“在途物资”“原材料”“库存商品”等账户，贷记“银行存款”或“应付账款”等账户。销售货物、应税服务或应税行为，应按全部价款（包含增值税），借记“银行存款”等账户，按不含税的销售额，贷记“主营业务收入”等账户，按应征税额，贷记“应交税费——应交增值税”账户。

【实务操作】

【例 8-21】 广聚公司下属一子公司，为小规模纳税人，适用增值税税率为 3%，原材料按实际成本核算。某月根据发生的购销业务，编制会计分录如下：

购进原材料一批，取得增值税专用发票注明价款为 30 000 元，增值税额为 3 900 元，款项用银行存款支付，材料已验收入库。销售产品一批，开具的普通发票上注明的货款（含税）为 51 500 元，款项已存入银行。用银行存款交纳增值税额 1 500 元。编制分录如下：

（1）购入原材料：

借：原材料　　33 900

　　贷：银行存款　　33 900

（2）销售产品：

不含税销售额 =51 500 ÷（1 + 3%）=50 000（元）

应纳税额 =50 000 × 3% =1 500（元）

借：银行存款　　51 500

　　贷：主营业务收入　　50 000

　　　　应交税费——应交增值税　　1 500

（3）交纳增值税：

借：应交税费——应交增值税　　1 500

　　贷：银行存款　　1 500

（四）差额征税的账务处理

根据财政部和国家税务总局营改增相关规定，对于企业发生的某些业务（如金融商品转让、经纪代理服务、融资租赁和融资性售后回租业务、一般纳税人提供客运场站服务、试点纳税人提供旅游服务、选择简易计税方法提供建筑服务等）无法通过抵扣机制避免重复征税的，应采用差额征税方式计算交纳增值税。

1. 企业按规定相关成本费用允许扣减销售额的账务处理

按现行增值税制度规定，企业发生相关成本费用允许扣减销售额的，发生成本费用时，按应付或实际支付的金额，借记“主营业务成本”等账户，贷记“应付账款”“应付票据”“银行存款”等账户。待取得合规增值税扣税凭证且纳税义务发生时，按照允许抵扣的税额，借记“应交税费——应交增值税（销项税额抵减）”或“应交税费——简易计税”账户（小规模纳税人，应借记

“应交税费——应交增值税”账户)，贷记“主营业务成本”等账户。

【实务操作】

【例8-22】 某旅行社为增值税一般纳税人，应交增值税采用差额征税方式核算。

2019年7月，该旅行社为乙公司提供职工境内旅游服务，向乙公司收取含税价款318 000元，其中增值税额18 000元，全部款项已收妥入账。旅行社以银行存款支付其他接团旅游企业的旅游费用和其他单位相关费用共计254 400元，其中，因允许扣减销售额而减少的销项税14 400元。该旅行社应编制如下会计分录：

(1) 确认旅游服务收入：

借：银行存款	318 000	
贷：主营业务收入		300 000
应交税费——应交增值税(销项税额)		18 000

(2) 支付旅游费用等：

借：主营业务成本	254 400	
贷：银行存款		254 400

(3) 根据增值税扣税凭证抵减销项税，并调整成本：

借：应交税费——应交增值税(销项税抵减)	14 400	
贷：主营业务成本		14 400

上述分录(2)(3)可合并编制如下会计分录：

借：主营业务成本	240 000	
应交税费——应交增值税(销项税额抵减)	14 400	
贷：银行存款		254 400

2. 企业转让金融商品按规定以盈亏相抵后的余额作为销售额

按现行增值税制度规定，企业实际转让金融商品，月末，如产生转让收益，则按应纳税额，借记“投资收益”等账户，贷记“应交税费——转让金融商品应交增值税”账户；如产生转让损失，则按可结转下月抵扣税额，借记“应交税费——转让金融商品应交增值税”账户，贷记“投资收益”等账户。交纳增值税时，应借记“应交税费——转让金融商品应交增值税”账户，贷记“银行存款”账户。年末，“应交税费——转让金融商品应交增值税”账户如有借方余额，则借记“投资收益”等账户，贷记“应交税费——转让金融商品应交增值税”账户。

(五) 增值税税控系统专用设备和技术维护费用抵减增值税额的账务处理

按现行增值税制度规定，企业初次购买增值税税控系统专用设备支付的费用以及缴纳的技术维护费允许在增值税应纳税额中全额抵减。增值税税控系统专用设备，包括增值税防伪税控系统设备(如金税卡、IC卡、读卡器或金税盘和报税盘)、货物运输业增值税专用发票税控系统设备(如税控盘和报税盘)、机动车销售统一发票税控系统和公路、内河货物运输业发票税控系统的设备(如税控盘和传输盘)。

企业初次购入增值税税控系统专用设备，按实际支付或应付的金额，借记“固定资产”账户，贷记“银行存款”“应付账款”等账户。按规定抵减的增值税应纳税额，借记“应交税费——应交增值税(减免税款)”账户(小规模纳税人，应借记“应交税费——应交增值税”账户)，贷记“管理费用”等账户。

企业发生增值税税控系统专用设备技术维护费，应按实际支付或应付的金额，借记“管理费用”账户，贷记“银行存款”等账户。按规定抵减的增值税应纳税额，借记“应交税费——应交增值税(减免税款)”账户(小规模纳税人，应借记“应交税费——应交增值税”账户)，记“管理费用”等账户。

【实务操作】

【例 8-23】 某公司为增值税一般纳税人，初次购买数台增值税控系统专用设备作为固定资产核算，取得增值税专用发票上注明的价款为 38 000 元，增值税额为 4 940 元，价款和税款以银行存款支付。该公司应编制如下会计分录：

(1) 取得设备，支付价款和税款时：

借：固定资产 42 940

　　贷：银行存款 42 940

(2) 按规定抵减增值税应纳税额时：

借：应交税费——应交增值税(减免税款) 4 940

　　贷：管理费用 4 940

小微企业在取得销售收入时，应当按照现行增值税制度的规定计算应交增值税，并确认为应交税费，在达到增值税制度规定的免征增值税条件时，将有关应交增值税转入当期损益。

三、应交消费税

(一) 消费税概述

消费税是指在我国境内生产、委托加工和进口应税消费品的单位和个人，按其流转额交纳的一种税。消费税有从价定率、从量定额、从价定率和从量定额复合计税(简称“复合计税”)三种征收方法。采取从价定率方法征收的消费税，以不含增值税的销售额为税基，按照税法规定的税率计算。企业的销售收入包含增值税的，应将其换算为不含增值税的销售额。采取从量定额计征的消费税，按税法确定的企业应税消费品的数量和单位应税消费品应缴纳的消费税计算确定。采取复合计税计征的消费税，由以不含增值税的销售额为税基，按照税法规定的税率计算的消费税和根据应税消费品的数量和单位应税消费品应交纳的消费税计算的消费税合计确定。

(二) 应交消费税的账务处理

企业应在“应交税费”账户下设置“应交消费税”明细账户，用来核算应交消费税的发生、交纳情况。该账户贷方登记应交纳的消费税，借方登记已交纳的消费税，期末贷方余额，反映企业尚未交纳的消费税，期末借方余额，反映企业多交纳的消费税。

1. 消费应税消费品

由于企业销售应税消费品的销售收入中含有应交消费税，在核算消费税时，应设置“税金及附加”账户。该账户属于费用类账户。企业结转应交消费税时，应根据应纳税额，借记“税金及附加”账户，贷记“应交税费——应交消费税”账户；实际缴纳消费税时，应借记“应交税费——应交消费税”账户，贷记“银行存款”账户。

【实务操作】

【例 8-24】 广聚公司 2019 年 10 月根据发生的有关消费税业务，编制会计分录如下：

销售应税消费品一批，不含增值税的价款为 50 000 元，增值税销项税额为 6 500 元，共计 56 500 元，款项收到，存入银行。

借：银行存款　　56 500
　　贷：主营业务收入　　50 000
　　　　应交税费——应交增值税(销项税额)　　6 500

销售该产品的消费税税率为 10%，结转应交消费税 5 000 元。

借：税金及附加　　5 000
　　贷：应交税费——应交消费税　　5 000

2. 视同销售应交消费税

企业将自产的应税消费品用于本企业生产非应税消费品、在建工程、集体福利和个人消费，或用于对外投资、分配给股东或投资者或无偿捐赠给他人，均应视同销售，计算缴纳消费税，其销售额应按生产同类消费品的销售价格计算；没有同类消费品销售价格的，应按照组成计税价格计算。其计算公式为：

$$\text{组成计税价格} = \frac{\text{成本}+\text{利润}}{1-\text{消费税税率}}$$

【实务操作】

【例 8-25】 广聚公司 2019 年 10 月根据发生的有关视同销售业务，编制会计分录如下：

(1) 管理部门领用自产的应税消费品甲产品 1 件，实际成本为 50 000 元，同类产品的销售价格为 100 000 元，消费税税率为 20%。

应交消费税＝100 000×20%＝20 000(元)

借：管理费用　　70 000
　　贷：库存商品　　50 000
　　　　应交税费——应交消费税　　20 000

(2) 将自产的应税消费品乙产品一批作为福利发放给职工，实际成本为 200 000 元，没有同类产品的销售价格，正常的成本利润率为 60%，增值税税率为 13%，消费税税率为 20%。

组成计税价格＝(200 000＋200 000×60%)÷(1－20%)＝400 000(元)

增值税销项税额＝400 000×13%＝52 000(元)

消费税额＝400 000×20%＝80 000(元)

借：应付职工薪酬　　532 000
　　贷：主营业务收入　　400 000
　　　　应交税费——应交增值税(销项税额)　　52 000
　　　　　　　　——应交消费税　　80 000

借：主营业务成本　　200 000
　　贷：库存商品　　200 000

3. 委托加工应交消费税

企业委托外单位加工应税消费品，按税法规定，应由受托方在向委托方交货时代扣代缴消费税，其销售额应按受托方同类消费品的销售价格计算；没有同类消费品销售价格的，应按组成计税价格计算，其计算公式为：

$$组成计税价格=\frac{材料成本+加工费}{1-消费税税率}$$

企业收回委托加工的应税消费品，如果用于连续生产应税消费品，按税法规定，缴纳的消费税可以抵扣，应借记“应交税费——应交消费税”账户，贷记“银行存款”等账户；在企业最终销售应税消费品时，再根据其销售额计算应交的全部消费税，借记“税金及附加”账户，贷记“应交税费——应交消费税”账户；应交的全部消费税扣除收回委托加工应税消费品时缴纳的消费税，为应补交的消费税，缴纳消费税时，借记“应交税费——应交消费税”账户，贷记“银行存款”账户。

企业收回委托加工的应税消费品，如果不再加工，而是直接出售，则缴纳的消费税应计入收回的应税消费品的成本，借记“委托加工物资”等账户，贷记“银行存款”等账户；在应税消费品出售时，不必再计算缴纳消费税。

【实务操作】

【例 8-26】 广聚公司 2019 年 10 月委托甲企业代为加工一批应税消费品。发出材料的成本为 100 000 元，应付加工费 20 000 元，增值税税率为 13%。根据发生的有关委托加工应税消费品业务，编制会计分录如下：

(1) 发出原材料：

借：委托加工材料	100 000	
贷：原材料		100 000

(2) 收回加工完成的应税消费品，作为原材料入库，用银行存款实际支付不含税的加工费 20 000 元，增值税额 2 600 元；消费税税率 20%，支付消费税 30 000 元[(100 000+20 000)÷(1−20%)×20%]；共计 52 600 元。

如果收回的应税消费品继续加工：

借：委托加工材料	20 000	
应交税费——应交增值税(进项税额)	2 600	
——应交消费税	30 000	
贷：银行存款		52 600
借：原材料	120 000	
贷：委托加工材料		120 000

如果收回的应税消费品直接出售：

借：委托加工材料	50 000	
应交税费——应交增值税(进项税额)	2 600	
贷：银行存款		52 600
借：原材料	150 000	
贷：委托加工材料		150 000

4. 进口应税消费品

企业进口应税物资交纳的消费税由海关代征。应交的消费税按照组成计税价格和规定的税率计算，消费税计入该项物资成本，借记“材料采购”“在途物资”“原材料”“库存商品”等账户，贷记“银行存款”等账户。

【实务操作】

【例 8-27】 广聚公司从国外进口一批需要交纳消费税的商品，已知该商品关税完税价格为 540 000 元，按规定应缴纳关税 108 000 元，假定进口的应税消费品的消费税税率为 10%、增值税税率为 13%。

货物报关后，自海关取得的海关进口消费税专用缴款书注明的消费税为 72 000 元、海关进口增值税专用缴款书注明的增值税额为 93 600 元。进口商品已验收入库，全部货款和税款已用银行存款支付。广聚企业应编制如下会计分录：

进口商品的入账成本＝540 000＋108 000＋72 000＝720 000(元)

借：库存商品　　720 000
　　应交税费——应交增值税(进项税额)　　93 600
　　贷：银行存款　　813 600

本例中，应交消费税额＝[(540 000＋108 000)÷(1－10%)]×10%＝72 000(元)

应交增值税额＝(540 000＋108 000＋72 000)×13%＝93 600(元)

四、其他应交税费

其他应交税费是指除上述应交税费以外的其他各种应上交国家的税费，包括应交资源税、应交城市维护建设税、应交土地增值税、应交所得税、应交房产税、应交城镇土地使用税、应交车船税、应交教育费附加、应交矿产资源补偿费和应交个人所得税等。企业应当在“应交税费”账户下设置相应的明细账户进行核算，贷方登记应交纳的有关税费，借方登记已交纳的有关税费，期末贷方余额，反映企业尚未交纳的有关税费。

(一) 应交资源税

资源税是对在我国境内开采矿产品或者生产盐的单位和个人征收的税。对外销售应税产品应交纳的资源税，应记入“税金及附加”账户，借记“税金及附加”账户，贷记“应交税费——应交资源税”账户；自产自用应税产品应交纳的资源税，应记入“生产成本”“制造费用”等账户，借记“生产成本”“制造费用”等账户，贷记“应交税费——应交资源税”账户。

【实务操作】

【例 8-28】 甲企业本期对外销售资源税应税矿产品 3 600 吨、将自产资源税应税产品 800 吨用于其产品生产，税法规定每吨矿产品应交资源税 5 元。甲企业应编制如下会计分录：

(1) 计算对外销售应税矿产品应交资源税：

企业对外销售应税产品而应交的资源税＝3 600×5＝18 000(元)

借：税金及附加　　18 000
　　贷：应交税费——应交资源税　　18 000

(2) 计算自用应税矿产品应交资源税：

企业自产自用应税矿产品而应交纳的资源税＝800×5＝4 000(元)

借：生产成本　　4 000
　　贷：应交税费——应交资源税　　4 000

(3) 交纳资源税：

借：应交税费——应交资源税　　22 000

　　贷：银行存款　　22 000

(二) 应交城市维护建设税

城市维护建设税是指以增值税和消费税为计税依据征收的一种税。其纳税人为交纳增值税和消费税的单位和个人，以纳税人实际缴纳的增值税和消费税额为计税依据，并分别与两项税金同时缴纳。税率因纳税人所在地不同从1%～7%不等。应纳税计算公式为：

应纳税额＝(实际交纳的增值税＋实际交纳的消费税)×适用税率

企业按规定计算出应交纳的城市维护建设税，借记"税金及附加"等账户，贷记"应交税费——应交城市维护建设税"账户。交纳城市维护建设税，借记"应交税费——应交城市维护建设税"账户，贷记"银行存款"账户。

【实务操作】

【例8-29】 2019年5月，甲企业实际交纳增值税额510 000元、消费税额240 000元，适用的城市维护建设税税率为7%。甲企业应编制如下会计分录：

(1) 计算应交城市维护建设税：

应交的城市维护建设税＝(510 000＋240 000)×7%＝52 500(元)

借：税金及附加　　52 500

　　贷：应交税费——应交城市维护建设税　　52 500

(2) 用银行存款交纳城市维护建设税：

借：应交税费——应交城市维护建设税　　52 500

　　贷：银行存款　　52 500

(三) 应交教育费附加

教育费附加是指为了加快发展地方教育事业、扩大地方教育经费资金来源，而向企业征收的附加费用。教育费附加以各单位实际缴纳的增值税、消费税的税额为计征依据，按其一定比例分别与增值税、消费税同时缴纳。企业按规定计算出应交纳的教育费附加，借记"税金及附加"等账户，贷记"应交税费——应交教育费附加"账户。

【实务操作】

【例8-30】 甲企业按税法规定计算出2019年第四季度应交纳教育费附加300 000元。款项已经用银行存款支付。甲企业应编制如下会计分录：

(1) 计算应交纳的教育费附加：

借：税金及附加　　300 000

　　贷：应交税费——应交教育费附加　　300 000

(2) 交纳教育费附加：

借：应交税费——应交教育费附加　　300 000

　　贷：银行存款　　300 000

(四) 应交土地增值税

土地增值税是指对转让国有土地使用权、地上的建筑物及其附着物(简称“转让房地产”)并取得增值性收入的单位和个人所征收的一种税。

土地增值税按照转让房地产所取得的增值额和规定的税率计算征收。转让房地产的增值额是转让收入减去税法规定扣除项目金额后的余额,其中,转让收入包括货币收入、实物收入和其他收入;扣除项目主要包括取得土地使用权所支付的金额、开发土地的成本及费用、新建房及配套设施的成本及费用、与转让房地产有关的税金、旧房及建筑物的评估价格、财政部确定的其他扣除项目等。土地增值税采用四级超率累进税率、最低税率为30%,最高税率为60%。

根据企业对房地产核算方法不同,企业应交土地增值税的账务处理也有所区别:企业转让的土地使用权连同地上建筑物及其附着物一并在“固定资产”账户核算的、转让时应交的土地增值税,借记“固定资产清理”账户,贷记“应交税费——应交土地增值税”账户;土地使用权在“无形资产”账户核算的,借记“银行存款”“累计摊销”“无形资产减值准备”账户,按应交的土地增值税,贷记“应交税费——应交土地增值税”账户,同时冲销土地使用权的账面价值,贷记“无形资产”账户,按其差额,借或贷记“资产处置损益”账户;房地产开发经营企业销售房地产应交纳的土地增值税,借记“税金及附加”账户,贷记“应交税费——应交土地增值税”账户。交纳土地增值税,借记“应交税费——应交土地增值税”账户,贷记“银行存款”账户。

【实务操作】

【例8-31】 甲企业对外转让一栋厂房,根据税法规定计算的应交土地增值税为25 000元。甲企业应编制如下会计分录:

(1) 计算应交土地增值税:

借:固定资产清理	25 000	
贷:应交税费——应交土地增值税		25 000

(2) 用银行存款交纳土地增值税:

借:应交税费——应交土地增值税	25 000	
贷:银行存款		25 000

(五) 应交房产税、城镇土地使用税、车船税和矿产资源补偿费

房产税是指国家对在城市、县城、建制镇和工矿区征收的由产权所有人缴纳的一种税。房产税依照房产原值一次减除10%～30%后的余额计算交纳。没有房产原值作为依据的,由房产所在地税务机关参考同类房产核定;房产出租的,以房产租金收入为房产税的计税依据。

城镇土地使用税是指以城市、县城、建制镇、工矿区范围内使用土地的单位和个人为纳税人,以其实际占用的土地面积和规定税额计算征收的一种税。

车船税是指以车辆、船舶(简称“车船”)为课征对象,向车船的所有人或者管理人征收的一种税。

矿产资源补偿费是指对在我国领域和管辖海域开采矿产资源而征收的费用。矿产资源补偿费按照矿产品销售收入的一定比例计征,由采矿人交纳。

企业应交的房产税、城镇土地使用税、车船税、矿产资源补偿费,记入“税金及附加”账户,借记“税金及附加”账户,贷记“应交税费——应交房产税”“应交税费——应交城镇土使用税”

“应交税费——应交车船税”“应交税费——应交矿产资源补偿费”账户。

【实务操作】

【例 8-32】 某企业按税法规定本期应交纳房产税 160 000 元、车船税 38 000 元、城镇土地使用税 45 000 元。该企业应编制如下会计分录：

(1) 计算应交纳上述税金：

借：税金及附加　　243 000

　　贷：应交税费——应交房产税　　160 000

　　　　　　　　——应交城镇土地使用税　　45 000

　　　　　　　　——应交车船税　　38 000

(2) 用银行存款交纳上述税金：

借：应交税费——应交房产税　　160 000

　　　　　　——应交城镇土地使用税　　45 000

　　　　　　——应交车船税　　38 000

　　贷：银行存款　　243 000

(六) 应交个人所得税

企业职工按规定应交纳的个人所得税通常由单位代扣代缴。企业按规定计算的代扣代缴的职工个人所得税，借记“应付职工薪酬”账户，贷记“应交税费——应交个人所得税”账户；企业交纳个人所得税时，借记“应交税费——应交个人所得税”账户，贷记“银行存款”等账户。

【实务操作】

【例 8-33】 某企业结算本月应付职工工资总 300 000 元，按税法规定应代扣代的职工个人所得税共计 3 000 元，实发工资 297 000 元。该企业应编制如下会计分录：

(1) 代扣个人所得税：

借：应付职工薪酬——工资、奖金、津贴和补贴　　3 000

　　贷：应交税费——应交个人所得税　　3 000

(2) 交纳个人所得税：

借：应交税费——应交个人所得税　　3 000

　　贷：银行存款　　3 000

第五讲　其他流动负债

【知识要点】

一、预收账款

预收账款与应付账款在账务处理上是相反的，是指企业在销货之前预先向购买方收取的款项，应在 1 年以内用产品或劳务来偿付，一般不以货币进行偿付。

企业发生的预收账款业务，一般可以通过“预收账款”账户核算。收到预收账款时，应借记“银行存款”账户，贷记“预收账款”账户；销售货物或提供劳务时，应借记“预收账款”账户，贷记

“主营业务收入”“应交税费——应交增值税(销项税额)”等账户;退还多收的货款时,应借记“预收账款”账户,贷记“银行存款”账户;收到购买方补付的货款时,应借记“银行存款”账户,贷记“预收账款”账户。

采用这种方式,在销货的全部价款大于预收账款而尚未收到购买方补付的账款时,“预收账款”账户所属的明细账户会有借方余额。月末,“预收账款”所属明细账户的借方余额,在资产负债表上,应列入“应收账款”项目。

在企业预收账款业务不多的情况下,为了简化核算工作,也可以不设“预收账款”账户,将预收的账款记入“应收账款”账户贷方。采用这种方式,“应收账款”账户所属的明细账户可能会有贷方余额。月末,“应收账款”账户所属明细账户的贷方余额,在资产负债表上,应列入“预收账款”项目。

【实务操作】

【例 8-34】 广聚公司 2019 年根据发生的有关预收账款业务,编制会计分录如下:

(1) 6 月 30 日,预收南华公司货款 20 000 元,存入银行。

借:银行存款　　20 000

　　贷:预收账款——南华公司　　20 000

(2) 7 月 30 日,向南华公司发货一批,不含税的价款为 50 000 元,增值税额 6 500 元,用银行存款代垫运杂费 100 元,共计 56 600 元;南华公司尚未补付货款。

借:预收账款　　56 600

　　贷:主营业务收入　　50 000

　　　　应交税费——应交增值税(销项税额)　　6 500

　　　　银行存款　　100

7 月 30 日,“预收账款——南华公司”明细账户借方余额 36 600 元,列入资产负债表的“应收账款”项目。

(3) 8 月 6 日,收到南华公司补付的货款 36 600 元,存入银行。

借:银行存款　　36 600

　　贷:预收账款——南华公司　　36 600

二、应付利息

“应付利息”账户用来核算企业按照合同约定应支付的利息,包括吸收存款、分期付息到期还本的长期借款、企业债券等应支付的利息。本账户可按存款人或债权人进行明细核算。

企业采用合同利率计算确定利息费用时,借记“财务费用”等账户,贷记“应付利息”账户,实际支付时,借记本账户,贷记“银行存款”等账户。

本账户期末贷方余额,反映企业应付未付的利息。

三、应付股利

应付股利是指企业经董事会或股东大会或类似机构决议确定分配的现金股利或利润。获得投资收益是出资者对企业进行投资的初衷。企业在宣告给投资者分配股利或利润时,一方面冲减企业的所有者权益,另一方面形成“应付股利”。随着企业向投资者实际支付利润,该项负债即行消失。

企业应设置“应付股利”账户，本账户用来核算企业分配的现金股利或利润。企业分配的股票股利，不通过本账户核算。本账户应当按照投资者进行明细核算。本账户期末贷方余额，反映企业尚未支付的现金股利或利润。

当企业宣告分配现金股利或利润时，借记“利润分配”账户，贷记本账户。待实际支付现金股利或利润时，借记本账户，贷记“银行存款”“库存现金”等账户。

企业董事会或类似机构通过的利润分配方案中拟分配的现金股利或利润，不作账务处理，但应在附注中披露。

四、其他应付款

其他应付款是指企业除应付票据、应付账款、预收账款、应付职工薪酬、应交税费、应付利息和应付股利等经营活动以外的其他各项应付、暂收的款项，如应付短期租赁固定资产租金、租入包装物租金、存入保证金等。

企业应设置“其他应付款”账户，用来核算其他应付款的增减变动及其结存情况。该账户贷方登记发生的各种应付、暂收款项；借方登记偿还或转销的各种应付、暂收款项，账户期末贷方余额，反映企业应付未付的其他应付款项。本账户按照其他应付款项和对方单位（或个人）设置明细账户进行明细核算。

企业发生其他各种应付、暂收款项时，借记“管理费用”等账户，贷记“其他应付款”账户；支付或退回其他各种应付、暂收款项时，借记“其他应付款”账户，贷记“银行存款”等账户。

【实务操作】

【例 8-35】 甲公司从 2019 年 7 月 1 日起，以短期租赁方式租入管理用办公设备一批，每月支付租金 8 000 元，按季支付。9 月 30 日，甲公司以银行存款支付应付租金 24 000 元，增值税进项税额为 3 120 元。甲公司应编制如下会计分录：

（1）7 月 31 日，计提应付短期租入固定资产租金：

借：管理费用	8 000	
贷：其他应付款		8 000

8 月底计提应付短期租入固定资产租金的会计处理同上。

（2）9 月 30 日，支付租金和税金：

借：其他应付款	16 000	
管理费用	8 000	
应交税费——应交增值税（进项税额）	3 120	
贷：银行存款		27 120

【拓展阅读】

什么是应付股利

公司组织的企业，根据公司章程，经董事会和股东大会决议确定分配的已宣告尚未支付给股东的股利。股利是股东对公司经营净利的分离。股利的支付有两种基本形式：现金股利和股票股利。一旦董事会宣布了现金股利，应付股利就成为公司对股东的一种流动负债。因为公司在董事会作出发放决定时，产生一种短期(现金从宣布日至支付日时间较短，一般不可能超过1年)支付义务，结算此项义务将使企业的现金外流。累积优先股如有积欠款分配的股利，只需在资产负债表上以附注披露，不应列为负债。此外，如果董事会决定发放的是股票股利(即我国通常所说的“送股”)，那么，股票并不构成企业的负债，因为它只是企业股东权益的一个项目转为另一个项目，即从利润转增股本，不会引起任何含有经济利益的资源外流。

单元测试

1. 单项选择题

(1) 企业在转销已经确认的无法支付的应付账款时，应贷记(　　)账户。

A. “其他业务收入”　B. “营业外收入”　C. “盈余公积”　D. “资本公积”

(2) 短期借款利息核算不会涉及(　　)账户。

A. “预提费用”　B. “应付利息”　C. “财务费用”　D. “银行存款”

(3) 如果企业预收账款业务不多，可以将预收款项记入(　　)账户。

A. “应付账款”　B. “应收账款”

C. “其他应付款”　D. “待摊费用”

(4) 某企业以一张期限为6个月的商业承兑汇票支付货款，票面价值为100万元，票面年利率为4%。该票据到期时，企业应支付的金额为(　　)万元。

A. 100　B. 102　C. 104　D. 140

(5) 企业将自产货物作为集体福利消费，应视同销售货物计算应交增值税，实际发放时，应借记(　　)账户，贷记“主营业务收入”“应交税费——应交增值税(销项税额)”等账户。

A. “营业外支出”　B. “应付职工薪酬”　C. “盈余公积”　D. “在建工程”

(6) 甲公司结算本月应付职工工资共300 000元，代扣职工个人所得税5 000元，实发工资295 000元，该企业会计处理中不正确的是(　　)。

A. 借：管理费用　300 000
　　贷：应付职工薪酬——工资　300 000

B. 借：应付职工薪酬——工资　5 000
　　贷：应交税费——应交个人所得税　5 000

C. 借：其他应收款　5 000
　　贷：应交税费——应交个人所得税　5 000

D. 借：应付职工薪酬——工资　295 000
　　贷：银行存款　295 000

(7) 企业缴纳当月的增值税，应通过(　　)账户。

A. “应交税费——应交增值税(转出多交增值税)”

B. “应交税费——应交增值税(进项税额转出)”

C. “应交税费——未交增值税”

D. “应交税费——应交增值税(已交税金)”

(8) 企业开具的银行承兑汇票到期无力支付，应按该票据的账面余额贷记(　　)账户。

A. “应付账款”　B. “其他货币资金”

C. “短期借款”　　　　D. “其他应付款”

(9) 企业发生的下列各项税金中，不能记入“税金及附加”账户的是(　　)。

A. 土地增值税　　B. 资源税　　C. 消费税　　D. 增值税

(10) 委托加工的应税消费品收回后准备直接出售的，由受托方代扣代缴的消费税，委托方应借记(　　)账户。

A. “在途物资”　　　　B. “委托加工物资”

C. “应交税费——应交消费税”　　　　D. “税金及附加”

(11) 甲公司为增值税一般纳税人，适用的增值税税率为13%。2020年1月，甲公司董事会决定将本公司生产的500件产品作为福利发放给公司管理人员，该批产品单件成本为1.2万元，市场销售价格为每件2万元(不含增值税)，不考虑其他相关税费，甲公司在2020年因该项业务应计入管理费用的金额为(　　)万元。

A. 600　　B. 770　　C. 1 000　　D. 1 130

(12) 甲公司收购免税农业产品作为原材料，实际支付款项1 500 000元，产品已验收入库，款项已经支付。假定甲公司采用实际成本进行材料日常核算，该产品准予抵扣的进项税额按买价的9%计算确定。甲公司的免税农业产品的入账价值为(　　)万元。

A. 150　　B. 169.5　　C. 136.5　　D. 175.5

(13) 某小规模纳税人企业销售产品一批，所开出的普通发票中注明的货款(含税)为36 050元，增值税征收率为3%，款项已存入银行。则该企业应交纳的增值税额是(　　)元。

A. 1 081.5　　B. 1 050　　C. 114.95　　D. 5 391

(14) 企业因解除与职工的劳动关系给予职工补偿而发生的职工薪酬，应借记(　　)账户。

A. “管理费用”　　B. “财务费用”　　C. “营业外支出”　　D. “销售费用”

(15) 下列项目中，通过“应付股利”账户核算的是(　　)。

A. 董事会决议分派的股票股利　　　　B. 董事会决议分派的现金股利

C. 股东大会宣告分派的股票股利　　　　D. 股东大会宣告分派的现金股利

(16) 某企业为增值税一般纳税人，2019年应交的各种税金为：增值税420万元，消费税180万元，城市维护建设税55万元，房产税10万元，车船税5万元，印花税1万元，个人所得税150万元。上述各项税金中应计入税金及附加的金额为(　　)万元。

A. 821　　B. 251　　C. 671　　D. 656

(17) 一般纳税企业在月度终了，对本月发生尚未抵扣的增值税进项税额的会计处理方法是(　　)。

A. 保留在“应交增值税”明细账户的借方

B. 保留在“应交增值税”明细账户的贷方

C. 将其转入“未交增值税”明细账户的贷方

D. 将其转入“未交增值税”明细账户的借方

(18) 下列有关负债的表述中，正确的是(　　)。

A. 职工薪酬，包括提供给职工配偶、子女或其他被赡养人的福利等

B. 如果带有现金折扣的应付账款，其入账金额应按发票记载应付金额的总金额扣除现金折扣后的净额记账

C. 企业如有将应付账款划转出去或者确实无法支付的应付账款，将其账面余额转入“资

本公积——其他资本公积”账户

D. 企业按规定计算应交的教育费附加、矿产资源补偿费，借记“税金及附加”“其他业务支出”“管理费用”等账户，贷记“其他应付款”(应交教育费附加、应交矿产资源补偿费)账户

(19) 下列各项目中，不应根据职工提供服务的受益对象分配计入相关资产成本或费用的是(　　)。

A. 职工福利费　　B. 工会经费　　C. 养老保险费　　D. 辞退福利

(20) 北京市某一般纳税企业月初欠增值税20万元，无尚未抵扣增值税。本月发生进项税额40万元，销项税额70万元，进项税额转出5万元，交纳本月增值税15万元，则月末结转时，“应交税费——应交增值税”账户的余额为(　　)万元。

A. 30　　B. 23　　C. 18　　D. 20

2. 多项选择题

(1) 下列各项中，应纳入职工薪酬核算的有(　　)。

A. 工会经费　　B. 职工养老保险费

C. 职工住房公积金　　D. 辞退职工经济补偿

(2) 在进行会计核算时，若贷记“应付职工薪酬——职工福利费”账户，则对应借记的账户有(　　)。

A. “制造费用”　　B. “销售费用”　　C. “生产成本”　　D. “管理费用”

(3) 下列各项工资中，不应由“管理费用”列支的有(　　)。

A. 生产人员工资　　B. 行政人员工资

C. 车间管理人员工资　　D. 专设销售机构人员工资

(4) 下列税金中，应计入存货成本的有(　　)。

A. 由受托方代收代缴的委托加工直接用于对外销售的商品负担的消费税

B. 由受托方代收代缴的委托加工继续用于生产应纳消费税的商品负担的消费税

C. 小规模纳税企业购入材料支付的增值税

D. 一般纳税企业购入原材料支付的增值税

(5) 企业下列各项行为中，应视同销售必须计算缴纳增值税销项税额并计算损益的有(　　)。

A. 将自产货物对外捐赠　　B. 将自产货物用于集体福利

C. 将自产货物用于投资　　D. 委托他人保管货物

(6) “预收账款”账户贷方登记(　　)。

A. 预收货款金额

B. 企业向购货方发货后冲销的预收货款的数额

C. 退回对方多付的货款

D. 购货方补付的货款

(7) 甲公司本期实际上交增值税450 000元，消费税240 000元，该企业适用的城市维护建设税税率为7%，下列处理正确的有(　　)。

A. 甲公司应交的城市维护建设税为63 700元

B. 甲公司计算城市维护建设税时，借记“税金及附加”账户

C. 甲公司应以实际交纳的增值税、消费税为计税依据

D. 甲公司计算城市维护建设税时，贷记“应交税费——应交城市维护建设税”账户

(8) 企业应交消费税可以记入(　　)账户。

A. “管理费用”　　B. “其他业务成本”

C. “固定资产清理”　　D. “税金及附加”

(9) 下列项目中，应通过“其他应付款”账户核算的有(　　)。

A. 应付包装物的租金　　B. 应付职工工资

C. 采用售后回购方式融入资金　　D. 应付经营租入固定资产租金

(10) 下列事项发生后，应记入“应交税费——应交增值税(进项税额转出)”账户的有(　　)。

A. 将原材料用于对外投资　　B. 将产成品用于在建工程

C. 已完工产成品发生非正常损失　　D. 非常原因导致原材料发生盘亏

3. 判断题

(1) 短期借款利息在预提或实际支付时均应通过“短期借款”账户核算。(　　)

(2) 银行承兑汇票到期企业无法支付时，应按票面本金数额转作短期借款。(　　)

(3) 企业提供给职工配偶和子女的福利不属于职工薪酬。(　　)

(4) 企业宣告发放的现金股利和股票股利，均应通过“应付股利”账户核算。(　　)

(5) 企业将自产货物作为集体福利消费，应视同销售货物计算应交增值税。(　　)

(6) 企业购入货物验收入库后，若发票账单尚未收到，应在月末按照估计的金额确认一笔负债。(　　)

(7) 企业只有在对外销售应税消费品时才应交消费税。(　　)

(8) 应付经营租入固定资产租金应在“其他应付款”账户中核算。(　　)

(9) 印花税不通过“应交税费”账户核算，而是通过“管理费用”账户核算。(　　)

(10) 企业委托加工应税消费品在收回后，应将由受托方代扣代缴的消费税计入相关成本。(　　)

实务训练

训练一

资料：某企业 2019 年发生如下经济业务：

(1) 购进甲材料一批，增值税专用发票上注明的买价为 200 000 元，增值税税率 13%。按合同规定，企业开出 2 个月到期的商业承兑汇票一张，抵付给销货方，材料已运达企业。

(2) 购进甲材料的应付票据到期，企业无力支付，银行将票据退给企业。

(3) 企业上月购进乙材料的一笔购货款 280 800 元，因无力支付，经销货方同意，开出一张面额为 280 800 元、期限为 6 个月的银行承兑汇票给销货方，抵付购货欠款，并以银行存款支付银行承兑手续费 288 元。

(4) 购入乙材料的银行承兑汇票到期，企业无力支付。银行代付欠款后，将其转为企业的短期借款，并对企业处以 1 080 元的罚款，企业以存款支付。

(5) 企业购进丙材料一批，买价 360 000 元，增值税税率 13%，按双方协议，企业开出一张为期 2 个月的银行承兑汇票抵付给销货方，并以银行存款支付银行承兑手续费 406.8 元，丙材

料已验收入库。

(6) 购买丙材料的票据到期,接银行通知,票款已支付。

要求:根据上述资料编制相应的会计分录。

训练二

资料:广聚公司下属一家电动车生产企业,2019年职工薪酬的有关资料如下:

(1) 9月,应付工资总额5 000万元,工资费用分配汇总表中列示的产品生产人员工资为3 000万元,车间管理人员工资为600万元,企业行政管理人员工资为1 000万元,销售人员工资为400万元。

(2) 9月,公司根据历史经验数据和实际情况,按工资总额2%提取职工福利费。

(3) 9月,根据国家规定的计提标准计算,公司分别按照工资总额的12%、10%、2%计提应向社会保险经办机构缴纳职工基本养老保险费、医疗保险费、失业保险费。

(4) 9月13日,根据工资结算汇总表结算上月应付职工工资总额5 000万元,代扣职工水电费100万元,代扣职工个人所得税共计300万元,实发工资为4 600万元。

(5) 9月15日,以银行存款缴纳职工基本养老保险费、医疗保险费、失业保险费。

(6) 9月30日,公司决定以其生产的电动车作为福利发放给职工。该项电动车单位成本为4 000元,单位计税价格(公允价值)为6 000元,适用的增值税税率为13%。公司共有职工400名,其中一线生产工人为340名,总部管理人员为60名。

要求:编制上述业务会计分录。

训练三

资料:广聚公司为增值税一般纳税人,增值税税率为13%,存货按实际成本计价核算,本月发生有关增值税业务如下:

(1) 购进生产用材料一批,取得的增值税专用发票注明其买价500 000元,同时支付供应单位代垫运费20 000元,材料已验收入库,价税款以银行存款支付。

(2) 收购免税农产品一批,用于产品生产,收购价120 000元,产品已验收入库,收购款以银行汇票付给。

(3) 购进固定资产建设工程用货物一批,增值税专用发票注明其价款为200 000元,价税款签发并承兑为期3个月的商业承兑汇票付给。

(4) 在建工程领用商品产品一批,成本25 000元,计税价格30 000元。

(5) 销售产成品一批,计销售收入1 200 000元,价税款收存银行。

(6) 将自产产品一批,成本25 000元,计税价格30 000元,对外捐赠。

(7) 福利部门领用库存原材料一批90 000元。

(8) 以银行存款上交增值税100 000元。

(9) 计算月末未交或多交增值税,并进行结转。

要求:根据上述资料编制相应的会计分录。

第九单元　所有者权益

导学目标

通过本单元学习，学生应该掌握如下知识技能：

1. 掌握一般企业和股份制企业实收资本、股本的变动核算。
2. 掌握资本公积的构成以及核算。
3. 掌握留存收益的构成、利润分配的处理及留存收益的核算。

导学案例

建摩B拟4∶1比例"缩股保壳"

重庆建设摩托车股份有限公司因成交价持续低于面值而走到退市边缘。在闽灿坤B成功通过缩股实现"保壳"之后，停牌近半年的建摩B于2018年1月24日晚间推出了缩股保壳方案。

2017年7月7日，沪深交易所发布上市公司退市新规，B股上市公司连续20个交易日股票收盘价低于面值的，将终止其上市。而建摩B股票自2017年7月25日起连续5个交易日跌停，股价接近面值，存在退市风险。2017年8月1日，建摩B以筹划重大事项为由开始停牌。

建摩B公告称，拟以现有总股本4.78亿股为基数，按4∶1的比例实施缩股方案，缩股完成后，建摩B总股本将减少至1.19亿股。每股面值仍为人民币1元。此外，本次建摩B拟减少股本达3.58亿股。其中，境内法人股减少2.68亿股，境内上市外资股(B股)减少9 000万股。

停牌前的2017年7月31日，建摩B收于1.28港元/股，若按本次4∶1的缩股方案计算，缩股后其股价对应为5.12港元/股(编注：约合人民币4.11元)。

资料显示，建摩B控股股东为中国南方工业集团公司，实际控制人为国务院国资委，主营为生产销售摩托车，1995年7月25日登陆深交所B股。

建摩B在公告中表示，由于本次缩股方案尚需通过股东大会，并征得政府相关部门批准，因此，建摩B将继续向深交所申请股票停牌，待公司完成相关缩股程序后复牌，复牌时间另行通知。另据建摩B同时发布的公告，建摩B将于2018年2月22日下午14时30分召开股东大会，审议上述缩股方案。

在建摩B之前，闽灿坤B就成功通过缩股实现"保壳"。2017年8月24日晚间，闽灿坤B发布公告称，拟按6∶1比例实施缩股方案维持上市地位。虽然遭到了不少闽灿坤B中小股民的反对，但闽灿坤B缩股方案还是获得股东大会通过。2017年12月31日，闽灿坤B股票宣布"保壳"成功并复牌，复牌当日股票即涨停，并于随后上演了连续7个交易日涨停，其股价一路从2.97港元/股飙升，至2018年1月15日，该股已创下6.3港元/股的近期高点。

在闽灿坤B的示范效应下国内B股展开多种途径拓展生存空间。

深交所负责人曾表示，"对纯B股公司因股价持续跌破面值面临退市的，除缩股方式外，我们还鼓励公司通过大股东增持、公司回购等方式维持上市地位。另一方面，对选择主动退市的公司，会充分考虑历史因素并尊重公司的意愿，符合条件后安排其重新上市。"

那么，所有者权益有哪些构成？股票的增持和回购又是怎样处理的？

资料来源：根据东方早报《建摩B拟4∶1比例"缩股保壳"》改编。

第一讲　实收资本

【知识要点】

一、实收资本或股本概述

实收资本是指企业按照章程规定或合同、协议约定，接受投资者投入企业的资本。实收资本的构成比例或股东的股份比例，是确定所有者在企业所有者权益中份额的基础，也是企业进行利润或股利分配的主要依据。

我国《公司法》规定，股东可以用货币出资，也可以用实物、知识产权和土地使用权等可以用货币估价并可以依法转让的非货币财产作价出资。但是，法律、行政法规规定不得作为出资的财产除外。企业应当对作为出资的非货币财产评估作价，核实财产，不得高估或者低估作价。法律、行政法规对评估作价有规定的，从其规定。股东应当按期足额缴纳公司章程中规定的各自所认缴的出资额。股东以货币出资的，应当将货币出资足额存入有限责任公司在银行开设的账户；以非货币财产出资的，应当依法办理其财产权的转移手续。股东不按照前款规定缴纳出资的，除应当向公司足额缴纳外，还应当向已按期足额缴纳出资的股东承担违约责任。企业收到所有者投入企业的资本后，应根据有关原始凭证（如投资清单、银行通知单等），分别按不同的出资方式进行会计处理。

二、实收资本或股本的账务处理

股份有限公司应设置"股本"账户，其他各类企业应设置"实收资本"账户，反映和监督企业实际收到的投资者投入资本的情况。"实收资本"账户贷方登记企业收到投资者符合注册资本的出资额；借方登记企业按照法定程序报经批准减少的注册资本；期末余额在贷方，反映企业实有的资本额。"实收资本"账户应按照投资者设置明细进行明细核算。

（一）接受现金资产投资

1. 股份有限公司以外的企业接受现金资产投资

企业接受现金资产投资时，应以实际收到的金额或存入企业开户银行的金额，借记"银行存款"等账户，按投资合同或协议约定的投资者在企业注册资本中所占份额的部分，贷记"实收资本——投资者"账户；若投资金额超过其所占投资比例的数额，其超额部分属于资本溢价，应贷记“资本公积——资本溢价”账户。

【实务操作】

【例 9-1】 甲、乙、丙三人共同出资设立万发有限责任公司，其注册资本为 180 万元，所占份额比例分别为 50%、30%、20%。三人以银行存款实际出资额分别为甲 90 万元、乙 54 万元、丙 36 万元。投入资本明细表，如表 9-1 所示。

表 9-1 **投入资本明细表**

单位：万元

投资者	投资比例	投资额(实收资本)
甲	50%	90
乙	30%	54
丙	20%	36
合计	100%	180

其中：实收资本＝注册资本×投资者所占比例。

公司收到甲、乙、丙三人投资的会计分录为：

借：银行存款　　1 800 000

　　贷：实收资本——甲　　900 000

　　　　　　　——乙　　540 000

　　　　　　　——丙　　360 000

实收资本的构成比例即投资者的出资比例或股东的股份比例，通常是确定所有者在企业所有者权益中所占的份额和参与企业生产经营决策的基础，也是企业进行利润分配或股利分配的依据，同时，还是企业清算时确定所有者对净资产的要求权的依据。

2. 股份有限公司接受现金资产投资

为了反映和监督股份有限公司股本情况，股份有限公司应设置“股本”账户。该账户贷方登记已发行的股票面值；借方登记经批准核销的股票面值；期末贷方余额反映发行在外的股票面值。“股本”账户应当按照股票的类别设置明细账进行明细核算。

股份有限公司发行股票时，既可以按面值发行股票，也可以溢价发行(我国目前不允许折价发行)。股份有限公司在核定的股本总额及核定的股份总额的范围内发行股票时，应在实际收到现金资产时进行会计处理。股份有限公司发行股票收到现金资产时，借记“银行存款”等账户，按每股股票面值和发行股份总数的乘积计算的金额，贷记“股本”账户，实际收到的金额与该股本之间的差额，贷记“资本公积——股本溢价”账户。

股份有限公司发行股票发生的手续费和佣金等交易费用，应从溢价中抵扣，冲减资本公积(股本溢价)。溢价金额不足冲减的，或是属于按面值发行无溢价的，依次冲减盈余公积和未分配利润。

【实务操作】

【例 9-2】 广聚公司委托长城证券公司代理发行普通股股票 1 000 万股，每股面值 1 元，按每股价格 1.5 元溢价发行。证券公司按发行收入的 1%收取手续费，从溢价收入中扣除。根据以上资料，编制如下会计分录。

公司实收价款＝1.5×10 000 000×(1－1%)＝14 850 000(元)

普通股股本＝1×10 000 000＝10 000 000(元)

超面值缴入股款＝14 850 000－10 000 000＝4 850 000(元)

借：银行存款　　14 850 000

　贷：股本——普通股股本　　10 000 000

　　资本公积——股本溢价　　4 850 000

【实务操作】

【例 9-3】 广聚公司委托证券公司代理发行普通股股票 1 000 万股，每股面值 1 元，按面值发行。证券公司按发行收入的 1%收取手续费，从发行收入中扣除。根据以上资料，编制会计分录如下：

借：银行存款　　9 900 000

　盈余公积　　100 000

　贷：股本——普通股股本　　10 000 000

如果盈余公积不足冲减，再冲减未分配利润。

(二) 接受非现金资产投资

企业接受以原材料、固定资产等实物资产进行的投资时，应该按照投资合同或协议约定的价值(不公允的除外)作为原材料、固定资产和无形资产的入账金额。投资者按投资合同或协议约定在企业注册资本或股本中所占份额的部分作为实收资本或股本的入账价值，投资合同或协议约定的价值(不公允的除外)超过投资者在企业注册资本或股本中所占份额的部分，计入资本公积。

1. 接受的原材料投资

企业接受的原材料投资，按照投资合同或协议约定的价值(不公允的除外)作为材料的入账价值，借记"原材料"等账户；根据增值税额，借记"应交税费——应交增值税(进项税额)"账户；按投资合同或协议约定的投资者在企业注册资本中所占份额的部分，贷记"实收资本"或"股本"账户；若投资金额超过其所占投资比例的数额，其超额部分属于资本溢价，应贷记"资本公积——资本溢价或股本溢价"账户。

【实务操作】

【例 9-4】 广聚公司收到投资者投入的原材料一批，双方确认的不含税的原材料的价值为 100 万元，增值税额为 13 万元(由投资方支付税款，并提供或开具增值税专用发票)。根据以上资料编制如下会计分录：

借：原材料　　1 000 000

　应交税费——应交增值税(进项税额)　　130 000

　贷：实收资本　　1 130 000

2. 接受固定资产投资

企业接受的固定资产投资，按照投资合同或协议约定的价值(不公允的除外)作为固定资产的入账价值，借记“固定资产”账户；根据增值税额，借记“应交税费——应交增值税(进项税额)”账户；按投资合同或协议约定的投资者在企业注册资本中所占份额的部分，贷记“实收资本”或“股本”账户；若投资金额超过其所占投资比例的数额，其超额部分属于资本溢价，应贷记“资本公积——资本溢价或股本溢价”账户。

如果为需要安装的固定资产则先通过“在建工程”账户核算，安装完毕交付使用时再转入“固定资产”账户。

【实务操作】

【例 9-5】 广聚公司收到乙公司作为资本投入的不需要安装的机器设备一台，合同约定该机器设备的价值为 2 000 000 元(由投资方支付税款，并提供或开具增值税专用发票)，增值税进项税额为 260 000 元。经约定，广聚公司接受乙公司的投入资本为 2 260 000 元，全部作为实收资本。

借：固定资产	2 000 000	
应交税费——应交增值税(进项税额)	260 000	
贷：实收资本		2 260 000

3. 接受无形资产投入

当企业收到投资者以无形资产进行投资时，按照投资合同或协议约定的价值(不公允的除外)作为无形资产的入账价值，借记“无形资产”等账户；根据增值税额，借记“应交税费——应交增值税(进项税额)”账户；按投资合同或协议约定的投资者在企业注册资本中所占份额的部分，贷记“实收资本”或“股本”账户；若投资金额超过其所占投资比例的数额，其超额部分属于资本溢价，应贷记“资本公积——资本溢价或股本溢价”账户。

【实务操作】

【例 9-6】 广聚公司于设立时收到 A 公司作为资本投入的非专利技术一项，非专利技术投资合同约定价值为 60 000 元，增值税进项税额为 3 600 元(由投资方支付税款，并提供或开具增值税专用发票)；同时收到 B 公司作为资本投入的土地使用权一项，投资合同约定价值为 80 000 元，增值税进项税额为 7 200 元(由投资方支付税款，开提供或开具增值税专用发票)。合同约定的资产价值与公允价值相符，不考虑其他因素。广聚公司应编制如下会计分录：

借：无形资产——非专利技术	60 000	
——土地使用权	80 000	
应交税费——应交增值税(进项税额)	10 800	
贷：实收资本——A 公司		63 600
——B 公司		87 200

(三) 实收资本(或股本)的增减变动

一般情况下，企业的实收资本应相对固定不变，但在某些特定情况下，实收资本也可能发生增减变化。我国《企业法人登记管理条例施行细则》规定，除国家另有规定外，企业的注册资金应当与实收资本相一致，当实收资本比原注册资金增加或减少超过 20%时，应持资金使用证明或者验资证明，向原登记主管机关申请变更登记。如擅自改变注册资本或抽逃资金，要受到工商行政管理部门的处罚。

1. 实收资本(或股本)的增加

一般企业增加资本主要有接受投资者追加投资、资本公积转增资本和盈余公积转增资本三个途径。企业按规定接受投资者追加投资时,其核算方法与投资者初次投入时相同。

企业采用资本公积或盈余公积转增资本时,应按转增的资本金额确认实收资本或股本。用资本公积转增资本时,借记"资本公积——资本溢价(或股本溢价)"账户,贷记"实收资本"(或"股本")账户。用盈余公积转增资本时,借记"盈余公积"账户贷记"实收资本"(或"股本")账户。

如果企业采取发放股票股利的方式增资,这并不是对利润的分配,而是公司股东权益内部结构的调整。

在公司董事会议提请股东大会批准的年度利润分配方案中涉及分配股票股利的,对于其中的股票股利,在董事会确定利润分配方案时不需要进行账务处理,但应在其对外报出的财务会计报告中予以披露。公司应在股东大会批准的年度利润分配方案,并办理了增资手续后按照实际发放的股票股利的金额,借记"利润分配——转作股本的股利"账户,贷记"股本"账户。经股东大会决议,用盈余公积派送新股,按派送新股计算的金额,借记"盈余公积"账户,贷记"股本"账户。

【实务操作】

【例 9-7】 广聚公司董事会拟订方案将资本公积 2 000 000 元转为股本,股票面值 2 000 000 元。每股面值 1 元。该方案经股东大会通过。公司应作如下会计分录:

借:资本公积——股本溢价　　2 000 000

　　贷:股本　　2 000 000

2. 实收资本(或股本)的减少

企业资本的减少可以按照法定程序或通过收购股票的形式进行。按照法定程序减资时,借记"实收资本"或"股本"账户,贷记"银行存款"账户。

股份有限公司通过收购股票的方式减资的,应按照股票面值和注销股数计算的股票面值总额,借记"股本"账户,贷记"库存股"账户;同时按实际支付的金额,借记"库存股"账户,贷记"银行存款"等账户。由于股票的面值与股票的发行价格可能不同,收回股票的价格也可能与发行价格不同,而"股本"账户是按股票的面值反映的,收购本企业股票时,应按面值注销股本,超过面值付出的价值,可区别情况处理:收购的股票凡属溢价发行的,则首先冲销溢价收入,不足部分,凡提有盈余公积的,冲销盈余公积;如盈余公积仍不足以支付收购款的,冲销未分配利润;凡属面值发行股票的,直接冲销盈余公积、未分配利润。如果企业购回的股票支付的价款低于面值总额的,按股票面值,借记"股本"账户,按所注销库存股的账面余额,贷记"库存股"账户,按其差额贷记"资本公积——股本溢价"账户。

【实务操作】

【例 9-8】 广聚公司因资本过剩需要减资,经办理有关手续后,收回本公司曾发行面值为 1 元的普通股 100 000 股,发行价为每股 5 元。现以每股 6.4 元的价格赎回,款项以银行存款支付,该股份公司作如下会计处理:

借：股本　　100 000
　　资本公积——股本溢价　　400 000
　　盈余公积　　140 000
　　贷：库存股　　640 000
借：库存股　　640 000
　　贷：银行存款　　640 000

本例中，如果广聚公司以每股 5 元的价格赎回，则应当作如下会计处理：

借：股本　　100 000
　　资本公积——股本溢价　　400 000
　　贷：库存股　　500 000
借：库存股　　500 000
　　贷：银行存款　　500 000

第二讲　资本公积

【知识要点】

一、资本公积概述

(一) 资本公积的来源

资本公积是企业收到投资者出资额超出其在注册资本（或股本）中所占份额的部分，以及其他资本公积等。资本公积包括资本溢价（或股本溢价）和其他资本公积等。

形成资本溢价（或股本溢价）的原因有溢价发行股票和投资者超额缴入资本等。其他资本公积是指除资本溢价（或股本溢价）、净损益、其他综合收益和利润分配以外所有者权益的其他变动。比如，企业的长期股权投资采用权益法核算时，因被投资单位除净损益、其他综合收益以及利润分配以外的所有者权益的其他变动（主要包括被投资单位接受其他股东的资本性投入、被投资单位发行可分离交易的可转债中包含的权益成分、以权益结算的股份支付、其他股东对被投资单位增资导致投资方持股比例变动等），投资企业按应享有份额而增加或减少的资本公积，直接计入投资方所有者权益（资本公积——其他资本公积）。

根据国家有关规定，企业实行股权激励的，如果在等待期内取消了授予的权益工具，企业应在进行权益工具加速行权处理时，将剩余等待期内应确认的金额计入当期损益并同时确认资本公积（其他资本公积）。企业集团（由母公司和其全部子公司构成）内发生的股份支付交易，如结算企业为接受服务企业的投资者，应当按照授予日权益工具的公允价值或应承担负债的公允价值确认为对接受服务企业的长期股权投资，同时确认资本公积（其他资本公积）或负债。

资本公积的核算包括资本溢价（或股本溢价）的核算、其他资本公积的核算和资本公积转增资本的核算等内容。

(二) 资本公积与实收资本（或股本）、留存收益、其他综合收益的区别

1. 资本公积与实收资本（或股本）的区别

(1) 来源和性质上的区别。实收资本（或股本）是指投资者按照企业章程或合同、协议的

约定，实际投入企业并依法进行注册的资本，它体现了企业所有者对企业的基本产权关系。资本公积是投资者的出资额超出其在注册资本中所占份额的部分（即资本溢价或股本溢价），以及其他资本公积，它不直接表明所有者对企业的基本产权关系。

（2）用途上的区别。实收资本（或股本）的构成比例是确定所有者参与企业财务经营决策的基础，也是企业进行利润分配或股利分配的依据，同时还是企业清算时确定所有者净资产的要求权的依据。资本公积主要是用来转增资本（或股本）。资本公积不体现各所有者的占有比例，也不能作为所有者参与企业财务经营决策或进行利润分配或股利分配的依据。

2. 资本公积与留存收益的区别

资本公积的来源不是企业实现的利润，而主要来自资本溢价（或股本溢价）等。留存收益是企业从历年实现的利润中提取或形成的留存于企业的内部积累，来源于企业生产经营活动实现的利润。

3. 资本公积与其他综合收益的区别

其他综合收益是指企业根据企业会计准则规定，未在当期损益中确认的各项利得和损失。资本公积和其他综合收益都会引起企业所有者权益发生增减变动，资本公积不会影响企业的损益，而部分其他综合收益项目则在满足企业会计准则规定的条件时，可以重分类进损益，从而成为企业利润的一部分。

二、资本公积的账务处理

为了反映和监督企业资本公积的增减变动情况，企业应设置"资本公积"账户。该账户贷方登记资本公积的增加额；借方登记资本公积的减少额；期末贷方余额反映企业资本公积结余额。该账户的明细账按资本公积的类别设置。

（一）资本溢价（或股本溢价）

1. 资本溢价

除股份有限公司外的其他类型的企业在创立时，投资者认缴的出资额与注册资本一致，一般不会产生资本溢价。但在企业重组或有新的投资者加入时，常常会出现资本溢价。因为在企业进行正常生产经营后，其资本利润率通常要高于企业初创阶段，另外，企业有内部积累，新投资者加入企业后，对这些积累将来也要分享，所以新加入的投资者往往要付出大于原投资者的出资额，才能取得与原投资者相同的出资比例。投资者多缴的部分就形成了资本溢价。

【实务操作】

【例 9-9】 广聚公司由甲、乙、丙三股东各自出资 1 000 000 元设立。设立时的实收资本为 3 000 000 元。经过 3 年的经营，该企业留存收益为 1 500 000 元。这时又有了投资者有意参加该企业，并表示愿意出资 1 800 000 元仅占该企业股份的 25%。

在会计核算时，作如下会计处理：

假设丁应缴出资额为 X，则公司实收丁资金数额：

$$X/(3\,000\,000+X)=25\%$$

解方程式得：

$$X=1\,000\,000\text{ 元}$$

超额缴入资金（作为资本公积部分）：

$$1\,800\,000-1\,000\,000=800\,000(\text{元})$$

借：银行存款　　1 800 000

　　贷：实收资本——丁　　1 000 000

　　　　资本公积——资本溢价　　800 000

2. 股本溢价

股份有限公司是以发行股票的方式筹集股本的，股票可按面值发行，也可按溢价发行，我国目前不准折价发行。与其他类型的企业不同，股份有限公司在成立时可能会溢价发行股票，因而，在成立之初，就可能会产生股本溢价。股本溢价的数额等于股份有限公司发行股票时实际收到的款额超过股票面值总额的部分。

在按面值发行股票的情况下，企业发行股票取得的收入，应全部作为股本处理；在溢价发行股票的情况下，企业发行股票取得的收入，等于股票面值部分计入股本，超出股票面值的溢价收入计入股本溢价。

发行股票相关的手续费、佣金等交易费用，如果是溢价发行股票的，应从溢价中扣除，冲减资本公积（股本溢价）；无溢价发行股票或溢价金额不足以抵扣的，应将不足抵扣的部分冲减盈余公积，盈余公积不足抵扣的冲减未分配利润。

【实务操作】

【例 9-10】 广聚公司首次公开发行普通股 50 000 000 股，每股面值 1 元，每股发行价格为 4 元。广聚公司与证券公司约定按发行收入的 3%收取佣金，从发行收入中扣除。假定收到的股款已存入银行。广聚公司应编制如下会计分录：

广聚公司收到证公司转来的发行收入＝50 000 000×4×(1－3%)＝194 000 000(元)

“资本公积”账户的全额＝溢价收入－发行佣金＝50 000 000×(4－1)－50 000 000×4×3%＝144 000 000(元)

借：银行存款　　194 000 000

　　贷：股本　　50 000 000

　　　　资本公积——股本溢价　　144 000 000

(二) 其他资本公积

本书以被投资单位除净损益、其他综合收益和利润分配以外的所有者权益的其他变动为例，介绍其他资本公积的核算。

企业对被投资单位的长期股权投资采用权益法核算的，在持股比例不变的情况下对因被投资单位除净损益、其他综合收益和利润分配以外的所有者权益的其他变动，应按持股比例计算其应享有或应分担被投资单位所有者权益的增减数额，调整长期股权投资的账面价值和资本公积（其他资本公积）。在处置长期股权投资时，应转销与该笔投资相关的其他资本公积。

【实务操作】

【例 9-11】 2019 年 1 月 1 日，广聚公司向 F 公司投资 8 000 000 元，拥有该公司 20%的股份，并对该公司有重大影响，对 F 公司长期股权投资采用权益法核算。2019 年 12 月 31 日，F 公司除净损益、其他综合收益和利润分配之外的所有者权益增加了 1 000 000 元。假定除此以外,F公司的所有者权益没有变化,广聚公司的持股比例没有变化,F公司资产的账面价值与公允价值一致,不考虑其他因素。广聚公司应编制如下会计分录:

广聚公司对F公司投资增加的资本公积=1 000 000×20%=200 000(元)

借:长期股权投资——F公司　　200 000

　　贷:资本公积——其他资本公积　　200 000

(三) 资本公积转增资本

我国《公司法》等法律规定,资本公积的用途主要是转增资本,即增加实收资本(或股本)。虽然资本公积转增资本并不能导致所有者权益总额的增加,但资本公积转增资本,一方面,可以改变企业投入资本结构,体现企业稳健、持续发展的潜力;另一方面,对股份有限公司而言,它会增加投资者持有的股份,从而增加公司的股票的流通量,进而激活股价,提高股票的交易量和资本的流动性。此外,对于债权人来说,实收资本是所有者权益最本质的体现,是其考虑投资风险的重要影响因素。所以,将资本公积转增资本不仅可以更好地反映投资者的权益,也会影响到债权人的信贷决策。

账务处理时,应借记"资本公积——资本溢价或股本溢价"账户,贷记"实收资本"或"股本"账户。

第三讲　留存收益

【知识要点】

留存收益是指企业从历年实现的利润中提取或留存于企业的内部积累,它来源于企业的生产经营活动所实现的净利润,包括企业的盈余公积和未分配利润两个部分。

一、利润分配概述

利润分配是指企业根据国家有关规定和投资者的决议,对企业当年可供分配的利润所进行的分配。

可供分配利润=当年实现的利润(或净亏损)+年初未分配利润(或一年初未弥补亏损)+其他转入

可供分配的利润应按下列顺序分配:①提取法定盈余公积;②提取任意盈余公积金;③向投资者分配利润。必须指出的是,上述利润分配的顺序不能颠倒。也就是说,企业以前年度的亏损未得到完全弥补前,不得提取盈余公积金;在提取盈余公积以前,不得向投资者支付股利和利润;支付股利的顺序必须是先支付优先股股利后支付普通股股利。

企业本年实现的净利润进行了上述分配后,仍有余额的,即为本年的未分配利润,本年未分配利润加上上期未分配利润的合计数,即为本期末未分配利润累积数。

在上述利润的分配过程中,盈余公积和未分配利润都被企业留存了下来,形成了内部的积累,即留存收益。

企业应该设置"利润分配"账户,本账户用来核算企业利润的分配(或亏损的弥补)和历年分配(或弥补)后的余额。本账户应当分别设置"提取法定盈余公积""提取任意盈余公积""应付现金股利""盈余公积补亏"和"未分配利润"等明细账户进行核算。利润分配的主要账务处理如下：

（1）企业按规定提取的盈余公积，借记本账户，贷记“盈余公积”账户。

（2）经股东大会或类似机构决议，分配给股东或投资者的现金股利或利润，借记本账户，贷记“应付股利”账户。

经股东大会或类似机构决议，分配给股东的股票股利，应在办理增资手续后，借记本账户（转作股本的股利），贷记“股本”账户。

（3）用盈余公积弥补亏损，借记“盈余公积”账户，贷记本账户。

（4）年度终了，企业应将全年实现的净利润，自“本年利润”账户转入“利润分配——未分配利润”账户，并将“利润分配”账户下的其他有关明细账户的余额，转入“未分配利润”明细账户。结转后，“未分配利润”明细账户的贷方余额，就是累积未分配的利润数额；如为借方余额，则表示累积未弥补的亏损数额。结转后，本账户除“未分配利润”明细账户外，其他明细账户应无余额。

（5）本账户年末余额，反映企业的未分配利润（或未弥补亏损）。

【实务操作】

【例 9-12】 广聚公司年初未分配利润为 0，本年实现净利润 1 000 000 元，本年提取法定盈余公积 100 000 元，宣告发放现金股利 400 000 元。假定不考虑其他因素，会计处理如下：

结转本年利润：

借：本年利润	1 000 000	
贷：利润分配——未分配利润		1 000 000

提取法定盈余公积、宣告发放现金股利：

借：利润分配——提取法定盈余公积	100 000	
——应付现金股利	400 000	
贷：盈余公积		100 000
应付股利		400 000
借：利润分配——未分配利润	500 000	
贷：利润分配——提取法定盈余公积		100 000
——应付现金股利		400 000

二、盈余公积

盈余公积是指企业按照规定从净利润中提取的积累资金，包括法定盈余公积和任意盈余公积。法定盈余公积按照净利润（减弥补以前年度亏损）的 10%提取（非公司制企业也可按照超过 10%的比例提取），法定盈余公积累计额已达注册资本的 50%时可以不再提取。任意盈余公积主要是公司制企业按照股东会的决议提取，其他企业也可根据需要提取任意盈余公积。

（一）盈余公积的来源

法定盈余公积按照税后盈余 10%的比例提取，达到注册资本的 50%时不再提取；任意盈余公积是根据股东大会或类似机构批准提取的。

(二) 盈余公积的用途

盈余公积可用于弥补亏损、转增注册资本、发放现金股利或利润。

1. 弥补亏损

企业发生经营亏损的弥补方式有三种：一是用以后年度税前利润弥补，按规定企业亏损在规定期限(现行制度规定为5年)内可由税前利润弥补；二是用以后年度税后利润弥补，即超过税前利润弥补期的剩余亏损额应由税后利润弥补；三是用盈余公积补亏。

2. 转增资本(股本)

经股东大会决议，可将盈余公积转增资本。盈余公积转增资本时，应先办理增资手续，并按所有者(股东)的原出资比例增加资本。按规定，用法定盈余公积转增资本时，转增后应以该项公积金不少于转增前公司注册资本的25%为限。

3. 分配现金股利或利润

股份有限公司分配股利应以实现一定的净利润为前提，在净利润没有实现时，原则上不分配股利。但是，有时股份有限公司为了维护公司股票信誉，经股东大会特别决议，也可用部分盈余公积分配少量股利。

(三) 盈余公积的会计处理

为了总括反映企业各项盈余公积的提取和使用情况，企业应设置"盈余公积"账户，该账户贷方反映从税后利润中提取的各项盈余公积，借方反映盈余公积的使用，贷方余额反映盈余公积的结余额。为了具体反映各项盈余公积的提取和使用，该账户应下设有关明细账户。目前，"盈余公积"总账账户下设有"法定盈余公积"和"任意盈余公积"两个明细账户。"法定盈余公积"明细账户贷方反映按一定比例从税后利润中提取的法定盈余公积和任意盈余公积，借方反映企业按规定转增资本、弥补亏损和分配股利等而减少的盈余公积，贷方余额反映期末结余额。

1. 盈余公积形成的账务处理

企业按规定从税后利润中提取盈余公积时，应借记"利润分配——提取法定盈余公积""利润分配——提取任意盈余公积"账户，贷记"盈余公积——法定(或任意)盈余公积"账户。

2. 盈余公积使用的账务处理

企业经股东大会或类似机构决议，用盈余公积弥补亏损或转增资本，借记"盈余公积"账户，贷记"利润分配——盈余公积补亏""实收资本"或"股本"账户。

企业经股东大会决议，用盈余公积派送新股，按派送新股计算的金额，借记"盈余公积"账户，按股票面值和派送新股总数计算的股票面值总额，贷记"股本"账户，按其差额，贷记"资本公积——股本溢价"账户。

【实务操作】

【例9-13】 广聚公司经股东大会决议，决定将法定盈余公积250 000元转增资本，按规定增资程序获得批准后，该公司应作如下会计分录：

借：盈余公积——法定盈余公积	250 000	
贷：实收资本		250 000

一般盈余公积用于弥补亏损时，应借记"盈余公积——法定(或任意)盈余公积"账户，贷记"利润分配——盈余公积补亏"账户。

【实务操作】

【例 9-14】 广聚公司发生经营亏损 400 000 元，经股东大会决议，用法定盈余公积弥补，企业应作如下分录：

借：盈余公积——法定盈余公积　　400 000

　　贷：利润分配——盈余公积补亏　　400 000

亏损企业用一般盈余公积弥补亏损后，如果仍有结余，也可用于分配股利，但分配后留存的法定盈余公积应不低于注册资本的 25% 为限，而且分配的股利率也不宜过高，一般不超过股票面值的 6%。

【实务操作】

【例 9-15】 广聚公司本年发生少量亏损，考虑到公司前景和股票信誉，经股东大会决议，决定按股票面值的 4% 分配股利，由结存的任意盈余公积列支。假设该公司发行在外普通股 3 000 万股，每股面值 1 元，则本次用于发放股利的盈余公积为 1 200 000 元(30 000 000×1×4%)，应作如下会计分录：

借：盈余公积——任意盈余公积　　1 200 000

　　贷：利润分配——盈余公积补亏　　1 200 000

借：利润分配——应付现金股利　　1 200 000

　　贷：应付股利　　1 200 000

三、未分配利润

企业经过弥补亏损、提取盈余公积金以及分配利润和股利后，留待以后年度进行分配的结存利润，就是未分配利润，同时，它也是企业尚未向投资者分配的净利润，包括企业以前年度积存的留待以后年度分配的净利润和当年待分配的净利润。这部分净利润既没有分配给投资者，也没有指定用途，企业可随时分配使用。

企业一般通过“利润分配——未分配利润”账户对此进行核算。

首先，企业将本年度实现的收入和费用等损益账户，通过“本年利润”账户进行归集。计算出本年净利润。

其次，再将“本年利润”转入“利润分配——未分配利润”，这时“利润分配——未分配利润”代表的是企业可供分配的利润总额。

再次，对可供分配利润进行提取盈余公积等分配，剩余金额便是年末未分配利润。

如果本年度发生亏损，企业也应将“本年利润”转入“利润分配——未分配利润”，但是由于亏损，就不必进行提取盈余公积金等分配行为了。

如果以前年度亏损，本年度盈利，而且本年度属于亏损发生 5 年内可以使用税前利润进行补亏的年份，则本年无需缴纳所得税，可直接将税前的“本年利润”转入“利润分配——未分配利润”。

如果以前年度亏损，本年度盈利，而且本年度不属于亏损发生 5 年内可以使用税前利润进行补亏的年份，则本年仍需缴纳所得税，应将税后的“本年利润”转入“利润分配——未分配利润”。

最后，应将“利润分配”账户下的其他有关明细账户的余额，转入“未分配利润”明细账户。结转后，除“未分配利润”外，其他明细账户应无余额。“未分配利润”明细账户的贷方余额，就是累积未分配的利润数额；如为借方余额，则表示累积未弥补的亏损数额。

单元测试

1. 单项选择题

(1) 某企业年初“未分配利润”账户为贷方 36 万元，本年实现净利润 160 万元，本年提取法定盈余公积 18 万元，向投资者发放股票股利 25 万元。该企业年末未分配利润贷方余额为(　　)万元。

A. 126　　B. 153　　C. 102　　D. 77

(2) 关于企业所有者权益，下列说法中错误的是(　　)。

A. 未分配利润可以弥补亏损　　B. 盈余公积可以按照规定转增资本金

C. 资本公积可以弥补企业亏损　　D. 资本公积可以按照规定转增资本金

(3) 某有限责任公司由 A、B 两个股东各出资 50 万元而设立，设立时实收资本为 100 万元，经过 3 年营运，该公司盈余公积和未分配利润合计为 50 万元，这时 C 投资者有意参加，经各方协商以 100 万元出资占该公司所有者权益总额的 1/3，该公司在接受 C 投资者投资时，应借记“银行存款”账户 100 万元，贷记(　　)。

A. “实收资本”账户 60 万元，“资本公积”账户 40 万元

B. “实收资本”账户 75 万元，“资本公积”账户 25 万元

C. “实收资本”账户 100 万元

D. “实收资本”账户 50 万元，“资本公积”账户 50 万元

(4) 某企业委托券商代理发行股票 5 000 万股，每股面值为 1 元，每股发行价格为 6 元。按发行价格的 2%向券商支付发行费用，该企业在收到股款时，应记入“资本公积”账户的金额为(　　)万元。

A. 24 400　　B. 24 750　　C. 24 650　　D. 25 000

(5) 下列各项中，能影响所有者权益总额发生增减变动的是(　　)。

A. 支付已宣告的现金股利　　B. 盈余公积补亏

C. 实际发放股票股利　　D. 宣告派发现金股利

(6) 某企业年初所有者权益总额 160 万元，当年以其中的资本公积转增资本 50 万元。当年实现净利润 300 万元，提取盈余公积 30 万元，向投资者分配利润 50 万元。该企业年末所有者权益总额为(　　)万元。

A. 360　　B. 410　　C. 440　　D. 460

(7) 股份有限公司采用溢价发行股票方式筹集资本，其“股本”账户所登记的金额是(　　)。

A. 股票面值总额　　B. 实际收到的款项

C. 实际收到款项加上应付证券商的费用　　D. 实际收到款项减去应付证券商的费用

(8) 企业接受的现金捐赠，最终应计入(　　)。

A. 营业外收入　　B. 盈余公积　　C. 资本公积　　D. 未分配利润

(9) 2019 年 12 月 31 日，某企业所有者权益情况如下：实收资本 180 万元，资本公积 20 万

元，盈余公积 88 万元，未分配利润 32 万元。则该企业 2020 年 1 月 1 日留存收益为（　　）万元。

A. 32　　B. 88　　C. 120　　D. 300

(10) 甲股份有限公司以每股 4 元的价格回购股票 1 000 万股，股票每股面值 1 元，共支付回购款 4 050 万元。回购时，公司的股本为 11 000 万元，资本公积溢价为 3 000 万元（均为该股票产生），盈余公积为 450 万元，未分配利润为 550 万元。回购股票并注销后甲公司的所有者权益总额为（　　）万元。

A. 15 000　　B. 14 000　　C. 11 950　　D. 10 950

(11) 甲企业收到乙公司作价投入的原材料一批，该批原材料双方确认的价值为 600 000 元，经税务部门认定应交的增值税额为 78 000 元，乙公司已向甲企业开具增值税专用发票，甲企业未支付增值税款。甲企业应记入“实收资本”账户的金额为（　　）元。

A. 600 000　　B. 678 000　　C. 602 000　　D. 686 000

(12) 有限责任公司在增资扩股时，如果新投资者介入，新介入的投资者缴纳的出资额大于其按约定比例计算的其在注册资本中所占的份额部分，作为（　　）处理。

A. 盈余公积　　B. 资本公积　　C. 未分配利润　　D. 实收资本

2. 多项选择题

(1) 甲股份有限公司以收购本企业股票方式减资，在进行会计处理时，可能涉及的账户有（　　）。

A. “股本”　　B. “资本公积”　　C. “财务费用”　　D. “盈余公积”

(2) 企业实收资本或股本增加的途径有（　　）。

A. 发放股票股利　　B. 经批准用盈余公积转增

C. 接受投资者实物投资　　D. 经批准用资本公积转增

(3) 企业发生亏损时，下列各项中，（　　）是弥补亏损的渠道。

A. 用以后 5 年税前利润弥补　　B. 用 5 年后的税后利润弥补

C. 以盈余公积弥补亏损　　D. 以资本公积弥补亏损

(4) 甲公司在筹建期间委托银河证券公司代理发行普通股 5 000 万股，每股面值 1 元，按每股 1.02 元的价格发行。公司与银河证券公司约定，银河证券公司按发行收入的 4% 收取手续费，从发行收入中扣除。在上述情况下，甲公司收到股款的会计分录涉及的账户有（　　）。

A. “银行存款”　　B. “资本公积”　　C. “股本”　　D. “盈余公积”

(5) 企业吸收投资者出资时，下列账户的余额不会发生变化的有（　　）。

A. “实收资本”　　B. “利润分配”　　C. “盈余公积”　　D. “资本公积”

(6) 下列各项中，影响年末未分配利润数额的因素有（　　）。

A. 年初未分配利润　　B. 提取盈余公积

C. 结转本期实现的净利润　　D. 盈余公积补亏

(7) 公司发行股票支付的手续费、佣金等发行费用，有可能作出的会计处理有（　　）。

A. 冲减未分配利润　　B. 计入财务费用

C. 冲减盈余公积　　D. 从溢价中抵销

(8) 下列各项中，不通过“资本公积”账户核算的有（　　）。

A. 接受现金捐赠　　B. 向灾区捐赠现金　　C. 资本溢价　　D. 股本溢价

3. 判断题

(1) 资本公积经批准后可用于派发现金股利。 (　　)

(2) 平时资产负债表中的未分配利润的金额是由“本年利润”及“利润分配”账户的余额合计填入；年末，由于“本年利润”已转入“利润分配”，所以资产负债表的未分配利润的金额只有“利润分配”账户的余额。 (　　)

(3) 企业增发新股，企业的股本或实收资本金额增加，但是所有者权益总额不发生变化。 (　　)

(4) 企业以盈余公积向投资者分配现金股利，不会引起留存收益总额的变动。 (　　)

(5) 某企业年初有未弥补亏损 20 万元，当年实现净利润 10 万元。按有关规定，该年不得提取法定盈余公积。 (　　)

(6) 收入能够导致企业所有者权益增加，但导致所有者权益增加的不一定是收入。 (　　)

(7) 企业不能用盈余公积分配现金股利。 (　　)

(8) 支付已宣告的现金股利时，所有者权益减少。 (　　)

(9) 法定盈余公积达到注册资本的 50%时，不应再提取。 (　　)

(10) 对于一个企业来说，投资者投入的资金，并不全部构成实收资本。 (　　)

(11) 股份有限公司“股本”账户的期末贷方余额，就是股票的发行价与发行股数的乘积。 (　　)

(12) 在我国，若资本市场不景气，企业为了筹措资金，也可以采用折价发行股票的方式。 (　　)

实务训练

训练一

资料：A、B 两个投资者向广聚公司投资，A 投资者投入货币资金 400 000 元人民币和 45 000 美元(实际收到外币时的市场汇率 1 美元=7.1 元人民币)。B 投资者投入原材料一批，双方确认价值为 900 000 元，税务部门认定增值税额为 153 000 元，并开具了增值税专用发票，被投资方未支付增值税款。一年后，C 投资者向该企业投资，其缴付企业的出资额为 880 000 元人民币，只有 650 000 元作为企业注册资本。

要求：编制被投资企业有关会计分录。

训练二

资料：广聚公司 2017 年“未分配利润”账户年初贷方余额 100 万元，按 10%提取法定盈余公积金，所得税税率 25%，2017—2019 年的有关资料如下：

(1) 2017 年实现净利 200 万元；提取法定盈余公积后，宣告派发现金股利 150 万元。

(2) 2018 年发生亏损 500 万元(假设无以前年度未弥补亏损)。

(3) 2019 年实现利润总额 600 万元。

要求(单位用“万元”表示)：

(1) 编制 2017 年有关利润分配的会计分录(盈余公积及利润分配的核算写明明细账户)。

(2) 编制 2018 年结转亏损的会计分录。

(3) 计算 2019 年应交的所得税,假设税率为 25%。

(4) 计算 2019 年的可供分配利润。

训练三

资料:2019 年 12 月 31 日,广聚公司股东权益为股本为 20 000 万元(面值为 1 元),资本公积(股本溢价)为 6 000 万元,盈余公积为 1 500 万元,未分配利润为 4 000 万元。经董事会批准回购本公司股票并注销。2020 年发生经济业务如下:

(1) 以每股 3 元的价格回购本公司股票 2 000 万股。

(2) 以每股 2 元的价格回购本公司股票 4 000 万股。

(3) 注销股票。

要求:编制库存股相应的会计分录。

第十单元　收入、费用与利润

导学目标

通过本单元学习，学生应该掌握如下知识技能：

1. 了解收入的定义，理解收入的确认与计量原则，掌握主要收入项目的核算方法。
2. 了解费用的定义，掌握各费用项目的确认与计量，掌握主要费用项目的核算。
3. 了解利润的定义，掌握利润形成与分配的核算。

导学案例

茅台净利增速反常下降，逾10亿预收款未确认

案例介绍：贵州茅台1月24日晚间发布的2017年度业绩预告显示，公司全年净利润增速只有50%左右，这远低于市场预期。

根据三季报可知，茅台四季度净利润在27.25亿元左右，业绩增速24.43%。不论是净利总额还是净利增速都创下了年内新低，而这还是在茅台2017年9月份提价的基础上所获得利润。茅台业绩一经公布，股价应声跳水，显然市场认为茅台业绩并没有达到预期水平。

对此，可从两个方面来看，茅台的业绩应该是留有余地的。首先，2017年10月，茅台提价30%，出厂价从619元调整到819元，并且2017年整体供应并没有缩减。2016年推测总体供应1.26万吨，2017年总体供应1.44万吨，其中1 000吨直营店系统；那么，非直营系统的供应也有6.3%的增长。所以，四季度的净利润增速是反常的。

再者，从2017年12月28日茅台经销商会议得到的信息来看，前11月茅台集团收入324.4亿元（含税），由此推算全年集团收入约360亿元（含税）。则贵州茅台的收入应在262亿元左右。这表明应该有10多亿元的预收款未确认。也就是说，茅台将超过10亿元的收入推迟到了2018年，以平滑业绩。

预收款一向被视作白酒公司利润调节的"蓄水池"，对白酒公司业绩有相当重要的作用，合理释放这些手中的"余粮"将对白酒公司业绩起到很好的平滑作用，而茅台作为白酒龙头是使用预收款调解业绩的典型。资料显示，从2018年起贵州茅台就通过有规律地释放预收款来平滑自己的业绩。

这种做法是否正确？收入又应该在什么时候确认呢？

资料来源：财经网《茅台净利增速反常下降　逾10亿预收款未确认》。

第一讲　收　　入

【知识要点】

一、收入概述

(一) 收入的概念和特征

收入是指企业在日常活动中形成、会导致所有者权益增加的、与所有者投入资本无关的经济利益的总流入。中外会计理论上一直有狭义和广义两种观点。

狭义的收入，通常是指企业因销售商品、提供劳务等日常经营活动而形成的经济利益总流入，包括营业收入和投资收益。其中，营业收入在我国是指企业因销售商品、提供劳务以及他人使用本企业资产等日常经营活动而形成的经济利益总流入。投资收益是指企业从事对外投资活动产生的收入。总之，狭义收入强调收入必须产生于日常经营活动，而不是产生于偶然的交易或者事项。我国企业会计准则和国际会计准则以及美国公认会计原则、日本公认会计原则使用的都是狭义的收入概念。

广义的收入是指企业因生产经营及其他活动而获得的全部经济利益总流入，其表现形式为资产增加或负债减少而引起的所有者权益增加，但不包括与所有者出资等有关资产增加或负债减少。具体说来，包括营业收入、投资收益、公允价值变动损益以及营业外收入。其中，公允价值变动损益是指交易性金融资产等因公允价值变动而形成的损益；营业外收入是指与企业生产经营活动没有直接关系的各种收入，相对于营业收入，其获得具有一定的偶然性，通常也不需要付出代价。

收入具有以下特点：

(1) 收入是企业在日常活动中形成的经济利益的总流入。日常活动是指企业为完成其经营目标而从事的经常性活动以及与之相关的活动。工业企业销售产品、商品流通企业销售商品、安装公司提供安装服务和商业银行对外贷款等活动，均属于企业为完成其经营目标所从事的经常性活动，由此形成的经济利益的总流入构成收入。工业企业对外出售不需用的原材料、对外转让无形资产使用权等活动，虽不属于企业的经常性活动，但属于企业为完成其经营目标所从事的与经常性活动相关的活动，由此形成的经济利益的总流入也构成收入。

收入形成于企业日常活动的特征使其与产生非日常活动的利得相区分。例如接受捐赠，因其他企业违约收取的罚款等，这些流入企业的经济利益属于利得而不是收入。

(2) 收入会导致企业所有者权益的增加。收入形成的经济利益的总流入，既可能表现为资产的增加，也可能表现为负债的减少，还可能表现为两者兼而有之。因此，根据“资产－负债＝所有者权益”的等式，企业所取得的收入一定能增加企业的所有者权益。这里所说的收入能增加企业的所有者权益，仅指收入本身的影响，而收入扣除与之相配比的费用后的净额，既可能增加所有者权益，也可能减少所有者权益。

企业为第三方或客户代收的款项，如企业代国家收取的增值税、代客户收取的受托代销商品款等，一方面增加企业的资产，另一方面增加企业的负债，因此，不增加企业的所有者权益，也不属于本企业经济利益的总流入，不构成本企业的收入。

(3) 收入与所有者投入资本无关。所有者投入资本主要是为谋求享有企业资产的剩余权益，由此形成的经济利益的总流入不构成收入，而应确认为企业的所有者权益。

（二）收入的分类

根据不同的标准，可以对收入进行不同的分类。

1. 按企业从事日常活动的性质分

收入按企业从事日常活动的性质不同，可以分为销售商品收入、提供劳务收入和让渡资产使用权收入。其中：

销售商品收入是指企业通过销售商品实现的收入。这里的商品包括企业为销售而生产的产品和为转售而购进的商品。企业销售的其他存货，如原材料、包装物等也视同商品。

提供劳务收入是指企业通过提供劳务实现的收入，如企业通过提供旅游、运输、饮食、广告、咨询、代理、培训和产品安装等劳务所实现的收入。

让渡资产使用权收入是指企业通过让渡资产使用权实现的收入，包括利息收入和使用费收入。利息收入是指金融企业对外贷款形成以及同业之间发生往来形成的利息收入。使用费收入是指企业转让无形资产等资产的使用权形成的使用费收入。企业对外出租固定资产收取的租金、进行股权投资取得的现金股利、进行债权投资收取的利息等，也构成让渡资产使用权收入。

2. 按企业经营业务的主次分

收入按企业经营业务的主次不同，可以分为主营业务收入和其他业务收入。其中：

主营业务收入是指企业为完成其经营目标而从事的经常性活动所实现的收入。主营业务收入一般占企业总收入的比重较大，对企业的经济效益产生较大的影响。不同行业企业的主营业务收入所包括的内容不同，如工业企业的主营业务收入主要包括销售商品、自制半成品、代制品、代修品，提供工业性劳务等实现的收入；商品流通企业的主营业务收入主要包括销售商品所取得的收入；安装公司的主营业务收入主要包括提供安装服务实现的收入。

主营业务收入通过“主营业务收入”账户核算，并通过“主营业务成本”账户核算其相关成本。

其他业务收入是指企业为完成其经营目标所从事的与经常性活动相关的活动实现的收入。其他业务收入属于企业日常活动中次要交易实现的收入，一般占企业总收入的比重较小。不同行业企业的其他业务收入所包括的内容不同，如工业企业的其他业务收入主要包括对外销售材料、对外出租包装物、商品或固定资产、对外转让无形资产使用权和提供非工业性劳务等实现的收入。

企业实现的原材料销售收入、包装物租金收入、固定资产租金收入和无形资产使用费收入等，通过“其他业务收入”账户核算，并通过“其他业务成本”账户核算其相关成本。

二、收入的确认和计量

企业在确认和计量收入时，应遵循的基本原则是：确认收入的方式应当反映其向客户转让商品或提供服务的模式，收入的金额应当反映企业因转让商品或提供服务而预期有权收取的对价金额。通过收入确认和计量能进一步如实地反映企业的生产经营成果，准确核算企业实现的损益。

（一）收入确认的原则

企业应当在履行了合同中的履约义务，即在客户取得相关商品控制权时确认收入。取得相关商品控制权，是指客户能够主导该商品的使用并从中获得几乎全部经济利益，也包括有能力阻止其他方主导该商品的使用并从中获得经济利益。取得商品控制权包括三个要素：

一是客户必须拥有现时权利，能够主导该商品的使用并从中获得几乎全部经济利益。如果客户只能在未来的某一期间主导该商品的使用并从中获益，则表明其尚未取得该商品的控制权。

二是客户有能力主导该商品的使用，即客户在其活动中有权使用该商品，或者能够允许或阻止其他方使用该商品。

三是客户能够获得商品几乎全部的经济利益。商品的经济利益是指商品的潜在现金流量，既包括现金流入的增加，也包括现金流出的减少。客户可以通过使用、消耗、出售、处置、交换、抵押或持有等多种方式直接或间接地获得商品的经济利益。

客户是指与企业订立合同以向该企业购买其日常活动产出的商品并支付对价的一方；商品包括商品和服务。本章的收入不涉及企业对外出租资产收取的租金、进行债权投资收取的利息、进行股权投资取得的现金股利以及保费收入等。

（二）收入确认的前提条件

企业与客户之间的合同同时满足下列五项条件的，企业应当在客户取得相关商品控制权时确认收入：

（1）合同各方已批准该合同并承诺将履行各自义务。

（2）该合同明确了合同各方与所转让商品相关的权利和义务。

（3）该合同有明确的与所转让商品相关的支付条款。

（4）该合同具有商业实质，即履行该合同将改变企业未来现金流量的风险、时间分布和金额。

（5）企业因客户转让商品而有权取得的对价很可能收回。

（三）收入确认和计量的步骤

根据《企业会计准则第 14 号——收入》(2018)，收入确认和计量大致分为以下五步。

第一步，识别与客户订立的合同。合同是指双方或多方之间订立有法律约束力的权利义务的协议。合同有书面形式、口头形式以及其他形式。合同的存在是企业确认客户合同收入的前提，企业与客户之间的合同一经签订，企业即享有从客户取得与转移商品和服务对价的权利，同时负有向客户转移商品和服务的履约义务。

第二步，识别合同中的单项履约义务。履约义务是指合同中企业向客户转让可明确区分商品或服务的承诺。企业应当将向客户转让可明确区分商品（或者商品的组合）的承诺以及向客户转让一系列实质相同且转让模式相同的、可明确区分商品的承诺作为单项履约义务。例如，企业与客户签订合同，向其销售商品并提供安装服务，该安装服务简单，除该企业外其他供应商也可以提供此类安装服务，该合同中销售商品和提供安装服务为两项单项履约义务。若该安装服务复杂且商品需要按客户定制要求修改，则合同中销售商品和提供安装服务合并为单项履约义务。

第三步，确定交易价格。交易价格是指企业因向客户转让商品而预期有权收取的对价金额，不包括企业代第三方收取的款项（如增值税）以及企业预期将退还给客户的款项。合同条款所承诺的对价，可能是固定金额、可变金额或两者兼有。例如，甲公司与客户签订合同为其建造一栋厂房，约定的价款为 100 万元，4 个月完工，交易价格就是固定金额 100 万元；假如合同中约定若提前 1 个月完工，客户将额外奖励甲公司 10 万元，甲公司对合同估计工程提前 1 个月完工的概率为 95%，则甲公司预计有权收取的对价为 110 万元，因此，交易价格包括固定金额 100 万元和可变金额 10 万元，总计为 110 万元。

第四步，将交易价格分摊至各单项履约义务。当合同中包含两项或多项履约义务时，需要将交易价格分摊至各单项履约义务，分摊的方法是在合同开始日，按照各单项履约义务所承诺商品的单独售价（企业向客户单独销售商品的价格）的相对比例，将交易价格分摊至各单项履约义务。通过分摊交易价格，使企业分摊至各单项履约义务的交易价格能够反映其因向客户转让已承诺的相关商品而有权收取的对价金额。例如，企业与客户签订合同，向其销售 A、B、C 三件产品，不含增值税的合同总价款为 10 000 元。A、B、C 产品的不含增值税单独售价分别为 5 000 元、3 500 元和 7 500 元，合计 16 000 元。按照交易价格分摊原则，A 产品应当分摊的交易价格为 3 125 元（5 000÷16 000×10 000），B 产品应当分摊的交易价格为 2 187.5 元（3 500÷16 000×10 000），C 产品应当分摊的交易价格为 4 687.5 元（7 500÷16 000×10 000）。

第五步，履行各单项履约义务时确认收入。当企业将商品转移给客户，客户取得了相关商品的控制权，意味着企业履行了合同履约义务，此时，企业应确认收入。企业将商品控制权转移给客户，可能是在某一时段内（即履行履约义务的过程中）发生，也可能在某一时点（即履约义务完成时）发生。企业应当根据实际情况，首先判断履约义务是否满足在某一时段内履行的条件，如不满足，则该履约义务属于在某一时点履行的履约义务。收入确认和计量五个步骤中，第一、第二和第五步主要与收入的确认有关，第三和第四步主要与收入的计量有关。

一般而言，确认和计量任何一项合同收入应考虑全部的五个步骤。但履行某些合同义务确认收入不一定都经过五个步骤，如企业按照第二步确定某项合同仅为单项履约义务时，可以从第三步直接进入第五步确认收入，不需要第四步（分摊价格）。

三、收入核算应设置的账户

为了核算企业与客户之间的合同产生的收入及相关的成本费用，一般需要设置“主营业务收入”“其他业务收入”“主营业务成本”“其他业务成本”“合同取得成本”“合同履约成本”“合同资产”“合同负债”等账户。

“主营业务收入”账户用来核算企业确认的销售商品、提供服务等主营业务的收入。该账户贷方登记企业主营业务活动实现的收入，借方登记期末转入“本年利润”账户的主营业务收入，结转后该账户应无余额。该账户可按主营业务的种类进行明细核算。

“其他业务收入”账户用来核算企业确认的除主营业务活动以外的其他经营活动实现的收入，包括出租固定资产、出租无形资产、出租包装物和商品、销售材料、用材料进行非货币性交换（非货币性资产交换具有商业实质且公允价值能够可靠计量）或债务重组等实现的收入。该账户贷方登记企业其他业务活动实现的收入，借方登记期末转入“本年利润”账户的其他业务收入，结转后该账户应无余额。该账户可按其他业务的种类进行明细核算。

“主营业务成本”账户用来核算企业确认销售商品、提供服务等主营业务收入时应结转的成本。该账户借方登记企业应结转的主营业务成本，贷方登记期末转入“本年利润”账户的主营业务成本，结转后该账户应无余额。该账户可按主营业务的种类进行明细核算。

“其他业务成本”账户用来核算企业确认的除主营业务活动以外的其他经营活动所形成的成本，包括出租固定资产的折旧额、出租无形资产的摊销额、出租包装物的成本或摊销额、销售材料的成本等。该账户借方登记企业应结转的其他业务成本，贷方登记期末转入“本年利润”账户的其他业务成本，结转后该账户应无余额。该账户可按其他业务的种类进行明细核算。

“合同取得成本”账户用来核算企业取得合同发生的、预计能够收回的增量成本。该账户借方登记发生的合同取得成本，贷方登记摊销的合同取得成本，期末借方余额，反映企业尚未结转的合同取得成本。该账户可按合同进行明细核算。

“合同履约成本”账户用来核算企业为履行当前或预期取得的合同所发生的、不属于其他企业会计准则规范范围且按照收入准则应当确认为一项资产的成本。该账户借方登记发生的合同履约成本，贷方登记摊销的合同履约成本，期末借方余额，反映企业尚未结转的合同履约成本。该账户可按合同分别“服务成本”“工程施工”等进行明细核算。

“合同资产”账户用来核算企业已向客户转让商品而有权收取对价的权利，且该权利取决于时间流逝之外的其他因素（如履行合同中的其他履约义务）。该账户借方登记因已转让商品而有权收取的对价金额，贷方登记取得无条件收款权的金额，期末借方余额，反映企业已向客户转让商品而有权收取的对价金额。该账户按合同进行明细核算。

“合同负债”账户用来核算企业已收或应收客户对价而应向客户转让商品的义务。该账户贷方登记企业在向客户转让商品之前，已经收到或已经取得无条件收取合同对价权利的金额，借方登记企业向客户转让商品时冲销的金额；期末贷方余额，反映企业在向客户转让商品之前，已经收到的合同对价或已经取得的无条件收取合同对价权利的金额。该账户按合同进行明细核算。

此外，企业发生减值的，还应当设置“合同履约成本减值准备”“合同取得成本减值准备”“合同资产减值准备”等账户进行核算。

四、履行履约义务确认收入的账务处理

（一）在某一时点履行履约义务确认收入

对于在某一时点履行的履约义务，企业应当在客户取得相关商品控制权时点确认收入。在判断控制权是否转移时，企业应当综合考虑下列迹象：

（1）企业就该商品享有现时收款权利，即客户就该商品负有现时付款义务。例如，甲企业与客户签订销售商品合同，约定客户有权定价且在收到商品无误后10日内付款。在客户收到甲企业开具的发票、商品验收入库后，客户能够自主确定商品的销售价格或商品的使用情况，此时，甲企业享有收款权利，客户负有现时付款义务。

（2）企业已将该商品的法定所有权转移给客户，即客户已拥有该商品的法定所有权。例如，房地产企业向客户销售商品房，在客户付款后取得房屋产权证时，表明企业已将该商品房的法定所有权转移给客户。

（3）企业已将该商品实物转移给客户，即客户已占有该商品实物。例如，企业与客户签订交款提货合同，在企业销售商品并送货到客户指定地点，客户验收合格并付款，表明企业已将该商品实物转移给客户，即客户已占有该商品实物。

（4）企业已将该商品所有权上的主要风险和报酬转移给客户，即客户已取得该商品所有权上的主要风险和报酬。例如，甲房地产公司向客户销售商品房办理产权转移手续后，该商品房价格上涨或下跌带来的利益或损失全部属于客户，表明客户已取得该商品房所有权上的主要风险和报酬。

（5）客户已接受该商品。例如，企业向客户销售为其定制生产的节能设备，客户收到并验收合格后办理入库手续，表明客户已接受该商品。

（6）其他表明客户已取得商品控制权的迹象。

1. 一般销售商品业务收入的账务处理

企业售出的商品符合销售收入确认的前提条件的，应当及时确认收入并结转相关的销售

成本。通常情况下，销售商品采用托收承付方式的，在办妥托收手续时确认收入；交款提货销售商品的，在开出发票账单收到货款时确认收入。并按确定的收入金额与应收取的增值税额，借记“银行存款”“应收账款”“应收票据”等账户，按确认的收入金额，贷记“主营业务收入”账户，按应收取的增值税额，贷记“应交税费——应交增值税（销项税额）”账户。企业销售商品，在销售商品收入实现时或月份终了，结算已销商品的实际成本，借记“主营业务成本”账户，贷记“库存商品”等账户。

【实务操作】

【例 10-1】 广聚公司为增值税一般纳税人，2019 年 9 月 1 日，向乙公司销售商品一批，开具的增值税专用发票上注明售价为 400 000 元，增值税额为 52 000 元；广聚公司收到乙公司开出的不带息银行承兑汇票一张，票面金额为 452 000 元，期限为 2 个月；广聚公司以银行存款支付代垫运费，增值税专用发票上注明运输费 2 000 元，增值税额为 180 元，所垫运费尚未收到；该批商品成本为 320 000 元；乙公司收到商品并验收入库。

广聚公司收到乙公司开出的不带息银行承兑，客户乙公司收到商品并验收入库，因此，销售商品为单项履约义务且属于在某个时点履行的履约义务。广聚公司应编制如下会计分录：

（1）确认收入时：

借：应收票据	452 000	
贷：主营业务收入		400 000
应交税费——应交增值税（销项税额）		52 000

同时，结转成本：

借：主营业务成本	320 000	
贷：库存商品		320 000

（2）代垫运费：

借：应收账款	2 180	
贷：银行存款		2 180

2. 已经发出商品但不能确认收入的账务处理

企业按合同发出商品，合同约定客户只有在商品售出取得价款后才支付货款。企业向客户转让商品的对价未达到“很可能收回”收入确认条件。在发出商品时，企业不应确认收入，将发出商品的成本，记入“发出商品”账户，借记“发出商品”账户，贷记“库存商品”账户。如已发出的商品被客户退回，应编制相反的会计分录。“发出商品”账户用来核算企业商品已发出但客户没有取得商品的控制权的商品成本。当收到货款或取得收取货款权利时，确认收入，借记“银行存款”“应收账款”账户，贷记“主营业务收入”账户，贷记“应交税费——应交增值税（销项税额）”账户，同时，结转已销商品成本，借记“主营业务成本”账户，贷记“发出商品”账户。

【实务操作】

【例 10-2】 广聚公司与乙公司均为增值税一般纳税人。2019 年 6 月 3 日，广聚公司与乙公司签订委托代销合同，广聚公司委托乙公司销售 W 商品 1 000 件，W 商品已经发出，每件商品成本为 70 元。合同约定乙公司应按每件 100 元对外销售，甲公司按不含增值税的销售价格的 10%向乙公司支付手续费。除非这些商品在乙公司存放期间内由于乙公司的责任发生毁损或丢失，否则在 W 商品对外销售之前，乙公司没有义务向广聚公司支付货款。乙公司不承担包销责任，没有售出的 W 商品须退回给广聚公司，同时，广聚公司也有权要求收回 W 商品或将其销售给其他的客户。至 2019 年 6 月 30 日，乙公司实际对外销售 100 件，开出的增值税专用发票上注明的销售价款为 100 000 元，增值税额为 13 000 元。

本例中，广聚公司将 W 商品发送至乙公司后，乙公司虽然已经承担 W 商品的实物保管责任，但仅为接受广聚公司的委托销售 W 商品，并根据实际销售的数量赚取一定比例的手续费。广聚公司有权要求收回 W 商品或将其销售给其他的客户，乙公司并不能主导这些商品的销售，这些商品对外销售与否、是否获利以及获利多少等不由乙公司控制，乙公司没有取得这些商品的控制权。因此，广聚公司将 W 商品发送至乙公司时，不应确认收入，而应当在乙公司将 W 商品销售给最终客户时确认收入。

(1) 2019 年 6 月 3 日，发出商品时：

借：发出商品　　70 000
　　贷：库存商品　　70 000

(2) 2019 年 6 月 30 日，收到乙公司的代销清单：

借：应收账款　　113 000
　　贷：主营业务收入　　100 000
　　　　应交税费——应交增值税(销项税额)　　13 000

同时结转成本：

借：主营业务成本　　70 000
　　贷：发出商品　　70 000

确认手续费：

借：销售费用　　10 000
　　应交税费——应交增值税(进项税额)　　600
　　贷：应收账款　　10 600

(3) 收到乙公司货款：

借：银行存款　　102 400
　　贷：应收账款　　102 400

3. 商业折扣、现金折扣和销售退回的账务处理

(1) 商业折扣与现金折扣。商业折扣是指企业为促进商品销售而在商品标价上给予的价格扣除，因而不影响销售商品收入的计量。

现金折扣是指在销售商品收入金额确定的情况下，债权人为鼓励债务人在规定的期限内付款而向债务人提供的债务扣除。也就是说，如果债务人愿意提前付款，则可以比合同约定的总价款“少”付一部分款项。对此，会计核算中有两种处理方法：一是按合同总价款扣除现金折扣后的净额计量收入；二是按合同总价款全额计量收入。我国企业会计准则采用的是第二种做法。这样，当现金折扣以后实际发生时，直接计入当期损益。

【实务操作】

【例 10-3】　2019 年 5 月 1 日，广聚公司向创意公司销售一批商品，增值税专用发票上注明售价 10 000 元，增值税额 1 300 元。为及早收回货款，广聚公司给予创意公司的现金折扣条

件为:“2/10,1/20,n/30”。假定计算现金折扣时不考虑增值税额及其他因素。编制会计分录如下:

5月1日销售实现时,按销售总价确认收入:

借:应收账款　　11 300

　贷:主营业务收入　　10 000

　　应交税费——应交增值税(销项税额)　　1 300

如果创意公司在5月9日付清货款,则按销售总价的2%享受现金折扣200元(10 000×2%),实际付款11 100元(11 300-200):

借:银行存款　　11 100

　财务费用　　200

　贷:应收账款　　11 300

如果创意公司在5月18日付清货款,则按销售总价的1%享受现金折扣100元(10 000×1%),实际付款11 200元(11 300-100):

借:银行存款　　11 200

　财务费用　　100

　贷:应收账款　　11 300

如果创意公司在5月底才付清货款,则按全额付款:

借:银行存款　　11 300

　贷:应收账款　　11 300

(2) 销售退回的核算。销售退回是指企业售出的商品由于质量、品种不符合要求等原因而发生的退货。对于销售退回,企业应分别不同情况进行会计处理:

第一,未确认收入的售出商品发生销售退回的,企业应按已记入“发出商品”账户的商品成本金额,借记“库存商品”账户,贷记“发出商品”账户。

第二,已确认收入的售出商品发生销售退回的,企业一般应在发生时冲减当期销售商品收入,同时冲减当期销售商品成本。如该项销售退回已发生现金折扣的,应同时调整相关财务费用的金额;如该项销售退回允许扣减增值税额,应同时调整“应交税费——应交增值税(销项税额)”账户的相应金额。也就是说,让它回到从前。库存商品,发出后衍生出了应收账款、主营业务收入、应交税费、主营业务成本、银行存款和财务费用,退回后,衍生出的内容全部消失,只留下库存商品。

第三,已确认收入的售出商品发生的销售退回属于资产负债表日后事项的,应当按照有关资产负债表日后事项的相关规定进行会计处理。

【实务操作】

【例10-4】 2019年5月20日,广聚公司销售给中诚企业商品一批,成本为182 000元,增值税专用发票上注明售价350 000元,增值税额45 500元。商品已发出,购货方于5月27日付款。2019年9月20日,中诚企业发现该批商品质量出现严重问题,按合同约定将该批商品全部退回给本公司,公司验收入库后将所收货款退回,并按规定向对方开具了增值税专用发票(红字)。编制会计分录如下:

(1) 5月20日,销售实现时:

借：应收账款——中诚企业 395 500
　　贷：主营业务收入 350 000
　　　　应交税费——应交增值税（销项税额） 45 500

同时结转成本：

借：主营业务成本 182 000
　　贷：库存商品 182 000

（2）5月27日，收到货款时：

借：银行存款 395 500
　　贷：应收账款——中诚企业 395 500

（3）9月16日，销售退回时：

借：主营业务收入 350 000
　　应交税费——应交增值税（销项税额） 45 500
　　贷：银行存款 395 500

同时转销成本：

借：库存商品 182 000
　　贷：主营业务成本 182 000

4. 销售材料等存货的处理

企业销售原材料、包装物等存货应视同商品销售，其收入确认和计量原则比照商品销售。企业销售原材料、包装物等存货实现的收入作为其他业务收入处理，结转的相关成本作为其他业务成本处理，分别通过“其他业务收入”和“其他业务成本”账户核算。

【实务操作】

【例10-5】 广聚公司销售一批原材料，增值税专用发票上注明的价款为20 000元，增值税额为2 600元，款项已收存银行。该批原材料的实际成本为16 000元。编制会计分录如下：

（1）取得原材料销售收入：

借：银行存款 22 600
　　贷：其他业务收入 20 000
　　　　应交税费——应交增值税（销项税额） 2 600

（2）结转已销原材料的实际成本：

借：其他业务成本 16 000
　　贷：原材料 16 000

（二）在某一时段内履行履约义务确认收入

对于在某一时段内履行的履约义务，企业应当在该段时间内按照履约进度确认收入，履约进度不能合理确定的除外。满足下列条件之一的，属于在某一时段内履行的履约义务：

（1）客户在企业履约的同时即取得并消耗企业履约所带来的经济利益。

（2）客户能够控制企业履约过程中在建的商品。

（3）企业履约过程中所产出的商品具有不可替代用途，且该企业在整个合同期间内有权就累计至今已完成的履约部分收取款项。

企业应当考虑商品的性质，采用实际测量的完工进度、评估已实现的结果、时间进度、已完工或交付的产品等产出指标，或采用投入的材料数量、花费的人工工时、机器工时、发生的成本和时间进度等投入指标确定恰当的履约进度，并且在确定履约进度时，应当扣除那些控制权尚未转移给客户的商品和服务。资产负债表日，企业按照合同的交易价格总额乘以履约进度扣除以前会计期间累计已确认的收入后的金额，确认当期收入。

【实务操作】

【例 10-6】 广聚公司为增值税一般纳税人，装修服务适用增值税税率为 9%。2019 年 12 月 1 日，广聚公司与乙公司签订一项为期 3 个月的装修合同，合同约定装修价款为 500 000 元，增值税额为 45 000 元，装修费用每月月末按完工进度支付。2019 年 12 月 31 日，经专业测量师测量后，确定该项劳务的完工程度为 25%；乙公司按完工进度支付价款及相应的增值税款。截至 2019 年 12 月 31 日，广聚公司为完成该合同累计发生劳务成本 100 000 元（假定均为装修人员薪酬），估计还将发生劳务成本 300 000 元。

假定该业务属于广聚公司的主营业务，全部由其自行完成；该装修服务构成单项履约义务，并属于在某一时段内履行的履约义务；广聚公司按照实际测量的完工进度确定履约进度。

广聚公司应编制如下会计分录：

（1）实际发生劳务成本 100 000 元：

借：合同履约成本	100 000	
贷：应付职工薪酬		100 000

（2）2019 年 12 月 31 日，确认劳务收入并结转劳务成本：

2019 年 12 月 31 日确认的劳务收入＝500 000×25%－0＝125 000（元）

借：银行存款	136 250	
贷：主营业务收入		125 000
应交税费——应交增值税（销项税额）		11 250
借：主营业务成本	100 000	
贷：合同履约成本		100 000

2020 年 1 月 31 日，经专业测量师测量后，确定该项劳务的完工程度为 70%；乙公司按完工进度支付价款同时支付对应的增值税款。2020 年 1 月，为完成该合同发生劳务成本 180 000 元（假定均为装修人员薪酬），为完成该合同估计还将发生劳务成本 120 000 元。广聚公司应编制如下会计分录：

（1）实际发生劳务成本 180 000 元：

借：合同履约成本	180 000	
贷：应付职工薪酬		180 000

（2）2020 年 1 月 31 日，确认劳务收入并结转劳务成本：

2020 年 1 月 31 日确认的劳务收入＝500 000×70%－125 000＝225 000（元）

借：银行存款	245 250	
贷：主营业务收入		225 000
应交税费——应交增值税（销项税额）		20 250

借：主营业务成本　　180 000
　　贷：合同履约成本　　180 000

2020 年 2 月 28 日，装修完工；乙公司验收合格，按完工进度支付价款同时支付对应的增值税款。2020 年 2 月，为完成该合同发生劳务成本 120 000 元(假定均为装修人员薪酬)。广聚公司应编制如下会计分录：

(1) 实际发生劳务成本 120 000 元：

借：合同履约成本　　120 000
　　贷：应付职工薪酬　　120 000

(2) 2020 年 2 月 28 日，确认劳务收入并结特劳务成本

2020 年 2 月 28 日，确认的劳务收入＝500 000－125 000－225 000＝150 000(元)

借：银行存款　　163 500
　　贷：主营业务收入　　150 000
　　　　应交税费——应交增值税(销项税额)　　13 500

借：主营业务成本　　120 000
　　贷：合同履约成本　　120 000

【实务操作】

【例 10-7】 甲公司经营一家健身俱乐部。2019 年 7 月 1 日，某客户与甲公司签订合同，成为甲公司的会员，并向甲公司支付会员费 3 600 元(不含税价)，可在未来的 12 个月内在该俱乐部健身，且没有次数的限制。该业务适用的增值税税率为 6%。

本例中，客户在会籍期间可随时来俱乐部健身，且没有次数限制，客户已使用俱乐部健身的次数不会影响其未来继续使用的次数，甲公司在该合同下的履约义务是承诺随时准备在客户需要时为其提供健身服务，因此，该履约义务属于在某一时段内履行的履约义务，并且该履约义务在会员的会籍期间内随时间的流逝而被履行。因此，甲公司按照直线法确认收入，每月应当确认的收入为 300 元(3 600÷12)。甲公司应编制如下会计分录：

(1) 2019 年 7 月 1 日，收到会员费时：

借：银行存款　　3 600
　　贷：合同负债　　3 600

本例中，客户签订合同时支付了合同对价，可在未来的 12 个月内在该俱乐部进行消费，且没有次数的限制。企业在向客户转让商品之前已经产生一项负债，即合同负债。

(2) 2019 年 7 月 31 日确认收入，开具增值税专用发票并收到税款时：

借：合同负债　　300
　　银行存款　　18
　　贷：主营业务收入　　300
　　　　应交税费——应交增值税(销项税额)　　18

2019 年 8 月至 2020 年 6 月，每月确认收入同上。

当履约进度不能合理确定时，企业已经发生的成本预计能够得到补偿的，应当按照已经发生的成本金额确认收入，直到履约进度能够合理确定为止。

五、合同成本

企业在与客户之间建立合同关系过程中发生的成本主要有合同取得成本和合同履约成本。

（一）合同取得成本

企业为取得合同发生的增量成本预期能够收回的，应作为合同取得成本确认为一项资产。增量成本是指企业不取得合同就不会发生的成本，也就是企业发生的与合同直接相关，但又不是所签订合同的对象或内容（如建造商品或提供服务）本身所直接发生的费用，如销售佣金等。如果销售佣金等预期可通过未来的相关服务收入予以补偿，该销售佣金（即增量成本）应在发生时确认为一项资产，即合同取得成本。

企业取得合同发生的增量成本已经确认为资产的，应当采用与该资产相关的商品收入确认相同的基础进行摊销，计入当期损益。为简化实务操作，该资产摊销期限不超过1年的，可以在发生时计入当期损益。

企业为取得合同发生的、除预期能够收回的增量成本之外的其他支出，如无论是否取得合同均会发生的差旅费、投标费、为准备投标资料发生的相关费用等，应当在发生时计入当期损益，除非这些支出明确由客户承担。

【实务操作】

【例 10-8】 甲公司是一家咨询公司，通过竞标赢得一个服务期为5年的客户，该客户每年年末支付含税咨询费1 908 000元。为取得与该客户的合同，甲公司聘请外部律师进行尽职调查支付相关费用15 000元，为投标而发生的差旅费10 000元，支付销售人员佣金50 000元。甲公司预期这些支出未来均能够收回。此外，甲公司根据其年度销售目标、整体盈利情况及个人业绩等，向销售部门经理支付年度奖金10 000元。

在本例中，甲公司因签订该客户合同而向销售人员支付的佣金属于取得合同发生的增量成本，应当将其作为合同取得成本确认为一项资产；甲公司聘请外部律师进行尽职调查发生的支出、为投标发生的差旅费以及向销售部门经理支付的年度奖金（不能直接归属于可识别的合同）不属于增量成本，应当于发生时直接计入当期损益。甲公司应编制如下会计分录：

（1）支付相关费用：

借：合同取得成本	50 000	
管理费用	25 000	
销售费用	10 000	
贷：银行存款		85 000

（2）每月确认服务收入，摊销销售佣金：

服务收入＝1 908 000÷（1＋6%）÷12＝150 000（元）

销售佣金摊销额＝50 000÷5÷12＝833.33（元）

借：应收账款	159 000	
销售费用	833.33	
贷：合同取得成本		833.33
主营业务收入		150 000
应交税费——应交增值税（销项税额）		9 000

（二）合同履约成本

合同履约成本是指企业为履行当前或预期取得的合同所发生的、属于《企业会计准则第14号——收入》(2018)规范范围并且按照该准则应当确认为一项资产的成本。

企业为履行合同可能会发生各种成本，企业在确认收入的同时应当对这些成本进行分析，属于《企业会计准则第14号——收入》(2018)准则规范范围且同时满足下列条件的，应当作为合同履约成本确认为一项资产：

(1) 该成本与一份当前或预期取得的合同直接相关。包括：

第一，与合同直接相关的成本。包括：①直接人工(如支付给直接为客户提供所承诺服务的人员的工资、奖金等)；②直接材料(如为履行合同耗用的原材料、辅助材料、构配件、零件、半成品的成本和周转材料的摊销及租赁费用等)；③制造费用或类似费用(如组织和管理相关生产、施工、服务等活动发生的费用，包括管理人员的职工薪酬、劳动保护费、固定资产折旧费及修理费、物料消耗、取暖费、水电费、办公费、差旅费、财产保险费、工程保修费、临时设施摊销费等)。

第二，明确由客户承担的成本以及仅因该合同而发生的其他成本(如支付给分包商的成本、机械使用费、设计和技术援助费用、施工现场二次搬运费、生产工具和用具使用费、检验试验费、工程定位复测费、工程点交费用、场地清理费等)。

(2) 该成本增加了企业未来用于履行(包括持续履行)履约义务的资源。

(3) 该成本预期能够收回。

企业应当在下列支出发生时，将其计入当期损益：

一是管理费用，除非这些费用明确由客户承担。

二是非正常消耗的直接材料、直接人工和制造费用(或类似费用)，这些支出为履行合同发生，但未反映在合同价格中。

三是与履约义务中已履行(包括已全部履行或部分履行)部分相关的支出，即该支出与企业过去的履约活动相关。

四是无法在尚未履行的与已履行(或已部分履行)的履约义务之间区分的相关支出。

企业发生合同履约成本时，借记“合同履约成本”账户，贷记“银行存款”“应付职工薪酬”“原材料”等账户；对合同履约成本进行摊销时，借记“主营业务成本”“其他业务成本”等账户，贷记“合同履约成本”账户。涉及增值税的，还应进行相应的处理。

【实务操作】

【例10-9】 甲公司使用自有资产经营一家酒店。2019年12月，甲公司计提与经营直接相关的酒店、客房以及客房内的设备家具等折旧120 000元、酒店土地使用权摊销费用65 000元。经计算，当月确认房费、餐饮等服务含税收入424 000元全部存入银行。

本例中，甲公司经营酒店主要是通过提供客房服务赚取收入，而客房服务的提供直接依赖于酒店物业(包含土地)以及家具等相关资产，这些资产折旧和摊销属于甲公司为履行与客户的合同而发生的合同履约成本。已确认的合同履约成本在收入确认时予以摊销，计入营业成本。甲公司应编制如下会计分录：

确认资产的折旧费和摊销费：

借：合同履约成本	185 000	
贷：累计折旧		120 000
累计摊销		65 000

12 月，确认酒店服务收入并摊销合同履约成本：

借：银行存款　　424 000

　　贷：主营业务收入　　400 000

　　　　应交税费——应交增值税(销项税额)　　24 000

借：主营业务成本　　185 000

　　贷：合同履约成本　　185 000

第二讲　费　用

【知识要点】

一、费用概述

费用是指企业在日常活动中发生的、会导致所有者权益减少的、与向所有者分配利润无关的经济利益的总流出。费用具有以下特点：

(1) 费用是企业在日常活动中发生的经济利益的总流出。如前所述，日常活动是指企业为完成其经营目标所从事的经常性活动以及与之相关的其他活动。例如，工业企业制造并销售产品、商业企业购买并销售商品等活动。这些活动中发生的经济利益的总流出构成费用。工业企业对外出售不需用的原材料结转的材料成本等，也构成费用。

费用形成于企业日常活动的特征使其与产生于非日常活动的损失相区分。企业从事或发生的某些活动或者事项也能导致经济利益流出企业，但不属于企业的日常活动。例如，企业处置固定资产、无形资产等非流动资产，因违约支付罚款，对外捐赠，因自然灾害等非常原因造成财产毁损等，这些活动或者事项形成的经济利益的总流出属于企业的损失而不是费用。

(2) 费用会导致企业所有者权益的减少。费用既可能表现为资产的减少，如减少银行存款、库存商品等；也可能表现为负债的增加，如增加应付职工薪酬、应交税费(如应交消费税等)等。根据"资产－负债＝所有者权益"的会计等式，费用一定会导致企业所有者权益的减少。

企业经营管理中的某些支出并不减少企业的所有者权益，也就不构成费用。例如，企业以银行存款偿还一项负债，只是一项资产和一项负债的等额减少，对所有者权益没有影响，所以，不构成企业的费用。

向所有者分配利润或股利属于企业利润分配的内容，不构成企业的费用。

二、费用的账务处理

企业的费用主要包括主营业务成本、其他业务成本、税金及附加、销售费用、管理费用和财务费用等。

(一) 主营业务成本

主营业务成本是指企业销售商品、提供劳务等经常性活动所发生的成本。企业一般在确认销售商品提供劳务等主营业务收入时，或在月末，将已销售商品、已提供劳务的成本结转入主营业务成本。

(二) 其他业务成本

其他业务成本是指企业除主营业务活动以外的其他经营活动所发生的成本，包括销售材料的成本、出租固定资产的折旧额、出租无形资产的摊销额、出租包装物的成本或摊销额等。

企业发生的其他业务成本，借记本账户，贷记“原材料”“周转材料”“累计折旧”“累计摊销”“应付职工薪酬”“银行存款”等账户。期末，应将本账户余额转入“本年利润”账户，结转后“其他业务成本”账户无余额。

（三）税金及附加

税金及附加是指企业经营活动应负担的相关税费，即消费税、城市维护建设税、资源税和教育费附加等。

企业按规定计算确定的与经营活动相关的税费，借记本账户，贷记“应交税费”账户。期末，应将本账户余额转入“本年利润”账户，结转后“税金及附加”账户无余额。

（四）销售费用

销售费用是指企业在销售商品和材料、提供劳务过程中发生的各项费用，包括企业在销售商品过程中发生的包装费、保险费、展览费和广告费、商品维修费、预计产品质量保证损失、运输费和装卸费等费用，以及企业发生的为销售本企业商品而专设的销售机构（含销售网点、售后服务网点）的职工薪酬、业务费、折旧费、固定资产修理费等费用。

企业应通过“销售费用”账户核算销售费用的发生和结转情况。该账户借方登记企业所发生的各项销售费用，贷方登记期末转入“本年利润”账户的销售费用，结转后该账户应无余额。该账户应按销售费用的费用项目进行明细核算。

【实务操作】

【例 10-10】 2019 年 8 月，广聚公司发生如下经济业务：

（1）为宣传新产品发生广告费 100 000 元，取得增值税专用发票上注明的税额为 6 000 元，已用银行存款支付。编制会计分录如下：

借：销售费用	100 000	
应交税费——应交增值税(进项税额)	6 000	
贷：银行存款		106 000

（2）公司销售部 8 月份共发生费用 220 000 元，其中：销售人员薪酬 100 000 元，业务费用 70 000 元，均用银行存款支付，销售部专用办公设备折旧费 50 000 元。编制会计分录如下：

借：销售费用	220 000	
贷：应付职工薪酬		100 000
累计折旧		50 000
银行存款		70 000

（3）将“销售费用”账户余额 340 000 元结转至“本年利润”账户，编制会计分录如下：

借：本年利润	340 000	
贷：销售费用		340 000

（五）管理费用

管理费用是指企业为组织和管理生产经营活动而发生的各种费用，包括企业在筹建期间发生的开办费、董事会和行政管理部门在企业的经营管理中发生的或应由企业统一负担的公司经费（包括行政管理部门职工薪酬、物料消耗、低值易耗品摊销、办公费和差旅费等）、工会经费、董事会费（包括董事会成员津贴、会议费和差旅费等）、聘请中介机构费、咨询费（含顾问费)、诉讼费、业务招待费、技术转让费、矿产资源补偿费、研究费用、排污费以及企业生产车间(部门)和行政管理部门发生的固定资产修理费等。

企业应通过“管理费用”账户核算管理费用的发生和结转情况。该账户借方登记企业发生的各项管理费用,贷方登记期末转入“本年利润”账户的管理费用,结转后该账户应无余额。该账户应按管理费用的费用项目进行明细核算。

【实务操作】

【例 10-11】 广聚公司 2019 年 8 月份发生如下经济业务:

(1) 公司为拓展产品销售市场发生业务招待费 50 000 元,取得增值税专用发票上注明的税额为 3 000 元,已用银行存款支付。编制会计分录如下:

借:管理费用　　50 000
　　应交税费——应交增值税(进项税额)　　3 000
　贷:银行存款　　53 000

(2) 广聚公司行政部门 8 月份共发生费用 300 000 元,其中:行政人员薪酬 220 000 元,行政部门专用办公设备折旧费 50 000 元,报销行政人员差旅费 20 000 元(假定报销人均未预借差旅费),其他办公、水电费 10 000 元,用银行存款支付。编制会计分录如下:

借:管理费用　　300 000
　贷:应付职工薪酬　　220 000
　　　累计折旧　　50 000
　　　库存现金　　20 000
　　　银行存款　　10 000

(3) 将“管理费用”账户余额 359 000 元结转至“本年利润”账户,编制会计分录如下:

借:本年利润　　359 000
　贷:管理费用　　359 000

(六) 财务费用

财务费用是指企业为筹集生产经营所需用资金等而发生的各项筹资费用,包括利息支出(减利息收入)、汇兑损益以及相关的手续费、企业发生的现金折扣或收到的现金折扣等。

企业应通过“财务费用”账户核算财务费用的发生和结转情况。该账户借方登记企业发生的各项财务费用,贷方登记期末转入“本年利润”账户的财务费用。结转后该账户应无余额。该账户应按财务费用的费用项目进行明细核算。

【实务操作】

【例 10-12】 广聚公司 2019 年发生如下经济业务:

(1) 1 月 1 日,向银行借入生产经营用短期借款 360 000 元,期限 6 个月,年利率 5%,该借款本金到期后一次归还,利息分月预提,按季支付。假定所有利息均不符合利息资本化条件。编制会计分录如下:

每月月末应预提应计利息:360 000 × 5% ÷ 12 = 1 500(元)

借:财务费用　　1 500
　贷:应付利息　　1 500

(2) 在购买材料的过程中,获得对方给与的现金折扣 4 000 元,不考虑增值税。编制会计分录如下:

借:财务费用　4 000

　贷:应付利息　4 000

(3) 将“财务费用”账户余额 22 940 元结转至“本年利润”账户,编制会计分录如下:

借:本年利润　22 940

　贷:财务费用　22 940

第三讲　利　　润

【知识要点】

一、利润的概念

利润是指企业在一定会计期间的经营成果。利润包括收入减去费用后的净额、直接计入当期利润的利得和损失等。

未计入当期利润的利得和损失扣除所得税影响后的净额计入其他综合收益项目。净利润与其他综合收益的合计金额为综合收益金额。

利得是指由企业非日常活动形成的、会导致所有者权益增加的、与所有者投入资本无关的经济利益的流入。损失是指由企业非日常活动形成的、会导致所有者权益减少的、向所有者分配利润无关的经济利益的流出。

二、利润的构成

利润由营业利润、利润总额和净利润等构成。利润相关计算公式如下所述。

1. 营业利润

营业利润 = 营业收入 − 营业成本 − 税金及附加 − 销售费用 − 管理费用 − 研发费用 − 财务费用 + 其他收益 + 投资收益(− 投资损失) + 净敞口套期收益(− 净敞口套期损失) + 公允价值变动收益(− 公允价值变动损失) − 信用减值损失 − 资产减值损失 + 资产处置收益(− 资产处置损失)

其中,营业收入是指企业经营业务所确认的收入总额,包括主营业务收入和其他业务收入。

营业成本是指企业经营业务所发生的实际成本总额,包括主营业务成本和其他业务成本。

研发费用是指企业进行研究与开发过程中发生的费用化支出,以及计入管理费用的自行开发无形资产的摊销。

其他收益是指与企业日常活动相关,扣除冲减相关成本费用以外的政府补助。

信用减值损失是指企业计提各项金融工具信用减值准备所确认的信用损失。

资产减值损失是指企业计提各项资产减值准备所形成损失。

公允价值变动收益(或损失)是指企业交易性金融资产等公允价值变动形成的应计入当期损益的利得(或损失)。

投资收益(或损失)是指企业以各种方式对外投资所取得的收益(或发生的损失)。

资产处置收益(或损失)反映企业出售划分为持有待售的非流动资产(金融工具、长期股权投资和投资性房地产除外)或处置组(子公司和业务除外)时确认的处置利得或损失,以及处置未划分为持有待售的固定资产、在建工程、生产性生物资产及无形资产而产生的处置利得或损失,还包括债务重组中因处置非流动资产产生的利得或损失和非货币性资产交换。

2. 利润总额

利润总额 = 营业利润 + 营业外收入 − 营业外支出

其中,营业外收入是指企业发生的与其日常活动无直接关系的各项利得。营业外支出是指企业发生的与其日常活动无直接关系的各项损失。

3. 净利润

净利润 = 利润总额 − 所得税费用

其中,所得税费用是指企业确认的应从当期利润总额中扣除的所得税费用。

三、营业外收支

(一) 营业外收入

1. 营业外收入核算的内容

营业外收入是指企业发生的与其日常活动无直接关系的各项利得。营业外收入并不是企业经营资金耗费所产生的,不需要企业付出代价,实际上是经济利益的净流入,不可能也不需要与有关的费用进行配比。营业外收入主要包括非流动资产毁损报废收益、与企业日常活动无关的政府补助、盘利得、捐赠利得和债务重组利得等。

其中,非流动资产毁损报废收益,是指因自然灾害等发生毁损、已丧失使用功能而报非流动资产所产生的清理收益。

与企业日常活动无关的政府补助是指企业从政府无偿取得货币性资产或非货币性资产且与企业日常活动无关的利得。

盘盈利得是指企业对现金等资产清查盘点时发生盘盈,报经批准后计入营业外收入的金额。

捐赠利得是指企业接受捐赠产生的利得。

2. 营业外收入的账务处理

企业应通过"营业外收入"账户核算营业外收入的取得及结转情况。该账户贷方登记企业确认的各项营业外收入,借方登记期末转入"本年利润"账户的营业外收入,结转后该账户应无余额。该账户应按照营业外收入的项目进行明细核算。

企业确认营业外收入,借记"固定资产清理""银行存款""待处理财产损益"等账户,贷记"营业外收入"账户。期末,应将"营业外收入"账户余额转入"本年利润"账户,借记"营业外收入"账户,贷记"本年利润"账户。

【实务操作】

【例 10-13】 (1) 广聚公司将固定资产报废清理的净收益 15 000 元转作营业外收入。编制会计分录如下:

借:固定资产清理　　15 000

　　贷:营业外收入　　15 000

(2) 公司本期营业外收入总额为 200 000 元，期末结转本年利润。编制会计分录如下：

借：营业外收入　　200 000

　　贷：本年利润　　200 000

(二) 营业外支出

1. 营业外支出核算的内容

营业外支出是指企业发生的与其日常活动无直接关系的各项损失，主要包括非流动资产毁损报废损失、盘亏损失、罚款支出、捐赠支出、非常损失和债务重组损失等。

非流动资产毁损报废损失是指因自然灾害等发生毁损、已丧失使用功能而报非流动资产所产生的清理损失。

盘亏损失是指对于财产清查盘点中盘亏的资产，在查明原因处理时，按确定的损失计入营业外支出的净损失。

罚款支出是指企业支付的行政罚款、税务罚款，以及其他违反法律法规、经济合同等而支付的各种违约金、罚款、赔偿金等支出。

捐赠支出是指企业对外进行捐赠发生的支出。

非常损失是指企业对于因客观因素(如自然灾害等)造成的损失，在扣除保险公司赔偿后应计入营业外支出的净损失。

2. 营业外支出的账务处理

企业应通过“营业外支出”账户核算营业外支出的发生及结转情况。该账户借方登记企业发生的各项营业外支出，贷方登记期末转入“本年利润”账户的营业外支出，结转后该账户应无余额。该账户应按照营业外支出的项目进行明细核算。

企业发生营业外支出时，借记“营业外支出”账户，贷记“固定资产清理”“待处理财产损溢”“库存现金”“银行存款”等账户，期末，应将“营业外支出”账户余额转入“本年利润”账户，借记“本年利润”账户，贷记“营业外支出”账户。

【实务操作】

【例 10-14】 广聚公司 2019 年 10 月份发生下列经济业务：

(1) 将已经发生的原材料自然灾害损失 300 000 元转作营业外支出。编制会计分录如下：

借：营业外支出　　300 000

　　贷：待处理财产损溢　　300 000

(2) 公司用银行存款支付税款滞纳金 20 000 元。编制会计分录如下：

借：营业外支出　　20 000

　　贷：银行存款　　20 000

(3) 公司本期营业外支出总额为 340 000 元，期末结转本年利润。编制会计分录如下：

借：本年利润　　340 000

　　贷：营业外支出　　340 000

四、所得税费用

所得税是指根据企业应纳税所得额的一定比例上交的一种税金。所得税费用包括当期所得税和递延所得税两个部分。其中，当期所得税是指当期应交所得税。

$$\text{所得税费用} = \text{当期所得税} + \text{递延所得税费用}(-\text{递延所得税收益})$$

(一) 当期所得税的计算

应纳税所得额是在企业税前会计利润(即利润总额)的基础上调整确定的，计算公式为：

$$\text{应纳税所得额} = \text{税前会计利润} + \text{纳税调整增加额} - \text{纳税调整减少额}$$

纳税调整增加额包括税法规定允许扣除项目中，企业已计入当期费用，但超过税法规定扣除标准的金额(如超过税法规定标准的职工福利费、工会经费、职工教育经费、业务招待费支出、公益性捐赠支出、广告费和业务宣传费)，以及企业已计入当期损失但税法规定不允许扣除项目的金额(如税收滞纳金、罚款和罚金)等。

纳税调整减少额包括按税法规定允许弥补的亏损和准予免税的项目，如前 5 年内的未弥补亏损和国债利息收入。

企业应交所得税的计算公式为：

$$\text{应交所得税} = \text{应纳税所得额} \times \text{所得税税率}$$

(二) 所得税费用的会计处理

$$\text{所得税费用} = \text{当期应交所得税} + \text{递延所得税}$$

$$\text{递延所得税} = \left(\begin{matrix}\text{递延所得税}\\\text{负债期末余额}\end{matrix} - \begin{matrix}\text{递延所得税}\\\text{负债期初余额}\end{matrix}\right) - \left(\begin{matrix}\text{递延所得税}\\\text{资产期末余额}\end{matrix} - \begin{matrix}\text{递延所得税}\\\text{资产期初余额}\end{matrix}\right)$$

企业应当设置“所得税费用”账户，用来核算企业确认的应从当期利润总额中扣除的所得税费用。

资产负债表日，企业按照税法规定计算确定的当期应交所得税：

借：所得税费用

　　贷：应交税费——应交所得税

将所得税费用转入本年利润，形成税后净利润：

借：本年利润

　　贷：所得税费用

【实务操作】

【例 10-15】 广聚公司 2019 年度按企业会计准则计算的税前会计利润为 1 970 万元，企业所得税税率为 25%。当年按税法核定的全年计税工资为 200 万元，广聚公司全年实发工资为 220 万元；经查，甲公司当年营业外支出中有 10 万元为税款滞纳金。假定广聚公司全年无其他纳税调整因素。

要求：(1) 计算广聚公司 2019 年的所得税费用。

(2) 编制计算所得税费用的会计分录。

(1) 应纳税所得额＝1 970＋(220－200)＋10＝2 000(万元)

应纳所得税税额为 500 万元(2 000×25%)，即当期所得税费用为 500 万元。

(2) 应作会计分录为：

借：所得税费用	500	
贷：应交税费——应交所得税		500

五、本年利润的形成与结转

(一) 结转本年利润的方法

会计期末结转本年利润的方法有表结法和账结法两种。

1. 表结法

在表结法下，各损益类账户每月月末只需结计出本月发生额和月末累计余额，不结转到“本年利润”账户，只有在年末时才将全年累计余额结转入“本年利润”账户。但每月月末要将损益类账户的本月发生额合计数填入利润表的本月数栏，同时将本月月末累计余额填入利润表的本年累计数栏，通过利润表计算反映各期的利润(或亏损)。表结法下，年中损益类账户无需结转入“本年利润”账户，从而减少了转账环节和工作量，同时并不影响利润表的编制及有关损益指标的利用。

2. 账结法

在账结法下，每月月末均需编制转账凭证，将在账上结计出的各损益类账户的余额结转入“本年利润”账户。结转后，“本年利润”账户的本月合计数反映当月实现的利润或发生的亏损，“本年利润”账户的本年累计数反映本年累计实现的利润或发生的亏损。账结法在各月均可通过“本年利润”账户提供当月及本年累计的利润(或亏损)额，但增加了转账环节和工作量。

(二) 结转本年利润的账务处理

企业应设置“本年利润”账户，用来核算企业本年度实现的净利润(或发生的净亏损)。会计期末，企业应将各收益类账户的余额转入“本年利润”账户的贷方，借记有关收益类账户，贷记“本年利润”账户；将各成本费用或支出类账户的余额转入“本年利润”账户的借方，借记“本年利润”账户，贷记各有关成本费用或支出类账户。如果有关收益类账户为借方余额或有关成本费用类账户为贷方余额，则作相反的结转分录。结转后，“本年利润”账户如为贷方余额，表示当年实现的净利润；如为借方余额，表示当年发生的净亏损。年度终了，企业还应将“本年利润”账户的本年累计余额转入“利润分配——未分配利润”账户。如为贷方余额，借记“本年利润”账户，贷记“利润分配——未分配利润”账户。如为借方余额，作相反的会计分录。结转后“本年利润”账户应无余额。

【实务操作】

【例 10-16】 广聚公司 2019 年有关损益类账户年末余额，如表 10-1 所示(该企业采用表结法年末一次结转损益类科目，企业所得税税率 25%)。

表 10-1　　**广聚公司 2019 年有关损益类账户年末余额**

科目名称	结账前余额	方向
主营业务收入	6 000 000 元	(贷)
其他业务收入	700 000 元	(贷)
公允价值变动损益	150 000 元	(贷)
投资收益	600 000 元	(贷)
营业外收入	50 000 元	(贷)

（续表）

科目名称	结账前余额	方向
主营业务成本	4 000 000 元	（借）
其他业务成本	400 000 元	（借）
税金及附加	80 000 元	（借）
销售费用	500 000 元	（借）
管理费用	770 000 元	（借）
财务费用	200 000 元	（借）
资产减值损失	100 000 元	（借）
营业外支出	250 000 元	（借）

编制会计分录如下：

先将各项损益类账户年末余额结转入“本年利润”账户：

（1）结转各项收入、利得类账户：

借：主营业务收入　6 000 000
　　其他业务收入　700 000
　　公允价值变动损益　150 000
　　投资收益　600 000
　　营业外收入　50 000
　　贷：本年利润　7 500 000

（2）结转各项费用、损失类账户：

借：本年利润　6 300 000
　　贷：主营业务成本　4 000 000
　　　　其他业务成本　400 000
　　　　税金及附加　80 000
　　　　销售费用　500 000
　　　　管理费用　770 000
　　　　财务费用　200 000
　　　　资产减值损失　100 000
　　　　营业外支出　250 000

经过上述结转后，“本年利润”账户的贷方发生额合计 7 500 000 元减去借方发生额合计 6 300 000 元，即为税前会计利润为 1 200 000 元。假定将该税前会计利润进行纳税调整后，应纳税所得额为 1 000 000 元，则应交所得税额 250 000 元（1 000 000×25%）。假定将该应交所得税按照会计准则进行调整后计算确认的所得税费用为 380 000 元。编制会计分录如下：

确认所得税费用：

借：所得税费用　380 000
　　贷：应交税费——应交所得税　380 000

（3）将所得税费用结转入“本年利润”账户：

借：本年利润　　　　　　　　　　　　　　　　　　380 000
　　贷：所得税费用　　　　　　　　　　　　　　　　　380 000

(4) 将“本年利润”账户年末余额 820 000 元(7 500 000－6 300 000－380 000)转入“利润分配——未分配利润”账户：

借：本年利润　　　　　　　　　　　　　　　　　　820 000
　　贷：利润分配——未分配利润　　　　　　　　　　　820 000

六、利润分配

(一) 利润分配的程序

利润分配是指企业按照国家有关规定和企业章程、投资者协议等，对企业当年可供分配的利润所进行的分配。

可供分配的利润 ＝ 当年实现的净利润 ＋ 年初未分配利润(或 － 年初未弥补亏损) ＋ 其他转入

利润分配的顺序依次是：①提取法定盈余公积；②提取任意盈余公积；③向投资者分配利润。

(二) 利润分配(或弥补亏损)的核算

企业应设置“利润分配”账户，进行利润分配的核算。该账户用来核算企业利润的分配(或亏损的弥补)和历年分配(或弥补)后的余额。该账户的贷方反映年末从“本年利润”账户转入的本年净利润以及用盈余公积补亏的数额；借方反映按规定提取的盈余公积和向投资者分配的利润数额以及年末从“本年利润”账户转入的本年亏损数额。该账户年末余额，反映企业历年积存的未分配利润(或未弥补的亏损)。

在“利润分配”账户下应设置以下明细账户：①提取法定盈余公积；②提取任意盈余公积；③应付现金股利或利润；④转作股本的股利；⑤盈余公积补亏；⑥未分配利润。

年度终了，除“未分配利润”明细账户外，“利润分配”账户的其他明细账户应无余额。

【知识拓展】

所得税会计

所得税会计是研究会计利润和按税法规定的应税所得额之间差异的会计方法。

所得税会计产生的原因是由于财务会计与税务会计目标不同，因此，导致按会计方法计算的利润与按税法规定计算的应纳税所得额的结果是不同的。

1. 资产、负债的计税基础

(1) 资产的计税基础。资产的计税基础是指企业收回资产账面价值过程中，计算应纳税所得额时按照税法规定可以自应税经济利益中抵扣的金额。

通常情况下，资产在取得时其入账价值与计税基础是相同的，后续计量过程中因企业会计准则规定与税法规定不同，可能产生资产的账面价值与其计税基础的差异。

(2) 负债的计税基础。负债的计税基础是指负债的账面价值减去未来期间计算应纳税所得额时按照税法规定可予抵扣的金额。短期借款、应付票据和应付账款等负债的确认和偿还，通常不会对当期损益和应纳税所得额产生影响，其计税基础即账面价值。但在某些情况下，负债的确认可能会影响损益，并影响不同期间的应纳税所得额，使其计税基础与账面价值之间产生差额。

2. 暂时性差异及其分类

(1) 暂时性差异。暂时性差异是指资产或负债的账面价值与其计税基础之间的差额。按对未来应税金额的影响,分为应纳税暂时性差异和可抵减暂时性差异。

第一,应纳税暂时性差异,是指在确定未来收回资产或清偿负债期间的应纳税所得额时,将导致产生应税金额的差异(资产账面价值＞计税基础或负债的账面价值＜计税基础)。

第二,可抵扣暂时性差异,是指在确定未来收回资产或清偿负债期间的应纳税所得额时,将导致产生可抵扣金额的差异(资产账面价值＜计税基础或负债的账面价值＞计税基础)。

(2) 暂时性差异的处理。企业应在资产负债表日,分析比较资产、负债的账面价值与其计税基础,将其差额确认为递延所得税资产、递延所得税负债及相应的递延所得税损益。

递延所得税负债 = 应纳税暂时性差异 × 所得税率

递延所得税资产 = 可抵扣暂时性差异 × 所得税率

递延所得税收益 = 递延所得税资产 − 递延所得税负债(负数为费用)

注意:确认递延所得税资产,应以未来期间很可能取得的用以抵扣暂时性差异的应纳税所得额为限(谨慎性)。

3. 所得税费用的确认与计量

以当期应交所得税加上递延所得税费用或收益(即期初、期末递延所得税资产和负债余额的变化)确认为当期利润表中的所得税费用(收益)。

所得税费用 = 当期所得税 + 递延所得税费用(− 递延所得税收益)

单元测试

1. 单项选择题

(1) (　　)的特征将收入与利得区别开来。

A. 收入会导致企业所有者权益的增加

B. 收入与所有者投入资本无关

C. 收入会导致企业资产的增加或负债的减少

D. 收入形成于企业日常活动

(2) 下列各项中,不影响企业当期营业利润的是(　　)。

A. 销售原材料取得的收入

B. 资产负债表日持有的交易性金融资产的公允价值变动

C. 无法查明原因的现金溢余

D. 资产负债表日计提的存货跌价准备

(3) 甲、乙企业均为增值税一般纳税人,适用的增值税税率为13%。甲企业向乙企业销售的一批商品,价款100万元,增值税专用发票上注明的增值税额13万元,根据合同的规定,乙企业在付款时享受了1%的现金折扣(现金折扣按包含增值税的总价款计算)。甲企业在办妥托收手续后确认了销售商品收入。但乙企业在验收时发现所购商品存在严重缺陷要求退货,甲企业同意乙企业退货,但按规定不允许扣除增值税。退回的商品已经收到,款项已经退还。在进行会计处理时,甲企业应(　　)。

A. 增加当期财务费用 1.13 万元　　B. 冲减当期财务费用 1 万元

C. 冲减当期财务费用 1.13 万元　　D. 增加当期财务费用 1 万元

(4) 下列与销售商品相关的事项中，一定发生在确认收入之前的事项是(　　)。

A. 商业折扣　　B. 销售折让　　C. 销售退回　　D. 现金折扣

(5) 在委托其他单位代销商品情况下，企业应在(　　)确认销售收入的实现。

A. 代销商品发出时　　B. 代销商品售出并收到代销清单时

C. 代销商品售出时　　D. 收到代销商品销售货款时

(6) 2019 年 1 月，某企业确认短期借款利息 7.2 万元(不考虑增值税)，收到银行活期存款利息收入 1.5 万元。开具银行承兑汇票支付手续费 0.5 万元(不考虑增值税)。不考虑其他因素。11 月企业利润表中"财务费用"项目的本期金额为(　　)万元。

A. 5.7　　B. 5.2　　C. 7.7　　D. 6.2

(7) 下列各项中，应计入营业外支出的是(　　)。

A. 合同违约金　　B. 法律诉讼费

C. 出租无形资产的摊销额　　D. 广告宣传费

(8) 企业对于已经发出但不符合收入确认条件的商品，其成本应借记的账户是(　　)。

A. "在途物资"　　B. "发出商品"　　C. "库存商品"　　D. "主营业务成本"

(9) 下列各项中，不应计入管理费用的是(　　)。

A. 商品维修费

B. 企业生产车间发生的不符合资本化条件的固定资产修理费

C. 业务招待费

D. 企业在筹建期间发生的水电费

(10) 企业按照出售包装物实现的收入计算的应交城市维护建设税，应借记(　　)账户。

A. "其他业务成本"　　B. "应交税费——应交城市维护建设税"

C. "税金及附加"　　D. "管理费用"

(11) 下列交易或事项中，不应确认为营业外支出的是(　　)。

A. 公益性捐赠支出　　B. 无形资产出售损失

C. 固定资产盘亏损失　　D. 固定资产减值损失

(12) 某企业 2019 年度利润总额为 315 万元，其中，国债利息收入为 15 万元。当年按税法核定的全年计税工资为 250 万元，实际分配并发放工资为 230 万元。假定该企业无其他纳税调整项目，适用的所得税税率为 25%。该企业 2019 年所得税费用为(　　)万元。

A. 82.5　　B. 75　　C. 80　　D. 87.5

(13) 某企业 2019 年 2 月主营业务收入为 100 万元，主营业务成本为 80 万元，管理费用为 5 万元，资产减值损失为 2 万元，投资收益为 10 万元。假定不考虑其他因素，该企业当月的营业利润为(　　)万元。

A. 13　　B. 15　　C. 18　　D. 23

(14) 某企业各月月末将各项损益类账户的余额转入"本年利润"账户，则 12 月 31 日各损益类账户转账后，"本年利润"账户借方余额表示(　　)。

A. 本年度 12 月份实现的净亏损　　B. 本年度全年实现的净亏损

C. 本年度 12 月份实现的利润总额　　D. 本年度全年实现的利润总额

(15) A 公司于 2019 年 9 月接受一项产品安装任务，安装期 6 个月，合同总收入 300 万元，年度预收款项 60 万元，余款在安装完成时收回。当年实际发生成本 120 万元，预计还将发生成本 80 万元，该公司按已发生成本占估计总成本的比例确定履约进度，则该公司 2019 年度确认收入(　　)万元。

A. 60　　B. 180　　C. 200　　D. 80

(16) A 公司本年度委托 B 商店代销一批零配件，代销价款 200 万元。本年度收到 B 商店交来的代销清单，代销清单列明已销售代销零配件的 60%，A 公司收到代销清单时向 B 商店开具增值税专用发票。B 商店按代销价款的 5% 收取手续费。该批零配件的实际成本为 120 万元。则 A 公司本年度应确认的销售收入为(　　)万元。

A. 120　　B. 114　　C. 200　　D. 68.4

(17) 下列各项中，不应计入销售费用的是(　　)。

A. 已售商品预计保修费用

B. 为推广新产品而发生的广告费用

C. 随同商品出售且单独计价的包装物成本

D. 随同商品出售而不单独计价的包装物成本

(18) 2019 年 5 月 13 日，甲公司与客户签订了一项工程劳务合同，合同期 9 个月，合同总收入 500 万元，预计合同总成本 350 万元；至 2019 年 12 月 31 日，实际发生成本 160 万元。但履约进度不能确定，企业已发生的成本预计能够得到补偿，则甲公司 2019 年度应确认的劳务收入为(　　)万元。

A. 228.55　　B. 160　　C. 150　　D. 10

(19) 甲公司与客户签订合同，向其出售 A、B 两件产品，合同价款为 9 000 元。A、B 产品的单独售价分别为 6 000 元和 4 000 元，合计 10 000 元。上述价格均不包含增值税。不考虑其他因素，A 产品应当分摊交易价格为(　　)元。

A. 6 000　　B. 4 000　　C. 5 400　　D. 3 600

(20) 甲公司与客户签订合同为其建造一栋厂房，约定的价款为 1 000 万元，6 个月完工，合同中约定若提前 1 个月完工，客户将额外奖励甲公司 50 万元，甲公司估计工程提前 1 个月完工的概率为 90%，不考虑其他因素，则甲公司应确定的交易价格为(　　)万元。

A. 1 000　　B. 1 050　　C. 1 045　　D. 950

2. 多项选择题

(1) 下列各项中，属于业企业营业收入的有(　　)。

A. 债权投资的利息收入　　B. 出租无形资产的租金收入

C. 销售产品取得的收入　　D. 出售无形资产的净收益

(2) 下列各项中，应按收入准则进行会计处理的有(　　)。

A. 销售商品　　B. 提供服务

C. 出租无形资产收取的租金　　D. 进行股权投资取得的现金股利

(3) 某工业企业的下列业务收入中，应记入“其他业务收入”账户的有(　　)。

A. 对外出租商品取得的租金　　B. 对外转让工业专有技术取得的收入

C. 销售产品取得的收入　　D. 购买公司债券取得的利息收入

(4) 下列项目中，应作为单项履约义务的有(　　)。

A. 企业与客户签订合同，向其销售商品并提供安装服务，该安装服务简单，除该企业外

其他供应商也可以提供此类安装服务

B. 企业与客户签订合同，向其销售商品并提供安装服务，该安装服务复杂且商品需要按客户定制要求修改

C. 酒店管理服务

D. 保洁服务

(5) 下列各项中，某工业企业应计入其他业务成本的有(　　)。

A. 销售材料的成本　　B. 单独计价包装物的成本

C. 出租包装物的成本　　D. 经营租赁设备计提的折旧

(6) 下列各项中，属于费用的有(　　)。

A. 当期已销商品的成本　　B. 车间生产工人的职工薪酬

C. 固定资产报废净损失　　D. 出租固定资产的累计折旧

(7) 下列各项中，应计入销售费用的有(　　)。

A. 随同商品销售不单独计价的包装物成本

B. 销售过程中代客户垫付的运输费

C. 预计产品质量保证损失

D. 已售商品的成本

(8) 下列各项中，影响营业利润的有(　　)。

A. 其他业务收入　　B. 公允价值变动收益

C. 投资损失　　D. 财务费用

(9) 下列各项中，应计入财务费用的有(　　)。

A. 企业发行股票支付的手续费　　B. 企业支付的银行承兑汇票手续费

C. 企业购买商品时取得的现金折扣　　D. 企业销售商品时发生的现金折扣

(10) 下列账户中，年末应无余额的有(　　)。

A.“主营业务收入”　　B.“营业外收入”

C.“本年利润”　　D.“利润分配”

3. 判断题

(1) 利得通常不经过经营过程就能取得或属于企业不曾期望获得的收益。(　　)

(2) 企业已完成销售手续但购买方在月末尚未提取的商品，应作为企业的库存商品核算。(　　)

(3) 发出的商品不符合收入确认条件的，也不应确认应交的增值税销项税额。(　　)

(4) 在预收款销售方式下，企业通常在发出商品时确认收入，在此之前预收的货款确认为预收账款。(　　)

(5) 对附有销售退回条件的商品销售，如果企业不能合理地确定退货的可能性，则应在退货期满时确认收入。(　　)

(6) 确认和计量任何一项合同收入都必须经过五个步骤。(　　)

(7) 企业销售商品满足收入确认条件时，应当按照已收或应收的合同或协议价款确认销售商品收入金额。(　　)

(8) 企业将生产的电梯销售给某一客户，并负责电梯的安装工作，但至会计期末安装工作尚未完成，则该企业在会计期末不应确认该电梯的销售收入。(　　)

(9) 企业无论是作为销售方还是作为购货方,其所发生的现金折扣都通过“财务费用”账户核算。 ( )

(10) 企业为组织生产经营活动而发生的一切管理活动的费用,包括车间管理费用和行政人员管理费用,都应作为期间费用处理。 ( )

(11) 企业生产车间、行政管理部门、专设的销售机构发生的不符合资本化条件的固定资产修理费应计入管理费用。 ( )

(12) 企业支付的职工退职金应记入“营业外支出”账户。 ( )

(13) 企业出售原材料取得的款项扣除其成本及相关费用后的净额,应当计入营业外收入或营业外支出。 ( )

实务训练

训练一

资料:2019 年 2 月 1 日,广聚公司销售商品,不含税价款 500 万元,增值税税率 13%,商品成本 400 万元,合同规定现金折扣条件为“2/10, 1/20, N/30”,购货企业于 2019 年 2 月 9 日付款。2019 年 6 月,该批商品因质量问题被全部退回,但货款尚未退回。不考虑其他税费,不考虑增值税的现金折扣。

要求:编制会计分录。

训练二

资料:2019 年 8 月 12 日,广聚公司下属一软件开发公司接受客户委托劳务,为客户研制一项管理软件,工期约 7 个月,合同规定总价款为 5 000 000 元,分两期收取,客户财务状况和信誉良好。2019 年 8 月 15 日,通过银行收到客户首期付款 3 125 000 元,至 2019 年年末,公司为研制该软件已发生劳务成本 1 800 000 元,预计到研制开发完成整个软件还将发生成本 1 200 000 元,并预计能按时完成软件的研制开发,公司按已发生成本占估计总成本的比例确定履约进度。

要求:编制该软件开发公司 2019 年的会计分录。

训练三

资料:广聚公司为增值税一般纳税人,其销售的产品为应纳增值税产品,适用的增值税税率为 13%,产品销售价款中均不含增值税额。广聚公司适用的企业所得税税率为 25%。产品销售成本按经济业务逐项结转。2019 年度,甲公司发生如下经济业务事项:

(1) 销售 A 产品一批,产品销售价款为 800 000 元,产品销售成本为 350 000 元。产品已经发出,并开具了增值税专用发票,同时向银行办妥了托收手续。

(2) 收到创意公司因产品质量问题退回的 B 产品一批,并验收入库。广聚公司用银行存款支付了退货款,并按规定向创意公司开具了红字增值税专用发票。该退货系广聚公司于 2019 年 12 月 20 日以提供现金折扣方式(折扣条件为“2/10, 1/20, n/30”,折扣仅限于销售价款部分)出售给创意公司的,产品销售价款为 40 000 元,产品销售成本为 22 000 元。销售款项于 12 月 29 日收到并存入银行(该项退货不属于资产负债表日后事项)。

(3) 委托盛文公司代销C产品一批，并将该批产品交付盛文公司。代销合同规定广聚公司按售价的10%向盛文公司支付手续费，该批产品的销售价款为120 000元，产品销售成本为66 000元。

(4) 广聚公司收到了盛文公司的代销清单。盛文公司已将代销的C产品全部售出，款项尚未支付给广聚公司。广聚公司在收到代销清单时向盛文公司开具了增值税专用发票，并按合同规定确认应向盛文公司支付的代销手续费。

(5) 用银行存款支付发生的管理费用67 800元，计提坏账准备4 000元。

(6) 销售产品应交的城市维护建设税为2 100元，应交的教育费附加为900元。

(7) 计算应交所得税(假定广聚公司不存在纳税调整因素)。

(8) 结转本年利润(广聚公司年末一次性结转损益类账户)。

(9) 提取盈余公积40 200元。

(10) 按净利润的40%向投资者分配利润。

(11) 结转利润分配各明细账户。

要求：根据上述业务，编制广聚公司2019年度经济业务事项的会计分录(“应交税费”和“利润分配”账户要求写出明细账户)。

第十一单元 财务报表

导学目标

通过本单元学习，学生应该掌握如下知识技能：

1. 了解财务报表的概念、作用、分配以及编制要求。
2. 掌握资产负债表的概念作用、格式和编制方法。
3. 掌握利润表的概念作用、格式和编制方法。
4. 了解所有者权益表的概念与编制。
5. 了解报表附注的内容。

导学案例

三位财务专家审视资产负债表(节选)

什么是资产负债表？就像我问你家产多少，不是你拿出一叠银行卡那么简单，你家的房屋桌椅、锅碗瓢盆，甚至是你的爱情和工作，都在其中，算起来够复杂，并非那么简单。

这一次，我们同样约请三大财务专家为我们做减法，力求去粗取精、去伪存真、化繁为简。他们是：上海国会计学院副院长谢荣教授、中国国情研究所研究员清议老师，以及同样来自上海国会计学院的著名“财务杀手”申草团队核心成员夏草。

究竟什么叫资产负债表？

理财周报：资产负债表的性质、本质和使命是什么？看资产负债表应该把握的核心问题或者思路是什么呢？

谢荣：国内来说，资产负债表确实是三大报表中最核心的一张表，所以年报出来时候是最先出的。资产负债表是一个时点报表，反映的是某一个截止时刻的资产状况，而利润表是时期报表，比如一年一季度，因为资产像股票一样天天变化，所以资产负债表是最具时效性的报表。

总体来说，资产负债表反映的是一家公司的资产规模和资产结构，考察的是变现能力、周转能力和资产安全系数等。说到资产结构，也就是资源配置合理不合理，钱从哪里来的问题。资产结构有三层关系：负债和股东权益的结构、资产本身的结构和负债结构。

清议：首先要认识到资产负债表的编制结构。按照从上到下，从左到右的顺序，资产负债表基本是按照流动性，或者说资产占用期限架构、循环周期来编排的。资本的本义是什么？就是流动性，进一步说就是变现能力，资产只有循环利用才可能增值，所以说流动资产对上市公司的重要性不言而喻。

申草：资产负债表反映了企业某个时点的财务状况，是非常重要的一张报表，投资者都可以计算出每股净资产，计算市净率(P/B)；债权人可以分析偿债能力。

此外，要特别提醒的是，资产负债表上的资产基本是会计的资产，但企业有很多资产不能在会计上得到确认，如人力资产，21 世纪最重要的财富是什么？人才。但由于人才的流动性，会计上不能确认人力资产，这导致企业的股票价格可能远远高于企业的每股净资产，但是也要注意的是，如果 P/B 值太高，就如同市盈率太高(P/E)，说明股票价格会高。实际上，在一些行业的估值中，特别是高负债的行业，利用 P/B 估值比 P/E 更科学，如金融行业，还有房地产行业，利用资产重估过的 P/B 估值也比较科学，实际上房地产行业估值看 P/E 是没有意义的。

资料来源：理财周报《三位财务专家审视资产负债表内在逻辑和九大方法》。

第一讲　财务报表概述

【知识要点】

财务报表是指企业对外提供的反映企业某一特定日期的财务状况和某一会计期间的经营成果、现金流量等会计信息的文件。一套完整的财务报表至少应当包括资产负债表、利润表和现金流量表等报表。小企业编制的会计报表可以不包括现金流量表。财务报表的目标是向财务会计报告使用者提供与企业财务状况、经营成果和现金流量等有关的会计信息，反映企业管理层受托责任履行情况，有助于财务会计报告使用者作出经济决策。

一、财务报表的概念与作用

企业财务报表又称会计报表，是指企业对外提供的、以日常会计核算资料为主要依据，反映企业某一特定日期财务状况和某一会计期间经营成果、现金流量的文件。

财务报表是提供会计信息的一种重要手段。企业编制财务报表，对于改善企业外部有关方面的经济决策环境和加强企业内部经营管理，具有重要作用。具体来说，财务报表的作用主要表现在以下几个方面：

(1) 企业的投资者(包括潜在的投资者)和债权人(包括潜在的债权人)，为了进行正确的投资决策和信贷决策，需要利用财务报表了解有关企业经营成果、财务状况及现金流动情况的会计信息。

(2) 企业管理者为了考核和分析财务成本计划或预算的完成情况，总结经济工作的成绩和存在的问题，评价经济效益，需要利用财务报表掌握本企业有关财务状况、经营成果和现金流动情况的会计信息。

(3) 国家有关部门为了加强宏观经济管理，需要各单位提供财务报表资料，以便通过汇总分析，了解和掌握各部门、各地区经济计划(预算)完成情况、各种财经法律制度的执行情况，并针对存在的问题，及时运用经济杠杆和其他手段，调控经济活动，优化资源配置。

二、财务报表的分类

会计报表可以按照不同的标准进行分类。

（一）按反映内容分类

按会计报表反映的内容不同，可以分为静态报表和动态报表。静态报表是指综合反映企业某一特定日期资产、负债和所有者权益情况的报表，如资产负债表；动态报表是指综合反映企业一定期间的经营状况或者现金流动情况的报表，如利润表和现金流量表。

（二）按编报的时间分类

按照会计报表的编制时间不同，财务报表可以分为年度、半年度、季度和月度财务报表。月度、季度财务报表是指月度和季度终了提供的财务报表；半年度财务报表是指在每个会计年度的前6个月结束后对外提供的财务报表；年度财务报表是指年度终了对外提供的财务报表。半年度、季度和月度财务报表统称为中期财务报表。

（三）按照服务对象分类

按照会计报表服务的对象不同，会计报表可以分为内部报表和外部报表。内部报表是指为满足企业内部管理需要而编制的会计报表，一般没有固定编制格式和要求，也不用对外公布；外部报表是指企业向外提供的会计报表，主要提供给投资者、债权人、政府部门和社会公众等有关方面的，有一定格式与编制要求。本书主要讲解对外报表。

（四）按编制单位分类

按照会计报表的编制单位不同，可以分为单位会计报表和汇总会计报表。前者是由独立核算的基层企业，根据账簿记录和其他有关资料编制的会计报表，用来反映基层企业的经济活动情况。后者是由上级主管部门根据所属基层企业上报的会计报表综合汇总编制的报表，用来反映某个汇总部门综合性的经济情况。

（五）按所包含的会计主体的范围进行分类

企业对外会计报表按其所包含的会计主体范围的不同，可以分为个别会计报表与合并企业会计报表。个别会计报表是指只反映投资企业或被投资企业本身的经营成果、财务状况等方面情况的会计报表。合并会计报表是指在投资企业拥有被投资企业半数以上的表决权资本的控制权情况下，将被投资企业与本企业视为一个整体而编制会计报表，它反映投资企业与被投资企业作为一个整体的经营成果和财务状况等。本章主要讲解个别会计报表中的资产负债表、利润表和现金流量表等。

三、财务报表的编制要求

为了充分发挥财务报表的作用，必须保证财务报表的质量。为此，编制财务报表应符合以下基本要求：

（1）真实可靠。企业编制财务报表，应当以真实的交易、事项以及完整、准确的账簿记录等资料为依据，并遵循国家统一的会计准则规定的编制基础、编制依据、编制原则和方法。

（2）全面完整。企业应当按照国家统一的会计制度规定的报表格式和内容，根据登记完整、核对无误的会计账簿记录和其他有关资料编制财务报表，做到内容完整、数据真实、计算准确，不得漏报或者任意取舍。财务报表之间、财务报表各项目之间，凡有对应关系的数字，应当相互一致；财务报表中本期与上期的有关数字应当相互衔接。

（3）账账相符。企业在编制财务报表前，除应当全面清查资产、核实债务外，还应核对各会计账簿记录与会计凭证的内容、金额等是否一致，记账方向是否相符。

（4）账实一致。企业在编制年度财务报表前，应当全面清查资产、核实债务，通过规定的清查、核实，查明财产物资的实存数量与账面数量是否一致，各项结算款项的拖欠情况及其原因、材料物资的实际储备情况、各项投资是否达到预期的目的、固定资产的使用情况及其完好程度等。

(5) 编报及时。企业在编制财务报表前应按期结账,不得为赶编报表而提前结账。在结账之前,必须将本期发生的全部经济业务和转账业务都登记入账;然后在此基础上,结清各个账户的本期发生额和期末余额。

第二讲 资产负债表

【知识要点】

一、资产负债表概述

(一) 资产负债表的性质和作用

资产负债表是总括反映企业在一定日期的全部资产、负债和所有者权益的报表。由于该表反映了一个企业在特定日期的财务状况,因而又称财务状况表。

资产负债表是根据"资产=负债+所有者权益"这一会计基本等式编制的。它所提供的是企业一定日期的财务状况,主要包括以下内容:

(1) 企业所拥有的各种经济资源(资产)。

(2) 企业所负担的债务(负债),以及企业的偿债能力(包括短期与长期的偿债能力)。

(3) 企业所有者在企业里所持有的权益(所有者权益)。

(4) 企业未来财务状况的变动趋势。

(二) 资产负债表上项目的分类与排列

为了帮助报表使用者分析、解释和评价资产负债表所提供的信息,需要对资产负债表上的项目,按照它们的共同特征进行适当的分类与排列。一般来说,在资产负债表上,资产按其流动性程度的高低顺序排列,即先流动资产,后非流动资产,而非流动资产再划分为若干个大类;负债按其到期日由近至远的顺序排列,即先流动负债,后非流动负债;所有者权益则按其永久性递减的顺序排列,即先实收资本,后资本公积、盈余公积,最后是未分配利润。

(三) 资产负债表的格式

资产负债表有两种基本格式,即账户式与报告式。

账户式资产负债表分左、右两方,左方列示资产项目,右方列示负债与所有者权益项目,左、右两方的合计数保持平衡。这种格式的资产负债表在我国应用最广,如表 11-1 所示。

表 11-1 资产负债表(账户式)

编制单位: 2019 年 12 月 31 日 单位:元

资 产	年初数	年末数	负债和所有者权益(或股东权益)	年初数	年末数
流动资产:			流动负债:		
货币资金			短期借款		
交易性金融资产			交易性金融负债		
衍生金融资产			衍生金融负债		

（续表）

资　产	年初数	年末数	负债和所有者权益（或股东权益）	年初数	年末数
应收票据			应付票据		
应收账款			应付账款		
预付账款			预收账款		
其他应收款			合同负债		
存货			应付职工薪酬		
合同资产			应交税费		
持有待售资产			其他应付款		
1年内到期的非流动资产			持有待售负债		
流动资产合计			预提费用		
非流动资产：			1年内到期的非流动负债		
债权投资			其他流动负债		
其他债权投资			流动负债合计		
长期应收款			非流动负债：		
长期股权投资			长期借款		
其他权益工具投资			应付债券		
其他非流动金融资产			其中：优先股		
投资性房地产			永续债		
固定资产			租赁负债		
在建工程			长期应付款		
生产性生物资产			预计负债		
油气资产			递延收益		
使用权资产			递延所得税负债		
无形资产			其他非流动负债		
开发支出			非流动负债合计		
商誉			负债合计		
长期待摊费用			所有者权益（或股东权益）：		
递延所得税资产			实收资本（或股本）		
其他非流动资产			其他权益工具		
非流动资产合计			其中：优先股		
			永续债		
			资本公积		
			减：库存股		

（续表）

资　产	年初数	年末数	负债和所有者权益（或股东权益）	年初数	年末数
			其他综合收益		
			专项储备		
			盈余公积		
			未分配利润		
			所有者权益（或股东权益）合计		
资产总计			负债和所有者权益（或股东权益）总计		

报告式资产负债表将资产、负债、所有者权益项目采用垂直分列的形式反映。其具体排列形式又有以下几种：

第一，按照“资产＝负债＋所有者权益”的等式，上边的资产总计与垂直排列在下边的负债及所有者权益总计保持平衡，如表 11-2 所示。

表 11-2　　**资产负债表（报告式）**

编制单位：　　2019 年 12 月 31 日　　单位：元

项　目	年初数	年末数
资 产		
⋮	⋮	⋮
负债与所有者权益	⋮	⋮
⋮	⋮	⋮
负债与所有者权益总计	⋮	⋮

注：此表为简化形式。

第二，按照“资产－负债＝所有者权益”的等式，上边的资产总额与负债总额之差，与垂直排列在下边的所有者权益总额保持平衡，如表 11-3 所示。

表 11-3　　**资产负债表（报告式）**

编制单位：　　2019 年 12 月 31 日　　单位：元

项　目	年初数	年末数
资产与负债		
⋮	⋮	⋮
资产合计	⋮	⋮
⋮		
负债合计	⋮	⋮
净资产总计	⋮	⋮

（续表）

项　目	年初数	年末数
所有者权益	⋮	⋮
⋮		
所有者权益总计	⋮	⋮

注：此表为简化形式。

第三，根据"流动资产－流动负债＋非流动资产－非流动负债＝所有者权益"的等式，自上而下地列示流动资产、流动负债、营运资金、非流动资产、非流动负债和所有者权益，如表11-4所示。

表11-4　　资产负债表（报告式）

编制单位：　　2019年12月31日　　单位：元

项　目	年初数	年末数
流动资产		
⋮	⋮	⋮
流动资产合计	⋮	⋮
流动负债		
⋮	⋮	⋮
流动负债合计	⋮	⋮
营运资金	⋮	⋮
非流动资产		
⋮	⋮	⋮
非流动资产总计		
非流动负债		
⋮		
非流动负债总计		
所有者权益		
⋮		
所有者权益总计		

注：此表为简化形式。

二、资产负债表的编制方法

资产负债表用于反映企业一定日期全部资产、负债和所有者权益的情况。资产负债表各项目的填列方法大体上可归为以下几种情况。

（一）"年初数"栏的填列来源

"年初数"栏内各项数字，应根据上年年末资产负债表"期末数"栏内所列数字填列。如果本年度资产负债表规定的各个项目的名称和内容同上年度不一致，应该对上年年末资产负债表各个项目的名称和数字按照本年度的规定进行调整，然后再填入本表“年初数”栏内。

(二) “年末数”栏的填列来源

(1) 根据总账科目余额填列。例如，“短期借款”“资本公积”等项目，根据“短期借款”“资本公积”各总账科目余额直接填列；有些项目则需根据几个总账科目余额计算填列。例如，“货币资金”项目，应根据“库存现金”“银行存款”和“其他货币资金”科目余额之和计算填列。

(2) 根据明细账科目余额计算填列。例如，“应付账款”项目，需要根据“应付账款”和“预付账款”科目所属的相关明细科目的期末贷方余额计算填列；“预付账款”科目，需要根据“应付账款”和“预付账款”科目所属的相关明细科目的期末借方余额减去与“预付账款”有关的坏账准备贷方余额计算填列；“预收账款”科目，需要根据“应收账款”和“预收账款”科目所属相关明细科目的期末贷方金额合计填列；“开发支出”项目，需要根据“开发支出”科目中所属的“资本化支出”明细科目末余额计算填列；“应付职工薪酬”项目，需要根据“应付职工薪酬”科目的明细科目期末余额计算填列；“一年内到期的非流动资产”“一年内到期的非流动负债”项目，需要根据相关非流动资产和非流动负债项目的明细科目余额计算填列；“未分配利润”项目，需要根据“利润分配”科目中所属的“未分配利润”明细科目期末余额填列。

(3) 根据总账科目和明细科目余额分析计算填列。例如，“长期借款”项目，需要根据“长期借款”总账科目余额扣除“长期借款”科目所属的明细科目中将在 1 年内到期且企业不能自主地将清偿义务展期的长期借款后的金额计算填列；“其他非流动资产”项目，应根据有关科目的期末余额减去将于 1 年内(含 1 年)收回数后的金额计算填列；“其他非流动负债”项目，应根据有关科目的期末余额减去将于 1 年内(含 1 年)到期偿还数后的金额计算填列。

(4) 根据有关科目余额减去其备抵科目余额后的净额填列。例如，资产负债表中“应收票据”“应收账款”“长期股权投资”“在建工程”等项目，应当根据“应收票据”“应收账款”“长期股权投资”“在建工程”等科目的期末余额减去“坏账准备”“长期股权投资减值准备”“在建工程减值准备”等备抵科目余额后的净额填列。“投资性房地产”(采用成本模式计量)、“固定资产”项目，应当根据“投资性房地产”“固定资产”科目的期末余额，减去“投资性房地产累计折旧”“投资性房地产减值准备”“累计折旧”“固定资产减值准备”等备抵科目的期末余额，以及“固定资产清理”科目期末余额后的净额填列；“无形资产”项目，应当根据“无形资产”科目的期末余额，减去“累计推销”“无形资产减值准备”等备抵科目余额后的净额填列。

(5) 综合运用上述填列方法分析填列。例如，资产负债表中的“存货”项目，需要根据“原材料”“库存商品”“委托加工物资”“周转材料”“材料采购”“在途物资”“发出商品”“材料成本差异”等总账科目期末余额的分析汇总数，再减去“存货跌价准备”科目余额后的净额填列。

(三) 资产负债表项目的填列说明

1. 资产项目的填列说明

(1) “货币资金”项目，反映企业库存现金、银行存款、外埠存款、银行汇票存款、银行本票存款、信用卡存款、信用证保证金存款等的合计数。本项目应根据“库存现金”“银行存款”“其他货币资金”科目期末余额的合计数填列。

【实务操作】

【例 11-1】 2019 年 12 月 31 日，广聚公司“库存现金”科目余额为 1 000 元，“银行存款”科目余额为 100.9 万元，“其他货币资金”科目余额为 99 万元，则 2019 年 12 月 31 日，广聚公司资产负债表中“货币资金”项目“期末余额”栏的列报全额为 200 万元(0.1＋100.9＋99)。

（2）“交易性金融资产”项目，反映资产负债表日企业分类为以公允值计量且变动计入当期损益的金融资产，以及企业持有的指定为以公允价值计量且其变动计入当期损益的金融资产的期末账面价值。该项目应根据“交易性金融资产”科目的相关明细科目期末余额分析填列。自资产负债表日起超过1年到期且预期持有超过1年的以公允价值计量且其变动计入当期损益的非流动金融资产的期末账面价值，在“其他非流动金融资产”项目反映。

（3）“应收票据”项目，反映资产负债表日以摊余成本计量的、企业因销售商品、提供服务等收到的商业汇票，包括银行承兑汇票和商业承兑汇票。该项目应根据“应收票据”科目的期末余额，减去“坏账准备”科目中相关坏账准备期末余额后的金额分析填列。

【实务操作】

【例11-2】 2019年12月31日，广聚公司“应收票据”科目的余额为1 300万元；“坏账准备”科目中有关应收票据计提的坏账准备余额为45万元，则2019年12月31日，广聚公司资产负债表中“应收票据”项目“期末余额”栏的列报金额1 255万元（1 300－45）。

（4）“应收账款”项目，反映资产负债表日以摊余成本计量的、企业因销售商品、提供服务等经营活动应收取的款项。该项目应根据“应收账款”科目的期末余额，减去“坏账准备”科目中相关坏账准备期末余额后的金额分析填列。

（5）“应收款项融资”项目，反映资产负债表日以公允价值计量且变动计入其他综合收益的应收票据和应收账款等。

（6）“预付款项”项目，反映企业按照购货合同规定预付给供应单位的款项等。本项目应根据“预付账款”和“应付账款”科目所属各明细科目的期末借方余额合计数，减去“坏账准备”科目中有关预付账款计提的坏账准备期末余额后的净额填列。如“预付账款”科目所属明细科目期末为贷方余额的，应在资产负债表“应付账款”项目内填列。

（7）“其他应收款”项目，反映企业除应收票据、应收账款和预付账款等经营活动以外的其他各种应收、暂付的款项。本项目应根据“应收利息”“应收股利”和“其他应收款”科目的期末余额合计数，减去“坏账准备”科目中相关坏账准备期末余额后的金额填列。其中的“应收利息”仅反映相关金融工具已到期可收取但于资产负债表日尚未收到的利息。基于实际利率法计提的金融工具的利息应包含在相应金融工具的账面余额中。

（8）“存货”项目，反映企业期末在库、在途和在加工中的各种存货的可变现净值或成本（成本与可变现净值孰低）。存货包括各种材料、商品、在产品、半成品、包装物、低值易耗品、发出商品等。本项目应根据“材料采购”“原材料”“库存商品”“周转材料”“委托加工物资”“发出商品”“生产成本”“受托代销商品”等科目的期末余额合计数，减去“受托代销商品款”“存货跌价准备”科目期末余额后的净额填列。材料采用计划成本核算，以及库存商品采用计划成本核算或售价核算的企业，还应加或减材料成本差异、商品进销差价后的金额填列。

【实务操作】

【例11-3】 2019年12月31日，广聚公司有关科目余额如下：“发出商品”科目借方的余额为800万元，“生产成本”科目的借方余额为300万元，“原材料”科目的借方余额为100万元，“委托加工物资”科目的借方余额为200万元，“材料成本差异”科目的贷方余额为25万元，“存货跌价准备”科目的贷方余额为100万元，“受托代销商品”科目的借方余额为400万元，

“受托代销商品款”科目的贷方余额为 400 万元，不考虑其他因素，该企业 12 月 31 日资产负债表中的“存货”项目的“期末余额”的列报金额为 1 275 万元（800＋300＋100＋200－25－100＋400－400）。

（9）“合同资产”项目反映企业按照《企业会计准则第 14 号——收入》（2018）的相关规定，根据本企业履行履约义务与客户付款之间的关系在资产负债表中列示的合同资产。“合同资产”项目应根据“合同资产”科目的相关明细科目期末余额分析填列，同一合同下的合同资产和合同负债应当以净额列示，其中净额为借方余额的，应当根据其流动性在“合同资产”或“其他非流动资产”项目中填列，已计提减值准备的，还应以减去“合同资产减值准备”科目中相关的期末余额后的金额填列；其中，净额为贷方余额的，应当根据其流动性在“合同负债”或“其他非流动负债”项目中填列。

（10）“持有待售资产”项目，反映资产负债表日划分为持有待售类别的非流动资产及划分为持有待售类别的处置组中的流动资产和非流动资产的期末账面价值。该项目应根据“持有待售资产”科目的期末余额，减去“持有待售资产减值准备”科目的期末余额后的金额填列。

【实务操作】

【例 11-4】 甲公司计划出售一项固定资产，该固定资产于 2019 年 12 月 31 日被划分为持有待售固定资产，其账面价值为 315 万元，从划归为持有待售的下个月起停止计提折旧，不考虑其他因素，则 2019 年 12 月 31 日，甲公司资产负债表中“持有待售资产”项目“期末余额”栏的列报金额为 315 万元。

（11）“一年内到期的非流动资产”项目，反映企业预计自资产负债表日起 1 年内变现的非流动资产。本项目应根据有关科目的期末余额分析填列。

（12）“债权投资”项目，反映资产负债表日企业以摊余成本计量的长期债权投资的期末账面价值。该项目应根据“债权投资”科目的相关明细科目期末余额，减去“债权投资减值准备”科目中相关减值准备的期末余额后的金额分析填列。自资产负债表日起 1 年内到期的长期债权投资的期末账面价值，在“一年内到期的非流动资产”项目反映。企业购入的以摊余成本计量的 1 年内到期的债权投资的期末账面价值，在“其他流动资产”项目反映。

（13）“其他债权投资”项目，反映资产负债表日企业分类为以公允价值计量且其变动计入其他综合收益的长期债权投资的期末账面价值。该项目应根据“其他债权投资”科目的相关明细科目期末余额分析填列。自资产负债表日起 1 年内到期的长期债权投资的期末账面价值，在“一年内到期的非流动资产”项目反映。企业购入的以公允价值计量且其变动计入其他综合收益的 1 年内到期的债权投资的期末账面价值，在“其他流动资产”项目反映。

（14）“长期应收款”项目，反映企业租赁产生的应收款项和采用递延方式分期收款、实质上具有融资性质的销售商品和提供劳务等经营活动产生的应收款项。本项目应根据“长期应收款”科目的期末余额，减去相应的“未实现融资收益”和“坏账准备”科目所属相关明细科目期末余额后的金额填列。

（15）“长期股权投资”项目，反映投资方对被投资单位实施控制、重大影响的权益性投资，以及对其合营企业的权益性投资。本项目应根据“长期股权投资”科目的期末余额，减去“长期股权投资减值准备”科目的期末余额后的净额填列。

(16)“其他权益工具投资”项目,反映资产负债表日企业指定为以公允价值计量且其变动计入其他综合收益的非交易性权益工具投资的期末账面价值。该项目应根据“其他权益工具投资”科目的期末余额填列。

(17)“固定资产”项目,反映资产负债表日企业固定资产的期末账面价值和企业尚未清理完毕的固定资产清理净损益。该项目应根据“固定资产”科目的期末余额,减去“累计折旧”和“固定资产减值准备”科目的期末余额后的金额,以及“固定资产清理”科目的期末余额填列。

【实务操作】

【例 11-5】 2019 年 12 月 31 日,甲公司“固定资产”科目借方余额为 4 000 万元,“累计折旧”科目贷方余额为 2 000 万元,“固定资产减值准备”科目贷方余额为 500 万元,“固定资产清理”科目借方余额为 500 万元,则 2019 年 12 月 31 日,甲公司资产负债表中“固定资产”项目“期末余额”栏的列报金额为 2 000 万元(4 000－2 000－500＋500)。

(18)“在建工程”项目,反映资产负债表日企业尚未达到预定可使用状态的在建工程的期末账面价值和企业为在建工程准备的各种物资的期末账面价值。该项目应根据“在建工程”科目的期末余额,减去“在建工程减值准备”科目的期末余额后的金额,以及“工程物资”科目的期末余额,减去“工程物资减值准备”科目的期末余额后的金额填列。

(19)“使用权资产”项目,反映资产负债表日承租人企业持有的使用权资产的期末账面价值。该项目应根据“使用权资产”科目的期末余额,减去“使用权资产累计折旧”和“使用权资产减值准备”科目的期末余额后的金额填列。

(20)“无形资产”项目,反映企业持有的专利权、非专利技术、商标权、著作权和土地使用权等无形资产的成本减去累计推销和减值准备后的净值。本项目应根据“无形资产”科目的期末余额,减去“累计摊销”和“无形资产减值准备”科目期末余额后的净额填列。

【实务操作】

【例 11-6】 2019 年 12 月 31 日,甲公司“无形资产”科目借方余额为 800 万元,“累计摊销”科目贷方余额为 200 万元,“无形资产减值准备”科目贷方余额为 100 万元,则 2019 年 12 月 31 日,甲公司资产负债表中“无形资产”项目“期末余额”栏的列报金额为 500 万元(800－200－100)。

(21)“开发支出”项目,反映企业开发无形资产过程中能够资本化形成无形资产成本的支出部分。本项目应当根据“研发支出”科目中所属的“资本化支出”明细科目期末余额填列。

(22)“长期待摊费用”项目,反映企业已经发生但应由本期和以后各期负担的分摊期限在 1 年以上的各项费用。长期待摊费用中在 1 年内(含 1 年)摊销的部分,在资产负债表“一年内到期的非流动资产”项目填列。本项目应根据“长期待摊费用”科目的期末余额,减去将于 1 年内(含 1 年)摊销的数额后的金额分析填列。

(23)“递延所得税资产”项目,反映企业根据所得税准则确认的可抵扣暂时性差异产生的所得税资产。本项目应根据“递延所得税资产”科目的期末余额填列。

(24)“其他非流动资产”项目,反映企业除上述非流动资产以外的其他非流动资产。本项目应根据有关科目的期末余额填列。

2. 负债项目的填列说明

（1）“短期借款”项目，反映企业向银行或其他金融机构等借入的期限在 1 年以下（含 1 年）的各种借款。本项目应根据“短期借款”科目的期末余额填列。

【实务操作】

【例 11-7】 2019 年 12 月 31 日，甲公司“短期借款”科目的余额如下所示：银行质押借款 10 万元，信用借款 40 万元，则 2019 年 12 月 31 日，甲公司资产负债表中“短期借款”项目“期末余额”栏的列报金额为 50 万元（10＋40）。

（2）“交易性金融负债”项目，反映企业资产负债表日承担的交易性金融负债，以及企业持有的直接指定为以公允价值计量且其变动计入当期损益的金融负债的期末账面价值。该项目应根据“交易性金融负债”科目的相关明细科目期末余额填列。

（3）“应付票据”项目，反映资产负债表日以摊余成本计量的、企业因购买材料、商品和接受服务等开出、承兑的商业汇票，包括银行承兑汇票和商业承兑汇票。该项目应根据“应付票据”科目的期末余额填列。

【实务操作】

【例 11-8】 2019 年 12 月 31 日，甲公司“应付票据”科目的余额如下所示：25 万元的银行承兑汇票，10 万元的商业承兑汇票，则 2019 年 12 月 31 日，甲公司资产负债表中“应付票据”项目“期末余额”栏的列报金额为 35 万元（25＋10）。

（4）“应付账款”项目，反映资产负债表日以摊余成本计量的、企业因购买材料、商品和接受服务等经营活动应支付的款项。该项目应根据“应付账款”和“预付账款”科目所属的相关明细科目的期末贷方余额合计数填列。

（5）“预收款项”项目，反映企业按照购货合同规定预收供应单位的款项。本项目应根据“预收账款”和“应收账款”科目所属各明细科目的期末贷方余额合计数填列。如“预收账款”科目所属明细科目期末为借方余额的，应在资产负债表“应收账款”项目内填列。

（6）“合同负债”项目，反映企业按照《企业会计准则第 14 号——收入》（2018）的相关规定，根据本企业履行履约义务与客户付款之间的关系在资产负债表中列示的合同负债。“合同负债”项目应根据“合同负债”的相关明细科目期末余额分析填列。

（7）“应付职工薪酬”项目，反映企业为获得职工提供的服务或解除劳动关系而给予的各种形式的报酬或补偿。企业提供给职工配偶、子女、受赡养人、已故员工遗属及其他受益人等的福利，也属于职工薪酬。职工薪酬主要包括短期薪酬、离职后福利、辞退福利和其他长期职工福利。本项目应根据“应付职工薪酬”科目所属各明细科目的期末贷方余额分析填列。外商投资企业按规定从净利润中提取的职工奖励及福利基金，也在本项目列示。

【实务操作】

【例 11-9】 2019 年 12 月 31 日，甲公司“应付职工薪酬”科目明细项目为：工资、奖金、津贴和补贴 70 万元，社会保险费（含医疗保险、工伤保险）5 万元，设定提存计划（含基本养老保险费）2.5 万元，住房公积金 2 万元，工会经费和职工教育经费 0.5 万元，则 2019 年 12 月 31

日，甲公司资产负债表中"应付职工薪酬"项目"期末余额"栏的列报金额为 80 万元（70＋5＋2.5＋2＋0.5）。

（8）"应交税费"项目，反映企业按照税法规定计算应交纳的各种税费，包括增值税、消费税、城市维护建设税、教育费附加、企业所得税、资源税、土地增值税、房产税、城镇土地使用税、车船税、矿产资源补偿费等。企业代扣代缴的个人所得税，也通过本项目列示。企业所交纳的税金不需要预计应交数的，如印花税、耕地占用税等，不在本项目列示。本项目应根据"应交税费"科目的期末贷方余额填列，如"应交税费"科目期末为借方余额，应以"－"号填列。需要说明的是，"应交税费"科目下的"应交增值税""未交增值税""待抵扣进项税额""待认证进项税额""增值税留抵税额"等明细科目期末借方余额应根据情况，在资产负债表中的"其他流动资产"或"其他非流动资产"项目列示；"应交税费——待转销项税额"等科目期末贷方余额应根据情况在资产负债表中的"其他流动负债"或"其他非流动负债"项目列示；"应交税费"科目下的"未交增值税""简易计税""转让金融商品应交增值税""代扣代交增值税"等科目期末贷方余额应在资产负债表中的"应交税费"项目列示。

（9）"其他应付款"项目，反映企业除应付票据、应付账款、预收账款、应付职工薪酬、应交税费等经营活动以外的其他各项应付、暂收的款项。本项目应根据"应付利息""应付股利""其他应付款"科目的期末余额合计数填列。其中，"应付利息"科目仅反映相关金融工具已到期应支付但于资产负债表日尚未支付的利息。基于实际利率法计提的金融工具的利息应包含在相应金融工具的账面余额中。

（10）"持有待售负债"项目，反映资产负债表日处置组中与划分为持有待售类别的资产直接相关的负债的期末账面价值。本项目应根据"持有待售负债"科目的期末余额填列。

（11）"一年内到期的非流动负债"项目，反映企业非流动负债中将于资产负债表日后 1 年内到期部分的金额，如将于 1 年内偿还的长期借款。本项目应根据有关科目的期末余额分析填列。

（12）"长期借款"项目，反映企业向银行或其他金融机构借入的期限在 1 年以上（不含 1 年）的各项借款。本项目应根据"长期借款"科目的期末余额，扣除"长期借款"科目所属的明细科目中将在资产负债表日起 1 年内到期且企业不能自主地将清偿义务展期的长期借款后的金额计算填列。

【实务操作】

【例 11-10】 2019 年 12 月 31 日，甲公司"长期借款"科目余额为 155 万元，其中从银行借入的 5 万元借款将于 1 年内到期，甲公司不具有自主展期清偿的权利，则甲公司 2019 年 12 月 31 日资产负债表中"长期借款"项目"期末余额"栏的列报金额为 150 万元（155－5），"一年内到期的非流动负债"项目"期末余额"栏的列报金额为 5 万元。

（13）"应付债券"项目，反映企业为筹集长期资金而发行的债券本金及应付的利息。本项目应根据"应付债券"科目的期末余额分析填列。对于资产负债表日企业发行的金融工具，分类为金融负债的，应在本项目填列，对于优先股和永续债还应在本项目下的"优先股"项目和"永续债"项目分别填列。

（14）"租赁负债"项目，反映资产负债表日承租人企业尚未支付的租赁付款额的期末账面价值。该项目应根据“租赁负债”科目的期末余额填列。自资产负债表日起 1 年内到期应予以清偿的租赁负债的期末账面价值，在“一年内到期的非流动负债”项目反映。

（15）“长期应付款”项目，应根据“长期应付款”科目的期末余额，减去相关的“未确认融资费用”科目的期末余额后的金额，以及“专项应付款”科目的期末余额填列。

（16）“预计负债”项目，反映企业根据或有事项等相关准则确认的各项预计负债，包括对外提供担保、未决诉讼、产品质量保证、重组义务以及固定资产和矿区权益弃置义务等产生的预计负债。本项目应根据“预计负债”科目的期末余额填列。企业按照《企业会计准则第 22 号——金融工具确认和计量》(2018)的相关规定，对贷款承诺等项目计提的损失准备，应当在本项目中填列。

（17）“递延收益”项目，反映尚待确认的收入或收益。本项目核算包括企业根据政府补助准则确认的应在以后期间计入当期损益的政府补助金额、售后租回形成融资租赁的售价与资产账面价值差额等其他递延性收入。本项目应根据“递延收益”科目的期末余额填列。本项目中摊销期限只剩 1 年或不足 1 年的，或预计在 1 年内（含 1 年）进行摊销的部分，不得归类为流动负债，仍在本项目中填列，不转入“一年内到期的非流动负债”项目。

（18）“递延所得税负债”项目，反映企业根据所得税准则确认的应纳税暂时性差异产生的所得税负债。本项目应根据“递延所得税负债”科目的期末余额填列。

（19）“其他非流动负债”项目，反映企业除以上非流动负债以外的其他非流动负债。本项目应根据有关科目期末余额，减去将于 1 年内（含 1 年）到期偿还数后的余额分析填列。非流动负债各项目中将于 1 年内（含 1 年）到期的非流动负债，应在“一年内到期的非流动负债”项目内反映。

3. 所有者权益项目的填列说明

（1）“实收资本（或股本）”项目，反映企业各投资者实际投入的资本（或股本）总额。本项目应根据“实收资本（或股本）”科目的期末余额填列。

【实务操作】

【例 11-11】 甲公司是由 A 公司于 2001 年 3 月 1 日注册成立的有限责任公司，注册资本为 5 000 万元人民币，A 公司以货币资金 5 000 万元人民币出资，占注册资本的 10%，持有甲公司 100%的权益。上述实收资本已于 2001 年 3 月 1 日经相关会计师事务所出具的验资报告验证。资本投入自 2001 年至 2019 年年末未发生变动，则 2019 年 12 月 31 日，甲公司资产负债表中“实收资本（或股本）”项目“期末余额”栏的列报全额为 5 000 万元。

（2）“其他权益工具”项目，反映资产负债表日企业发行在外的除普通股以外分类为权益工具的金融工具的期末账面价值，并下设“优先股”和“永续债”两个项目，分别反映企业发行的分类为权益工具的优先股和永续债的账面价值。

（3）“资本公积”项目，反映企业收到投资者出资超出其在注册资本或股本中所占的份额以及直接计入所有者权益的利得和损失等。本项目应根据“资本公积”科目的期末余额填列。

（4）“其他综合收益”项目，反映企业其他综合收益的期末余额。本项目应根据“其他综合收益”科目的期末余额填列。

（5）“专项储备”项目，反映高危行业企业按国家规定提取的安全生产费的期末账面价值。本项目应根据“专项储备”科目的期末余额填列。

(6)“盈余公积”项目,反映企业盈余公积的期末余额。本项目应根据“盈余公积”科目的期末余额填列。

(7)“未分配利润”项目,反映企业尚未分配的利润。本项目应根据“本年利润”和“利润分配”科目的余额计算填列。未弥补的亏损在本项目内以“-”号填列。

由于企业的每一项资产、负债和所有者权益余额都是以各有关科目的余额来表示的,因此,作为总括反映企业资产、负债和所有者权益的资产负债表项目,原则上都可以直接根据有关总账科目的期末余额填列。但是,为了如实地反映企业的财务状况,更好地满足报表使用者的需要,资产负债表的某些项目需要根据总账科目和明细科目的记录分析、计算后填列。总之,资产负债表项目的填列方法,在很大程度上取决于企业日常会计核算所设置的总账科目的粗细程度。

第三讲 利 润 表

【知识要点】

一、利润表概述

(一) 利润表的性质和作用

利润表是指用来反映企业在某一会计期间的经营成果的一种财务报表。在利润表上,要反映企业在一个会计期间的所有收入(广义)与所有费用(广义),并求出报告期的利润额。利用利润表,可以评价一个企业的经营成果和投资效率,分析企业的盈利能力以及预测未来一定时期内的盈利趋势。利润表的作用主要体现在以下几个方面:

(1) 有助于分析企业的经营成果和获利能力。

(2) 可以评价企业管理层的经营业绩。

(3) 可以预测未来的利润和现金流量。

(4) 有助于企业管理人员的未来决策。

(二) 编制利润表要解决的问题

1. 正确确定当期收入与费用

利润是当期收入与当期费用的差额。因此,要正确计算利润,就必须首先确定当期的收入与当期的费用。对于营业收入来说,一般情况下,只有当企业的商品已经销售,或劳务已经提供,才能确认为本期的营业收入并编入利润表。在某些特殊情况下,也可以在生产过程中,或在产品完工时确认营业收入。

2. 力求保持投入资本的完整

一个企业只有在保持投入资本完整无缺的情况下,才可能获得真正的利润。例如,在通货膨胀时期,货币贬值,以货币计量的投入资本,其期末账面余额可能大于期初余额,但若按物价指数换算,却可能小于期初余额,因而可能出现虚盈实亏的现象。因此,在通货膨胀严重的情况下,有必要按物价指数进行调整。

二、利润表的编制方法

利润表的表首,应标明企业和该表的名称,表的名称下面标明编制的期间。由于利润表反映企业某一期间的经营成果,因而,其时间只能标明为“某年某月份”或“某年度”。

为了提供与报表使用者的经营决策相关的信息，收入和费用在利润表中有不同的列示方法，因而，利润表的本体部分可以有多步式和单步式两种格式编制。

(一) 利润表的结构

多步式利润表是常用的格式，它将企业日常经营活动过程中发生的收入和费用项目与在该过程外发生的收入与费用分开。划分这一界限的标准，主要是看一个项目是否关系到评价企业未来产生现金和现金等价物的能力，或者说，依据一个项目的预测价值。那些经常重复发生的收入与费用项目，是预测企业未来的基础；那些偶然发生的收入与费用项目，则不能作为预测的依据。例如，企业变卖固定资产就属于偶然事项，不可能经常反复发生。将这类偶然事项产生的损益分列出来，显然有助于提高利润表信息的预测价值。利润表(多步式)，如表11-5 所示。

表 11-5 利润表(多步式)

编制单位： 2019 年度 单位：元

项 目	本年金额	上年金额
一、营业收入		
减：营业成本		
税金及附加		
销售费用		
管理费用		
财务费用		
资产减值损失		
加：公允价值变动收益		
投资收益		
二、营业利润		
加：营业外收入		
减：营业外支出		
三、利润总额		
减：所得税费用		
四、净利润		
五、每股收益		
(一) 基本每股收益		
(二) 稀释每股收益		

多步式年度利润表上“本年实际”栏的“营业收入”“营业成本”“税金及附加”“销售费用”“管理费用”“财务费用”“资产减值损失”“公允价值变动收益”“投资收益”“营业外收入”“营业外支出”和“所得税费用”等项目，在采用表结法进行本年利润核算的情况下，应根据年末各相关科目结转“本年利润”科目的数额填列；在采用账结法进行本年利润核算的情况下，应根据各相关科目各月末结转“本年利润”科目数额的累计数计算填列，其中，如为投资净损失，“投资收

益”项目以负数填列。“本年实际”栏的“营业利润”“利润总额”“净利润”项目，应根据各相关项目计算填列。

采用多步式利润表，便于同类型企业之间的比较，也便于前后各期利润表上相应项目之间的比较，更有利于预测企业今后的盈利能力。

（二）单步式利润表

在单步式利润表上，只需将本期所有收入（广义）加在一起，然后再将所有费用（广义）加在一起，两者相减，通过一次计算得出本期净利润。利润表（单步式），如表 11-6 所示。

表 11-6　利润表（单步式）

编制单位：　2019 年度　单位：元

项　目	本年实际	上年实际
一、收入		
营业收入		
公允价值变动收益		
投资收益		
营业外收入		
收入合计		
二、费用		
营业成本		
税金及附加		
销售费用		
管理费用		
财务费用		
资产减值损失		
营业外支出		
所得税费用		
费用合计		
三、净利润		

单步式利润表的优点是表式简单，易于理解，避免项目分类上的困难。

单步式年度利润表上，“收入合计”“费用合计”“净利润”项目根据各相关项目计算填列。其他项目的填列同多步式利润表。

年度利润表上“上年实际”栏的各项目，应根据上年利润表的相关项目填列。

如果编制月份利润表，则应将“本年实际”与“上年实际”栏分别改为“本月数”与“本年累计数”栏。

（三）利润表项目的填列方法

我国一般企业利润表主要采用多步式，编制步骤和内容如下：

第一步，以营业收入为基础，减去营业成本、税金及附加、销售费用、管理费用、研发费用、财务费用，加上其他收益、投资收益（或减去投资损失）、净敞口套期收益（或减去净敞口套期损失）、公允价值变动收益（或减去公允价值变动损失）、资产减值损失、信用减值损失、资产处置收益（或减去资产处置损失），计算出营业利润。

第二步，以营业利润为基础，加上营业外收入，减去营业外支出，计算出利润总额。

第三步，以利润总额为基础，减去所得税费用，计算出净利润（或净亏损）。

第四步，以净利润（或净亏损）为基础，计算出每股收益。

第五步，以净利润（或净亏损）和其他综合收益为基础，计算出综合收益总额。

利润表各项目均需填列"本期金额"和"上期金额"两栏。其中"上期金额"栏内各项数字，应根据上年该期利润表的"本期金额"栏内所列数字填列。"本期金额"栏内各期数字，除"基本每股收益"和"稀释每股收益"项目外，应当按照相关科目的发生额分析填列。如"营业收入"项目，根据"主营业务收入""其他业务收入"科目的发生额分析计算填列；"营业成本"项目，根据"主营业务成本""其他业务成本"科目的发生额分析计算填列。

（四）利润表主要项目的填列说明

（1）"营业收入"项目，反映企业经营主要业务和其他业务所确认的收入总额。本项目应根据"主营业务收入"和"其他业务收入"科目的发生额分析填列。

【实务操作】

【例 11-12】 乙公司为热电企业，其经营范围包括电、热的生产和销售；发电、输变电工程的技术咨询；电力设备及相关产品的采购、开发、生产和销售等。乙公司 2019 年度"主营业务收入"科目发生额明细为：电力销售收入合计 8 000 万元，热力销售收入合计 1 400 万元；"其他业务收入"科目发生额合计 600 万元。则乙公司 2019 年度利润表中"营业收入"项目"本期金额"栏的列报金额为 10 000 万元（8 000＋1 400＋600）。

（2）"营业成本"项目反映企业经营主要业务和其他业务所发生的成本总额。本项目应根据"主营业务成本"和"其他业务成本"科目的发生额分析填列。

【实务操作】

【例 11-13】 乙公司 2019 年度"主营业务成本"科目的发生额合计 7 500 万元、"其他业务成本"科目发生额合计 500 万元，则乙公司 2019 年度利润表中"营业成本"项目"本期金额"栏的列报金额为 8 000 万元（7 500＋500）。

（3）"税金及附加"项目，反映企业经营业务应负担的消费税、城市维护建设税、教育费附加、资源税、土地增值税、房产税、车船税、城镇土地使用税、印花税等相关税费。本项目应根据"税金及附加"科目的发生额分析填列。

【实务操作】

【例 11-14】 乙公司 2019 年度"税金及附加"科目的发生额如下：城市维护建设税合计 50 万元，教育费附加合计 30 万元，房产税合计 400 万元，城镇土地使用税合计 20 万元，则乙公司 2019 年度利润表中"税金及附加"项目"本期全额"栏的列报金额为 500 万元（50＋30＋400＋20）。

(4)“销售费用”项目,反映企业在销售商品过程中发生的包装费、广告费等费用和为出售本企业商品而专设的销售机构的职工薪酬、业务费等经营费用。本项目应根据“销售费用”科目的发生额分析填列。

(5)“管理费用”项目,反映企业为组织和管理生产经营发生的管理费用。本项目应根据“管理费用”科目的发生额分析填列。

【实务操作】

【例 11-15】 乙公司 2019 年度“管理费用”科目的发生合计数为 600 万元。则乙公司 2019 年度利润表中“管理费用”项目“本期金额”栏的列报金额为 600 万元。

(6)“研发费用”项目,反映企业研究与开发过程中发生的费用化支出以及计入管理费用的自行开发无形资产的摊销。本项目应根据“管理费用”科目下的“研发费用”明细科目的发生额以及“管理费用”科目下“无形资产摊销”明细科目的发生额分析填列。

(7)“财务费用”项目,反映企业为筹集生产经营所需资金等而发生的应予费用化的利息支出。本项目应根据“财务费用”科目的相关明细科目发生额分析填列。其中“利息费用”项目,反映企业为筹集生产经营所需资金等而发生的应予费用化的利息支出,本项目应根据“财务费用”科目的相关明细科目的发生额分析填列。“利息收入”项目,反映企业应冲减财务费用的利息收入,本项目应根据“财务费用”科目的相关明细科目的发生额分析填列。

【实务操作】

【例 11-16】 乙公司 2019 年度“财务费用”科目的发生额如下所示:银行长期借款利息费用合计 400 万元,银行短期借款利息费用 90 万元,银行存款利息收入合计 8 万元,银行手续费支出合计 18 万元,则乙公司 2019 年度利润表中“财务费用”项目“本期金额”栏的列报金额为 500 万元(400+90−8+18)。

(8)“其他收益”项目,反映计入其他收益的政府补助,以及其他与日常活动相关且计入其他收益的项目。本项目应根据“其他收益”科目的发生额分析填列。企业作为个人所得税的扣缴义务人,根据《中华人民共和国个人所得税法》收到的扣缴税款手续费,应作为其他与日常活动相关的收益在本项目中填列。

(9)“投资收益”项目,反映企业以各种方式对外投资所取得的收益。本项目应根据“投资收益”科目的发生额分析填列。如为投资损失,本项目以“−”号填列。

【实务操作】

【例 11-17】 乙公司 2019 年度“投资收益”科目的发生额如下所示:按权益法核算的长期股权投资收益合计 290 万元,按成本法核算的长期股权投资收益合计 200 万元,处置长期股权投资发生的投资损失合计 500 万元,则乙公司 2019 年度利润表中“投资收益”项目“本期金额”栏的列报金额为−10 万元(290+200−500)。

(10)“净敞口套期收益”项目,反映净敞口套期下被套期项目累计公允价值变动转入当期损益的金额或现金流量套期储备转入当期损益的金额。本项目应根据“净敞口套期损益”科目的发生额分析填列；如为套期损失，本项目以“－”号填列。

(11)“公允价值变动收益”项目，反映企业应当计入当期损益的资产或负债公允价值变动收益。本项目应根据“公允价值变动损益”科目的发生额分析填列，如为净损失，本项目以“－”号填列。

(12)“信用减值损失”项目，反映企业按照《企业会计准则第22号——金融工具确认和计量》(2018)的要求计提的各项金融工具信用减值准备所确认的信用损失。本项目应根据“信用减值损失”科目的发生额分析填列。

(13)“资产减值损失”项目，反映企业有关资产发生的减值损失。本项目应根据“资产减值损失”科目的发生额分析填列。

【实务操作】

【例11-18】 乙公司2019年度“资产减值损失”科目的发生额如下所示：存货减值损失合计85万元，固定资产减值损失合计189万元，无形资产减值损失合计26万元，则乙公司2019年度利润表中“资产减值损失”项目“本期金额”栏的列报金额为300万元(85＋189＋26)。

(14)“资产处置收益”项目，反映企业出售划分为持有待售的非流动资产(金融工具、长期股权投资和投资性房地产除外)或处置组(子公司和业务除外)时确认的处置利得或损失，以及处置未划分为持有待售的固定资产、在建工程、生产性生物资产及无形资产而产生的处置利得或损失。债务重组中因处置非流动资产(金融工具、长期股权投资和投资性房地产除外)产生的利得或损失和非货币性资产交换中换出非流动资产(金融工具、长期股权投资和投资性房地产除外)产生的利得或损失也包括在本项目内。本项目应根据“资产处置损益”科目的发生额分析填列；如为处置损失，本科目以“－”号填列。

(15)“营业利润”项目，反映企业实现的营业利润。如为亏损，本科目以“－”号填列。

(16)“营业外收入”项目，反映企业发生的除营业利润以外的收益，主要包括与企业日常活动无关的政府补助、盘盈利得、捐赠利得(企业接受股东或股东的子公司直接或间接的捐赠，经济实质属于股东对企业的资本性投入的除外)等。本项目应根据“营业外收入”科目的发生额分析填列。

【实务操作】

【例11-19】 乙公司2019年度“营业外收入”科目的发生额如下所示：接受无偿捐赠利得68万元，现金盘盈利得合计2万元，则乙公司2019年度利润表中“营业外收入”项目“本期金额”栏的列报金额为70万元(68＋2)。

(17)“营业外支出”项目，反映企业发生的除营业利润以外的支出，主要包括公益性捐赠支出、非常损失、盘亏损失、非流动资产毁损报废损失等。本项目应根据“营业外支出”科目的发生额分析填列。

【实务操作】

【例11-20】 乙公司2019年度“营业外支出”科目的发生额如下所示：固定资产盘亏损失

14 万元，罚没支出合计 10 万元，捐赠支出合计 4 万元，其他支出 2 万元，则乙公司 2019 年度利润表中“营业外支出”项目“本期金额”栏的列报金额为 30 万元(14+10+4+2)。

(18) “利润总额”项目，反映企业实现的利润。如为亏损，本项目以“－”号填列。

(19) “所得税费用”项目，反映企业应从当期利润总额中扣除的所得税费用。本项目应根据“所得税费用”科目的发生额分析填列。

【实务操作】

【例 11-21】 乙公司 2019 年度“所得税费用”科目的发生额合计 36 万元，则乙公司 2019 年度利润表中“所得税费用”项目“本期金额”栏的列报金额为 36 万元。

(20) “净利润”项目，反映企业实现的净利润。如为亏损，本项目以“－”号填列。

(21) “其他综合收益的税后净额”项目，反映企业根据企业会计准则规定未在损益中确认的各项利得和损失扣除所得税影响后的净额。

(22) “综合收益总额”项目，反映企业净利润与其他综合收益(税后净额)的合计金额。

(23) “每股收益”项目，包括基本每股收益和稀释每股收益两项指标，反映普通股或潜在普通股已公开交易的企业，以及正处在公开发行普通股或潜在普通股过程中的企业的每股收益信息。

第四讲　所有者权益变动表

【知识要点】

一、所有者权益变动表概述

所有者权益变动表是一张反映企业在一定期间内构成所有者权益的各组成部分的增减变动情况的报表。它反映三个方面的内容：一是因资本业务而导致所有者权益总额发生变动的项目，即所有者投入资本和向所有者分配利润；二是所有者权益项目内部的变动，如提取盈余公积；三是综合收益导致所有者权益的变动。综合收益又由两部分构成：①直接计入所有者权益的利得和损失；②净利润。该表在一定程度上体现了企业综合收益的特点。

二、所有者权益变动表的结构

所有者权益变动表上，企业至少应当单独列示反映下列信息的项目：

(1) 综合收益总额。

(2) 会计政策变更和差错更正的累积影响金额。

(3) 所有者投入资本和向所有者分配利润。

(4) 提取的盈余公积。

(5) 实收资本、其他权益工具、资本公积、其他综合收益、专项储备、盈余公积、未分配利润的期初和期末余额及其调节情况。

所有者权益变动表以矩阵的形式列示。一方面，列示导致所有者权益变动的交易或者事项，即所有者权益变动的来源，对一定时期所有者权益的变动情况进行全面反映；另一方面，按照所有者权益各组成部分(即实收资本、其他权益工具、资本公积、库存股、其他综合收益、盈余公积、未分配利润)列示交易或者事项对所有者权益各部分的影响。

三、所有者权益变动表的编制

(一) 所有者权益变动表项目的填列方法

所有者权益变动表各项目均需填列“本年金额”和“上年金额”两栏。所有者权益变动表“上年金额”栏内各项数字,应根据上年度所有者权益变动表“本年金额”栏内所列数字填列。上年度所有者权益变动表规定的各个项目的名称和内容同本年度不一致的,应对上年度所有者权益变动表各项目的名称和数字按照本年度的规定进行调整,填入所有者权益变动表的“上年金额”栏内。

所有者权益变动表“本年金额”栏内各项数字一般应根据“实收资本(或股本)”“其他权益工具”“资本公积”“库存股”“其他综合收益”“专项储备”“盈余公积”“利润分配”“以前年度损益调整”科目的发生额分析填列。

企业的净利润及其分配情况作为所有者权益变动的组成部分,不需要单独编制利润分配表列示。

(二) 所有者权益变动表的主要项目说明

(1)“上年年末余额”项目,反映企业上年资产负债表中实收资本(或股本)、其他权益工具、资本公积、库存股、其他综合收益、专项储备、盈余公积、未分配利润的年末余额。

(2)“会计政策变更”“前期差错更正”项目,分别反映企业采用追溯调整法处理的会计政策变更的累积影响金额和采用追溯重述法处理的会计差错更正的累积影响金额。

(3)“本年增减变动金额”项目:

第一,“综合收益总额”项目,反映净利润和其他综合收益扣除所得税影响后的净额相加后的合计金额。

第二,“所有者投入和减少资本”项目,反映企业当年所有者投入的资本和减少的资本。①“所有者投入的普通股”项目,反映企业接受投资者投入形成的实收资本(或股本)和资本溢价或股本溢价。②“其他权益工具持有者投入资本”项目,反映企业发行的除普通股以外分类为权益工具的金融工具的持有者投入资本的金额。③“股份支付计入所有者权益的金额”项目,反映企业处于等待期中的权益结算的股份支付当年计入资本公积的金额。

第三,“利润分配”项目,反映企业当年的利润分配金额。

第四,“所有者权益内部结转”项目,反映企业构成所有者权益的组成部分之间当年的增减变动情况。①“资本公积转增资本(或股本)”项目,反映企业当年以资本公积转增资本或股本的金额。②“盈余公积转增资本(或股本)”项目,反映企业当年以盈余公积转增资本或股本的金额。③“盈余公积弥补亏损”项目,反映企业当年以盈余公积弥补亏损的金额。④“设定受益计划变动额结转留存收益”项目,反映企业因重新计量设定受益计划净负债或净资产所产生的变动计入其他综合收益,结转至留存收益的金额。⑤“其他综合收益结转留存收益”项目,主要反映:其一,企业指定为以公允价值计量且其变动计入其他综合收益的非交易性权益工具投资终止确认时,之前计入其他综合收益的累计利得或损失从其他综合收益中转入留存收益的金额;其二,企业指定为以公允价值计量且其变动计入当期损益的金融负债终止确认时,之前由企业自身信用风险变动引起而计入其他综合收益的累计利得或损失从其他综合收益中转入留存收益的金额等。

第五讲　会计报表附注

【知识要点】

一、附注概述

附注是对资产负债表、利润表、现金流量表和所有者权益变动表等报表中列示项目的文字描述或明细资料，以及对未能在这些报表中列示项目的说明等。附注主要起到两方面的作用：

第一，附注的披露，是对资产负债表、利润表、现金流量表和所有者权益变动表列示项目含义的补充说明，以帮助财务报表使用者更准确地把握其含义。例如，通过阅读附注中披露的固定资产折旧政策的说明，使用者可以掌握报告企业与其他企业在固定资产折旧政策上的异同，以便进行更准确的比较。

第二，附注提供了对资产负债表、利润表、现金流量表和所有者权益变动表中未列示项目的详细或明细说明。例如，通过阅读附注中披露的存货增减变动情况，财务报表使用者可以了解资产负债表中未单列的存货分类信息。

通过附注与资产负债表、利润表、现金流量表和所有者权益变动表列示项目的相互参照关系，以及对未能在财务报表中列示项目的说明，可以使财务报表使用者全面了解企业的财务状况、经营成果和现金流量以及所有者权益的情况。

二、附注的主要内容

附注是财务报表的重要组成部分。根据《企业会计准则》的规定，附注包括如下内容。

(一) 企业的基本情况

(1) 企业注册地、组织形式和总部地址。

(2) 企业的业务性质和主要经营活动。

(3) 母公司以及集团最终母公司的名称。

(4) 财务报告的批准报出者和财务报告的批准报出日。

(5) 营业期限有限的企业，还应当披露有关营业期限的信息。

(二) 财务报表的编制基础

财务报表的编制基础是指财务报表是在持续经营基础上还是非持续经营基础上编制的。企业一般是在持续经营基础上编制财务报表，清算、破产属于非持续经营基础。

(三) 遵循企业会计准则的声明

企业应当声明编制的财务报表符合《企业会计准则》的要求，真实、完整地反映了企业的财务状况、经营成果和现金流量等有关信息，以此明确企业编制财务报表所依据的制度基础。

(四) 重要会计政策和会计估计

企业应当披露采用的重要会计政策和会计估计，不重要的会计政策和会计估计可以不披露。在披露重要会计政策和会计估计时，企业应当披露重要会计政策的确定依据和财务报表项目的计量基础，以及会计估计中所采用的关键假设和不确定因素。

会计政策的确定依据，主要是指企业在运用会计政策过程中所作的对报表中确认的项目金额最具影响的判断，有助于财务报表使用者理解企业选择和运用会计政策的背景，提高财务报表的可理解性。财务报表项目的计量基础，是指企业计量该项目采用的是历史成本、重置成本、可变现净值、现值，还是公允价值，这直接影响财务报表使用者对财务报表的理解和分析。

在确定财务报表中确认的资产和负债的账面价值过程中，企业需要对不确定的未来事项在资产负债表日对这些资产和负债的影响加以估计，如企业预计固定资产未来现金流量采用的折现率和假设。这类假设的变动对这些资产和负债项目金额的确定影响很大有可能会在下一个会计年度内作出重大调整，因此，强调这一披露要求，有助于提高财务报表的可理解性。

（五）会计政策和会计估计变更以及差错更正的说明

企业应当按照会计政策、会计估计变更和差错更正会计准则的规定，披露会计政策和会计估计变更以及差错更正的有关情况。

（六）报表重要项目的说明

企业对报表重要项目的说明，应当按照资产负债表、利润表、现金流量表、所有者权益变动表及其项目列示的顺序，采用文字和数字描述相结合的方式进行披露。报表重要项目的明细金额合计应当与报表项目金额相衔接，主要包括以下重要项目：应收款项、存货、长期股权投资、投资性房地产、固定资产、无形资产、职工薪酬、应交税费、短期借款和长期借款、应付债券、长期应付款、营业收入、公允价值变动收益、投资收益、资产减值损失、营业外收入、营业外支出、所得税费用、其他综合收益、政府补助和借款费用。

（七）或有和承诺事项、资产负债表日后非调整事项、关联方关系及其交易等需要说明的事项

（八）有助于财务报表使用者评价企业管理资本的目标、政策及程序的信息

单元测试

1. 单项选择题

(1) 资产负债表中的资产是依据(　　)来排列的。

A. 项目收益性　　B. 项目重要性　　C. 项目流动性　　D. 项目时间性

(2) 中期财务会计报告不包括(　　)。

A. 月报　　B. 季报　　C. 半年报　　D. 年报

(3) 下列项目中，属于资产负债表中流动负债项目的是(　　)。

A. 长期借款　　B. 长期应付款　　C. 应付股利　　D. 应付债券

(4) “预付账款”科目明细账中若有贷方余额，应将其计入资产负债表中的(　　)项目。

A. 应收账款　　B. 预收款项　　C. 应付账款　　D. 其他应付款

(5) 资产负债表中货币资金项目中包含的项目是(　　)。

A. 银行本票存款　　B. 银行承兑汇票

C. 商业承兑汇票　　D. 交易性金融资产

(6) 2019 年 12 月 31 日，某企业“无形资产”账户余额为 500 万元，“累计摊销”账户余额为 200 万元，“无形资产减值准备”账户余额为 100 万元。2019 年 12 月 31 日，该企业资产负债表中无形资产项目的金额为(　　)万元。

A. 500　　B. 300　　C. 400　　D. 200

(7) 下列项目在资产负债表中只需要根据某一个总分类账户就能填列的项目是(　　)。

A. 应收账款　　B. 短期借款　　C. 预付账款　　D. 预收账款

(8) 资产负债表中的“未分配利润”项目,应根据(　　)填列。

A. “利润分配”科目余额

B. “本年利润”科目余额

C. “本年利润”和“利润分配”科目的余额计算后

D. “盈余公积”科目余额

(9) 2019 年 12 月 31 日,某企业“固定资产”账户余额为 2 000 万元,“累计折旧”账户余额为 800 万元,“固定资产减值准备”账户余额为 100 万元,“在建工程”账户余额为 200 万元。2019 年 12 月 31 日,该企业资产负债表中固定资产项目的金额为(　　)万元。

A. 1 200　　B. 90　　C. 1 100　　D. 2 200

(10) 下列资产负债表项目中,应根据多个总账科目余额计算填列的是(　　)。

A. 应付账款　　B. 盈余公积　　C. 未分配利润　　D. 长期借款

(11) 某企业 2019 年发生的营业收入为 1 000 万元,营业成本为 600 万元,销售费用为 20 万元,管理费用为 50 万元,财务费用为 10 万元,投资收益为 40 万元,资产减值损失为 70 万元(损失),公允价值变动损益为 80 万元(收益),营业外收入为 25 万元,营业外支出为 15 万元。该企业 2019 年的营业利润为(　　)万元。

A. 370　　B. 330　　C. 320　　D. 390

(12) 某企业“应收账款”科目月末借方余额 20 000 元,其中:“应收甲公司账款”明细科目借方余额 35 000 元,“应收乙公司账款”明细科目贷方余额 15 000 元,“预收账款”科目月末贷方余额 15 000 元,其中:“预收 A 工厂账款”明细科目贷方余额 25 000 元,“预收 B 工厂账款”明细科目借方余额 10 000 元。该企业月末资产负债表中“应收账款”项目的金额为(　　)元。

A. 40 000　　B. 25 000　　C. 15 000　　D. 45 000

(13) 乙企业“原材料”科目借方余额 150 万元,“生产成本”科目借方余额 200 万元,“材料采购”科目借方余额 50 万元,“材料成本差异”科目贷方余额 30 万元,该企业期末资产负债表中“存货”项目应填列的金额为(　　)万元。

A. 520　　B. 370　　C. 420　　D. 390

(14) 某企业“应付账款”科目月末贷方余额 40 000 元,其中:“应付甲公司账款”明细科目贷方余额 35 000 元,“应付乙公司账款”明细科目贷方余额 5 000 元,“预付账款”科目月末贷方余额 30 000 元,其中:“预付 A 工厂账款”明细科目贷方余额 50 000 元,“预付 B 工厂账款”明细科目借方余额 20 000 元。该企业月末资产负债表中“应付账款”项目的金额为(　　)元。

A. 90 000　　B. 30 000　　C. 40 000　　D. 70 000

(15) 某企业期末“工程物资”科目的余额为 100 万元,“发出商品”科目的余额为 80 万元,“原材料”科目的余额为 100 万元,“材料成本差异”科目的借方余额为 10 万元。假定不考虑其他因素,该企业资产负债表中“存货”项目的金额为(　　)万元。

A. 190　　B. 180　　C. 170　　D. 290

(16) 下列各项税金中,应在利润表中的“税金及附加”项目反映的是(　　)。

A. 耕地占用税　　B. 城市维护建设税　　C. 印花税　　D. 土地增值税

(17) 某企业年末“应收账款”科目的借方余额为 300 万元,其中,“应收账款”明细账的借方余额为 400 万元,贷方余额为 100 万元,年末计提坏账准备后的“坏账准备”科目的贷方余额为 20 万元。假定不考虑其他应收款项计提坏账准备因素,该企业年末资产负债表中“应收账款”项目的金额为( )万元。

A. 280 B. 300 C. 380 D. 400

(18) 支付的在建工程人员的工资属于( )产生的现金流量。

A. 筹资活动 B. 经营活动 C. 汇率变动 D. 投资活动

(19) 引起现金流量净额变动的项目是( )。

A. 将现金存入银行 B. 用银行存款购买 1 个月到期的债券

C. 用固定资产抵偿债务 D. 用银行存款清偿 20 万元的债务

(20) 下列资产负债表项目中,根据有关总账科目余额计算填列的是( )。

A. 货币资金 B. 应付票据 C. 预收账款 D. 应收账款

2. 多项选择题

(1) 下列资产负债表项目中,根据总账科目余额直接填列的有( )。

A. 短期借款 B. 实收资本 C. 预收账款 D. 应收账款

(2) 资产负债表中的“一年内到期的非流动负债”项目应当根据下列科目贷方余额分析填列( )。

A. 长期借款 B. 长期应付款 C. 应付账款 D. 应付债券

(3) 下列各资产负债表项目中,应根据明细科目余额计算填列的有( )。

A. 应收票据 B. 预收账款 C. 应收账款 D. 应付账款

(4) 下列各项中,对资产负债表的作用描述正确的有( )。

A. 通过编制资产负债表可以反映企业资产的构成及其状况

B. 通过编制资产负债表可以分析企业的偿债能力

C. 通过编制资产负债表可以分析企业的获利能力

D. 通过编制资产负债表可以反映企业所有者权益的情况

(5) 下列各项中,影响企业营业利润的项目有( )。

A. 销售费用 B. 管理费用 C. 投资收益 D. 所得税费用

(6) 下列项目中,属于资产负债表中“流动资产”项目的有( )。

A. 预付账款 B. 应收票据 C. 预收账款 D. 存货

(7) 资产负债表中的“应付账款”项目应根据( )填列。

A. “应付账款”所属明细账借方余额合计数

B. “应付账款”总账余额

C. “预付账款”所属明细账贷方余额合计数

D. “应付账款”所属明细账贷方余额合计数

(8) 资产负债表中“存货”项目的金额,应根据( )账户的余额分析填列。

A. “生产成本” B. “商品进销差价”

C. “发出商品” D. “材料采购”

(9) 下列各项中,影响营业利润的项目有( )。

A. 已销商品成本 B. 原材料销售收入

C. 出售固定资产净收益 D. 转让股票所得收益

(10) 下列各项中,属于筹资活动产生的现金流量的有(　　)。

A. 支付的现金股利　　　　B. 取得短期借款

C. 增发股票收到的现金　　　　D. 偿还公司债券支付的现金

3. 判断题

(1)“长期借款”项目,根据“长期借款”总账科目余额填列。(　　)

(2) 利润表是指反映企业在一定会计期间的经营成果的报表。(　　)

(3) 资产负债表中的“应收账款”项目应根据“应收账款”所属明细账借方余额合计数、“预收账款”所属明细账借方余额合计数和“坏账准备”总账的贷方余额计算填列。(　　)

(4) 增值税应在利润表的“税金及附加”项目中反映。(　　)

(5)“应付职工薪酬”项目,反映企业根据有关规定应付给职工的工资、职工福利、社会保险费、住房公积金、工会经费和职工教育经费,但不包括非货币性福利、辞退福利等薪酬。(　　)

(6) 外商投资企业按规定从净利润中提取的职工奖励及福利基金应在“应付职工薪酬”项目列示。(　　)

(7)“预收款项”项目应根据“预收账款”和“应收账款”科目所属各明细科目的期末贷方余额合计数填列。如“预收账款”科目所属各明细科目期末有借方余额,应在资产负债表“应付账款”项目内填列。(　　)

(8)“应付账款”项目应根据“应付账款”和“预付账款”科目所属各明细科目的期末贷方余额合计数填列;如“应付账款”科目所属明细科目期末有借方余额的,应在资产负债“预付款项”项目内填列。(　　)

(9)“预付账款”科目所属各明细科目期末有贷方余额的,应在资产负债表“应收账款”项目内填列。(　　)

(10) 资产负债表中“应付账款”“预付款项”项目应直接根据该科目的总账余额填列。(　　)

实务训练

训练一

资料:广聚公司 2019 年度“主营业务收入”科目的贷方发生额为 5 000 万元,借方发生额为 100 万元(系 10 月发生的购买方退货);“其他业务收入”科目的贷方发生额为 300 万元;“主营业务成本”科目的借方发生额为 4 000 万元,2019 年 10 月 10 日,收到购买方退货,其成本为 60 万元;“其他业务成本”科目借方发生额为 200 万元;2019 年 12 月 10 日,收到销售给某单位的一批产品,由于质量问题被退回,其收入为 60 万元,成本为 40 万元。

要求:根据上述资料,计算利润表中的营业收入和营业成本项目金额。

训练二

资料:2019 年 12 月 31 日,广聚公司结账后有关科目余额,如表 11-7 所示。

表 11-7 **2019 年 12 月 31 日广聚公司结账后有关科目余额**

科目名称	借方余额	贷方余额
应收账款	60 040	
坏账准备——应收账款		80
预收账款		100 800
应付账款		20 400
预付账款	32 060	

要求：

根据上述资料，计算资产负债表中“应收账款”“预付款项”“应付款项”和“预收款项”项目的列报金额。

训练三

资料：广聚公司 2019 年 12 月 31 日有关资料如下：

(1) 长期借款资料，如表 11-8 所示。

表 11-8 **长期借款资料**

借款起始日期	借款期限(年)	金额(万元)
2019 年 1 月 1 日	3	300
2017 年 1 月 1 日	5	600
2016 年 6 月 1 日	4	450

(2) “长期待摊费用”项目的期末余额为 50 万元，将于 1 年内摊销的数额为 20 万元。

要求：根据上述资料，计算资产负债表中下列项目的金额：

(1) 长期借款。

(2) 长期借款中应列入“一年内到期的非流动负债”项目的金额。

(3) 长期待摊费用。

(4) 长期待摊费用中应该列入“一年内到期的非流动资产”项目的金额。

训练四

资料：广聚公司为增值税一般纳税人，适用的增值税税率为 13%，企业所得税税率为 25%。该企业 2019 年度有关资料如下：

(1) 本年度内发出产品 50 000 件，其中对外销售 45 000 件，其余为在建工程领用。该产品销售成本每件为 12 元，销售价格每件为 20 元。

(2) 本年度内计入投资收益的债券利息收入为 30 000 元，其中，国债利息收入为 2 500 元。

(3) 本年度内发生管理费用 50 000 元，其中，企业公司管理人员工资费用 25 000 元，业务招待费 20 000 元。按税法规定可在应纳税所得额前扣除的管理人员工资费用为 20 000 元，业务招待费 15 000 元。

(4) 本年度内补贴收入 3 000 元(计入当期营业外收入)。按税法规定应交纳企业所得税。

要求：计算该企业2019年利润表中有关项目的金额：

(1) 营业利润。

(2) 利润总额。

(3) 本年度应交所得税。

(4) 净利润。

参考答案

第一单元　导　入

【单元测试】

1. 单项选择题

(1) B　(2) B　(3) A　(4) B　(5) A　(6) D　(7) B　(8) A

(9) D　(10) A　(11) C　(12) C　(13) A　(14) B　(15) C

2. 多项选择题

(1) ACD　(2) ABD　(3) BCD　(4) ABD　(5) BCD　(6) AC　(7) ABCDE

(8) ABC　(9) ABCD　(10) ABC

3. 判断题

(1) √　(2) ×　(3) ×　(4) ×　(5) √　(6) ×　(7) √　(8) ×

(9) ×　(10) √　(11) ×　(12) √　(13) ×　(14) ×　(15) ×

第二单元　货币资金

【单元测试】

1. 单项选择题

(1) D　(2) C　(3) D　(4) B　(5) B　(6) A　(7) B　(8) D

(9) D　(10) C　(11) D　(12) D　(13) B　(14) D　(15) B

2. 多项选择题

(1) ABD　(2) BC　(3) ABCD　(4) BD　(5) BD　(6) ABD　(7) CD

(8) ABD　(9) ACD　(10) ABCD

3. 判断题

(1) ×　(2) ×　(3) ×　(4) ×　(5) √　(6) ×　(7) √　(8) √

(9) √　(10) ×　(11) √　(12) ×

【实务训练】

训练一

练习现金、银行存款的核算。

(1) 借：其他应收款——某职工	1 000	
贷：库存现金		1 000
(2) 借：管理费用	650	
贷：库存现金		650

(3) 借：管理费用 850
　　库存现金 150
　　贷：其他应收款——某职工 1 000
(4) 借：库存现金 30 000
　　贷：银行存款 30 000
(5) 借：银行存款 20 340
　　贷：主营业务收入 18 000
　　　　应交税费——应交增值税(销项税额) 2 340
(6) 借：应付职工薪酬 30 000
　　贷：库存现金 30 000
(7) 借：库存现金 100
　　贷：待处理财产损溢——流动资产损溢 100
(8) 借：待处理财产损溢——流动资产损溢 100
　　贷：营业外收入 100

训练二

练习银行存款余额调节表的编制。

银行存款余额调节表

项　目	金额	项　目	金额
企业银行存款账户余额	160 000	银行对账单余额	106 000
加:银行已收、企业未收	90 000	加:企业回收、银行未收	164 000
减:银行已付、企业未付	50 000	减:企业已付、银行未付	70 000
调整后金额	200 000	调整后金额	200 000

训练三

练习其他货币资金的核算。

(1) 借：其他货币资金——外埠存款 30 000
　　贷：银行存款 30 000
(2) 借：原材料 16 000
　　应交税费——应交增值税(进项税额) 2 080
　　贷：其他货币资金——外埠存款 18 080
(3) 借：银行存款 11 920
　　贷：其他货币资金——外埠存款 11 920
(4) 借：其他货币资金——银行汇票存款 76 000
　　贷：银行存款 76 000
(5) 借：原材料 55 000
　　应交税费——应交增值税(进项税额) 7 150
　　贷：其他货币资金——银行汇票存款 62 150
(6) 借：银行存款 13 850
　　贷：其他货币资金——银行汇票存款 13 850

第三单元　应收及预付款项

【单元测试】

1. 单项选择题

(1) D　(2) C　(3) A　(4) D　(5) B　(6) B　(7) C　(8) B

(9) D (10) B (11) B (12) C (13) D (14) A (15) D

2. 多项选择题

(1) BCD (2) ABD (3) BC (4) BCD (5) ABCD (6) ABD (7) AB
(8) AC (9) ABCD (10) ABC

3. 判断题

(1) √ (2) √ (3) √ (4) × (5) × (6) × (7) √ (8) ×
(9) √ (10) × (11) √ (12) √ (13) × (14) √ (15) √

【实务训练】

训练一

练习应收票据的核算。

答案：

(1) 收到票据时，作会计分录如下：

借：应收票据	226 000	
贷：主营业务收入		200 000
应交税费——应交增值税(销项税额)		26 000

票据到期，收回货款，作会计分录如下：

借：银行存款	226 000	
贷：应收票据		226 000

票据到期，若对方无款支付，作会计分录如下：

借：应收账款	226 000	
贷：应收票据		226 000

(2) 计算贴现息与贴现所得额：

票据到期值 = 226 000(元)

贴现利息 = 226 000 × 12% × 2 ÷ 12 = 4 520(元)

贴现净额 = 226 000 − 4 520 = 221 480(元)

应作会计分录为：

借：银行存款	221 480	
财务费用	4 520	
贷：应收票据		226 000

训练二

练习应收账款的核算。

(1) 借：应收账款	34 400	
贷：主营业务收入		30 000
应交税费——应交增值税(销项税额)		3 900
银行存款		500
(2) 借：应收账款	81 360	
贷：主营业务收入		72 000
应交税费——应交增值税(销项税额)		9 360
(3) 借：应收账款——创意公司	45 200	
贷：主营业务收入		40 000
应交税费——应交增值税(销项税额)		5 200
(4) 借：银行存款	44 400	
财务费用	800	
贷：应收账款——创意公司		45 200

训练三

练习坏账的核算。

(1) 2017 年年末计提坏账准备,作会计分录如下:

$$应提坏账准备 = 35\ 000 - 27\ 000 = 8\ 000(元)$$

借:信用减值损失　　8 000

　　贷:坏账准备　　8 000

(2) 转销 2018 年已确认为坏账的款项 3 000 元,作会计分录如下:

借:坏账准备　　3 000

　　贷:应收账款　　3 000

(3) 2018 年年末计提坏账准备,作会计分录如下:

$$应提坏账准备 = 38\ 000 - (35\ 000 - 3\ 000) = 6\ 000(元)$$

借:信用减值损失　　6 000

　　贷:坏账准备　　6 000

(4) 2019 年作为坏账被注销的 1 000 元应收账款又被重新收回,作会计分录如下:

借:应收账款　　1 000

　　贷:坏账准备　　1 000

借:银行存款　　1 000

　　贷:应收账款　　1 000

(5) 2019 年年末计提坏账准备,作会计分录如下:

$$应提坏账准备 = 40\ 000 - (38\ 000 + 1\ 000) = 1\ 000(元)$$

借:信用减值损失　　1 000

　　贷:坏账准备　　1 000

训练四

练习预付账款的核算。

解:(1) 企业预付货款时,作会计分录如下:

借:预付账款　　20 000

　　贷:银行存款　　20 000

(2) 收到货品,验收入库,作会计分录如下:

借:库存商品　　30 000

　　应交税费——应交增值税(进项税额)　　3 900

　　贷:预付账款　　33 900

借:预付账款　　13 900

　　贷:银行存款　　13 900

第四单元　交易性金融资产

【单元测试】

1. 单项选择题

(1) B　(2) C　(3) C　(4) A　(5) B

2. 多项选择题

(1) ACD　(2) ABCD　(3) ABCD　(4) AD　(5) ABD

3. 判断题

(1) √　(2) ×　(3) √　(4) √　(5) ×

【实务训练】

训练一

(1) 2012 年 1 月 6 日，取得交易性金融资产：

借：交易性金融资产——成本　　1 000 000
　　应收利息　　30 000
　　投资收益　　20 000
　　应交税费——应交增值税(进项税额)　　1 200
　　贷：其他货币资金——存出投资款　　1 051 200

(2) 1 月 16 日，收到 2011 年下半年的利息 3 万元：

借：其他货币资金——存出投资款　　30 000
　　贷：应收利息　　30 000

(3) 3 月 31 日，该债券公允价值为 110 万元：

借：交易性金融资产——公允价值变动　　100 000
　　贷：公允价值变动损益　　100 000

(4) 3 月 31 日，按债券票面利率计算利息为 1.5 万元(100×6%×3÷12)。

借：应收利息　　15 000
　　贷：投资收益　　15 000

(5) 6 月 30 日，该债券公允价值为 96 万元，公允价值变动损益为 14 万元(110－96)。

借：公允价值变动损益　　140 000
　　贷：交易性金融资产——公允价值变动　　140 000

(6) 6 月 30 日，按债券票面利率计算利息为 1.5 万元(100×6%×3÷12)。

借：应收利息　　15 000
　　贷：投资收益　　15 000

(7) 7 月 16 日，收到 2007 年上半年的利息 3 万元。

借：其他货币资金——存出投资款　　30 000
　　贷：应收利息　　30 000

(8) 8 月 16 日，将该债券处置。

借：其他货币资金——存出投资款　　1 200 000
　　交易性金融资产——公允价值变动　　40 000
　　贷：交易性金融资产——成本　　1 000 000
　　　　投资收益　　240 000

训练二

(1) 借：交易性金融资产——成本　　58 000
　　应收股利　　2 000
　　投资收益　　3 000
　　应交税费——应交增值税(进项税额)　　180
　　贷：其他货币资金——存出投资款　　63 180

(2) 借：其他货币资金——存出投资款　　2 000
　　贷：应收股利　　2 000

(3) 借：公允价值变动损益　　8 000
　　贷：交易性金融资产——公允价值变动　　8 000

(4) 借：其他货币资金——存出投资款　　70 000
　　交易性金融资产——公允价值变动　　8 000
　　贷：交易性金融资产——成本　　58 000
　　　　投资收益　　20 000

第五单元　存　货

【单元测试】

1. 单项选择题

(1) D　(2) B　(3) C　(4) C　(5) B　(6) C　(7) A　(8) B

(9) B　(10) A　(11) C　(12) B　(13) B　(14) B　(15) A　(16) A

(17) A　(18) C　(19) D　(20) A

2. 多项选择题

(1) CD　(2) CD　(3) ABD　(4) AB　(5) ACD　(6) ACD　(7) ABC

(8) CD　(9) ABCD　(10) ACD　(11) ABC

3. 判断题

(1) ×　(2) ×　(3) √　(4) ×　(5) ×　(6) ×　(7) ×　(8) ×

(9) ×　(10) √　(11) ×　(12) ×　(13) ×　(14) ×　(15) √

【实务训练】

训练一

(1) 发出A材料的单位成本＝(20 000－2 000＋2 200＋37 000＋51 500＋600)÷(2 000＋2 950＋5 000＋50)＝109 300÷10 000＝10.93(元/千克)

(2) ① 借：原材料　　[2 000]

　　贷：应付账款——暂估应付款　　[2 000]

② 借：原材料　　2 200

　　应交税费——应交增值税(进项税额)　　234

　　贷：银行存款　　2 434

③ 借：在途物资　　37 000

　　应交税费——应交增值税(进项税额)　　4 680

　　贷：银行存款　　41 680

④ 借：原材料　　37 000

　　贷：在途物资　　37 000

⑤ 借：原材料　　51 500

　　应交税费——应交增值税(进项税额)　　6 435

　　银行存款　　22 065

　　贷：其他货币资金　　80 000

⑥ 借：原材料　　600

　　贷：生产成本　　600

⑦ 借：生产成本　　65 580

　　制造费用　　10 930

　　管理费用　　10 930

　　贷：原材料　　87 440

训练二

(1) 采购甲供材料500千克，材料验收入库，货款10 000元，增值税额1 300元，以支票付讫，并以现金支付装卸费200元。

材料的实际成本 = 10 000＋200 = 10 200(元)

材料的计划成本 = 500×20 = 10 000(元)

借：材料采购　　10 200

　　应交税费——应交增值税(进项税额)　　1 300

　　贷：银行存款　　11 300

　　　　库存现金　　200

同时：

借：原材料　　10 000

　　贷：材料采购　　10 000

(2) 企业3月份企业已办理结算但材料未达的在途物资120千克，于本月到达，材料实际成本2 300元，计划成本2 400元(120×20)。

借：原材料　　2 400

　　贷：材料采购　　2 400

(3) 从外地采购甲材料150千克，结算凭证到达并办理付款手续。付款总额为3 360元，其中货款3 000元，增值税额390元，进货运费100元(准予抵扣9%的进项税)；装卸费50元。材料未到。

$$材料的实际成本 = 3\ 000 + 100 - 9 + 50 = 3\ 141(元)$$
$$材料进项税 = 390 + 9 = 399(元)$$

借：材料采购　　3 141

　　应交税费——应交增值税(进项税额)　　399

　　贷：银行存款　　3 540

(4) 本月购进的甲材料300千克已验收入库，但月末结算凭证仍未到达，按计划成本暂估入账，5月初用红字冲回。

$$材料计划成本 = 300 \times 20 = 6\ 000(元)$$

借：原材料　　6 000

　　贷：应付账款——暂估应付款　　6 000

下月初：

借：原材料　　[6 000]

　　贷：应付账款——暂估应付款　　[6 000]

(5) 本月共计发出材料900千克，计划成本18 000元。其中直接用于产品生产500千克，车间一般耗用200千克，管理部门耗用150千克，销售耗用50千克。

借：生产成本　　10 000

　　制造费用　　4 000

　　管理费用　　3 000

　　销售费用　　1 000

　　贷：原材料　　18 000

(6) 月末结转已付款并验收入库材料发生的成本差异。

第一笔业务：材料采购差异为200(借方)。

第二笔业务：材料采购差异为100(贷方)。

第三笔业务：因材料未到，暂不计算差异。

第四笔业务：因未收到结算凭证，暂不计算差异。

所以月末差异为借方100元(超支差异)。

借：材料成本差异　　100

　　贷：材料采购　　100

月末“材料采购”科目借方余额3 143元，表示在途物资成本，转入下个月材料采购明细账。

（7）计算差异率，分摊差异，将发出材料的计划成本调整为实际成本。

$$则本月材料成本差异分配率=\frac{-3\,100+100}{281\,600+10\,000+2\,400+6\,000}\times100\%=-1\%$$

借：生产成本	100	
制造费用	40	
管理费用	30	
销售费用	10	
贷：材料成本差异		180

库存原材料实际成本＝(281 600＋18 400－18 000)－180＝281 820(元)

训练三

（1）发出原材料时：

借：委托加工物资	35 950	
贷：原材料		35 950

（2）应付加工费、代扣代缴的消费税：

借：委托加工物资	5 000	
应交税费——应交增值税(进项税额)	650	
应交税费——应交消费税	4 550	
贷：应付账款		10 200

（3）支付往返运杂费：

借：委托加工物资	100	
贷：银行存款		100

（4）收回加工物资验收入库：

借：原材料	41 050	
贷：委托加工物资		41 050

训练四

（1）借：库存商品	800 000	
应交税费——应交增值税(进项税额)	104 000	
贷：应付账款		904 000
（2）借：应收账款	1 695 000	
贷：主营业务收入		1 500 000
应交税费——应交增值税(销项税额)		195 000
借：主营业务成本	1 200 000	
贷：库存商品		1 200 000
（3）借：主营业务收入	750 000	
贷：应交税费——应交增值税(销项税额)		97 500
应收账款		847 500
借：库存商品	600 000	
贷：主营业务成本		600 000

（4）A 商品的实际成本＝期初 230＋80－120＋60＝250(万元)，可变现净值为 230 万元，计提跌价准备 20 万元：

借：资产减值损失	200 000	
贷：存货跌价准备		200 000

第六单元 固定资产

【单元测试】

1. 单项选择题

(1) D (2) A (3) C (4) A (5) A (6) B (7) D (8) A
(9) D (10) B (11) D (12) D (13) B (14) B (15) D (16) B
(17) A (18) A (19) D (20) B

2. 多项选择题

(1) BD (2) ABD (3) ABCD (4) BCD (5) ABD (6) ABD (7) BD
(8) BC (9) BD (10) AD

3. 判断题

(1) × (2) × (3) × (4) × (5) √ (6) × (7) × (8) ×
(9) × (10) ×

【实务训练】

训练一

(1) 借：固定资产	1 000 000	
应交税费——应交增值税(进项税额)	130 000	
贷：银行存款		1 130 000
(2) 借：工程物资	200 000	
贷：银行存款		200 000
(3) 借：在建工程	200 000	
贷：工程物资		200 000
(4) 借：在建工程	400 000	
贷：应付职工薪酬		400 000
(5) 借：固定资产	1 600 000	
贷：在建工程		1 600 000
(6) 借：制造费用	152 000	
贷：累计折旧		152 000
(7) 借：固定资产清理	992 000	
累计折旧	608 000	
贷：固定资产		1 600 000
(8) 借：固定资产清理	2 000	
贷：银行存款		2 000
(9) 借：银行存款	13 000	
贷：固定资产清理		13 000
(10) 借：营业外支出	981 000	
贷：固定资产清理		981 000

训练二

(1) 计算工程完工交付使用时固定资产的入账价值：

固定资产入账价值 = 93 600 + 20 000 + 30 000 + 6 000 = 149 600(元)

(2) 计算该生产线在2019年应该计提的折旧额。该生产线从2019年3月开始投入使用，则2019年4月份开始计提折旧，因此，2019年应该计提的折旧额为44 880元(149 600×2÷5×9÷12)。

(3) 编制有关会计分录。("应交税费"科目要求写出明细科目)

购入为工程准备的物资：

借：工程物资 100 000

　应交税费——应交增值税(进项税额) 13 000

　贷：银行存款 113 000

工程领用物资：

借：在建工程 93 600

　贷：工程物资 93 600

剩余工程物资转作企业生产用原材料：

借：原材料 6 400

　贷：工程物资 6 400

工程领用生产用原材料：

借：在建工程 20 000

　贷：原材料 20 000

分配工程人员工资：

借：在建工程 30 000

　贷：应付职工薪酬 30 000

辅助生产车间为工程提供的劳务支出：

借：在建工程 6 000

　贷：生产成本——辅助生产成本 6 000

工程完工交付使用：

借：固定资产 149 600

　贷：在建工程 149 600

2019 年计提折旧时的会计处理为：

借：制造费用 44 880

　贷：累计折旧 44 880

训练三

年限平均法:年折旧额=(610−10)÷5=120(万元)

所以,2016 年 7～12 月的折旧额=120×6÷12=60(万元)

2017 年至 2020 年每年折旧额相等,为 120 万元。

2021 年 1～6 月的折旧额 = 120 × 6 ÷ 12 = 60(万元)

(1) 双倍余额递减法：

第一个折旧年度的折旧额 = 610 × 40% = 244(万元)

第二个折旧年度的折旧额 = (610 − 244) × 40% = 146.4(万元)

第三个折旧年度的折旧额 = (610 − 244 − 146.4) × 40% = 87.84(万元)

第四个和第五个折旧年度的折旧额 = (610 − 244 − 146.4 − 87.84 − 10) ÷ 2 = 60.88(万元)

所以,2016 年 7～12 月的折旧额=244×6÷12=122(万元)

2017 年的折旧额 = (244 × 6 ÷ 12) + (146.4 × 6 ÷ 12) = 195.2(万元)

2018 年的折旧额 = (146.4 × 6 ÷ 12) + (87.84 × 6 ÷ 12) = 117.02(万元)

2019 年的折旧额 = (87.84 × 6 ÷ 12) + (60.88 × 6 ÷ 12) = 74.36(万元)

2020 年的折旧额 = 60.88(万元)

2021 年 1 ～ 6 月的折旧额 = 60.88 × 6 ÷ 12 = 30.44(万元)

(2) 年数总和法：

第一个折旧年度的折旧额 = (610 − 10) × 5 ÷ 15 = 200(万元)
第二个折旧年度的折旧额 = (610 − 10) × 4 ÷ 15 = 160(万元)
第三个折旧年度的折旧额 = (610 − 10) × 3 ÷ 15 = 120(万元)
第四个折旧年度的折旧额 = (610 − 10) × 2 ÷ 15 = 80(万元)
第五个折旧年度的折旧额 = (610 − 10) × 1 ÷ 15 = 40(万元)

所以,2016 年 7～12 月的折旧额=200×6÷12=100(万元)

2017 年的折旧额 = (200 × 6 ÷ 12) + (160 × 6 ÷ 12) = 180(万元)
2018 年的折旧额 = (160 × 6 ÷ 12) + (120 × 6 ÷ 12) = 140(万元)
2019 年的折旧额 = (120 × 6 ÷ 12) + (80 × 6 ÷ 12) = 100(万元)
2020 年的折旧额 = (80 × 6 ÷ 12) + (40 × 6 ÷ 12) = 60(万元)
2021 年 1 ～ 6 月的折旧额 = 40 × 6 ÷ 12 = 20(万元)

第七单元　无形资产与长期待摊费用

【单元测试】

1. 单项选择题

(1) C　(2) B　(3) A　(4) C　(5) C　(6) C　(7) A　(8) A
(9) B　(10) B　(11) B　(12) C　(13) B　(14) D　(15) B　(16) D
(17) A　(18) D　(19) D　(20) B

2. 多项选择题

(1) ACD　(2) ABCD　(3) ABD　(4) ACD　(5) AD　(6) ABC　(7) ABD
(8) AC　(9) ABC　(10) CD

3. 判断题

(1) ×　(2) √　(3) √　(4) ×　(5) ×　(6) ×　(7) ×　(8) ×
(9) ×　(10) ×　(11) √　(12) ×　(13) ×　(14) √　(15) ×

【实务训练】

训练一

借：研发支出——费用化支出　1 000 000
　　贷：应付职工薪酬等　1 000 000

期末,应将费用化的研发支出予以结转,作会计分录如下：

借：管理费用　1 000 000
　　贷：研发支出——费用化支出　1 000 000

2019 年 10 月 1 日以后发生研发支出时,编制会计分录如下：

借：研发支出——资本化支出　600 000
　　贷：应付职工薪酬等　600 000

2020 年 1～6 月又发生材料费用、直接参与开发人员的工资、场地设备等租金和注册费等支出 240 万元,编制会计分录如下：

借：研发支出——资本化支出　2 400 000
　　贷：应付职工薪酬等　2 400 000

2020 年 6 月末该项新工艺完成,达到预定可使用状态时,编制会计分录如下：

借：无形资产　3 000 000
　　贷：研发支出——资本化支出　3 000 000

训练二

(1) 截至2012年该专利权的账面价值为180万元(300－300÷10×4),可收回金额为100万元,计提减值准备80万元:

借:资产减值损失——计提的无形资产减值准备　　800 000
　贷:无形资产减值准备　　800 000

(2) 内部研发非专利技术账面价值150万元,属于使用寿命不确定的无形资产,不进行摊销,可收回金额为130万元时计提减值准备20万元:

借:资产减值损失——计提的无形资产减值准备　　200 000
　贷:无形资产减值准备　　200 000

2020年:

(1) 计提减值准备以后,购入的专利权在2020年继续摊销,摊销金额为20万元(100÷5):

借:管理费用　　200 000
　贷:累计摊销　　200 000

(2) 内部研发非专利技术确定了可使用年限后需要摊销,摊销金额为32.5万元(130÷4):

借:管理费用　　325 000
　贷:累计摊销　　325 000

训练三

(1) 借:研发支出——资本化支出　　1 500 000
　　　　　　——费用化支出　　1 300 000
　贷:银行存款　　2 800 000

(2) 借:管理费用　　1 300 000
　贷:研发支出——费用化支出　　1 300 000

(3) 借:无形资产　　1 500 000
　贷:研发支出——资本化支出　　1 500 000

(4) 2019年7月专利权摊销额为2.5万元(150÷5÷12)。

借:管理费用　　25 000
　贷:累计摊销　　25 000

(5) 借:银行存款　　1 600 000
　　累计摊销　　125 000
　贷:无形资产　　1 500 000
　　应交税费——应交增值税(销项税额)　　96 000
　　资产处置损益　　129 000

第八单元　负　债

【单元测试】

1. 单项选择题

(1) B　(2) A　(3) B　(4) B　(5) B　(6) C　(7) D　(8) C
(9) D　(10) B　(11) D　(12) C　(13) B　(14) A　(15) D　(16) C
(17) A　(18) A　(19) D　(20) B

2. 多项选择题

(1) ABCD　(2) ABCD　(3) ACD　(4) AC　(5) ABC　(6) AD　(7) ABCD
(8) BCD　(9) ACD　(10) CD

3. 判断题

(1) ×　(2) √　(3) ×　(4) ×　(5) √　(6) √　(7) ×　(8) √

(9) √　　(10) ×

【实务训练】

训练一

(1) 借：原材料——甲材料	200 000	
应交税费——应交增值税(进项税额)	26 000	
贷：应付票据		226 000
(2) 借：应付票据	226 000	
贷：应付账款		226 000
(3) 借：应付账款	280 800	
贷：应付票据		280 800
借：财务费用	288	
贷：银行存款		288
(4) 借：应付票据	280 800	
贷：短期借款		280 800
借：营业外支出	1 080	
贷：银行存款		1 080
(5) 借：原材料——丙材料	360 000	
应交税费——应交增值税(进项税额)	46 800	
贷：应付票据		406 800
借：财务费用	4 068 000	
贷：银行存款		4 068 000
(6) 借：应付票据	406 800	
贷：银行存款		406 800

训练二

(1) 借：生产成本	3 000	
制造费用	600	
管理费用	1 000	
销售费用	400	
贷：应付职工薪酬——工资		5 000
(2) 借：生产成本(3 000×2%)	600 000	
制造费用(600×2%)	120 000	
管理费用(1 000×2%)	200 000	
销售费用(400×2%)	80 000	
贷：应付职工薪酬——福利费(5 000×2%)		1 000 000
(3) 借：生产成本(3 000×24%)	7 200 000	
制造费用(600×24%)	1 440 000	
管理费用(1 000×24%)	2 400 000	
销售费用(400×24%)	960 000	
贷：应付职工薪酬——社会保险费(5 000×24%)		12 000 000
(4) 借：应付职工薪酬——工资	50 000 000	
贷：银行存款		46 000 000
其他应付款		1 000 000
应交税费——应交个人所得税		3 000 000

(5) 借：应付职工薪酬——社会保险费　12 000 000
　　贷：银行存款　12 000 000
(6) 公司决定发放非货币性福利时：
　借：生产成本　2 305 200
　　管理费用　406 800
　　贷：应付职工薪酬——非货币性福利　2 712 000
实际发放非货币性福利时：
　借：应付职工薪酬——非货币性福利　2 712 000
　　贷：主营业务收入　2 400 000
　　　应交税费——应交增值税(销项税额)　312 000
　借：主营业务成本　1 600 000
　　贷：库存商品　1 600 000

训练三

(1) 运输费的进项税额＝20 000×9％＝1 800(元)
　借：原材料[500 000＋(20 000－1 800)]　518 200
　　应交税费——应交增值税(进项税额)(65 000＋1 800)　66 800
　　贷：银行存款　585 000
(2) 可抵扣进项税额＝120 000×9％＝10 800(元)
　借：原材料　109 200
　　应交税费——应交增值税(进项税额)　10 800
　　贷：其他货币资金　120 000
(3) 借：工程物资　200 000
　　应交税费——应交增值税(进项税额)　26 000
　　贷：应付票据　226 000
(4) 借：在建工程　25 000
　　贷：库存商品　25 000
(5) 借：银行存款　1 356 000
　　贷：主营业务收入　1 200 000
　　　应交税费——应交增值税(销项税额)　156 000
(6) 借：营业外支出　28 900
　　贷：库存商品　25 000
　　　应交税费——应交增值税(销项税额)　3 900
(7) 借：应付职工薪酬——职工福利费　101 700
　　贷：原材料　90 000
　　　应交税费——应交增值税(进项税转出)　11 700
(8) 借：应交税费——应交增值税(已交税金)　100 000
　　贷：银行存款　100 000
(9) 本月应交增值税＝(156 000＋ 3 900)－(66 800＋10 800＋26 000－11 700)＝68 000(元)
转出多交增值税＝100 000－68 000＝32 000(元)
　借：应交税费——未交增值税　32 000
　　贷：应交税费——应交增值税(转出多交增值税)　32 000

第九单元　所有者权益

【单元测试】

1. 单项选择题

(1) B　(2) C　(3) D　(4) A　(5) D　(6) B　(7) A　(8) A
(9) C　(10) D　(11) B　(12) B

2. 多项选择题

(1) ABD　(2) ABCD　(3) ABC　(4) ABCD　(5) BC　(6) ABCD　(7) ACD
(8) AB

3. 判断题

(1) ×　(2) √　(3) ×　(4) ×　(5) √　(6) √　(7) ×　(8) ×
(9) ×　(10) √　(11) ×　(12) ×

【实务训练】

训练一

(1) 被投资企业收到投资者 A 的投资时：

借：银行存款	400 000	
贷：实收资本——A		400 000
借：银行存款(45 000×7.1)	319 500	
贷：实收资本——A(45 000×7.1)		319 500

(2) 被投资企业收到投资者 B 的投资时：

借：原材料	900 000	
应交税费——应交增值税(进项税额)	153 000	
贷：实收资本——B		1 053 000

(3) 被投资企业收到投资者 C 的投资时：

借：银行存款	880 000	
贷：实收资本——C		650 000
资本公积——资本溢价		230 000

训练二

(1) 编制 2017 年有关利润分配的会计分录(盈余公积及利润分配的核算写明明细科目)。

借：本年利润	2 000 000	
贷：利润分配——未分配利润		2 000 000
借：利润分配——提取法定盈余公积	200 000	
贷：盈余公积——法定盈余公积		200 000
借：利润分配——应付现金股利或利润	1 500 000	
贷：应付股利		1 500 000
借：利润分配——未分配利润	1 700 000	
贷：利润分配——提取法定盈余公积		200 000
利润分配——应付现金股利或利润		1 500 000

(2) 编制 2018 年结转亏损的会计分录。

借：利润分配——未分配利润	5 000 000	
贷：本年利润		5 000 000

(3) 计算 2019 年应交的企业所得税。

2019 年应交企业所得税税额 $= (600 - 500) \times 25\% = 25$(万元)

(4) 计算2019年的可供分配利润。

2019年12月31日的可供分配利润 = 100 + (200 − 170) − 500 + (600 − 25) = 205(万元)

训练三

(1) 以每股3元的价格回购本公司股票2 000万股。

借：库存股(2 000×3)	60 000 000	
贷：银行存款		60 000 000

(2) 以每股2元的价格回购本公司股票4 000万股。

借：库存股(4 000×2)	80 000 000	
贷：银行存款		80 000 000

(3) 注销股票：

借：股本	60 000 000	
资本公积——股本溢价	60 000 000	
盈余公积	15 000 000	
利润分配——未分配利润	5 000 000	
贷：库存股		140 000 000

第十单元　收入、费用与利润

【单元测试】

1. 单项选择题

(1) D　(2) C　(3) C　(4) A　(5) B　(6) D　(7) C　(8) B
(9) A　(10) C　(11) D　(12) B　(13) D　(14) B　(15) B　(16) A
(17) C　(18) B　(19) C　(20) B

2. 多项选择题

(1) BC　(2) AB　(3) AB　(4) BCD　(5) ABCD　(6) AD　(7) AC
(8) BCD　(9) ACD　(10) ABC

3. 判断题

(1) √　(2) ×　(3) ×　(4) √　(5) √　(6) ×　(7) ×　(8) √
(9) √　(10) ×　(11) ×　(12) ×　(13) ×

【实务训练】

训练一

2019年2月1日，销售商品时：

借：应收账款	5 650 000	
贷：主营业务收入		5 000 000
应交税费——应交增值税(销项税额)		650 000
借：主营业务成本	4 000 000	
贷：库存商品		4 000 000

2019年2月9日，收到货款：

发生的现金折扣 = 5 000 000 × 2% = 100 000(元)

借：银行存款	5 550 000	
财务费用	100 000	
贷：应收账款		5 650 000

2019年6月，该批商品因质量问题被全部退回并退款。

借：主营业务收入	5 000 000	
应交税费——应交增值税(销项税额)	650 000	
贷：应收账款		5 550 000
财务费用		100 000
借：库存商品	4 000 000	
贷：主营业务成本		4 000 000

训练二

(1) 收到客户首期付款时,应作如下会计分录:

借：银行存款	3 125 000	
贷：合同负债		3 125 000

(2) 发生劳务成本时,应作如下会计分录:

借：合同履约成本	1 800 000	
贷：应付职工薪酬等		1 800 000

(3) 2019 年年末,确认劳务收入,应作如下会计分录:

履约进度 $= 1\ 800\ 000 \div (1\ 800\ 000 + 1\ 200\ 000) \times 100\% = 60\%$

2019 年应确认的收入 $= 5\ 000\ 000 \times 60\% - 0 = 3\ 000\ 000$(元)

借：合同负债	3 390 000	
贷：主营业务收入		3 000 000
应交税费——应交增值税(销项税额)		390 000

(4) 2019 年年末,结转成本,应作如下会计分录:

2019 年应确认的费用 $= (1\ 800\ 000 + 1\ 200\ 000) \times 60\% - 0 = 1\ 800\ 000$(元)

借：主营业务成本	1 800 000	
贷：合同履约成本		1 800 000

训练三

(1) 借：应收账款	904 000	
贷：主营业务收入		800 000
应交税费——应交增值税(销项税额)		104 000
借：主营业务成本	350 000	
贷：库存商品		350 000
(2) 借：主营业务收入	40 000	
应交税费——应交增值税(销项税额)	5 200	
贷：银行存款		44 400
财务费用		800
借：库存商品	22 000	
贷：主营业务成本		22 000
(3) 借：委托代销商品	66 000	
贷：库存商品		66 000
(4) 借：应收账款	135 600	
贷：主营业务收入		120 000
应交税费——应交增值税(销项税额)		15 600
借：主营业务成本	66 000	
贷：委托代销商品		66 000

借：销售费用	12 000	
贷：应收账款		12 000
(5) 借：管理费用	67 800	
贷：银行存款		67 800
借：信用减值损失	4 000	
贷：坏账准备		4 000
(6) 借：税金及附加	3 000	
贷：应交税费——应交城市维护建设税		2 100
——应交教育费附加		900
(7) 借：所得税费用	100 000	
贷：应交税费——应交所得税		100 000

所得税费用＝[(880 000＋800)－(394 000＋3 000＋12 000＋67 800＋4 000)]×25%＝100 000(元)

(8) 借：主营业务收入	880 000	
财务费用	800	
贷：本年利润		880 800
借：本年利润	580 800	
贷：主营业务成本		394 000
税金及附加		3 000
销售费用		12 000
管理费用		67 800
信用减值损失		4 000
所得税费用		100 000
借：本年利润	300 000	
贷：利润分配——未分配利润		300 000
(9) 借：利润分配——提取盈余公积	30 000	
贷：盈余公积		30 000
(10) 借：利润分配——应付现金股利	120 000	
贷：应付股利		120 000
(11) 借：利润分配——未分配利润	150 000	
贷：利润分配——提取盈余公积		30 000
——应付现金股利		120 000

第十一单元　财务报表

【单元测试】

1. 单项选择题

(1) C　(2) D　(3) C　(4) C　(5) A　(6) D　(7) B　(8) C

(9) C　(10) C　(11) A　(12) D　(13) B　(14) A　(15) A　(16) B

(17) C　(18) D　(19) D　(20) A

2. 多项选择题

(1) AB　(2) ABD　(3) BCD　(4) ABD　(5) ABC　(6) ABD　(7) CD

(8) ABCD　(9) ABD　(10) ABCD

3. 判断题

(1) ×　(2) √　(3) ×　(4) ×　(5) ×　(6) √　(7) ×　(8) √

(9) ×　　(10) ×

【实务训练】

训练一

(1) "营业收入"项目金额=5 000－100＋300－60=5 140(万元)

(2) "营业成本"项目金额=4 000－60＋200－40=4 100(万元)

训练二

(1) "应收账款"项目金额=600＋100－80=620(万元)

(2) "预付款项"项目金额=320＋20=340(万元)

(3) "应付款项"项目金额=400＋60=460(万元)

(4) "预收款项"项目金额=800＋40=840(万元)

训练三

(1) "长期借款"项目金额=(300＋600＋450)－450=900(万元)

(2) 长期借款中应列入"一年内到期的非流动负债"项目的金额=450(万元)

(3) "长期待摊费用"项目金额=50－20=30(万元)

(4) 长期待摊费用中应该列入"一年内到期的非流动资产"项目的金额=20(万元)

训练四

(1) 营业利润=45 000×(20－12)＋30 000－50 000=340 000(元)

(2) 利润总额=340 000＋3 000=343 000(元)

(3) 本年应交所得税=[343 000－2 500＋(25 000－20 000)＋(20 000－15 000)]×25%=87 625(元)

(4) 净利润=343 000－87 625=255 375(元)

参考文献

[1] 林钢.中级财务会计[M].北京：中国人民大学出版社 2019 年版.

[2] 杨有红，欧阳爱平.中级财务会计[M].北京：北京大学出版社 2019 年版.

[3] 侯雪筠，李文.中级财务会计[M].北京：科学出版社 2019 年版.

[4] 刘永泽，陈立军.中级财务会计[M].大连：东北财经大学出版社 2019 年版.

[5] 中华人民共和国财政部.企业会计准则应用指南（2019）[M].上海：立信会计出版社，2019 年版.

[6] 企业会计准则编审委员会.企业会计准则案例讲解（2019）[M].上海：立信会计出版社，2019 年版.